PASCAL :
DES CONNAISSANCES NATURELLES
À L'ÉTUDE DE L'HOMME

DU MÊME AUTEUR

Pascal et la philosophie, Paris, PUF, « Épiméthée », 1992, 471 p. ; 2e éd. 2007.

Descartes et les "Principia" II : corps et mouvement, Paris, PUF, « Philosophie », 1994, 128 p. (en collaboration avec Frédéric de Buzon).

Causa sive ratio. La raison de la cause, de Suarez à Leibniz, Paris, PUF, « Épiméthée », 2002, 573 p.

Bibliographie cartésienne (1960-1996), Lecce, Conte Editore, 2003, 533 p. (en collaboration avec Jean-Robert Armogathe).

BIBLIOTHÈQUE D'HISTOIRE DE LA PHILOSOPHIE

NOUVELLE SÉRIE

Fondateur : Henri GOUHIER

Directeur : Jean-François COURTINE

PASCAL : DES CONNAISSANCES NATURELLES À L'ÉTUDE DE L'HOMME

par

Vincent CARRAUD

PARIS

LIBRAIRIE PHILOSOPHIQUE J. VRIN

6, Place de la Sorbonne, Ve

—

2007

« Pascal », dans *Le néant*. Contribution à l'histoire du non-être dans la philosophie occidentale, sous la dir. de Jérôme Laurent et Claude Romano, © PUF, 2006.

« Des concupiscences aux ordres de choses », communication prononcée le 3 décembre 1994 à l'Université de Clermont-Ferrand lors d'une journée de travail sur « Les "trois ordres" de Pascal » organisée par le Centre international Blaise Pascal, *Revue de métaphysique et de morale*, 1997, 1, p. 41-66, © PUF.

« Les deux infinis moraux et le bon usage des passions. Pascal et les Passions de l'âme », *XVIIe siècle*, 1994, 4, p. 669-694, © PUF.

« Évidence, jouissance et représentation de la mort. Remarques sur l'anthropologie pascalienne du divertissement », *XVIIe siècle*, 1992, 2, p. 141-156, © PUF.

Imprimé en France
ISSN 0249-7980
ISBN 978-2-7116-1793-7

www.vrin.fr

AVANT-PROPOS

> J'avais passé longtemps dans l'étude des sciences abstraites et le peu de communication qu'on en peut avoir m'en avait dégoûté. Quand j'ai commencé l'étude de l'homme, j'ai vu que ces sciences abstraites ne sont pas propres à l'homme, et que je m'égarais plus de ma condition en y pénétrant que les autres en l'ignorant; j'ai pardonné aux autres d'y peu savoir. Mais j'ai cru trouver au moins bien des compagnons en l'étude de l'homme et que c'est le vrai étude qui lui est propre. J'ai été trompé; il y en a encore moins qui l'étudient que la géométrie. Ce n'est que manque de savoir étudier cela qu'on cherche le reste.

Paraissant quinze ans après *Pascal et la philosophie*, contemporain de sa seconde édition, le présent ouvrage rassemble une dizaine d'études publiées depuis lors. Réparties sur l'ensemble de la période, suscitées par différents colloques consacrés à Pascal ou commandées pour des ouvrages collectifs, elles ont été conçues séparément et gardent la marque des circonstances de leur composition jusque dans l'expression, dont j'ai souvent conservé le caractère oral. Elles sont élaborées à des degrés divers, à la mesure du temps ou de la place qui m'étaient impartis, inégalement savantes aussi, selon qu'elles concernaient Pascal seul ou qu'elles en confrontaient la pensée à quelques-uns de ses contemporains: Saint-Ange, Jansénius, Bérulle, Senault et d'autres – au premier rang desquels, évidemment, Descartes, omniprésent. La part faite aux hypothèses, que l'on jugera peut-être parfois insuffisamment étayées, est importante, comme il est d'usage dans des recherches partielles. L'intérêt et la qualité de ces études me paraissent aujourd'hui très inégaux – c'est un exercice d'humilité que de se relire après plusieurs années. J'ai corrigé plusieurs fautes, fait droit à quelques repentirs, mais dans l'ensemble j'ai assez peu remanié ces études, à l'exception toutefois de l'avant-dernière, dont je n'approuvais plus la thèse centrale, et qui ne reprend donc qu'en partie l'article le plus ancien consacré au rapport du divertissement à la représentation de la mort; j'ai changé la plupart des titres et des sous-titres afin que la table des matières du livre désigne plus explicitement l'objet qu'ils recouvrent. J'ai enfin souhaité que cet avant-propos, ainsi que l'index des textes pascaliens cités, permette de se reporter directement à telle ou telle étude.

La réunion de ces études est elle-même due à l'occasion. La générosité de Jean-François Courtine a bien voulu la saisir, qui accueille cet ouvrage dans la «Bibliothèque d'histoire de la philosophie», collection dans laquelle son fondateur Henri Gouhier a lui-même publié ses deux livres sur Pascal.

Occasionnel à double titre, ce livre me paraît cependant pouvoir prétendre à une certaine cohérence, thématique et chronologique.

Thématique. Tous les essais rassemblés ici constituent autant d'ajouts à *Pascal et la philosophie*. Leur diversité n'est donc que relative. Mais si le premier livre était orienté par un but systématique – mettre en évidence l'étroitesse et la précision du rapport qu'entretient Pascal à la philosophie –, celui-ci obéit à une autre méthode, que je qualifierais de digressive si cela n'était d'une prétention exorbitante pour qui se souvient que la digression est selon Pascal le mode d'argumentation de la charité. Chaque point abordé essaie en tout cas, à sa manière, de « montrer la fin », du moins la fin pour des travaux universitaires, c'est-à-dire l'originalité et la puissance de la pensée pascalienne. C'est dire qu'il est souhaitable d'avoir lu *Pascal et la philosophie* avant d'aborder le présent recueil, puisqu'il présuppose plusieurs de ses analyses et de leurs résultats.

Chronologique. Il est plus encore requis de se reporter à l'édition des « Pensées » qu'Emmanuel Martineau a donnée sous le titre *Discours sur la religion et sur quelques autres sujets* en 1992 – année décidément faste puisqu'elle est aussi celle de la publication par Jean Mesnard du t. IV des *Œuvres complètes* : non seulement parce que les notices qui rendent raison de la «restitution» des *Discours* en font un exceptionnel instrument de travail et d'intelligence des textes pascaliens; mais encore et surtout parce que la plupart des études de ce recueil s'appuie sur la chronologie établie par l'édition des *Discours*, y compris dans leur organisation, chronologie dont Emmanuel Martineau a explicité deux des périodes les plus importantes dans un article paru sous le titre «Deux clés de la chronologie des discours pascaliens» dans un cahier de la revue *XVIIe siècle* consacré à «Pascal et la question de l'homme». Si, dans l'histoire de l'édition des «Pensées», la prise en compte par Zacharie Tourneur et Louis Lafuma des Copies, c'est-à-dire du classement, opéré par Pascal, en vingt-sept liasses de quatre cents «fragments» environ et de la répartition en séries de quelque cinq cents autres, a constitué un progrès décisif en ce qu'elle livrait la réorganisation, par Pascal lui-même, de l'ensemble de ses notes, la restitution des *Discours* par Emmanuel Martineau fait à présent accéder, avec une probabilité qu'il revient à chacun de juger sur pièces et dans le détail, aux textes tels qu'ils ont été selon toute vraisemblance initialement écrits par Pascal : comme des discours continus, devenus après découpage des fragments de fait, et non pas comme des fragments de droit. Ainsi s'est ouverte la possibilité de leur restitution, selon la chronologie la plus probable de leur conception même. C'est pourquoi j'indique à chaque fois la place des fragments cités et selon la distribution en liasses et en séries et selon l'ordre des *Discours*.

Les articles réunis ici sont répartis en quatre parties thématiques, pour la simple raison qu'ils se sont inscrits dans le cadre thématique de colloques, chacun ayant pour propos de répondre à une question philosophique, en fournissant éventuellement le dossier historique exigé par son traitement. Si certains ont pour objet de n'expliquer qu'une page de Pascal, voire quelques lignes, d'autres passent de textes en textes en se rapportant à des moments différents de l'œuvre. Bien qu'il fût par conséquent impossible de les présenter de façon rigoureusement chronologique – entendons selon la chronologie présumée des textes de Pascal telle que nous venons d'y faire référence –, je me suis attaché à ce que cette chronologie relative pût apparaître clairement, à l'intérieur des parties ou des chapitres.

La première partie concerne « les connaissances naturelles », qui appartiennent à ce que Pascal appelle ailleurs « sciences abstraites », ces sciences qui portent sur ce qu'il nomme autre part encore les « choses spéculatives et d'imagination », principalement mathématique et physique. Il s'agit d'abord de comprendre la réaction en 1647 du jeune Pascal, imbu de cartésianisme, devant une physique qui lui est totalement étrangère, l'atomisme finalistico-théologique de Saint-Ange (je complète ainsi *Pascal et la philosophie*, § 25). Ensuite de caractériser la nature de la disqualification à laquelle Pascal soumet dix ans plus tard la véritable physique, celle de Descartes : 1657, c'est l'année de la publication par Clerselier du tome I des *Lettres de Mr. Descartes*. J'essaie de mettre en évidence l'ambivalence de la relecture que Pascal fait des *Principia philosophiae* à l'occasion de sa découverte des *Lettres* (complément aux § 18, 30 et 31 de *Pascal et la philosophie*).

La deuxième partie reste cartésienne. La fécondité que Pascal accorde, dans *De l'art de persuader*, au « je pense donc je suis » en tant que « principe ferme et soutenu d'une physique entière », est telle qu'il en dévalorise totalement le *cogito* augustinien. Nous sommes alors en 1655 (selon la datation proposée par Jean Mesnard), avant les *Provinciales* donc. Mais cette pointe d'anti-augustinisme n'est pas la seule que nous trouvions sous la plume de Pascal : j'en indique d'autres traits, qui témoignent du refus de plusieurs thèses majeures de l'augustinisme (à commencer par le concept de *cité*), en m'appuyant en particulier sur les mentions de *La cité de Dieu* dans les *Pensées*, que Pascal ne cite pour l'essentiel (faut-il du reste s'en étonner?) que par le truchement de Montaigne. Plus radicalement encore, ce n'est pas à saint Augustin que Pascal reconnaît d'avoir accédé au *moi*, mais à Descartes. En effet, dans des textes que je crois également antérieurs aux *Provinciales*, Pascal crée en français la substantivation « le moi » afin, ayant pris acte de l'innovation radicale des *Meditationes*, de dessaisir le moi de sa primauté métaphysique et de le trouver dans la dépravation de la volonté (je complète ainsi *Pascal et la philosophie*, § 21).

La troisième partie a pour objet la notion de néant, que l'on a pu juger essentielle à la « spiritualité » pascalienne, singulièrement à son concept de conversion (Henri Gouhier). C'est de la doctrine bérullienne de l'anéantissement qu'il faut partir pour mesurer à quel point Pascal s'écarte d'une spiritualité incontestablement présente dans les *lettres* de 1648 et de 1651, ou encore dans ce discours dévot que sera l'*Écrit sur la conversion du pécheur*. Mais bientôt c'est au concept de séparation, introduit avec une force sans pareille dans le *Mémorial* (fin 1654) que reviendra d'exprimer la dialectique de la conversion proprement pascalienne. D'où le dédoublement auquel la notion de néant donne lieu : d'une part, le *nihil* cartésien, à l'œuvre dans *Disproportion de l'homme*, qui permet de penser « l'homme dans la nature » comme un « milieu entre rien et tout » ; d'autre part, l'ennui, par lequel l'homme « sent » le néant de sa condition – mais ne sommes-nous pas déjà là chez le « dernier Pascal », celui de ce que j'ai appelé la seconde anthropologie ?

La quatrième partie aborde enfin « l'étude de l'homme » pour elle-même, en trois temps bien distincts. Le premier porte sur l'interprétation pascalienne des trois concupiscences, qui s'écarte de la doctrine janséniste de la délectation, et sur son inversion en « trois ordres de choses » : avec cette tentative schématique – qui interdit d'attribuer aux trois ordres une fonction architectonique valant pour l'ensemble de l'*Apologie* –, tout entière orientée vers la quaternaire sapientiel de la première *lettre aux Corinthiens*, nous avons affaire de nouveau à une réflexion antérieure aux *Provinciales*, sans doute contemporaine des réflexions sur le moi et qui comme elles s'appuie sur les acquis des *Meditationes de prima philosophia* (*Pascal et la philosophie*, § 16). Dans le deuxième temps, centré sur « les deux infinis moraux », c'est le rapport de Pascal aux *Essais*, qui lui fournissent ses exemples, et surtout au Descartes des *Passions de l'âme* qui est envisagé. S'y révèle un Pascal bien différent à la fois de celui des recherches sur l'art d'agréer qui devaient déjà tant, ne fût-ce que pour s'y opposer, au traité de Descartes, et de celui des *Membres pensants*, qui empruntera aux *Passions de l'âme* les concepts qui lui permettront de penser l'unité du corps mystique (je corrige et complète ici le § 22 de *Pascal et la philosophie*). Dans « L'usage des passions », je m'efforce donc de retracer les divers emplois pascaliens du concept cartésien de volonté, de ses premières réflexions (*De l'honnête homme*, *Des trois ordres de choses*) aux « deux infinis moraux » et de ceux-ci aux *Membres pensants*. La méditation sur les « deux infinis moraux », symétriques et complémentaires des « deux infinis naturels », succède très vraisemblablement à la *Conférence à Port-Royal*, et, à ce titre, appartient sans doute de plein droit au projet apologétique. En ce sens, cette étude est la seule qui revienne explicitement sur ce que Gilberte Périer appelle dans *La Vie de Monsieur Pascal* son « dessein » (dans *Pascal et la philosophie*, je m'étais appuyé principalement sur les fragments gouvernés par la problématique de la *Conférence à Port-Royal*, ou par des problématiques proches, au premier rang desquelles celle de *Disproportion de l'homme*). On y sera sensible, cependant, à la manière nouvelle selon laquelle l'analyse pascalienne des vertus envisage les hommes – et non plus seulement l'homme – d'un point de vue moins théologique que moral. Le troisième chapitre aborde enfin le passage à la seconde anthropologie (à peu près absente de *Pascal et la philosophie*, car j'y ai méconnu plusieurs de ses commencements cartésiens) : troisième Pascal si l'on veut, après les réflexions initiales de 1655, après surtout l'échec des *Provinciales* et le projet apologétique dont témoigne la *Conférence à Port-Royal* ; mais c'est tout autant une seconde anthropologie que nous découvrons, qui ne doit plus rien à celle, abstraite, qui définissait la nature paradoxale de l'homme en orchestrant, comme dans l'*Entretien avec M. de Sacy*, l'opposition de sa grandeur et de sa misère. Pascal envisage alors l'homme non plus en fonction d'une nature humaine, fût-elle contradictoire, mais les hommes considérés dans leurs comportements concrets. J'essaie de fixer sommairement les caractéristiques de cette anthropologie existentielle, oserais-je dire, en la distinguant de la première anthropologie, avant d'en proposer une esquisse positive à partir des deux thèmes que sont la gloire et le divertissement, qui mettent en lumière la puissance d'aliénation de l'imagination.

Y a-t-il un sens à séparer aussi nettement trois périodes (quatre si l'on y ajoute celle des *Provinciales*, de l'hiver 1656 au printemps 1657) et à y distinguer trois ensembles si déterminés philosophiquement dans les quelques années, cinq dit Gilberte Périer dans *La Vie*, qui sont « tout le temps » pendant lequel Pascal « a vécu » ? Je le crois avec Emmanuel Martineau : « des textes *proches* dans le temps, dès lors qu'on les a judicieusement comparés et rangés dans le bon ordre, ne nous promettent pas moins de lumière sur l'« évolution » d'un auteur que des textes *éloignés* dans le temps, au contraire : à peser les plus menues différences entre textes voisins [...], nous pouvons espérer saisir sur le vif [...] ces pivotements délicats, ces fluxions insensibles où s'embryonnent de plus grandes orientations » (« Deux clés de la chronologie des discours pascaliens »). Ce livre voudrait contribuer, à la modeste mesure d'un recueil d'articles, à en faire la démonstration.

J'ai l'agréable devoir, au terme de cet avant-propos, d'exprimer ma gratitude à tous ceux qui ont suscité ou accueilli les études ici réunies, ou qui m'ont permis d'en éprouver les hypothèses en les soumettant aux participants de plusieurs colloques et séminaires : Roger Ariew (Tampa), Rudolf Behrens (Bochum), Giulia Belgioioso (Lecce), Telma Birchal de Souza (Belo Horizonte), Olivier Boulnois (Paris), Jean-Pierre Cléro (Rouen), Marta Fattori (Rome), Dan Garber (Princeton), Jérôme Laurent (Caen), Jose Raimondo Maia Neto (Belo Horizonte), Robert Morrissey (Chicago), Carlo Ossola (Paris), Martine Pécharman (Clermont-Ferrand), Claude Romano (Paris) et David Tracy (Chicago).

Et de remercier, pour leur conversation pascalienne, Jean-Robert Armogathe, Alberto Frigo, Jean-Luc Marion, Emmanuel Martineau, Mariana Nowersztern, Gilles Olivo et André Pessel. Ils savent ce que ce livre leur doit – comme le disait à peu près le Concile d'Orange, ses défauts seuls sont miens.

V.C.
le 16 septembre 2007.

PRINCIPALES RÉFÉRENCES ET ABRÉVIATIONS

Œuvres de Pascal

OC : *Œuvres complètes*, texte établi, présenté et annoté par Jean Mesnard, Paris, Desclée de Brouwer, 4 tomes parus en 1964 (t. I, Ire partie, *Documents généraux*), 1970 (t. II, IIe partie, *Œuvres diverses*, vol. I, 1623-1654), 1991 (t. III, IIe partie, *Œuvres diverses*, vol. II, 1654-1657) et 1992 (t. IV, IIe partie, *Œuvres diverses*, vol. III, 1657-1662). Le t. V (IIIe partie), attendu, contiendra *Les Provinciales*, le t. VI (IVe partie), les *Pensées*.

GEF : *Œuvres de Blaise Pascal*, nouvelle édition par Léon Brunschvicg, Félix Gazier et Pierre Boutroux, coll. « Les Grands Écrivains de la France », Paris, Hachette, 1904-1914, 14 vol.

Prov. : *Les Provinciales* (et écrits annexes), introduction, sommaire biographique, notes et relevé de variantes par Louis Cognet, Paris, Garnier, 1965, 2e éd. mise à jour par Gérard Ferreyrolles, Paris, Bordas, 1992.

Sacy : *L'Entretien de Pascal et Sacy. Ses sources et ses énigmes*, par Pierre Courcelle, Paris, Vrin, 1960 ; réimpression 1981.

Sacy EM : *Entretien avec M. de Sacy sur Epictète et Montaigne*, original inédit présenté par Pascale Mengotti et Jean Mesnard, Paris, Desclée de Brouwer, 1994.

Éditions de référence des Pensées *et numérotation*

L : *Pensées sur la religion et sur quelques autres sujets*, éd. par Louis Lafuma, 3 vol., Paris, Ed. du Luxembourg, 1951 (édition et numérotation reprises dans les *Œuvres complètes*, coll. « L'Intégrale », Paris, Seuil, 1963). Cette édition numérote les fragments suivant l'ordre de la première Copie (BnF, f. fr. 9203) ; son texte n'est pas toujours sûr. Il est regrettable, voire contradictoire, que toutes les éditions qui se fondent après Lafuma sur l'ordre des liasses et des séries des Copies aient maintenu une numérotation continue du millier de fragments dont nous disposons au lieu de les avoir simplement numérotés à l'intérieur des liasses et des séries – somme toute, comme le faisait déjà, à l'intérieur de chaque chapitre, PR 1678 !

Disc. : *Discours sur la religion et sur quelques autres sujets qui ont été trouvés après sa mort parmi ses papiers*, restitués et publiés par Emmanuel Martineau, Paris, Fayard / Armand Colin, 1992. Cette édition comprend « Le Mémorial » (Discours II, « <De la certitude> »), et intègre les *Textes inédits* retrouvés par Jean Mesnard, Paris, Desclée de Brouwer, 1962).

Nous citons à chaque fois les *Pensées* en indiquant d'abord L et le numéro de la liasse (en arabes) ou de la série (en romains) où Pascal a versé le fragment (HC (hors classement) signale un fragment non reproduit dans les Copies) suivi du numéro du fragment dans l'édition Lafuma puis *Disc.* suivi de la page dans l'édition Martineau, par exemple : L 2/40 = *Disc.* 120.

Autres éditions des Pensées

MSL : *Le Manuscrit des* Pensées *de Pascal*, édition fac-similé, publiée par Louis Lafuma, Paris, Les libraires associés, 1962, des feuillets autographes reclassés dans l'ordre de la première Copie.

PR : *Pensées de M. Pascal sur la religion et sur quelques autres sujets*, édition de Port-Royal (1670) et ses compléments (1678-1776) présentée par Georges Couton et Jean Jehasse, Saint-Etienne, Centre interuniversitaire d'éditions et de rééditions, 1971.

T : *Pensées de Blaise Pascal. Édition paléographique des manuscrits originaux conservés à la Bibliothèque nationale (N° 9202 du fonds français)...* par Zacharie Tourneur, Paris, Vrin, 1942.

Les autres éditions utilisées sont précisées à chaque fois.

Sources et instrument de travail

BA : saint Augustin, *Œuvres*, Paris, Desclée de Brouwer, « Bibliothèque augustinienne », 1936 s. Les références aux œuvres non encore publiées dans la BA sont indiquées à chaque fois, le plus souvent dans l'édition Vivès, Paris, 1869-1873.

AT : *Œuvres* de Descartes, publiées par Charles Adam et Paul Tannery, nouvelle présentation par P. Costabel et B. Rochot, 11 vol., Paris, Vrin-C.N.R.S., 1964-1974.

Essais : Montaigne, *Essais*, édition par Pierre Villey, rééditée sous la dir. de V.-L. Saulnier, Paris, PUF, 2 vol. 1965, reprise dans la coll. « Quadrige », 3 vol., 1988 (pagination continue).

DD : *A Concordance to Pascal's* Pensées, edited by Hugh M. Davidson and Pierre Dubé, Cornell University Press, Ithaca / Londres, 1975.

Les références à ces ouvrages sont ordinairement données dans le corps du texte, entre parenthèses, et sans le signe p.

PREMIÈRE PARTIE

LES CONNAISSANCES NATURELLES

CHAPITRE PREMIER

LA PHYSIQUE DE SAINT-ANGE : ATOMISME ET FINALISME

À Tullio Gregory

DÉDUIRE TOUTE LA PHYSIQUE [1]

Ayant sans doute eu le projet de prolonger ses *Méditations théologiques*[2], Saint-Ange montre à Pascal et à ses amis « le commencement d'un dialogue qu'il fait entre la sagesse, la volonté et la puissance divine, où il doit déduire toute sa théologie et toute sa physique »

1. Cette communication avait initialement un double objet, indiqué par ce sous-titre : il s'agissait de situer parmi d'autres tentatives contemporaines la prétention de Saint-Ange dans le *Récit de deux conférences* à *démontrer* la Trinité (la démonstration a effectivement lieu dans les *Méditations théologiques*) et de réexaminer les motifs de l'attitude de Pascal, en revenant sur les pages trop rapides de *Pascal et la philosophie* (p. 365-368) ; il s'agissait par là même de comprendre ce que signifie *déduire* de cette démonstration, dans le même mouvement, et une théologie et une physique. Il fallait donc s'intéresser à ce qui, à notre connaissance, n'avait jusqu'ici jamais retenu l'attention : la physique de Saint-Ange, sans doute discréditée d'avance par son caractère « fantaisiste », objet des sarcasmes de Pascal et (donc ?) du silence de ses éditeurs et de ses commentateurs. Or à *lire* les éléments de physique de Saint-Ange, il nous a semblé pouvoir y reconnaître, sous une forme partielle et sans doute décentrée, mais non incohérente, une doctrine atomiste semblable à celle de plusieurs des *novatores* de la première moitié du XVIIe siècle, ou, pour être plus précis, un « atomisme finalistico-théologique » ; c'est à exposer cette hypothèse que notre communication s'est dès lors attachée, reportant à un travail ultérieur ce qui concerne la démonstration de la Trinité.

2. Elles constituent le t. III de *La conduite du jugement naturel : Méditations théologiques, sur les principaux mystères de notre foi*, Paris, Thomas Blaize, 1645 (286 p., pagination non continue). Pour la bibliographie de Saint-Ange, voir Henri Gouhier, *Pascal et les humanistes chrétiens. L'affaire Saint-Ange*, Paris, Vrin, 1974, p. 30-32 ; pour la présentation de ce t. III en particulier, on se reportera aux p. 38-52.

(*OC* II, 390). Cette dernière expression avait été anticipée dans le *Récit de deux conférences*, dès la fin de son premier paragraphe résumant le début de l'entretien, avant même l'arrivée de Pascal : Saint-Ange y affirme qu'« il fallait connaître la Trinité devant que d'avoir les autres sciences, qu'elle était son antécédent et que de cette connaissance dépendait sa théologie et sa physique » (377). La théologie et la physique : paire remarquable en ce qu'elle élude la métaphysique. Or le grand œuvre de Saint-Ange, *La conduite du jugement naturel*, comprend bien une logique, une métaphysique et une théologie[1], ou plutôt des *Méditations théologiques* – dans lesquelles on chercherait vainement une physique. Dans le *Récit*, logique et métaphysique sont absentes, au profit de considérations sur les sciences, singulièrement sur la physique. En réalité, il n'y a pas là de crase ; car pour Saint-Ange la métaphysique ne lie nullement théologie et physique, mais elle articule logique et théologie. Il s'agit de commencer par la logique, c'est-à-dire « De la direction de la connaissance humaine » (section I) qui considère « quel chemin l'entendement doit tenir pour n'être pas sujet à l'erreur », ce que Saint-Ange appelle absolument la *direction*, pour en venir à la *facilité*, et ainsi entrer en métaphysique « en découvrant par un raisonnement enchaîné le principe et l'ordre des choses que les sciences recherchent »[2]. Or la métaphysique n'a pas d'autre ordre que de partir de l'*être*, ce que Saint-Ange appelle la *présence*[3] (première partie) pour accéder à Dieu (seconde partie). La métaphysique s'achève avec la démonstration de l'existence de Dieu et de certains de ses attributs, dont le dernier est l'infini. Il faut alors en venir à la théologie, ou plutôt d'y descendre[4] ! Il écrit au début des *Méditations théologiques* : « Mes pensées s'étant enfin confirmées sur la vérité d'un Dieu par le raisonnement métaphysical, et les autorités des philosophes, qui achèvent la seconde partie de ma Métaphysique : ne pouvant monter plus haut, je commençai désormais d'agir, comme si la conception de cet infini eût été ma

1. Respectivement t. I, 1637, 303 p., t. II, 1641, 72 p., t. III comme indiqué ci-dessus.

2. T. II, p. 2.

3. T. II, p. 4, Saint-Ange entreprend de « commencer la facilité promise par la métaphysique », dont le premier objet est « ce que j'ai nommé la *présence* ; ce que les philosophes appellent l'*être*, et que le vulgaire appelle *quelque chose* ». Il s'agira donc de commencer par « la vérité transcendantale », selon laquelle être c'est « être connaissable » et non-être, être « inconcevable » (p. 12). Pour sommaire qu'il soit, le statut explicitement *ontologique* de ces propositions ne fait pas de doute – Saint-Ange est de son temps.

4. Nous ne pouvons examiner ici, après son « ontologisation », cette restriction radicale de l'objet de la métaphysique, qui n'a d'autre fonction que cette introduction paradoxale à la théologie.

première »[1]. Dès lors, Saint-Ange, partant du « subsistant en soi »[2], va déduire la Trinité[3] (première partie) puis considérer « l'ordre des décrets de Dieu pour les productions du dehors » (deuxième partie), avant de mettre en œuvre « un raisonnement continu sur les principaux mystères de la

1. Première partie, « Qu'il y a une Trinité », chap. I, p. 1-2.

2. Le chap. I énonce trois articles : « Le 1er prouve l'indépendance et la plénitude fontale du premier subsistant. Le 2 expose quelles notions font discerner le premier subsistant. Le 3 le représente agissant ». Le premier subsistant est *premier* parce que subsistant de soi, et non « subsistant de soi puisqu'il est premier » (*contra* Henri Gouhier, *op. cit.*, p. 39). Le premier subsistant en tant que subsistant de soi constitue le *premier* résultat (fontal, dit Saint-Ange), du concept épistémique de facilité, c'est-à-dire d'*ordre*, puisque le subsistant de soi est posé tel car « non-dérivé ». D'une primauté épistémique (non dérivation) se déduit une subsistance, elle est donc aussi une primauté ontique.

3. Le pauvre Saint-Ange n'a fait autre chose que de s'y essayer, sans doute plus maladroitement que bien d'autres de ses contemporains, c'est-à-dire d'abord plus ostensiblement – mais selon une tradition scotiste, discutable certes, mais parfaitement orthodoxe. Comme nous l'avons indiqué à la note 1, p. 17, ce n'est pas l'objet de cette étude que d'examiner si Saint-Ange a vraiment prétendu *démontrer* la Trinité, et ce que veut dire démontrer (à coup sûr le mot ne signifie pas la même chose pour Saint-Ange et Pascal, qui l'entend en cartésien). En tout cas il est clair que, dans les textes publiés, Saint-Ange a pris au moins les précautions nécessaires : « [...] quelques-uns ont déjà été mal informés que je prétendais de prouver les mystères de notre religion par la raison naturelle. Je tiens avec les plus sensés que notre raisonnement tout seul est trop faible pour faire une preuve si importante. Je l'expose ici néanmoins tout nu dénué de citations pour y faire éclater plus visiblement la gloire de l'Église et de la Vérité » (Préface aux *Méditations théologiques*). Du reste, Saint-Ange a rappelé à la fin de sa *Métaphysique* que les payens sont incapables de penser à la fois l'inconfusion et l'identité des perfections, et donc qu'aucun n'est arrivé à l'idée de la Trinité, pourtant rationnelle (p. 70-71 ; voir aussi les *Méditations théologiques*, p. 29 ; cette position reste donc *grosso modo* thomiste). Il est cependant possible que Saint-Ange ait fait preuve d'imprudence orale, voire de vantardise. Inversement, quelle légèreté chez ses dénonciateurs, qui n'ont pas même pris la peine de le lire ! Ils y auraient vu au moins l'*intention*, conforme à la *Summa contra Gentiles*, de développer rationnellement le contenu de la vraie foi dont, selon saint Thomas, la raison naturelle a déjà démontré une partie, que les non chrétiens ne peuvent cependant atteindre. C'est sans doute ce paradoxe que Pascal ne peut plus penser. Du reste, si Pascal et ses amis avaient lu Saint-Ange, peut-être n'en eussent-ils pas moins été « choqués » (Henri Gouhier, *op. cit.*, p. 52) : il faudrait alors aller jusqu'à dire que la lecture de la *Summa contra Gentiles* elle-même eût « choqué » le christianisme de Pascal, quelque infiniment plus intelligente que les *Méditations* de Saint-Ange fût-elle ! À la fin de sa Métaphysique, Saint-Ange recommande du reste, pour ceux qui entendent le latin, Ficin, Suarez et « surtout [...] le livre que s. Thomas a fait contre les Gentils » (t. II, p. 67). Parmi les modernes, Saint-Ange s'appuie sur Yves de Paris, Silhon, Duplessis-Mornay, Sebond traduit par Montaigne et Marandé.

Dans le mandement de l'archevêque de Rouen que Saint-Ange est obligé de signer pour obtenir sa cure, il reconnaît qu'on ne peut démontrer la Trinité par raison naturelle, tout en répétant la valeur de la Trinité comme *explicans*, et non comme *explicanda* : « Sur la troisième [proposition] / Qu'il démontre par raison naturelle la Trinité, et que de cette connaissance dépendent sa théologie et sa physique. *Il répond* qu'il ne se peut, et que le

religion »[1]. *La conduite du jugement naturel* s'arrête là, c'est-à-dire aux principaux attributs de Dieu. Le *Récit de deux conférences* permet de faire un pas de plus dans la « redescente »[2] : des décrets sur les productions du dehors au produit lui-même, le monde, donc de la théologie à la physique. On comprend ainsi comment d'un « dialogue » « entre la sagesse, la volonté et la puissance divine »[3] Saint-Ange ait formé le projet de « déduire toute sa

raisonnement qu'il y emploie n'est que pour faire voir que ce mystère, comme toutes les choses révélées qui surpassent toute la raison, n'est pas contre la raison » (on observera qu'il s'agit toujours de passer de « la connaissance de la Trinité » à la théologie (et à la physique) : tout se passe donc comme si la connaissance de la Trinité ne faisait pas partie de la théologie, comme science subalternée, mais en fournissait seulement le principe, posé avant le travail proprement conclusif. Dans ce cas, Saint-Ange serait plus orthodoxe qu'il n'y paraît). Or il ne cède pas sur un point fondamental : « Et quant à cette clause que de cette connaissance dépendent sa théologie et sa physique, il dit que, de l'explication de ce mystère, que l'on ne peut non plus donner à entendre que de le comprendre, quoique incompréhensible sans une connaissance surnaturelle, on peut faire un antécédent et un principe à la connaissance de la physique, selon le concile de Latran, qui veut que l'on fonde la philosophie sur la théologie et sur la foi » (416; référence habituelle au concile de Latran V, session VIII (bulle *Apostolici regiminis* contre l'averroïsme de Pomponazzi), la même que celle sur laquelle Descartes s'appuie dans l'*Epître dédicatoire* à la Sorbonne (*Meditationes*, AT VII, 3, 4-8) – mais qui ne dit pas exactement cela). Que la Trinité soit « un antécédent et un principe à la connaissance de la physique », voilà ce à quoi tient Saint-Ange, protestant partout de l'ordre de ses raisons, de l'enchaînement de son raisonnement; voilà exactement ce qui répugne à Pascal, en bon cartésien : car l'ordre de Saint-Ange, dont les déductions se suivent sans que ne soit jamais faite la théorie des limites d'une science, est la perversion de celui de Descartes, la négation de la fondation des sciences dans ce qui leur reste à tout jamais hétérogène. Voilà ce qui est au principe de toute l'opposition fondamentale de Pascal à Saint-Ange, et qui sera une constante de la pensée pascalienne : que la rigueur (absolument cartésienne) de l'ordre soit indissociable d'une pensée de la pluralité irréductible des ordres.

1. Préface (non paginée) du t. III : « Ce sont là les motifs que j'ai de me servir d'une méthode nouvelle et d'un style particulier où l'on ne verra ni autorités ni objections, mais seulement un raisonnement continu sur les principaux mystères de la religion » (également cité par Henri Gouhier, *op. cit.*, p. 38); *continu* est à souligner, synonyme d'*enchaîné*, qui requièrent de prendre au sérieux les nombreuses liaisons « où l'auteur *continue* son raisonnement ... ». Voir le dernier mot de Saint-Ange dans le *Récit* (nous soulignons) : « il dit qu'il n'avançait pas toutes ces choses comme des dogmes, mais seulement comme des propositions et des pensées qui étaient *la suite de ses raisonnements* » (394).

2. Il est remarquable que le vocabulaire de la « descente » soit employé par les interlocuteurs de Saint-Ange, qui ne devinent pas à quel point il est adéquat : « comme on vit qu'il niait les choses les plus sensibles, et qu'on s'éloignait du dessein que l'on avait d'être éclairci touchant Jésus-Christ, et que l'on descendait dans la physique, on voulut quitter ce discours » (391).

3. Au moment où Saint-Ange conclut un second subsistant, il pose, à la suite d'Hugues de Saint-Victor, un « premier cercle », qui n'est « rien d'autre que *posse, scire, velle* », préparant ainsi le dialogue annoncé par le *Récit*. Le point original de la doctrine de Saint-Ange est de penser le *posse* comme « fécondité » (voir Henri Gouhier, *op. cit.*, p. 40) afin de rendre compte de la production du second subsistant.

théologie et toute sa physique » (390). Bref, le *Récit* fournit les linéaments d'une physique de Saint-Ange. En ce sens, il constitue comme le résumé (et peut-être le programme) d'une quatrième partie de *La conduite du jugement naturel*. Cette physique, il n'importe ni d'en rire ni d'en pleurer *a priori*, mais il nous faut essayer de la comprendre[1].

Ce faisant, nous serons amené à corriger une hypothèse que nous avions proposée, dans *Pascal et la philosophie*, sur les rapports de Pascal à Saint-Ange. Nous avions posé une question dont la réponse était supposée positive : a) « Pascal n'a-t-il pas lu Descartes à travers ses souvenirs du discours de Saint-Ange ? » ; il nous paraît aujourd'hui que c'est un anachronisme : Pascal ne lit pas Descartes à travers Saint-Ange, il est cartésien avant d'entendre Saint-Ange ; b) nous en avions tiré l'hypothèse selon laquelle Pascal unissait Descartes et Saint-Ange « dans une critique commune »[2] ; c'est, là encore, faux : loin de les unir dans une critique commune, c'est d'abord le cartésianisme de Pascal qui lui permet de critiquer Saint-Ange, en théologie comme en physique, et d'abord dans la méthode à employer dans les sciences. Etablissons brièvement le premier point, le cartésianisme du jeune Pascal.

Quelques rappels, brefs et purement factuels, s'imposent, qui reprennent et visent à compléter l'introduction de Jean Mesnard au dossier de l'affaire Saint-Ange. Ce qu'on a appelé dès le moment même « l'affaire Saint-Ange »[3] n'a duré que trois semaines (373), du 13 mars (la visite de Saint-Ange au vicaire général Gaulde pour l'obtention de la cure de Crosville – qu'il obtient en effet[4]) ou, si l'on veut, du 15 mars (l'apostille de

1. Même si Henri Gouhier a consacré quelques pages à « La philosophie de Saint-Ange » (*op. cit.*, p. 32-38), il n'a dit mot de la physique de Saint-Ange – or c'est bien sa physique que les trois auteurs du *Récit* appellent banalement, en s'en moquant, sa « philosophie » : « Et après tous ces discours, on aima mieux le remettre sur la théologie que d'entendre des choses étranges sur la philosophie » (383).

2. *Pascal et la philosophie*, p. 366.

3. *Lettre* de Monsieur le docteur de Saint-Hélène (Le Cornier) *à Auzoult* du 22 mars 1647 : « je vous remercie de tout mon cœur de la peine que vous avez prise de me faire part dans mon éloignement de tout ce qui s'est passé en l'affaire de M. de Saint-Ange » (403). Mais dès le 15 mars, l'archevêque de Rouen notait : « Ce n'est pas une affaire à étourdir : l'on en est venu trop avant » (395). Victor Cousin a repris et imposé le mot « affaire » en publiant en 1842 le *Récit de deux conférences*.

4. *OC* II, 370. Saint-Ange est mis en possession de sa cure le 12 avril ; c'est cela, semble-t-il, qui décide Hallé de Monflaines, Auzoult et Pascal à rédiger le *Récit de deux conférences* (signatures du 30 avril), mais aussi à en constituer tout le dossier (374), peut-être pour « prévenir un rebondissement de l'affaire ». Quoi qu'il en soit, le « dossier pouvait en outre fournir la matière de quelque ouvrage polémique et permettre de transporter tout à fait la querelle sur la place publique » (*ibid.*).

l'archevêque de Rouen, François de Harlay, à la *lettre* de Camus (395)) au 4 avril 1647 (le mandement de l'archevêque de Rouen sur l'affaire). Les « deux conférences » avaient eu lieu un mois et demi auparavant, les 1er et 5 février 1647. L'affaire Saint-Ange prend donc place comme une parenthèse, rapide mais passablement vive, au beau milieu des expériences sur le vide menées par Pascal, son père et ses amis. Au beau milieu : l'expression est sans doute exacte, puisque, selon Jean Mesnard, en janvier et février 47, Pascal « réalise une brillante série d'expériences sur le vide à la verrerie de Rouen »[1]. En octobre 1646, à Rouen, l'expérience de Torricelli était réussie par Pierre Petit et Etienne Pascal, sous les yeux de Blaise. Jean Mesnard conjecture, avec beaucoup de vraisemblance, un passage à Rouen de Petit vers la mi-septembre 46, et un second au début d'octobre au plus tard[2].

Pierre Petit a donc assidûment fréquenté les Pascal entre la mi-septembre et la mi-octobre 1646. Or Pierre Petit n'est pas seulement un ingénieur du roi et intendant des fortifications; il n'est pas seulement un savant, mathématicien et physicien; il n'est pas seulement l'ami et le collaborateur de longue date de Gassendi[3] et de Mersenne; il n'est pas seulement l'ami de Chanut et des Pascal, eux-mêmes amis[4] – amitié accrue en raison d'éventuelles affinités bourbonnaises[5]; Petit est aussi – ce que Jean Mesnard ne rappelle pas – l'auteur d'objections adressées à Descartes : objections à la *Dioptrique*, appréciées de Fermat[6]; objections aussi au *Discours de la méthode*, qui ont rapidement été copiées et ont circulé en France[7]. Objections importantes à plusieurs égards, en

1. *OC* II, 248. Sur le caractère mondain de l'affaire Saint-Ange, voir la brève remarque de Jean Mesnard : « Les péripéties de l'affaire Saint-Ange le [Pascal] montrent répandu dans la haute société rouennaise », *Pascal et les Roannez*, Paris, Desclée de Brouwer, 1965, t. I, p. 107.

2. *OC* II, 344 et 348. Sur les expériences de Rouen, voir aussi Simone Mazauric, *Gassendi, Pascal et la querelle du vide*, Paris, PUF, 1998, p. 46-54.

3. *Lettre* de Gassendi *à Louis de Valois* du 31 mars 1645, *Opera*, Lyon, 1658, t. VI, p. 224, *lettre* dans laquelle Gassendi fait l'éloge de Petit; voir GEF I, 326.

4. Petit lui-même écrit *à Chanut* le 19 (ou 26) novembre 1646 : « votre bon ami et le mien, Monsieur Pascal » (350); Chanut, de son côté, était lié à la famille Pascal; en 1646 il venait de quitter la trésorerie de Riom (ville dans laquelle il était né).

5. *OC* II, 347; Pierre Petit est né à Montluçon en 1594 ou 1598.

6. Voir la *lettre* de Fermat *à Mersenne* du 20 avril 1638, AT II, 32-33.

7. AT II, 33. Voir l'édition et le commentaire des objections de Petit par Cornelis de Waard, « Les objections de Pierre Petit contre les *Discours* et les *Essais* de Descartes », *Revue de métaphysique et de morale*, 1927, p. 53-89; puis les recherches érudites de Claudio Buccolini, « Dalle Objections di Pierre Petit contro il *Discours de la méthode* alle *Secundae Objectiones* di Marin Mersenne », *Nouvelles de la République des lettres*, 1998-II, p. 7-28 et « Le critiche di Pierre Petit alla filosofia cartesiana dopo il 1641 », in *Descartes e l'eredità*

particulier parce qu'elles ont contribué à préparer les *Secundae Objectiones* aux *Meditationes*; et objections d'autant plus importantes pour notre propos qu'elles portent sur ce qui est sans doute le premier texte de Descartes que Pascal ait lu : le *Discours de la méthode* et ses *Essais*. Revenons sur ce point, sous-estimé dans *Pascal et la philosophie*, avec trois brèves remarques.

1) La lecture pascalienne de la *Géométrie*. L'*Essai pour les coniques* paraît au début de 1640 (*OC* II, 220 s.). Les recherches de Pascal seraient évidemment impensables sans la connaissance de la *Géométrie*, qu'il a donc lue au plus tard en 1639 – Jean Mesnard considère que Pascal s'est mis « au travail dès qu'il eut en main le livret de Desargues, vers le printemps de 1639 »[1]. Pascal avait alors à peine seize ans (*OC* II, 222). On doit même sans doute reculer cette date, puisqu'il est invraisemblable de supposer que Pascal n'ait pas été parfaitement informé de la défense de Fermat contre Descartes à propos de la méthode *de maximis et minimis*, défense prise par Etienne Pascal et Roberval (164 s.). Nous voici alors revenu en 1638, et même plus précisément en janvier 1638[2]. On peut reculer cette date de deux ou trois mois encore, jusqu'à la fin novembre 1637, quand le *Discours de la méthode* et les *Essais* sont mis en vente à Paris[3], puisqu'on en discutait pendant l'hiver[4] aux réunions scientifiques organisées par Mersenne, les fameuses, mais encore mal connues, rencontres de la Place Royale[5], où

cartesiana nell'Europa sei-settecentesca, a cura di M. T. Marcialis e F. M. Crasta, Lecce, Conte Editore, 2002, p. 205-223. Selon Thomas Lennon, Petit était gassendiste; voir son *The Battle of Gods and Giants. The legacies of Descartes and Gassendi (1655-1715)*, Princeton University Press, 1993.

1. *OC* II, 222-223 ; il s'agit évidemment du *Brouillon projet (d'une atteinte aux événements des rencontres du cône avec un plan)*, imprimé au début de 1639 (voir René Taton, *L'œuvre mathématique de G. Desargues*, Paris, PUF, 1951, p. 27-41 et 87-98).

2. La réplique d'Étienne Pascal et de Roberval est envoyée par Mersenne *à Descartes* le 8 février 1638 (*OC* II, *ibid.*; la réponse de Descartes (AT II, 1-12 = *OC* II, 167-174) est vraisemblablement du 1er mars 1638 : nous suivons la date d'AT (II, 1) et AM (II, 143) en raison de la note convaincante de Pierre Costabel p. 727, au contraire de la *Correspondance de Mersenne*, éd. C. De Waard, t. VII, 74-76 et *OC*, II, 167).

3. *OC* II, 164; C. de Waard, art. cité, p. 59 dit décembre. Fermat (donc Etienne Pascal ?) connaissait la *Dioptrique*, grâce à Beaugrand, dès le printemps de 1637 : voir C. de Waard, art. cité, p. 54.

4. Voir René Taton, « L'*Essai pour les coniques* de Pascal », *Revue d'histoire des sciences*, VIII, 1955, p. 1-18.

5. Voir Jean-Robert Armogathe, « Le groupe de Mersenne et la vie académique parisienne », *XVIIe siècle*, 1992, 2, p. 131-139. Sur les minimes en France au XVIIe siècle, voir l'ouvrage de P.J.S. Whitmore, *The Order of Minims in Seventeenth-Century France*, La Haye, Nijhoff, 1967.

Etienne Pascal emmenait son fils, dès l'âge de douze ans[1]. Il est donc très vraisemblable de penser que Pascal a pu lire la *Géométrie*, en tout cas prendre connaissance de la nouveauté de l'application de l'algèbre à la géométrie, à la fin de 1637, à quatorze ans[2], voire un peu avant. Or il est peu imaginable que Pascal ait travaillé la *Géométrie* sans en lire la préface[3], c'est-à-dire le *Discours de la méthode*. Pascal a donc été élevé, pour ainsi dire, dans le cartésianisme. Le tout jeune Pascal lit Descartes et y fait son apprentissage.

2) La « méthode » de Pascal. Cette lecture du *Discours* marquera Pascal d'une empreinte définitivement cartésienne. Toute la « méthode » mise en place pour penser les expériences sur le vide en témoigne[4]. La *lettre au P. Noël* du 29 octobre 1647 ne se contente pas de citer Descartes *in fine*, pour accuser le P. Noël de reprendre sans l'avouer la matière subtile cartésienne[5], elle s'ouvre par un véritable démarcage du *Discours de la méthode*, admirablement intelligent au demeurant, comme seul un véritable disciple de Descartes pouvait l'écrire: entendons quelqu'un qui comprend Descartes de l'intérieur, qui pense en cartésien, et qui, par là même, peut s'en démarquer radicalement[6]. L'allusion à Descartes est

1. Voir la *Vie de Monsieur Pascal* par Mme Périer, 1re version (selon Jean Mesnard), § 14-15 = 2e version, § 10-11, *OC* I, 575 et 606-607.

2. Baillet, en rapportant la discussion de Descartes avec Étienne Pascal et Roberval sur Fermat dit de Pascal « qui ne comptait alors que la quinzième année de sa vie, [qu'il] se distinguait déjà parmi les vieux mathématiciens et [qu'il] eut part ensuite à l'estime et à l'amitié de M. Descartes » (*La vie de Mr Descartes*, Paris, 1691 (reprint Olms, Hildesheim-New York, 1972), t. I, 333 = *OC* I, 757).

3. Le différend, d'ailleurs, au moins entre Descartes et Roberval, s'étend aussi aux autres essais et au *Discours de la méthode* (*OC* I, 765 = Baillet, *Vie*, I, l. IV, c. IX, 340-341).

4. Voir en particulier Catherine Chevalley, « Ce que Pascal doit à la physique des *Principia* », *Revue d'histoire des sciences*, 2005, 1, p. 9-27.

5. *OC* II, 526-527. La polémique avec le P. Noël opposera Pascal à un adversaire qui se situe à certains égards aux antipodes de Saint-Ange: un scolastique d'obédience aristotélicienne; dans la même année, Pascal aura eu affaire à un scolastique aristotélicien et à un *novator* anti-aristotélicien, découvrant sans doute la doctrine de celui-ci avant la physique de celui-là. Mais il est évident que, pour Pascal, seul le P. Noël représente un adversaire véritable, la physique de Saint-Ange n'étant pas même digne d'être prise en considération.

6. Catherine Chevalley, art. cité, p. 21 : « Or c'est précisément cette identification de la matière à l'espace que Pascal récuse, en dissociant par là même concepts physiques et concepts géométriques. [...] Pascal pose donc que la condition pour que l'on puisse concevoir un espace vide est que l'on cesse d'identifier l'espace (géométrique) et la matière, et que l'on admette qu'il puisse exister un espace physique muni de dimensions, mais dépourvu de matière. Anticartésianisme radical, par lequel Pascal divise les domaines où physique et géométrie peuvent respectivement légiférer et introduit de fait un droit nouveau des concepts physiques à être définis hors géométrie ».

d'ailleurs transparente, dans l'opposition « entre la façon dont on traite les sciences dans les écoles, et celle qui est véritablement solide et qui remplit et satisfait pleinement l'esprit » (*OC* II, 519).

3) Les preuves de l'existence de Dieu et celles de la Trinité. Il n'est pas vraisemblable que Petit, Etienne Pascal et Blaise Pascal n'aient pas parlé de Descartes, y compris du *Discours* et de sa métaphysique, en particulier des preuves de l'existence de Dieu[1] – nous pouvons penser, avec Geneviève Rodis-Lewis, que les entretiens de Descartes et Pascal qui eurent lieu exactement un an après le séjour rouannais de Petit (22 et 23 septembre 1647) et six mois après l'affaire Saint-Ange, ne portèrent pas seulement sur la physique[2]. Au demeurant, Saint-Ange lui-même avait allégué, dans la première conférence, l'autorité de Petit comme de qui a été convaincu par son raisonnement, à savoir la démonstration de l'existence de la Trinité[3].

Ces quelques rappels factuels permettent de poser un préalable à ce qui suit : le Pascal de l'affaire Saint-Ange est un Pascal méthodiquement cartésien (et même imbu de cartésianisme), alors même qu'il établit la physique comme science d'expérience *contre* Descartes. Le tout début du *Récit* en fournit la confirmation immédiate.

« On discourut après de la certitude des sciences et des principes de nos connaissances, qui sont les effets, lesquels nous mènent par le raisonnement à la connaissance des causes, à cause de la nécessaire dépendance d'icelles » (376). Quel début ! Le débat de théologie est d'abord un débat de physiciens. Pascal n'est pas encore arrivé, et pourtant le *Récit* (rédigé bien après) parle comme le fera Pascal, en bon cartésien : les « principes de nos connaissances », voilà une expression estampillée comme cartésienne trois ans après la parution des *Principia philosophiae* et l'année même de la publication de leur traduction française, laquelle succède à la formule non moins cartésienne « la certitude des sciences ». Mais c'est aussitôt pour

1. Les preuves de l'existence de Dieu de Petit valent bien le prétendu ridicule de Saint-Ange : par l'illumination de la terre, la salure de la mer, etc. Comme Descartes le souligne, Petit est un « amateur » (la morale et la métaphysique « ne sont point du tout de son métier », *lettre à Mersenne* du 27 mai 1638, AT II, 145, 4), – ce que Saint-Ange revendique d'être, dès le t. I de La *Conduite du jugement naturel*.

2. Geneviève Rodis-Lewis, « La rencontre de Descartes et de Pascal : réalité et fiction », *Revue des sciences philosophiques et théologiques*, 75, 1991, 1, p. 39 ; voir aussi *Pascal et la philosophie*, p. 368.

3. *OC* II, 377 : Saint-Ange « raconta aussi que M. Petit, lequel, en quelque rencontre, ne le connaissant pas, se moquait en sa présence de son entreprise, la jugeant impossible, après avoir entendu son raisonnement, l'avait fort approuvé, et avait été contraint d'avouer qu'il n'avait jamais rien ouï de si puissant ». Resterait à travailler sur la philosophie naturelle de Petit lui-même, dont on ne sait rien, ou presque.

poser, par un contraste saisissant, en une frappe anti-cartésienne plus forte encore : les « principes de nos connaissances, qui sont les effets » ; entendons, les principes de nos connaissances sont les phénomènes, en tant qu'ils sont mis au jour par les expériences, bref, les expériences elles-mêmes. Voilà bien le trait distinctif de Pascal physicien, que reprendra solennellement la *Préface sur le Traité du vide* : « les expériences [...] sont les seuls principes de la physique » (*OC* II, 781). La conclusion de l'*Equilibre des liqueurs* dira non moins clairement, dans un passage explicitement anti-aristotélicien : « les expériences sont les véritables maîtres qu'il faut suivre dans la physique » (1101). On ne peut pas être ici plus anti-cartésien. « *Penser contre Descartes*, au sujet des « connaissances naturelles », revient pour Pascal à établir la physique non pas comme science de principes, mais comme une connaissance d'*expériences* »[1]. Et dire que les effets, véritables principes de nos connaissances, « nous mènent par le raisonnement à la connaissance des causes », inverse littéralement le projet cartésien d'une histoire des phénomènes qui ouvre la 3e partie des *Principia philosophiae*, en rapportant les raisons des effets (l'expression est celle de Descartes) aux causes : « Sed jam brevem historiam praecipuorum naturae phaenomenωn (quorum causae hic sunt investigandae), nobis ob oculos proponemus ; non quidem ut ipsis tanquam rationibus utamur ad aliquid probandum : cupimus enim rationes effectuum a causis, non autem e contra causarum ab effectibus deducere »[2]. D'emblée, c'est le vocabulaire et la problématique cartésiens, ou anti-cartésiens, qui déterminent les termes du débat, physique avant d'être théologique.

Aussitôt, en un énoncé aussi anti-cartésien qu'anti-pascalien, Saint-Ange nie « qu'il y eût aucune connexion nécessaire des causes naturelles aux effets [...] » (376). Puis, au contraire de la séparation des ordres, en l'occurrence du physique et du théologique, fondamentale et commune à Pascal et à Descartes, Saint-Ange pose immédiatement leur dépendance, en des termes incompréhensibles à un esprit formé dans le cartésianisme, en

1. Voir Catherine Chevalley, art. cité, p. 22.

2. AT VIII-1, 81, 23-29 ; l'art. 4 (*De phaenomenis, sive experimentis*) continue ainsi : « sed tantum ut ex innumeris effectibus, quos ab iisdem causis produci posse judicamus, ad unos potius quam alios considerandos mentem nostram determinemus ». Trad. Picot : « C'est pourquoi je ferai ici une brève description des principaux phénomènes, dont je prétends rechercher les causes, non point afin d'en tirer des raisons qui servent à prouver ce que j'ai à dire ci-après : car j'ai dessein d'expliquer les effets par leurs causes, et non les causes par leurs effets ; mais afin que nous puissions choisir, entre une infinité d'effets qui peuvent être déduits des mêmes causes, ceux que nous devons principalement tâcher d'en déduire » (AT IX-2, 105).

formulant ce que nous pouvons appeler sa thèse : « [...] il fallait connaître la Trinité devant que d'avoir les autres sciences, qu'elle était son antécédent et que de cette connaissance dépendait sa théologie et sa physique [...] » (377). C'est bien la physique qui en appelle à la méditation de la Trinité et aux décrets qui s'ensuivent : « [...] que, n'y ayant que la Trinité qui fût nécessaire, tout le reste par sa nature n'avait aucun ordre nécessaire, que tout cela dépendait des décrets de Dieu ; donc, que pour connaître les effets, il fallait connaître les décrets [...] » (376). Connaître (immédiatement, c'est-à-dire à partir de la considération de la Trinité) les décrets de Dieu pour connaître les effets naturels, on peut difficilement être plus anti-cartésien[1] – et tout aussi bien anti-pascalien.

Il est en effet plusieurs fois question de physique pendant les deux *Conférences* : d'abord avec la thèse du « continuel mouvement » de la substance derrière les accidents, qui donne à Saint-Ange l'occasion de se mêler des expériences toutes nouvelles sur le vide (382), puis de la même thèse redite comme circulation de la matière et la question de la quantité de matière dans l'univers (puisque le nombre d'âmes humaines y est lié, 381-382 et 393-94). Or, à chaque fois, c'est le ridicule que Saint-Ange s'attire en matière de physique : – « [...] tournant en risée, autant que la civilité le pouvait permettre, cette proposition [*sc.* que l'on puisse « supputer à peu près le nombre des hommes qui devaient être depuis le commencement du monde jusques à la fin »], on lui fit quelques doutes sur cela » (382) ; – « On ne put se tenir de rire de tous ces étranges discours » (391) ; – « On commençait de ne s'étonner plus d'entendre des choses extraordinaires contre toute sorte d'apparence et sans raison ni expérience. Comme néanmoins on se riait de cela et que l'on disait que c'était deviner [...]. Cette pensée excita une risée commune, et on dit quelques mots agréables sur cette comparaison des hommes et des fioles. Et après tous ces discours, on aima mieux le remettre sur la théologie que d'entendre des choses étranges sur la philosophie » (382-383). « Le remettre sur la théologie » ! et pour cause, puisque la physique donne lieu à des propositions étranges, mais sans doute non condamnables – ce que Pascal et ses camarades avouent naïvement : « Quoique ce discours achevât de surprendre un chacun, on ne fut pas néanmoins si étonné de cette étrange proposition comme des précédentes, à cause qu'elle ne semblait si directement ni si apparemment choquer les mystères de la religion » (382).

1. Voir par exemple les célèbres lieux des *Principia philosophiae*, I, a. 28 et III, a. 3 ou de la *Meditatio* IV, AT VII, 55, 23-26.

Mais que dit la physique de Saint-Ange ? Et comment en est-on *revenu*, malgré un objet explicite de théologie, à la physique de Saint-Ange, et tout à la fois à sa cosmologie, et même à ce qu'on pourrait appeler sa cosmo-eschatologie ? Avec la proposition faite à l'assemblée d'un énoncé tel qu'il les étonnera, en quelque sorte, une fois pour toutes : celui selon lequel un bon géomètre peut calculer « combien il devait y avoir d'hommes ». Pascal et ses amis ne peuvent parvenir à la comprendre. Réponse de Saint-Ange : il y aura « des hommes jusques à ce que la masse corporelle fût épuisée » (381). La masse corporelle, c'est-à-dire tous les corps célestes et terrestres. Or « toute cette masse devait servir successivement à composer des hommes, parce qu'il fallait qu'il y eût autant d'hommes comme il y avait de parties de cette masse qui étaient suffisantes pour être unies à des âmes et faire des hommes, à cause qu'il fallait que tout retournât à Dieu comme tout en était venu, Dieu n'ayant produit ses créatures qu'à ce dessein ; et que, par conséquent, tous les corps devaient aussi bien retourner à lui que les esprits, avec cette différence que les esprits étant capables de connaissance et d'amour pouvaient y retourner seuls, mais les corps, étant privés de l'un et de l'autre, ne pouvaient y retourner s'ils n'y étaient reportés par des esprits » (381). L'union des esprits aux corps est donc le moyen pris par Dieu pour *tout se rapporter*, esprits et corps. De nouveau, incompréhension de l'assemblée : « On lui demanda comment la substance du soleil et des étoiles, et celle qui est au centre de la terre, pouvait venir sur la terre, afin qu'elle fût prise pour la composition des hommes, et qui était ce qui l'y apportait ; ce qui néanmoins était nécessaire, puisque tout cela faisait partie de la masse corporelle, et que par conséquent leur substance devait être reportée à Dieu. – Il répondit que la cause de cette difficulté venait de ce que nous concevions les choses naturelles autrement qu'elles ne sont [pas], et que nous n'avions pas une bonne idée de la substance des choses ; que nous pensions que ce que nous voyons était substance, et que ce n'était que des accidents et des apparences ; qu'il fallait s'imaginer que la substance n'était pas attachée aux accidents que nous voyons, mais qu'elle était en continuel mouvement derrière eux[1], et que par ce moyen la substance du ciel, du soleil, de la lune et des étoiles descendait ici-bas, et que celle de la terre montait en haut continuellement [...] » (382). Ces dernières lignes constituent un indice capital pour notre recherche, qui essaie d'identifier la doctrine physique de Saint-Ange. La doctrine de Saint-Ange est peut-être

1. Voir aussi la thèse selon laquelle « les aliments dont il [le Christ] était nourri ne se tournaient pas en sa substance, et que tout ce que nous mangions nous-mêmes ne se tournait pas en la nôtre » (390) et ses conséquences christologiques (392).

étrange, elle est sans doute celle d'un amateur, mais ce n'est pas n'importe quoi, elle n'est pas « fantaisiste »[1] : Saint-Ange est *atomiste*. Ses éléments de physique théologique permettent de le considérer parmi les *recentiores* ou *novatores* promoteurs d'une physique anti-aristotélicienne atomiste. Voilà du moins notre hypothèse.

L'ATOMISME DES « NOUVEAUX PHYSICIENS »

Pour l'étayer, comparons les propositions de Saint-Ange à un certain nombre de celles que l'on trouve chez les *novatores* anti-aristotéliciens, courant éclectique[2] important, dont Descartes fait une première fois mention dans la *lettre à Beeckman* du 17 octobre 1630 (AT I, 158)[3]. Les *novatores* sont atomistes[4], les uns vacuistes, les autres non, tenant alors pour la matière subtile. Ce sont à ces auteurs que s'en prend Descartes dans les *Principia* II, art. 16 et s.[5] quand il refuse le vide – d'où évidemment leur intérêt pour l'expérience de Torricelli répétée par Petit et les Pascal. Ainsi faudrait-il sans doute rapprocher méthodiquement Saint-Ange de philosophes comme Daniel Sennert, *Hypomnemata physica* (Wittenberg,

1. Léon Brunschvicg écrivait : « Si le rationalisme de sa théologie l'amène à rencontrer des formules qui font songer à certaines vues de Leibniz, la forme subtile et parfois fantaisiste dont il revêt sa métaphysique était plus près d'être ridicule que séduisante ou dangereuse ; et l'on voit à plus d'un passage de l'entretien que la nuance n'échappe pas à ses interlocuteurs de Rouen » (GEF, I, 352). Saint-Ange allierait donc rationalisme théologique et fantaisie métaphysique, contradiction d'une double contradiction.

2. Leur éclectisme mêle au moins une origine stoïcienne (en particulier la doctrine de l'âme du monde), comprise dans la lignée du naturalisme platonico-stoïcien renaissant et un atomisme d'origine épicurienne.

3. Selon le P. Rapin, dans ses *Réflexions sur la physique,* Descartes aurait été pléniste par opportunisme, pour « s'accommoder avec les nouveaux physiciens », alors que sa première doctrine le poussait à admettre le vide (si l'on en croit la relation par Mersenne d'un projet de physique de Descartes, énoncé devant « une assemblée de savants ») : « Ainsi l'exclusion du vide devint par politique un de ses principes » (*Comparaisons des grands hommes de l'Antiquité...*, Paris, Muguet, 1684, t. II, p. 357). Nous laissons de côté ici la question de l'éventuel atomisme initial de Descartes, et ses interprétations « atomistes » de la fin du siècle.

4. Sur l'atomisme au XVIIe siècle (et ses antécédents médiévaux, Buch I), voir la somme classique de Kurd Lasswitz, *Geschichte der Atomistik vom Mittelalter bis Newton*, Hambourg-Leipzig, Leopold Voss, 1890, 2 t., 518 et 609 p. ; voir aussi Léopold Mabilleau, *Histoire de la philosophie atomistique*, Paris, Alcan, 1895, 560 p. Ni l'un ni l'autre ne mentionnent Saint-Ange.

5. Voir F. De Buzon et V. Carraud, *Descartes et les* Principia *II : corps et mouvement*, p. 64-69 (Beeckman était atomiste et vacuiste). Rappelons que le refus du vide par Descartes est dû à la définition de la matière (la théorie métaphysique de l'étendue comme attribut principal), et non à quelque expérience que ce soit.

1636)[1], Gorlaeus (David van Goorle), *Exercitationes philosophicae* (Leyde, 1620)[2] ou auparavant Hill, *Philosophia epicurea, democritiana, theophrastica* (Cologne, 1601)[3] – et d'abord des passages de Kepler sur le flux immatériel, par exemple dans le livre III, chap. 33, de son *Astronomia nova*. Pour nous livrer à une première enquête sur cette « nouvelle philosophie »[4], nous comparerons ici Saint-Ange à deux *novatores* – d'autres seraient peut-être plus pertinents –, Sébastien Basson et, appartenant à la génération suivante, Valerianus Magni.

Pour Basson[5], nous nous appuierons sur l'étude de Tullio Gregory publiée dans *Genèse de la raison classique de Charron à Descartes*[6]; la présentation qui y est faite des *Philosophiae naturalis adversus Aristotelem libri XII* de Basson[7] nous permet d'énoncer cinq critères principaux, cohérents, pour caractériser l'anti-aristotélisme atomiste des *novatores*[8].

1. L'*Epitome naturalis scientiae* (Wittenberg, 1618, plusieurs rééd.) reste un ouvrage pour l'essentiel aristotélicien : sur Sennert, voir Kurd Lasswitz, *op. cit.*, l. II, c. VI, t. I, p. 436-454, qui souligne l'aspect systématique de sa pensée et, pour son évolution au contraire, voir Christoph Lüthy, art. cit. *infra* n. 3. Les ouvrages de Sennert ont été repris en *Opera omnia* à Paris en 1633, puis à Lyon plusieurs fois (1650, 1657, 1666, 1676).

2. Voir Kurd Lasswitz, *op. cit.*, t. I, p. 455-463.

3. Mersenne a plusieurs fois critiqué l'atomisme, dès les *Quaestiones in Genesim* (Paris, 1623, col. 30 (contre la doctrine épicurienne de l'âme), 775 (« Quare atomi in radio solis appareant », contre Démocrite et Anaxagore) et surtout 1838); dans *L'impiété des déistes, athées et libertins de ce temps*, il mentionne Van Gorle, Hill et Basson en particulier (Paris, 1624, t. I, p. 237-240) – ce qui suffit, au moins pour une première enquête, à justifier nos propres références (voir aussi *La vérité des sciences*, p. 47 et 109). Voir Roger Ariew, *op. cit.* note 67, p. 126-128. Hill est absent du livre de Kurd Lasswitz, qui n'a pu le lire (*op. cit.*, t. I, p. 465, note 2). Sur la pertinence historique de la référence à Démocrite chez les atomistes du XVIIe siècle, voir Bernard Joly, « Les références à la philosophie antique dans les débats sur l'alchimie au début du XVIIe siècle », in *Alchimie : art, histoire et mythes*, éd. par D. Kahn et S. Matton, Paris-Milan, S.E.H.A.-Archè, 1995, p. 671-690 et Christoph Lüthy, « The Fourfold Democritus on the Stage of Early Modern Science », *Isis*, 2000, 3 p. 443-479.

4. C'est l'expression qu'emploie Gilberte Périer, dans *La vie de Pascal*, 1re version, § 26, 2e version, § 19, *OC* I, 579 et 610.

5. Basson est présenté par Kurd Lasswitz dans son chapitre sur « Die Erneuerung der Atomistik in Frankreich », *op. cit.*, t. I, p. 467-481 en part.

6. Paris, PUF, 2000, chap. VII, p. 191-234; cette étude est elle-même suivie d'une autre, sur David Van Goorle et Daniel Sennert, chap. VIII, p. 235-267. Sur l'atomisme de Basson, voir aussi le chap. VI du livre récent de Roger Ariew, *Descartes and the last scholastics*, Ithaca and London, Cornell U.P., 1999, p. 123-139.

7. Genève, 1621 (titre complet : ... *in quibus abstrusa veterum physiologia restauratur et Aristotelis errores solidis rationibus refelluntur*); seconde édition Amsterdam, 1649. Nous suivons les citations données par Tullio Gregory.

8. Voir aussi la récapitulation liminaire de Jean-Robert Armogathe dans la préface à Tullio Gregory, *op. cit.*, p. 7 : « La physique atomistique cristallise autour d'elle les principales thèses de l'anti-aristotélisme : discussion du nombre d'éléments, négation de toute

Nous les relèverons au fur et à mesure dans les propos de Saint-Ange tels que le *Récit de deux conférences* les rapporte[1].

1) La critique systématique de la doctrine des quatre éléments, et par là, la fin de la distinction entre matière céleste et matière terrestre (et donc entre philosophie céleste et philosophie terrestre). Saint-Ange : « [...] la masse corporelle comprenait tous les corps tant célestes que terrestres [...] » (381); « [...] on lui demanda comment la substance du soleil et des étoiles, et celle qui est au centre de la terre, pouvait venir sur la terre [...] » (382); « [...] par ce moyen la substance du ciel, du soleil, de la lune et des étoiles descendait ici-bas, et que celle de la terre montait en haut continuellement [...]; tout cela faisait partie de la masse corporelle [...] » (382). S'ensuit en conséquence l'exclusion des formes, le concept de matière devenant pleinement suffisant à rendre compte de tous les êtres[2].

2) La thèse de la circulation de la matière, le plus souvent corrélée à la théorie du flux violent de matière subtile. L'expression de la substance « en continuel mouvement » et celle de la « circulation de la matière » (390) sonnent de façon tout à fait atomiste, et même bassonienne. On trouve chez Basson l'idée d'une matière subtile qui communique entre les différents astres et la terre (tout mouvement a lieu dans l'éther). La substance « en continuel mouvement » de Saint-Ange rappelle l'éther bassonien, la cause de tous les mouvements, qui est lui-même en mouvement continu. Relisons Saint-Ange : « Il répondit que [...] nous pensions que ce que nous voyons était substance, et que ce n'était que des accidents et des apparences; qu'il fallait s'imaginer que la substance n'était pas attachée aux accidents que nous voyons, mais qu'elle était en continuel mouvement derrière eux, et que par ce moyen la substance du ciel, du soleil, de la lune et des étoiles descendait ici-bas, et que celle de la terre montait en haut continuellement [...] » (382). Un exemple pris de Basson permet de nouveau d'éclairer le propos de Saint-Ange : « De même que [...] la mer s'introduit sous terre par des canaux cachés et accessibles de tous côtés, et de ce fait rejaillit dans les fontaines et les fleuves, de même pour ce corps céleste

transmutation d'éléments, unification des mondes extralunaire et sublunaire et bien d'autres thèmes qui composent, dans la diversité de leurs associations, un ensemble atomisto-mécaniste systématique ».

1. Il va de soi que nous ne prétendons pas fournir une source aux propos de Saint-Ange, mais seulement un rapprochement qui indique suffisamment le courant philosophique auquel il appartient, témoignant par là de sa prétention à la cohérence, sinon à une rigueur scientifique que lui ont déniée Pascal et ses amis.

2. Voir Tullio Gregory, *op. cit.*, p. 212-214 en particulier.

extrêmement vaste, il reçoit cette mer de feu qui s'engouffre en quantité énorme par diverses conduites vers les ouvertures des pôles ; de même que les fontaines écoulent une eau douce qui, dans la mer, était salée, de même par les étoiles tout comme par des fontaines ce corps céleste vomit un feu et même des fleuves ignés et purifiés »[1]. On notera que Basson répond précisément, pour Saint-Ange si l'on peut dire, à la question de Pascal et de ses amis : « On lui demanda comment la substance du soleil et des étoiles, et celle qui est au centre de la terre, pouvait venir sur la terre [...] » (382). Plus encore, Saint-Ange, dans sa grande « similitude », emploie exactement les mêmes comparaisons maritimes ou fluviales que Basson : « toute la substance des corps devait être considérée comme de l'eau » ; « il fallait donc s'imaginer une mer ou un grand fleuve, et dans icelui plusieurs bouteilles de verre remplies de l'eau de ce fleuve, car le fleuve n'en grossirait pas pour cela, non plus que quand on casserait quelqu'une de ces fioles ou toutes ensemble, parce que ce serait toujours la même eau et il n'y en aurait pas davantage pour cela » (383). La conclusion de la comparaison de Saint-Ange, qui ne fait que susciter « une risée commune »[2], est clairement atomiste : « les hommes sont comme ces bouteilles de verre, qui tous ont une partie de la matière, et quand ils vivent, elle n'est pas diminuée, non plus que, quand ils sont cassés par la mort, la substance n'est pas augmentée, mais seulement dispersée par l'univers, ainsi que l'eau de la fiole cassée par tout le fleuve » (383)[3]. Bref, la matière est commune à tous les corps, elle circule en permanence, et pour cette raison encore le concept de forme est devenu inutile.

1. Ed. 1621, p. 517-518, citée par Tullio Gregory, *op. cit.*, p. 227.

2. Henri Gouhier, après le « fantaisiste » de Léon Brunschvicg, qualifie la comparaison qui précède (« une tapisserie immobile derrière laquelle des hommes se promèneraient », 383) d'« illustration bêtifiante » dont on peut retenir, avec la présente « similitude », « une intuition plus intéressante pour nous que pour ses contemporains : demander à l'élément liquide les images permettant d'évoquer le fond mouvant des choses qu'étudie le physicien » (*op. cit.*, p. 65-66).

3. Alain Niderst nous rappelle les fioles de Bernier, rendues célèbres par leur citation dans l'art. « Spinoza » du *Dictionnaire historique et critique* de Bayle : « Mais demandez-leur [*sc.* ces cabalistes hindous qui ne sont que des docteurs imaginaires] un peu quelque raison de cette imagination [...], ils ne vous paieront jamais que de belles comparaisons ; que Dieu est comme un océan immense, dans lequel se mouvraient plusieurs fioles pleines d'eau ; que ces fioles quelque part qu'elles pussent aller, se trouveraient toujours dans le même océan, dans la même eau, et que venant à se rompre, leurs eaux se trouveraient en même temps unies à leur tout, à cet océan dont elles étaient des portions [...] », *Dictionnaire*, art. « Spinoza », note k de la note (A), « Athées de système », 2e éd., Rotterdam, 1702, p. 2769 = François Bernier, *Suite des mémoires sur l'Empire du grand Mogol*, La Haye, A. Leers le fils, 1671-1672, p. 202.

3) La *compositio* : toute génération vient de l'arrangement différent de principes préexistants. « Negarent cuiusquam generationem aliud esse quam principiorum praexistentium diversam compositionem », dit Basson[1]. Saint-Ange en tire la composition des hommes : « la masse corporelle comprenait tous les corps tant célestes que terrestres, et [...] toute cette masse devait servir successivement à composer des hommes[2], parce qu'il fallait qu'il y eût autant d'hommes comme il y avait de parties de cette masse [...] » (381) ; « on lui demanda comment la substance du soleil et des étoiles, et celle qui est au centre de la terre, pouvait venir sur la terre, afin qu'elle fût prise pour la composition des hommes [...] » (382). La conséquence la plus importante de la critique des formes est la dépendance de tous les mouvements naturels envers une cause universelle (Basson : « [...] una universalis causa per omnia extensa singulis sufficiat »[3]), c'est-à-dire la négation de l'autonomie des causes secondes. Nous retrouvons ici la thèse fondamentale de Saint-Ange, déjà rencontrée, et à laquelle il avait conféré un statut épistémique liminaire : il n'y a « aucune connexion nécessaire des causes naturelles à leurs effets » (376) ; entendons bien : on doit faire l'économie des causes secondes. D'où :

4) L'union de l'atomisme et du finalisme[4]. Citons encore une fois Tullio Gregory : « si le devenir n'est pas déterminé par la succession des formes, il sera la conséquence de la disposition variée des particules de matière différenciées [...] selon des caractéristiques quantitatives. L'atomisme ne se présentait donc pas non plus au début comme antifinaliste ou antivitaliste : comme alternative à la doctrine aristotélicienne de la forme pour l'explication du mouvement, on avait volontiers recours à une intervention nullement mécaniste des principes actifs – ou du moins de la cause première. Cette précision permet d'éviter de projeter aux origines de l'atomisme moderne le schéma beaucoup plus récent d'une conception corpusculaire de la réalité entièrement régie par des lois mécaniques et susceptibles d'une transcription mathématique [...] »[5]. Saint-Ange : « la

1. *Philosophiae naturalis*, 381, cité par Tullio Gregory, *op. cit.*, p. 220.

2. Pour le principe initial dont cette formule est l'avatar anti-aristotélicien, voir notre « "La matière assume successivement toutes les formes". Note sur le concept d'ordre et sur une proposition thomiste de la cosmogonie cartésienne », *Revue de métaphysique et de morale*, 2000, 1, p. 57-79.

3. *Philosophiae naturalis*, 267, cité par Tullio Gregory, *op. cit.*, p. 219.

4. *Op. cit.*, p. 221 : « il est fréquent de voir associées jusqu'au début du XVIIe siècle une conception corpusculaire de la matière à une conception d'origine platonicienne [...] intrinsèquement animiste et finaliste ».

5. *Op. cit.*, p. 201.

masse corporelle comprenait tous les corps tant célestes que terrestres, et [...] toute cette masse devait servir successivement à composer des hommes, parce qu'il fallait qu'il y eût autant d'hommes comme il y avait de parties de cette masse qui étaient suffisantes pour être unies à des âmes et faire des hommes, à cause qu'il fallait que tout retournât à Dieu comme tout en était venu, Dieu n'ayant produit ses créatures qu'à ce dessein; et que, par conséquent, tous les corps devaient aussi bien retourner à lui que les esprits [...]. Et pour cet effet, la sagesse de Dieu avait trouvé l'invention d'unir des esprits aux corps, afin qu'ils reportassent à lui toute la masse corporelle; que la fin du monde ne viendrait que quand toutes les parties de la masse corporelle auraient servi à composer des hommes, et que la dernière serait prise [...] » (381); « [...] tout cela faisait partie de la masse corporelle, et [...] par conséquent leur substance devait être reportée à Dieu [...] » (382).

5) Le vide ou la matière subtile. Saint-Ange prétend que par sa façon de philosopher on pouvait « satisfaire à l'expérience nouvellement faite pour le vide » : probablement grâce à la doctrine du *spiritus*, ou de ses avatars *air*, *éther*, *matière subtile*, c'est-à-dire du « principe matériel très subtil et mobile qui meut les corpuscules, remplit les interstices restés « vides » entre les corpuscules, explique les phénomènes de raréfaction et de condensation »[1]. En un sens, ce point est commun à Saint-Ange et non seulement aux atomistes stricts (Beeckman par exemple), mais aussi à Descartes lui-même[2].

Ainsi avons-nous enfin les moyens de proposer une hypothèse pour cette « substance des choses »[3], « en continuel mouvement derrière » les accidents que nous voyons : il est possible que Saint-Ange fasse référence à ce *spiritus*, la *substantia* de Basson qui s'identifie au *pneuma* des stoïciens, principe actif qui meut la matière. Tullio Gregory récapitule la nature et la

1. Tullio Gregory, *op. cit.*, p. 222; voir aussi Cornelis De Waard, *L'expérience barométrique. Ses antécédents et ses explications*, Thouars, Impr. Nouvelle, 1936, p. 29-32 et 85-90.

2. Pour l'« accord » sur ce point de Descartes avec Basson, voir la *lettre à Mersenne* du 8 octobre 1629, AT I, 25 : « Pour la raréfaction je suis d'accord avec ce médecin, et ai maintenant pris parti touchant tous les fondements de la philosophie : mais peut-être que je n'explique pas l'éther comme lui ». Mais pour Descartes Basson n'est bon qu'à « détruire les opinions d'Aristote », et non à établir quoi que ce soit, *à Huygens*, 28 mars 1636, AT I, 602.

3. « Il répondit que la cause de cette difficulté venait de ce que nous concevions les choses naturelles autrement qu'elles ne sont [pas], et que nous n'avions pas une bonne idée de la substance des choses; que nous pensions que ce que nous voyons était substance, et que ce n'était que des accidents et des apparences; qu'il fallait s'imaginer que la substance n'était pas attachée aux accidents que nous voyons, mais qu'elle était en continuel mouvement derrière eux, et que par ce moyen la substance du ciel, du soleil, de la lune et des étoiles descendait ici-bas, et que celle de la terre montait en haut continuellement [...] » (382).

fonction de ce *spiritus* bassonien en des termes que nous ne pouvons que reprendre pour Saint-Ange : « ce *spiritus* conçu comme un matériau équivalant au « vide corporel » de Démocrite, sans poids et insécable, constitue le lien des particules élémentaires, remplit les espaces célestes et meut le firmament et les planètes, unifie tous les êtres entre eux et explique leur conditionnement réciproque » [1].

Bien entendu, la prétention naïve de Saint-Ange d'expliquer avec sa doctrine « l'expérience nouvellement faite pour le vide » par Pascal paraît une grossière tentative de récupération qui ne lui attire que du mépris. Mais si l'on essaie de considérer le point de vue de Saint-Ange, sans le disqualifier d'emblée comme fantaisiste et méprisable, on devra reconnaître un certain intérêt philosophique pour les expériences sur le vide en ce qu'il croit, sans doute à tort mais de bonne foi, qu'elles confirment la physique anti-aristotélicienne et atomiste qui est la sienne et celle des *novatores* que nous venons d'évoquer. Seulement cela, aucun des jeunes interlocuteurs de Saint-Ange ne peut le voir, d'autant qu'ils ne l'ont pas lu. Tout se passe comme si deux mondes radicalement étrangers étaient subitement mis en présence : celui des *novatores*, en fait des physiciens anti-aristotéliciens tardifs, qui, malgré leur nom, appartiennent bien à un monde ancien ; celui, pourtant contemporain, de Pascal et, si l'on nous passe le mot, des expérimentateurs, qui ouvrent véritablement l'époque moderne de la physique. Et ce qui accroît la mécompréhension et la distance qui les sépare, tient à ce que génie de Pascal est un génie inculte, ignorant qu'il est alors de l'histoire de la philosophie naturelle comme de ses courants scolaires contemporains. Ainsi, il ne s'agit plus d'un malentendu, mais d'une incompréhension radicale installée entre Saint-Ange et ses interlocuteurs, portée à son comble par leur insolence. Alors que Saint-Ange, comme Basson, est totalement étranger à une physique expérimentale, Pascal ne peut pas concevoir une physique sans expérience : « On commençait de ne s'étonner plus d'entendre des choses extraordinaires contre toute sorte d'apparence et sans aucune raison d'expérience. [...] On se riait de cela et [...] l'on disait que c'était deviner, vu qu'on n'avait aucune expérience de ce continuel mouvement [...] » (382-383), Saint-Ange « [...] niait les choses les plus sensibles » (391). Bref, le *Récit de deux conférences* est le récit d'un dialogue de sourds. Si Descartes lui-même voyait à quoi pouvait être bon un Basson [2], Pascal, premier cartésien – et donc oublieux des polémiques anti-aristotéliciennes (il ne les découvrira qu'avec le P. Noël, six mois plus

1. *Op. cit.*, p. 227.
2. Voir de nouveau *la lettre à Huygens* du 28 mars 1636, AT I, 602.

tard) –, ne voit pas contre qui lutte un Saint-Ange : la *pars destruens* ôtée, ne reste à ses yeux qu'un fatras risible[1].

Le second *novator* que nous souhaitons faire comparaître comme terme de la comparaison avec Saint-Ange est également un atomiste, mais il est, lui, un expérimentateur : Valerianus Magni (1586-1661). Son rôle est connu dans l'ensemble des controverses sur le vide et de l'histoire des répétitions de l'expérience de Torricelli. C'est son traité du vide, reçu à Paris en septembre 1647, qui motiva la préface de Mersenne à ses *Reflectiones physico-mathematicae* : Valerianus Magni avait rencontré Mersenne à Rome en 1645[2], lui avait offert son opuscule *De atheismo Aristotelis* et avait reçu de Mersenne les *Principia philosophiae* de Descartes[3] ; et surtout, c'est peut-être – nous n'en avons aucune preuve – ce traité du vide qui motiva la publication par Pascal de ses *Nouvelles expériences touchant le vide*. En 1647-1648, il publie en effet à Varsovie plusieurs opuscules anti-aristotéliciens, dont la *Demonstratio ocularis*, dans laquelle il rapporte ses expériences barométriques devant le roi Ladislas IV et conclut à l'existence du vide dans la nature. Comme on sait, sa *Demonstratio* a été publiée à Varsovie en juillet 1647, après qu'il a refait l'expérience de Torricelli ; l'expérience de Magni et son ouvrage sont connus en France dès juillet 1647, grâce aux lettres de Desnoyers à Roberval, d'où l'information précise, tout au long de l'été, de Mersenne, Petit – qui correspondait avec Magni –, Auzoult, Gassendi et probablement Pascal ; le livre arrive fin août ou tout début septembre à Paris, au moment même où Pascal revient s'établir à Paris[4]. Malgré les querelles sur la

1. Quant à l'accusation d'hérésie portée contre cette physique, Pascal n'est pas le premier à la formuler. Des *novatores*, « Gorlee, Charpentier, Basso, Hill, Campanella, Brun, Vanini, et quelques autres », Mersenne affirme qu'« en bout du compte ils sont tous hérétiques, c'est pourquoi il ne faut pas s'étonner qu'ils s'accordent comme larrons en foire » (*L'impiété des déistes*, 1624, p. 237-238 ; voir Roger Ariew, *op. cit.*, p. 86 et 126). Mais l'autorité ecclésiastique, même en la personne de François de Harlay, acquis à la cause de Pascal et de ses amis, se refuse à prononcer sur ces points de physique l'hérésie, sachant sans doute la tradition religieuse à laquelle une telle philosophie naturelle appartient.

2. Voir la seconde préface du t. III des *Novae observationes physico-mathematicae*, Paris, 1647. Sur le séjour romain de Mersenne, voir la note d'Armand Beaulieu dans le t. 13 de la *Correspondance* de Mersenne, p. 234-248 et Pierre Costabel, « Un registre de manuscrits témoin de l'activité de Mersenne en Italie en 1645 », *Revue d'histoire des sciences*, 22, 1979, p. 155-162.

3. Voir AT X, 628 ; voir aussi Claudio Buccolini, « La prima edizione dei *Principia* e degli *Specimina* di Descartes a Roma nel 1645 », *Nouvelles de la République des Lettres*, 1996-II, p. 151-154.

4. Voir la notice très précise de Jean Mesnard, *OC* II, 455-459. En décembre arrivent à Mersenne les 60 pages de l'*Admiranda de vacua et Aristotelis philosophia*, comprenant la

priorité des expériences (ou de la réitération de l'expérience de Torricelli), force est de constater que Pascal et Magni sont des alliés objectifs dans la lutte contre l'aristotélisme[1] – c'est évidemment ce que Pascal n'a pas pu reconnaître dans ce qui lui apparaissait comme le charabia de Saint-Ange, d'où son rire.

Diplomate, philosophe et physicien, Valerianus Magni est une figure importante et représentative de l'Europe catholique de la première moitié du XVIIe siècle[2]); nous pouvons enfin mieux le connaître et mesurer l'ampleur de ses activités grâce à la publication magnifiquement introduite et annotée par Jerzy Cygan de sa *Vita prima*, avec *operum recensio et bibliographia*[3]; nous avons avec ce livre une somme d'érudition, un document important pour l'histoire des idées dans la première moitié du siècle[4]. Bornons-nous à relever le simple fait qu'il est capucin, comme Saint-Ange l'a été jusqu'en 1639. Or, que signifie d'être formé par les capucins au début du XVIIe siècle? Nous pouvons avancer, très schématiquement[5], que cela suppose 1) en métaphysique, d'être un disciple de saint Bonaventure et d'Henri de Gand. Or on pourrait montrer que la métaphysique de la *Conduite du jugement naturel* est en gros scotiste ou ockhamo-scotiste[6] (ainsi, explicitement, que ce qui traite de l'action dans les

Demonstratio ocularis, la *Narratio* de Roberval et sa réplique à la *Narratio*, le *De Atheismo Aristotelis* dédié à Mersenne, la *Responsio ad Peripateticum Cracoviensem* (voir *OC* II, 458).

1. Jean Mesnard parle, à propos de Magni, d'une « certaine satisfaction à se découvrir des alliés dans sa lutte contre Aristote » (*OC* II, 457).

2. C'est pourquoi Leibniz avait projeté de publier les manuscrits : voir GMS, I, 83-87 et III, 725 *sq*.

3. *Valerianus Magni (1586-1661)*, Institutum Historicum Capuccinum, Rome, 1989, 464 p.

4. Ubald d'Alençon (ofm cap), *Les frères mineurs et les débuts de la réforme à Port-Royal des Champs, 1609-1626*, Paris, Picard, 1911 avait signalé l'importance des capucins dans la réforme de Port-Royal; Valerius Magni lui-même a été confesseur de la reine de Pologne et s'est vigoureusement opposé aux jésuites : tout le dossier de ses rapports avec les jansénistes français serait à reprendre.

5. Voir cependant les études de Camille Bérubé sur les capucins au XVIIe siècle, singulièrement sur leur scotisme; et pour Magni en particulier : « Valérien Magni, héritier de Bonaventure, Henri de Gand et Jean Scot Erigène ou précurseur de E. Kant? », *Cuadernos Salmantinos de Filosofía*, 11, 1984, p. 129-157.

6. C'est la lacune principale de l'ouvrage d'Henri Gouhier que d'avoir omis de signaler un certain nombre d'éléments scotistes de la théologie de Saint-Ange. Dans l'ensemble des courants scolastiques de la première moitié du XVIIe siècle, les élucubrations de Saint-Ange sur la production de la Vierge relèveraient, elles aussi, de la tradition scotiste.

Méditations théologiques)[1]; c'est à partir de cette tradition que s'est développé l'anti-aristotélisme de Magni. 2) En physique, être capucin, c'est être atomiste[2]. Jerzy Cygan parle, pour Valerianus Magni, d'un « atomisme dynamique »[3].

Bref, Magni est un *novator*, comme Basson, et comme Saint-Ange lui-même, mais un *novator* disposant de l'expérience de Torricelli, c'est-à-dire capable de la reproduire lui-même et d'en proposer une théorie. Voilà une différence capitale pour l'histoire des sciences entre Saint-Ange et Magni, mais qui, par là même, fournit son second pôle à notre essai d'encadrement de la position de Saint-Ange.

Ainsi, il était bien question de physique, et à un double titre, dans le *Récit de deux conférences*. D'abord parce que le Pascal de l'affaire Saint-Ange est avant tout un physicien – et un physicien déjà confirmé – plutôt qu'un apprenti théologien. Ensuite et surtout parce que les éléments de physique dont il était question, qui n'ont pas été supprimés du *Récit* par ses rédacteurs, et qu'il fallait essayer d'identifier, rendent compte du fond de l'*affaire*. Nous pouvons donc esquisser une conclusion. Les *deux conférences* relatent la rencontre de Pascal, Auzoult, Hallé de Monflaines et Le Cornier[4] avec une certaine forme de physique contemporaine, scolastique non aristotélicienne, et même anti-aristotélicienne : rencontre essentiellement entachée d'incompréhension. A tel point que Pascal et ses amis ne reconnaissent même plus les thèses et les doctrines qu'ils sont en train de rendre obsolètes sans même avoir à s'y opposer, du moins consciemment. Il y a un abîme entre les prétendus *novatores* et ce vrai « moderne » qu'est Pascal. Car Pascal, ignorant de l'histoire de la philosophie naturelle, n'a pour toute formation intellectuelle, au sens *méthodique* du terme, que

1. Cette doctrine ne concerne pas le présent propos ; nous reviendrons cependant ailleurs sur la possibilité d'une connaissance immédiate et intuitive de Dieu et sur son lien avec la question de la démonstration de la Trinité.

2. Sur l'importance traditionnelle de l'atomisme dans la formation de plusieurs ordres religieux, en particulier des Grands Carmes, voir Jean-Robert Armogathe, « L'enseignement de Pierre Gassendi au Collège royal d'Aix-en-Provence et la tradition philosophique des Grands Carmes », in *Gassendi et l'Europe*, publié par S. Murr, Paris, Vrin, 1997, p. 9-20.

3. Nous laissons également ici en suspens la question de savoir si l'on doit faire remonter cet atomisme capucin à Nicolas d'Autrecourt ; voir, pour une première approche très succinte, Kurd Lasswitz, *op. cit.*, t. I, p. 255-259.

4. Nous manquons, sur chacun des compagnons de Pascal, d'une étude qui nous permettrait de mieux comprendre les motifs de ces entretiens et leurs enjeux pour ces quatre jeunes gens : si Auzoult, mathématicien, est loin d'être un inconnu, nous ignorons tout de cet intérêt étrange – mais qui ne fut peut-être pas passager – pour la controverse théologique.

son Descartes, c'est-à-dire celui par qui cet abîme entre deux mondes s'est déjà irrémédiablement creusé.

Mais si l'histoire des sciences a tranché, et relégué dans l'oubli ces *novatores*, comme de purs adversaires mineurs d'un Mersenne ou d'un Descartes, on ne saurait pourtant faire de ces incompris complexes et éclectiques (comme le furent souvent les derniers scolastiques, *a fortiori* s'ils sont restés, en physique, de purs théoriciens éloignés de toute expérimentation), des fantaisistes, des excentriques – et des hérétiques. C'est ce minimum de cohérence doctrinale, occulté dès le *Récit* lui-même, parce qu'en un sens ignoré de Pascal, que nous avons essayé de restituer à Saint-Ange. S'opposant comme Basson à « toutes les autres philosophies communes » (382), entendons les différents courants aristotéliciens de la scolastique moderne, Saint-Ange prône une « unique façon de philosophie » (382). Cette « unique façon de philosophie » est l'atomisme des novateurs, plus exactement, leur atomisme finalistico-théologique.

Quant à Pascal en 1647, il ignore toute l'histoire, singulièrement l'histoire scolaire, aussi bien de la physique que de la théologie. Ainsi, l'anhistoricité dont il fait preuve dans les questions concernées confirme et son anticartésianisme de physicien de l'expérience et son cartésianisme initial, c'est-à-dire le primat de l'ordre et de la méthode dont il hérite et qu'il déploie dans son activité scientifique. Il lui restera, dès lors, à interroger ce cartésianisme de principe.

CHAPITRE II

LA PHYSIQUE DE DESCARTES : PARLER DE TOUT

À Giulia Belgioioso

Le présent essai n'a pas pour but de repérer et d'analyser l'ensemble des références, implicites ou explicites, aux *Principia philosophiae* dans les *Pensées*[1], mais seulement d'ajouter une note au commentaire du discours titré *Disproportion de l'homme* que nous avons proposé dans *Pascal et la philosophie* – on voudra bien nous excuser de nous citer plus qu'il n'est décent. Cette note obéira à la méthode des textes parallèles, naguère chère à Pierre Courcelle – elle a porté ses fruits pascaliens dans son édition de *L'Entretien de Pascal et Sacy* –, aujourd'hui chère à Emmanuel Martineau – elle nous vaut un certain nombre d'acquis en matière de chronologie relative des discours essentiels des *Pensées*[2]. Rappelons ce qui avait été la pièce maîtresse du dossier prouvant la présence textuelle des *Principia philosophiae* dans *Disproportion de l'homme*[3] : au cœur même de *Disproportion de l'homme*, dans son célèbre premier paragraphe, on pouvait en effet reconnaître dans toute son *exactitude* un passage aussi difficile que capital de l'a. 21 de la deuxième partie des *Principia*, qui avait

1. Pour un premier essai de repérage méthodique, voir Michel Le Guern, *Pascal et Descartes*, Paris, Nizet, 1971, puis la liste, sans doute incomplète, donnée dans *Pascal et la philosophie*, p. 227.

2. Voir, outre les notices des *Disc.*, « Deux clés de la chronologie des discours pascaliens », *XVIIe siècle*, 1994, 4, p. 695-729.

3. *Pascal et la philosophie*, § 18, a/, p. 263-271.

bien embarrassé Picot[1]. Descartes avait écrit : « Ubicunque enim fines illos esse fingamus, semper ultra ipsos aliqua spatia indefinite extensa non modo imaginamur, sed etiam vere imaginabilia, hoc est, realia, esse percipimus » (*Principia* II, a. 21, AT VIII-1,52,5-8). Voici le texte de Pascal, dont la double correction nous paraît attester la fidélité littérale et conceptuelle à l'avancée cartésienne : « (*Nous*) Nulle idée (*n'y*) n'en approche (*nous n'imagi*), nous avons beau enfler nos conceptions au-delà des espaces (*imaginaires*) imaginables, nous n'enfantons [glissement rhétorique : concevoir / enfanter] que des atomes [le mot est fourni par *Principia* II, 20] au prix de la réalité (*de cette vastitude infinie*) des choses » (L 15/199 = *Disc.* 63 = T 236-237). Récapitulons brièvement l'enjeu de la transcription pascalienne : 1) l'apparition en français des « espaces imaginables »[2] ; 2) la première (et peut-être unique) véritable réception de l'identification cartésienne de l'imaginable et du réel (« vere imaginabilia hoc est realia »[3]) ; 3) la première apparition technique en français du concept de *réalité*, qui rompt définitivement avec la *realitas* des scolastiques : « la réalité des choses », l'expression n'est pas redondante ! La réalité n'est plus une essence (*realitas*), mais bien ce qui est réel (la réalité des *realia*), c'est-à-dire existant dans le monde – laquelle existence des *realia* est déduite, en *Principia* II, a. 21, de leur statut d'*imaginabilia*. Ainsi les choses (qui ne sont ni les objets ni les *res*[4], que l'on songe aux « trois ordres de choses »[5]) ont-elles une réalité, c'est-à-dire, conformément à Descartes, sont-elles pensées à partir de leur existence ou de leur présence comme ce qui me fait face (et non pas encore ce que mon entendement s'objecte[6]). Pascal est le

1. AT IX-2, 74 : « [...] pour ce que, quelque part où nous en [des bornes] veuillons feindre, nous pouvons encore imaginer au-delà des espaces indéfiniment étendus, que nous n'imaginons pas seulement, mais que nous concevons être tels en effet que nous les imaginons [...] ».

2. Nous nous permettons de renvoyer à notre article « Nota sugli spazi immaginari, immaginabili e intelligibili in Descartes, Pascal e Malebranche », *Discipline Filosofiche* (Bologne), 1993, 2, p. 101-137.

3. Voir F. de Buzon et V. Carraud, *Descartes et les* Principia *II. Corps et mouvement*, *op. cit.*, p. 71-76.

4. Pascal ne doit rien au célèbre débat scolastique, médiéval et moderne, *res a reor / res a ratitudo*. Pour cette double étymologie, voir la récapitulation de Jean-François Courtine, articles Realitas, Realität et Res, *Historisches Wörterbuch der Philosophie*, VIII, p. 177-188, 188-193, 892-901.

5. Voir *infra*, p. 179-204.

6. Dans l'histoire de cette objectité scolaire (ontologique) des choses, c'est-à-dire de la constitution des choses en objets, le moment cartésien n'est pas cependant de peu d'importance, que l'on songe à la Règle XII ou à la *lettre à Mersenne* du 16 octobre 1639 ; voir Gilles Olivo, *Descartes et l'essence de la vérité*, Paris, PUF, 2005, chap. I et V.

premier à prendre acte de l'acquis cartésien, et à le faire en français. Nous ne revenons pas ici sur les variations qu'il fait subir à son point de départ cartésien, ce que nous avons essayé de caractériser comme une « subversion » ou une « déconceptualisation ». Nous ne revenons pas davantage sur ce qu'Emmanuel Martineau a appelé le « phénomène des commencements cartésiens »[1]. Les grands fragments des *Pensées* témoignent de ce que Pascal a besoin, pour élaborer sa propre réflexion et prendre son envol discursif, de points de départ extérieurs, ce que les linguistes appellent exogenèse – après quoi il arrive qu'il rature ses propres essais de départ. Le long fragment *Disproportion de l'homme* rend la chose parfaitement évidente. Ce sont ces passages biffés que la plupart des éditeurs récents, depuis Lafuma, publient en caractères italiques. Ici comme le plus souvent le point de départ, le texte exogène et bientôt raturé, est cartésien. Nous tenons également pour acquis le « collage » des fragments L. HC 1/84 et 15/199 = *Disc.* 63[2] – ce qui suit le confirmera. Mais *Disproportion de l'homme* rend également évident une autre « phénomène » : la réapparition dans le discours pascalien du texte (pré-texte) dont il est parti, en l'occurrence les *Principia*. Nous dirions volontiers que la présence de Descartes et des *Principia* dans *Disproportion de l'homme* n'est certes pas continue, mais récurrente[3].

COMPOSER LA MACHINE

Dans le fragment L HC 1/84 = *Disc.* 63, Pascal mentionne explicitement Descartes – ce qui est rare[4]. On y a reconnu depuis longtemps un résumé des *Principia philosophiae : « (Descartes). (Il faut dire en gros : cela se fait par figure et mouvement. Car cela est vrai, mais de dire quelles et composer la machine, cela est ridicule. Car cela est (faux) inutile et incertain et pénible. Et quand cela serait vrai, nous n'estimons pas que toute la philosophie vaille une heure de peine [...]).* » Quelque pertinent que soit ce résumé de la physique cartésienne, et quelque exact que soit le jugement porté sur les *Principia* en totalité, nous voudrions cependant essayer de lui assigner une origine littérale précise.

1. *Disc.* 248; voir aussi *infra*, p. 111-120 et p. 260-263.

2. Et *Disc.* 229 : « Collage évident et capitalissime où toute la présente édition prend sa source ».

3. Et ce, jusqu'à la fin – inachevée – du discours : voir notre interprétation de « presque tous les philosophes », *Pascal et la philosophie*, p. 279-286.

4. Voir *Pascal et la philosophie*, § 15, p. 217-224.

En gros

« Il faut dire en gros : cela se fait par figure et mouvement ». Bien entendu, s'il *faut* le dire, c'est que cela est vrai, en gros. Il n'y a rien de péjoratif dans cette expression. Car que cela soit vrai « en gros » ne signifie pas que cela soit faux si l'on y regarde plus exactement, ou de plus près, « dans le détail » – et certes descendre dans le détail ne rendra pas les principes faux, mais la déduction de leurs conséquences difficile, voire impossible. Être vrai, et devoir être dit *en gros*, voilà le mode d'être d'un principe scientifique, spécialement géométrique. Pour Pascal, « dire en gros », c'est précisément ce à quoi prétend l'esprit de géométrie, qui raisonne « sur des principes si gros qu'il est presque impossible qu'ils échappent » (L XXII / 512 = *Disc.* 23). « On voit les principes à plein », la géométrie admet des « principes nets et grossiers » [1]. « En gros » exprime un concept épistémique rigoureux, non un jugement de valeur dépréciatif : « en gros » a le statut de la généralité, la généralité justement acquise par les principes. Tout ceci reste parfaitement cartésien, comme en témoigne par exemple l'a. 1 de la IIIe partie des *Principia philosophiae* : « Incipiendum [...] a *generali* totius hujus mundi adspectabilis constructione [composition] » (AT VIII-1, 80,9-12). Descartes admettrait-il donc lui-même que le principe de sa philosophie naturelle, *tout se fait par figure et mouvement*, vaut *en gros*, c'est-à-dire généralement ? Il lui est arrivé d'assumer le mot. D'être *crassa*, grossière, c'est l'accusation que Froimont porte à la philosophie cartésienne. Or précisément, la philosophie de Descartes est grossière, *c'est-à-dire* mécanique, « nimis crassa et mechanica videtur » [2]. Mais une telle grossièreté, Descartes peut la revendiquer positivement, jusqu'à la reprise des termes qui l'énoncent, c'est-à-dire le « en gros » de la mécanique : « Nam si nimis *crassa* mea philosophia ipsi videtur, ex eo quod figuras, et magnitudines, et motus, ut mechanica consideret, illud damnat quod supra omnia existimo esse laudandum, et in quo me praecipue effero et glorior, Car si ma philosophie lui semble trop grossière, de ce qu'elle considère les figures, les grandeurs et les mouvements, comme fait la mécanique, il condamne ce

1. *Ibid.* Pour l'explication de ce fragment et ses rapports avec *De l'esprit géométrique*, voir *Pascal et la philosophie*, p. 242-246.

2. *Lettre de Froimond à Plempius* pour Descartes du 13 septembre 1637, AT I, 406, 15-16. Froimont critique ici les pages 159 et 163 des *Essais*, c'est-à-dire le Discours I des *Météores*, AT VI, 233-234 et 237-238.

que j'estime sur toutes choses digne d'être loué, et ce en quoi principalement je me préfère aux autres, et dont je me glorifie davantage »[1].

Cela se fait par figure et mouvement

Que désigne ce *cela*? Comme souvent, le *cela* pascalien est général, et même vague, il permet seulement la suite (les cinq « cela » successifs indiquent bien l'écriture qui se lance, le premier jet du brouillon). Cela, c'est *omnia*, *tout* ce qui *se fait* dans le monde, entendons le « monde visible, mundus aspectabilis », le monde en tant que visible, objet de la physique (spécialement de *Principia* III, *De mundo aspectabili*) avec la terre (*Principia* IV). Tout ce qui se fait dans le monde, et le monde lui-même (singulièrement dans sa genèse hypothétique selon *Principia* III, a. 45 *sq.*) *se fait* par figures et mouvements. C'est ce monde visible que l'on retrouve plus bas dans le texte de Pascal : « Tout ce monde visible n'est qu'un trait imperceptible [...] », « Je veux lui peindre non seulement l'univers visible [...] », « Qu'il y voie une infinité d'univers, dont chacun a son firmament, ses planètes, sa terre, en la même proportion que le monde visible ». Ce qui est remarquable, c'est que dans cette méditation issue des *Essais*[2], on trouve l'expression « monde visible », ou « univers visible », qui n'est précisément pas montaignienne – et on ne la trouve pas moins de trois fois en quelques lignes : « Tout ce *monde visible* n'est qu'un trait imperceptible dans l'ample sein de la nature [...], Je veux lui peindre non seulement l'*univers visible*, mais l'immensité qu'on peut concevoir de la nature dans l'enceinte de ce raccourci d'atome. Qu'il y voie une infinité d'univers, dont chacun a son firmament, ses planètes, sa terre, en la même proportion que le *monde visible* », « l'étendue visible du monde nous surpasse visiblement ». « Monde visible » n'est pas une expression de Montaigne – et pour cause, puisqu'elle est de Descartes. Une expression des *Principia* se réintroduit subrepticement sitôt après que Pascal les a volontairement quittés.

1. *Lettre à Plempius pour Froimond* du 3 octobre 1637, AT I, 420, 21-421, 1. Au moment où nous pensons qu'il rédige *Disproportion de l'homme* (première moitié de 1657 : voir *Disc.* 229), Pascal ne peut pas avoir lu cette lettre, publiée par Clerselier dans son tome II des *Lettres* en 1659 (*lettre* 8, 35-50). Mais le même terme est employé par Méré, qui, par une sorte d'hypallage polémique, qui déplace l'accusation de grossièreté du mécanisme au jugement de Descartes lui-même. Il sera en effet censé avoir écrit *à Pascal* : « Ceux qui ne s'informent que du monde corporel jugent pour l'ordinaire fort mal, et toujours *grossièrement*, comme Descartes que vous estimez tant, qui ne connaissait l'espace des lieux que par les corps qui les occupaient [...] », Chevalier de Méré, *Lettres* (Lettre XIX), Paris, 1682, p. 126 in *OC* III, 359.

2. L'*Apologie de Raimond Sebond* constitue du moins la source la plus évidente du commencement « définitif » (non raturé) de *Disproportion de l'homme*.

Car cela est vrai, mais ...

Nous n'avons pas à revenir ici sur le fond du jugement pascalien. Emmanuel Martineau résume parfaitement la pensée pascalienne en écrivant: « Lorsque Pascal commence ainsi: « Cela est vrai, mais ... », c'est exactement comme s'il voulait dire: Descartes a fondamentalement raison en philosophie, et c'est bien pour cela qu'une autre parole doit être tentée »[1]. Avant que de tenter cette autre parole (qui prendra cependant appui sur la cosmologie cartésienne), Pascal reprend l'alternative en ce qui sera un second faux départ. D'où le « dilemme »: « *(Incapacité de l'homme). Voilà où nous mènent les connaissances naturelles. / Si celles-là ne sont véritables, il n'y a point de vérité dans l'homme, et si elles le sont, il y trouve un grand sujet d'humiliation, forcé à s'abaisser d'une ou d'autre manière. / Et puisqu'il ne peut subsister sans les croire, je souhaite, avant que d'entrer dans de plus grandes recherches de la nature, qu'il la considère une fois sérieusement et à loisir, qu'il se regarde aussi soi-même* [...] ». C'est-à-dire: « ou bien les « connaissances naturelles » *générales* (« celles-là »), en l'occurrence les principes du mécanisme cartésien, ne sont pas vraies, et alors il n'y a point de vérité dans l'homme parce que nous savons que toute autre « philosophie » (naturelle) que celle de Descartes est fausse; ou bien elles sont vraies – comme nous le tenons –, mais la difficulté, voire même l'impossibilité de les « approfondir », c'est-à-dire de les pousser jusqu'au détail de leurs conséquences les plus singulières, humilie d'autant plus la raison. Conclusion : c'est par sa vérité théorique, et non pas à faute de celle-ci, que la philosophie de Descartes est non-vérité *humaine*. On comprend donc que Pascal ait barré cette paradoxologie cohérente, mais un peu vaine »[2]. Après elle, Pascal ne pouvait « se relancer », si l'on nous pardonne cette expression, « qu'en reculant », c'est-à-dire en suspendant le dilemme (« avant que ») entre l'impossibilité fondamentale de mettre en cause la philosophie cartésienne (« [...] il [l'homme] ne peut subsister sans les [les connaissances naturelles] croire ») et, presque aussi bien, l'impossibilité d'*approfondir* ces connaissances naturelles, malgré la tendance quasi-inévitable à le faire, c'est-à-dire à « composer la machine » (« [...] entrer dans de plus grandes recherches de la nature »). Suspendre le dilemme veut dire considérer la nature « une fois sérieusement et à loisir » et se regarder soi-même aussi « une fois sérieusement et à loisir », et se livrer à cette double considération *avant* d'approfondir les recherches

1. *Disc.* 229.
2. *Disc.* 229-230.

naturelles (« [...] avant que d'entrer dans de plus grandes recherches de la nature »). Après trois faux départs, Pascal prend alors son véritable élan : considérer (qui devient « contempler ») la « nature entière », proportion / disproportion. En raison même de ce que nous venons de rappeler, la continuité des fragments L HC 1/84 et 15/199 est en effet *évidente*.

Observons enfin que l'expression pascalienne « une fois sérieusement et à loisir » applique à la considération de la nature ce que la *Meditatio* I appliquait à soi afin de douter de tout : « une fois sérieusement et à loisir », « *semel* in vita [...], securum mihi *otium* procuravi [...], *serio* tandem [...] vacabo » (AT VII, 17,5 et 18,1-3). Bref, Pascal réclame que la considération de la nature fasse l'objet du même soin que la considération de soi : d'où la comparaison qui aboutira aussitôt à la disproportion. Mais ce rapprochement n'est pas même nécessaire, non seulement parce que Pascal a les *Meditationes* à ce point en tête qu'il n'a pas besoin de les avoir sous les yeux quand il ne s'agit que de ce genre de réminiscences, mais surtout parce qu'un autre passage de Descartes, auquel nous arrivons, fournissait déjà à Pascal et le « loisir » et surtout la « considération ».

Composer la machine

Pascal	Descartes
« Tout ce monde visible [...]	« [...] totum hunc mundum aspectabilem, instar machinae descripsi,
[...] cela se fait par figure et mouvement. Car cela est vrai, mais de dire quelles et composer la machine [...].	nihil praeter figuras et motus
[...] qu'il la considère »	in eo considerans [...] »[1]
(L 84 et 199)	*Principia philosophiae*, IV, a. 188 (AT VIII-1, 315,16-18).

Si la réduction aux figures et aux mouvements est opérée dès la *Regula* XII, si Pascal a pu la lire d'abord dans la *Dioptrique*, I et IV (AT VI, 84-85 et 112-113), le plus vraisemblable est qu'il a *sous les yeux* la véritable conclusion de la IVe partie des *Principia philosophiae*, l'a. 188 – avant les indications que Descartes a substituées aux Ve et VIe parties prévues.

1) Nous venons de le voir, ce *considerans* ne sera pas oublié par Pascal, qui requiert de *considérer* « une fois sérieusement et à loisir » la nature *entière*, et non de considérer en elle seulement figures et mouvement. 2) Considérer la nature entière *une fois à loisir*, c'est exiger ce que

1. Picot : « [...] j'ai décrit [...] tout le monde visible, comme si c'était seulement une machine en laquelle il n'y eût rien du tout à considérer que les figures et les mouvements ».

Descartes réclamait en vain pour ses « plus grandes recherches de la nature », qui eussent dû occuper les parties V et VI des *Principia*, sur les vivants, animaux et plantes d'une part, sur l'homme d'autre part. Mais celles-ci n'existeront pas comme telles, parce que les choses dont Descartes voulait traiter n'ont pas *encore* (*nondum*) été par lui assez *regardées sérieusement* (*perspecta*), et faute de loisir : « an *satis unquam otii* habiturus sim ». Pour son programme, Pascal maintient donc rigoureusement les exigences cartésiennes, qu'en fait il traduit, mais leur assigne d'avoir pour objet la nature entière (ce qui aboutira à « Qu'est-ce qu'un homme dans l'infini ? [...] Car enfin qu'est-ce que l'homme dans la nature ? »), et non de nouvelles recherches pour de nouvelles connaissances naturelles. Bref, Descartes fournit à Pascal, une fois encore, le réquisit et son vocabulaire d'un programme non plus de *recherches*, non plus même de *considérations,* mais de *considération*[1] ! Ainsi, *Disproportion de l'homme* constitue, mais d'un tout autre *point de vue*, ce *De homine* annoncé par Descartes et non écrit. 3) « Figure et mouvement », point n'est besoin de longs développements pour reconnaître la thèse cartésienne[2]. Seules ces *figuras* de *Principia* IV, a. 188 peuvent expliquer, selon nous, le féminin pluriel « quelles », sans antécédent dans le texte de Pascal[3], mais dont l'antécédent se trouve donc... dans les *Principia* ! Mais venons-en à l'essentiel. 4) « Composer la machine ». L'expression n'est pas pascalienne. Pascal, qui, héritier de Descartes, a rompu sur ce point comme sur tous les autres avec la Renaissance[4], ne parle jamais de la machine du monde. Les

1. Sur cette considération anti-contemplative, voir *Pascal et la philosophie*, § 30, p. 403-422.

2. Il arrive que Descartes énonce à la fois les trois natures, « figuras, magnitudines et motus » (par exemple *Principia* I, a. 69, AT VIII-1, 33,27-28), mais le plus souvent c'est le duo « figures et mouvements » qui suffit à rendre opératoire sa physique. Dans la *Règle* XII (premier point de la seconde partie, AT X, 418, 17; voir aussi 419,19), Descartes ajoute le mouvement à la figure et à l'extension pour penser le corps comme composé de ces trois natures; mais l'étendue constituant l'essence ou l'attribut principal des choses matérielles, resteront bien, pour faire de la physique, figures et mouvements. Au terme des *Meditationes* V et VI, l'objet de la *mathesis pura et abstracta* est devenu la seule quantité continue capable de figure et de mouvement (dans la *Meditatio* VI, voir en particulier AT VII, 74, 28-75, 1). Sur les objets de la *mathesis universalis* (puis *pura*) et l'évolution de son concept, voir Frédéric de Buzon, *Mathesis et phénomène. La science cartésienne et son objet,* Thèse de l'Université de Paris IV – Sorbonne (2000), t. I, chap. II en particulier.

3. Il n'est pas rare que Pascal renvoie orthographiquement au premier mot d'un antécédent double, en en conservant le genre ; d'où, ici par exemple, le féminin.

4. Rappelons cependant, parmi les sources possibles de *Disproportion de l'homme* prises de l'*Apologie de Raimond Sebond*, ce passage : « Aussi n'est-il pas croyable que toute cette

quelques emplois célèbres qu'il fait de la notion de machine désignent le corps humain comme le lieu de la répétition, et donc un certain type d'habitude[1]. Or l'expression n'est pas davantage cartésienne[2] – ce point peut apparaître plus étonnant. Précisons. Qu'expliquer par la figure et le mouvement, ce soit expliquer par la machine, c'est-à-dire utiliser le modèle de la machine (entendons d'*une* machine), c'est-à-dire expliquer mécaniquement, Descartes le dit aisément. Qu'il nous suffise de citer l'a. 200, voisin de celui qui nous occupe, dans lequel Descartes revendique pour sa philosophie non la nouveauté, mais la plus grande ancienneté et la plus grande vulgarité[3] : « Nempe figuras et motus et magnitudines corporum consideravi, atque secundum leges mechanicae [...] » (AT VIII-1,323,21-22). Leibniz le redira, par exemple dans un texte de mai 1677, le *De modo perveniendi ad veram corporum analysin et rerum naturalium causas*. Posant en effet que : « omnia fieri [nous soulignons *omnia fieri*, « tout se fait », comme chez Pascal « cela se fait »] per causas quasdam intelligibiles »[4], il montre qu'il faut expliquer les choses dont il va traiter « per magnitudinem, figuram et motus, *id est per machinam* », c'est-à-dire comme *une* machine[5]. Que le monde soit considéré seulement par réduction aux figures et mouvements (c'est-à-dire sans tenir compte des autres qualités sensibles, couleurs, odeurs, sons, etc.), voilà donc qui n'est pas rare chez Descartes, c'est même en effet tout le propos des *Principia* tels qu'ils ont été publiés (à la différence, encore une fois, de l'annonce des deux dernières parties). Que le monde ainsi réduit soit conçu selon les lois de la mécanique, et donc pensé comme une machine, voilà qui est du cartésianisme de fond. Mais que Descartes dise littéralement qu'il décrit le monde *visible* « instar machinae », voilà qui est textuellement rare, et même exceptionnel – la machine *du* monde, voilà qui est peu cartésien, n'en déplaise aux tenants d'un Descartes héritier de la Renaissance. C'est la

machine n'ait quelques marques empreintes de la main de ce grand architecte [...] », *Essais*, 446, cité in *Disc.* 231.

1. Voir par exemple L 2/25 = *Disc.* 123.

2. Bien que le vocabulaire de la composition soit abondamment présent dans les *Principia*.

3. « [...] haec philosophia non sit nova, sed omnium maxime antiqua et vulgaris », AT VIII-1, 323, 19-20.

4. Dans cet étonnant début, Leibniz forge, à l'imitation du début de la *lettre aux Galates* (1,8) et peut-être non sans un clin d'œil à Descartes (AT VII, 596, 23-24 et I, 110,2), la fiction d'un ange expliquant *per machinam*.

5. *Die philosophischen Schriften*, herausgegeben von C.I. Gerhardt, Berlin, 1875-1890 (réimpression Hildesheim-New York, Olms, 1978), VII, 265 = *Sämtliche Schriften und Briefe*, VI, *Philosophische Schriften*, 4-C, Berlin 1999, 2-3.

seule occurrence dans les *Principia philosophiae*; nous n'en connaissons qu'une seule autre, la *lettre à M. de Sainte-Croix* (?) de mars 1642 : « Tertium denique quod notandum duxi, est versus finem in his verbis : *materia mundi machina existit*. Ubi potius scripsissem : *mundum machinae instar ex materia constare*, vel *esse easdem omnes in rebus materialibus motuum causas, atque in machinis arte factis*, vel quid simile, Enfin, le troisième endroit que j'ai cru noter, est vers la fin dans ces termes : « la matière est la machine du monde ». Où j'aurais plutôt mis : « le monde est un composé de la matière comme une machine », ou « les choses matérielles ont toutes les mêmes causes de leurs mouvements que les machines artificielles », ou quelque chose de semblable » (AT V, 546,12-16)[1]. Quelque exceptionnelle que fût la formule cartésienne, Pascal l'a relevée. Ainsi la rareté de l'expression pascalienne reproduit-elle significativement la rareté de l'expression cartésienne.

Cela est ridicule; car cela est inutile et incertain et pénible

Nous pouvons aller plus vite concernant une expression déjà longuement commentée dans *Pascal et la philosophie*. Que le monde donc soit pensable comme une machine, rien n'est plus vrai. Mais ce qui est ridicule – quoique, nous l'avons vu, sans doute inévitable –, c'est de la composer. Dans un premier jet, Pascal avait écrit « faux ». L'opposition est tentante : le monde se fait par figure et mouvement, voilà qui est vrai. Mais les décrire tous et donc composer la machine, voilà qui conduit nécessairement à des incertitudes, voire à des faussetés. De même « pénible » peut-il être opposé à « cognitu facilia », assez fréquent dans les *Principia*[2], et annonce cette « heure de peine » qu'il ne faut pas dépenser pour la philosophie. Mais même des *principia cognitu facilia* la déduction est

1. Ce texte n'a été publié par Clerselier que dans le t. II de l'édition latine des *Lettres* de Descartes, en 1668 (lettre 117), Pascal n'a donc pu, en principe, le connaître. Voir aussi le résumé par Baillet de la *lettre à Villebressieu* (n° II) : « La grande mécanique n'étant autre chose selon lui que l'ordre que Dieu a imprimé sur la face de son ouvrage, que nous appelons communément la nature, il estimait qu'il valait mieux regarder ce grand modèle [...] », AT I, 213-214 (= Adrien Baillet, *La Vie de Monsieur Descartes*, Paris, Horthemels, 1691, 2 vol., réimpression Olms, Hildesheim-New York, 1972, t. I, 260).

2. Voir par exemple *Principia* III, a. 45 : « Ita, si quae principia possimus excogitare, valde simplicia et cognitu facilia, ex quibus tanquam ex seminibus quibusdam, et sidera et terram, et denique omnia quae in hoc mundo aspectabili deprehendimus, oriri potuisse demonstremus, quamvis ipsa nunquam sic orta esse probe sciamus [...] » (AT VIII-1, 100, 11-16).

quelquefois *operiosa* (AT VIII-1,103,15), car les mêmes effets peuvent suivre de chaînes causales plus ou moins longues[1].

Pascal ne peut pas ignorer que le soupçon que « cela » soit faux a bien été formulé par Descartes lui-même. L'incertitude des « plus grandes recherches de la nature » est donc en fait cartésienne. Or la fausseté de l'hypothèse n'ôterait rien à son utilité, si elle est conforme aux expériences : « [...] omnia quae deinceps sum scripturus tanquam hypothesin proponere. Quae quamvis falsa esse existimur, satis magnum operae pretium me fecisse arbitrabor [...] ; ita enim ex ea tantumdem utilitatis ad vitam, atque ex ipsius veritatis cognitione, percipiemus » (*Principia* III, a. 44 ; AT VIII-1,99,18-24[2]). Descartes dit donc : cela peut être faux, à tout le moins cela sera utile. C'est cela que Pascal, se dirigeant désormais vers la recherche de tout autre chose qu'une philosophie naturelle, renverse totalement : cela peut être vrai, ce qui n'empêchera pas que cela soit inutile – on reconnaît ici un argument habituel chez Pascal. « Et quand cela serait vrai, nous n'estimons pas que toute la philosophie vaille une heure de peine »[3]. Désormais, l'anti-cartésianisme prend le pas polémique sur l'origine cartésienne de la pensée pascalienne et sur son accord de fond quant à la vérité des principes des connaissances naturelles. Nous avons déjà commenté la correction du trop célèbre L XXXIV/887, qui a donné lieu à des contresens qui ont malheureusement encore cours ; il est proche du début qui vient de nous occuper, « decarde inutile et certenne » récrit en « Descartes inutile et incertain »[4].

1. Voir notre « "La matière assume successivement toutes les formes". Note sur le concept d'ordre et sur une proposition thomiste de la cosmogonie cartésienne », *Revue de métaphysique et de morale*, 2000, 1, p. 57-79.

2. AT IX-2, 123 : « [...] je désire que ce que j'écrirai soit seulement pris pour une hypothèse, laquelle est peut-être fort éloignée de la vérité ; mais encore que cela fût, je croirai avoir beaucoup fait, si toutes les choses qui en seront déduites, sont entièrement conformes aux expériences : car si cela se trouve, elle ne sera pas moins utile à la vie que si elle était vraie ».

3. Avant d'avoir écrit « peine », Pascal avait commencé d'écrire un mot commencé par « m » : *méditation*? AT VI, 26, 15-16 couple exercice et méditation ; voir surtout Baillet, *op. cit.*, II, 486-487 : « M. Chanut rapportait les premières pensées à la *méditation*, pour laquelle M. Descartes voulait, selon lui, qu'on donnât *peu d'heures par jour* ; et les secondes à la *contemplation*, à laquelle notre philosophe n'estimait pas qu'il fallût employer *beaucoup d'heures en toute une année*, ni même en toute la vie. Selon cette idée, M. Descartes appelait les études d'imagination, *méditation* ; et celles d'entendement, *contemplation* ». Baillet écrit ces lignes après avoir cité la *Lettre à Elisabeth* du 28 juin 1643, AT III, 692, 27-693,1, publiée dans le t. I de l'éd. Clerselier, p. 94.

4. T 157 = L XXXIV / 887 = *Disc.* 152 ; voir *Pascal et la philosophie*, p. 220.

LES PRINCIPES DES CHOSES

De omni scibili

Commentant le dilemme qui ouvre L 15/199, nous avons noté plus haut la tendance quasi-inévitable – mais vouée à l'échec – à « [...] entrer dans de plus grandes recherches de la nature ». Voilà bien ce que Pascal refuse, ces recherches qui permettent de « composer la machine ». Pascal doit non seulement les disqualifier en montrant leur inanité, mais encore en analyser les raisons. Il y revient donc, dans les mots de Montaigne : « Manque d'avoir contemplé ces infinis [la nature entière], les hommes se sont portés témérairement à la recherche de la nature comme s'ils avaient quelque proportion avec elle ». Or l'infinité de la nature, et par conséquent des sciences qui l'ont pour objet, est double : quantitativement, par exemple eu égard au nombre des propositions possibles en géométrie, et en fonction du risque d'une régression principielle à l'infini : « [...] toutes les sciences sont infinies en l'étendue de leurs recherches : car qui doute que la géométrie, par exemple, a une infinité d'infinités de propositions à exposer ? Elles sont aussi infinies dans la multitude et la délicatesse de leurs principes ; car qui ne voit que ceux qu'on propose pour les derniers ne se soutiennent pas d'eux-mêmes, et qu'ils sont appuyés sur d'autres qui, en ayant d'autres pour appui, ne souffrent jamais de dernier ? » [1]. On ne saurait composer la machine sans entrer dans un de ces deux labyrinthes.

Le premier infini de science (quantitatif) est le plus facile à disqualifier, car c'est le plus sensible. « De ces deux infinis de sciences, celui de grandeur est bien plus sensible, et c'est pourquoi il est arrivé à peu de personnes de prétendre connaître toutes choses. « Je vais parler de tout », disait Démocrite » [2].

Approfondir

Entrer dans le second de ces « deux infinis de sciences », c'est exactement ce que Pascal appelle « approfondir ». Ce faisant, il affecte d'un

1. On ne saurait éviter cette régression à l'infini des principes qu'en posant arbitrairement un principe comme premier, même (et surtout) quand on sait qu'il n'est pas premier : « Mais nous faisons des derniers qui paraissent à la raison comme on fait dans les choses matérielles, où nous appelons un point indivisible celui au-delà duquel nos sens n'aperçoivent plus rien, quoique divisible infiniment et par sa nature ». Voir aussi *De l'esprit géométrique* et, pour les différences entre cet opuscule et le L 15/199, *Pascal et la philosophie*, § 31, p. 426-434.

2. Selon Cicéron, *Académiques*, II, XXIII, éd. H. Rackham, The Loeb Classical Library, Harvard U.P., 1933 *sq.*, p. 558 : « Haec loquor de universis ».

contenu épistémique propre un sens d'approfondir tout à fait reçu au XVIIe siècle, et employé comme tel par Descartes. « Approfondir », c'est descendre dans toutes les conséquences, « s'engager fort avant » jusqu'aux cas particuliers [1], explorer tous les détails, jusqu'aux choses singulières [2] et de « petite conséquence », comme le Descartes de Fénelon en fait le reproche à... Aristote ! « Descartes : Vous entrez dans de trop petits détails que l'on n'a pas fort approfondis [...]. Je vous ai déjà dit que ces détails étaient de si petite conséquence qu'on ne se donne point la peine de les approfondir. Mais venons aux principes [...] » [3] ! Le mot peut devenir aisément péjoratif, car l'on peut être *trop pénétrant*, et par là s'égarer, comme les docteurs molinistes qui, selon la *Troisième Provinciale*, censurent une « hérésie imperceptible » : « [...] ce sont des gens trop pénétrants. Pour nous, qui n'approfondissons pas tant les choses, tenons-nous en repos sur le tout » [4]. « Approfondir » s'oppose à *se tenir en repos* « sur le tout », c'est exactement le contraire ici de *dire* « en gros ». Approfondir, c'est, pour parler comme Montaigne, « enfoncer plus avant », à quoi il opposait déjà « grossièrement », corrigé en « en gros », lorsqu'il avouait ne pas mieux connaître Aristote [5]. Approfondir ne signifie pas énoncer le principiel [6], mais mener la

1. Voir par exemple la *Lettre à Mersenne* du 10 mai 1632 : « [...] depuis deux ou trois mois *je suis engagé fort avant* dans le ciel ; et après m'être satisfait touchant sa nature et celle des astres que nous y voyons, et plusieurs autres choses que je n'eusse pas seulement espéré il y a quelques années, je suis devenu si hardi, que j'ose maintenant chercher la cause de la situation de *chaque* étoile fixe » (nous soulignons) ; sur ce passage, voir Gilles Olivo, « La raison des effets : Descartes, Pascal et l'explication par la cause », *Quaestio*, 2, 2002, p. 353-381.

2. C'est pourquoi la faculté qui approfondit, c'est souvent la *curiosité* ; voir par exemple cette occurrence du *Discours sur les Pensées* de Filleau de la Chaise : « C'est ce peuple juif dont M. Pascal fait remarquer tant de choses (qu'on trouvera pour la plupart dans le Recueil de ses Pensées) qu'il faut n'avoir guère de curiosité pour ne pas les approfondir » (*GEF* XII, CCVII) – s'il est inutile pour Pascal d'approndir la physique, on ne saurait trop approfondir l'histoire du peuple juif.

3. Fénelon, *Dialogues des morts*, LXXVIII, « Aristote et Descartes », Paris, Gallimard, Bibliothèque de la Pléiade, t. I, 1983, p. 503.

4. *Prov.*, 45. Pascal poursuit : « Voulons-nous être plus savants que nos maîtres ? N'entreprenons pas plus qu'eux. Nous nous égarerions dans cette recherche ; il ne faudrait rien pour rendre cette censure hérétique ».

5. « Mais, *d'y enfoncer plus avant*, de m'être rongé les ongles à l'étude de Platon, ou d'Aristote ou opiniâtré après quelque science, je ne l'ai jamais fait » (*Essais*, I, XXVI, 146). Sur cet aveu, voir notre « *De l'expérience* : Montaigne et la métaphysique », in *Montaigne : scepticisme, métaphysique, théologie*, éd. par V. Carraud et J.-L. Marion, PUF, 2004, p. 49-87.

6. Sans doute pourrait-on opposer rigoureusement approfondissement et fondement, comme le Descartes de Fénelon oppose « approfondir » et « en venir aux principes » (voir ci-dessus note 3).

déduction jusqu'en ses conséquences, ou, pour parler comme le langage plus ancien[1] de l'opposition de l'esprit de géométrie et de l'esprit de finesse, « pénétrer vivement et profondément les conséquences des principes » (L XXI/511 = *Disc.* 23) – certes, les problématiques de « Différence entre l'esprit de géométrie et l'esprit de finesse » et de « Disproportion de l'homme » sont diverses[2], mais ce point leur est du moins commun. Rappelons-nous également L XXV/694 = *Disc.* 147, où Pascal, réfléchissant à l'ordre de ses pensées, oppose saint Thomas et la mathématique : « La mathématique le [*sc.* le véritable ordre[3]] garde, mais elle est inutile en sa profondeur ». Dans « Disproportion de l'homme », approfondir, c'est vouloir « arriver au centre des choses », c'est-à-dire, comme l'indique une rature de Pascal « diviser jusqu'au bout ».

Les principes du mécanisme cartésien sont vrais, mais les approfondir est impossible et, partant, incertain et inutile. C'est ainsi qu'il faut comprendre le jugement sur Copernic : « Je trouve bon qu'on n'approfondisse pas l'opinion de Copernic » (L 12/164 = *Disc.* 152). Copernic a évidemment raison, mais il est inutile d'en développer l'opinion en toutes ses conséquences, au risque de s'égarer. En revanche, « il importe à toute la vie de savoir si l'âme est mortelle ou immortelle »[4]. C'est évidemment ce que sait Descartes, qui échappe au reproche[5]. Il faut donc « écrire contre ceux qui approfondissent trop les sciences » (L XXIII/553 = *Disc.* 152).

Dire que tout « [...] se fait par figure et mouvement », ce n'est donc pas approfondir – et en cela Pascal a pu se proposer d'imiter Descartes. Ce n'est pas l'avis de tout le monde, et d'autres feront reproche à Descartes de ce dont Pascal lui savait gré. Mais ce reproche même confirme le sens que nous restituons à « approfondir ». Nous en trouvons par exemple une confirmation dans les *Réflexions sur la physique* du P. Rapin, dont le point X est consacré à Descartes : « Et quand, pour rendre raison des choses, il [Descartes] a dit qu'elles se font par une certaine figure, par un certain mouvement, par une certaine extension, il a tout dit : car *il n'approfondit rien*, et tout sectateur de Démocrite, qu'il prétend être : il n'entend point la

1. Vers 1655 ; nous n'entrons pas ici dans la question de la datation relative des fragments L XXI / 511 et 512 par rapport à *L'esprit géométrique* : pour ce faire, voir *OC* III, 368-376 et *Disc.* 205-207.

2. Voir *Pascal et la philosophie*, § 31, p. 426-434.

3. Le même fragment contient un remarquable aveu de cartésianisme : « Je sais un peu ce que c'est [*sc.* que l'ordre], et combien peu de gens l'entendent ».

4. Voir le collage proposé par Emmanuel Martineau, qui insère L I/399 = *Disc.* 152.

5. Voir *Pascal et la philosophie*, § 15, p. 222-223.

vraie doctrine de philosophie »[1] – nous revenons immédiatement à la référence à Démocrite[2]. Quant à Leibniz, il n'hésitait pas au contraire, dans les mêmes années, à recommander d'approfondir le « système » de Descartes : « Je conseillerais toujours à un amateur de la vérité, d'*approfondir son système* [*sc.* celui de Descartes]; car on y voit une adresse d'esprit admirable, et sa physique, toute incertaine qu'elle est, peut servir de modèle à la véritable, qui doit pour le moins être aussi claire et aussi bien concertée que la sienne. Car un roman peut être assez beau pour être imité par un historiographe »[3]. « Faire un système » – mais « système » sera alors bien loin de signifier « hypothèse » –, ce sera, un demi-siècle plus tard, *généraliser*, et même généraliser indûment, à quoi s'opposera alors... « approfondir ». Que l'on songe au reproche adressé par Condillac aux philosophes, en particulier à Descartes et, derrière Descartes, à Buffon : Descartes a généralisé, au lieu de s'en tenir à l'observation des faits[4].

1. Nous citons l'édition de 1684 des *Comparaisons des grands hommes de l'Antiquité...*, Paris, Muguet, t. II, p. 358 (nous soulignons). Relevons le savoureux « il a tout dit », démocritéen et antiphrastique à la fois.

2. Après avoir loué Descartes d'avoir surpassé Galilée grâce à un « corps de doctrine mieux réglé » et Gassendi en « invention », Rapin rapporte que, selon Mersenne (?), Descartes avait fait état devant une « assemblée de savants » d'un projet de physique « où il admettait le vide »; or, une telle thèse n'étant pas à la mode (!), Descartes serait devenu pléniste : « Ainsi l'exclusion du vide devint par politique un de ses principes », pour « s'accommoder avec les nouveaux physiciens » (*op. cit.*, 357); voir notre étude précédente.

3. *Lettre* du 22 juin / 2 juillet 1679 *à Malebranche*, *Sämtliche Schriften und Briefe*, II, *Philosophischer Briefwechsel*, I, Berlin, 1972 (= A II/1), 474, 22-26 = *Malebranche et Leibniz, Relations personnelles*, présentées avec les textes complets des auteurs, par André Robinet, Paris, Vrin, 1955, p. 111 (nous soulignons). Sur le célèbre jugement leibnizien qui considère la philosophie de Descartes comme « l'antichambre de la philosophie véritable », voir désormais le dossier exhaustif fourni par Michaël Devaux dans sa thèse de l'Université de Paris IV – Sorbonne *L'avancement de la métaphysique réelle selon Leibniz. Nomenclature et réalité de la métaphysique leibnizienne après l'*iter italicum (2004). Sur la physique de Descartes considérée comme un roman – par Descartes lui-même avant Pascal, voir *Pascal et la philosophie*, § 15, p. 219.

4. « C'était peu pour *Descartes* d'avoir tenté d'expliquer la formation et la conservation de l'univers par les seules lois du mouvement, il fallait encore borner au pur mécanisme jusqu'à des êtres animés. Plus un philosophe a généralisé une idée, plus il veut la généraliser. Il est intéressé à l'étendre à tout, parce qu'il lui semble que son esprit s'étend avec elle, et elle devient bientôt dans son imagination la première raison des phénomènes. C'est souvent la vanité qui enfante ces systèmes [...]. Tel est le motif secret qui porte les philosophes à expliquer la nature sans l'avoir observée, ou du moins après des observations assez légères. [...] Ils jettent un regard méprisant sur ces sages observateurs qui ne parlent que d'après ce qu'ils voient, et qui ne veulent voir que ce qui est : ce sont à leurs yeux de petits esprits qui ne savent pas généraliser », Condillac, *Traité des animaux*, Première partie, chap. I, éd. M. Malherbe, Paris, Vrin, 1984, p. 114.

Le *De omni scibili* cartésien

Mais si Descartes échappe au reproche de Pascal en L XXIII/553, il n'y échappe peut-être pas dans *Disproportion de l'homme*, car le Descartes de la IVe partie des *Principia* prétend sans doute, pour Pascal, entrer dans le second infini de science[1]. « Mais l'infinité en petitesse est bien moins visible. Les philosophes ont bien plutôt prétendu d'y arriver, et c'est là où tous ont achoppé. C'est ce qui a donné lieu à ces titres si ordinaires, *Des principes des choses, Des principes de la philosophie*, et aux semblables [...] ». Tous les commentateurs ont reconnu les *Principia philosophiae* dans le second titre, aucun à notre connaissance n'a rapproché « Des principes des choses » du titre de la deuxième partie des *Principia, De principiis rerum materialium*. Resterait cependant à vérifier que ces titres soient « si ordinaires ». Jean-Robert Armogathe a noté que l'expression *principia philosophiae* « n'est pas commune », et « qu'une enquête lexicale devrait être menée »[2]. Il ne cite lui-même, avec le concours de Roger Ariew, que trois titres[3] comprenant *principia philosophiae* entre 1503 et 1644 (et un bien avant, celui de Lulle[4]) et conclut : « Le titre cartésien me semble renvoyer [...] plus précisément à Reisch et Lull ». Il n'est donc pas si ordinaire. Quoi qu'il en soit, Descartes est nécessairement compris dans « les philosophes » qui « *tous* ont achoppé »[5].

La prétention « cartésienne » (à approfondir) serait donc d'une autre nature que la prétention « démocritéenne » (à parler de tout), mais elle n'en serait pas moins « fastueuse » : « C'est ce qui a donné lieu à ces titres si ordinaires, *Des principes des choses, Des principes de la philosophie*, et

1. Dans *Pascal et la philosophie*, nous distinguions radicalement *Principia* I et II d'une part, III et IV de l'autre (p. 223) ; les présentes remarques nuancent cette distinction, dans la mesure du moins où la IVe partie des *Principia* contient aussi des propositions vraies « en gros ».

2. *Descartes : Principia Philosophiae (1644-1994)*, a cura di J.-R. Armogathe e G. Belgioioso, Naples, Vivarium, 1996, p. XIV ; voir aussi, dans le même volume, la contribution de Laurence W.B. Brockliss, « Rapports de structure et de contenu entre les *Principia* et les cours de philosophie des collèges », p. 491-516.

3. Gregorius Reisch, *Margarita philosophica, rationalis, moralis, philosophiae principia... complectens*, 1503 *sq.* (nombreuses rééditions) ; Andrea Duodo, *Universae philosophiae principia et fundamenta*, Bâle, 1603 ; la troisième occurrence se trouve dans le titre développé de l'*Epistolica exercitatio in qua Principia philosophiae Roberti Fluddi Medici reteguntur...* de Gassendi (Paris, 1630) et dans la réponse de Fludd, selon le titre long de sa *Clavis philosophiae* (Francfort, 1633).

4. Raymond Lulle, *Duodecim principia philosophiae*, *circa* 1300.

5. Nous soulignons « tous », dont se distinguera plus loin le « *presque tous* les philosophes », dont nous avons cru pouvoir montrer qu'il exceptait Descartes ; voir *Pascal et la philosophie*, § 18 c/, p. 279-283.

aux semblables, aussi fastueux en effet, quoique moins en apparence, que cet autre qui crève les yeux, *De omni scibili* ». Dans une première rédaction barrée, *de omni scibili* suivait uniquement la référence à Démocrite, du moins uniquement la prétention dont Démocrite, tel que Pascal en reprend le propos à Montaigne, est le philosophe éponyme [1]. Il fallait donc comparer *de omni scibili* et *des principes des choses*, Démocrite et Descartes, mais aussi les opposer comme deux sottises symétriques. Or en fait, la réécriture pascalienne, qui aggrave toujours (nous l'avons vu pour le jugement sur Descartes, « certain » devenant « incertain »), inclut Descartes aussi dans le premier reproche. Car « on se croit naturellement bien plus capable d'arriver au centre des choses [approfondir, Descartes] que d'embrasser leur circonférence [*de omni scibili*, Démocrite]. [...] Cependant il ne faut pas moins de capacité pour aller jusqu'au néant [c'est-à-dire jusqu'aux « petites choses »] que jusqu'au tout; il la faut infinie pour l'un et l'autre; et il me semble que qui aurait compris les derniers principes des choses pourrait aussi arriver jusqu'à connaître l'infini. L'un dépend de l'autre, et l'un conduit à l'autre ». La prétention à parler de tout, l'infini de science « en l'étendue des recherches », qui n'était pas celle de Descartes, le devient donc. De nouveau, l'anticartésianisme prend le pas sur le cartésianisme initial et incontestable. Ainsi Descartes lui-même en arrive-t-il à *parler de tout*.

Ce reproche est-il pure injustice pascalienne, ou le *de omni scibili* est-il lisible dans les *Principia* ? Comme toujours, pour partielle et injuste qu'elle puisse nous paraître, la lecture pascalienne n'est pas infondée. Car dès lors que l'on veut commencer de composer la machine, la prétention à l'exhaustivité suit celle de l'approfondissement. Pascal peut donc sans peine trouver dans les *Principia* un *de omni scibili*. Prenons quelques exemples [2] : d'abord celui du programme de *Principia* I, a. 75 : « [...] veritatemque omnium rerum cognoscibilium indagandam, rechercher la vérité de toutes les choses connaissables [3] » (AT VIII-1, 38,8-9), puis « [...] usum claros et

1. Pascal avait écrit : « Je vais parler de tout, disait Démocrite. *(mais outre que c'est peu – de gloire – d'en parler simplement, sans prouver et connaître* [on lit un cartésien !], *il est néanmoins impossible de le faire, la multitude infinie des choses nous étant si cachée tout ce que nous pouvons exprimer par paroles ou par pensées n'en est qu'un trait invisible – d'où il paraît combien est sot, vain et ignorant, ce titre de quelques livres, de omni scibili).* »

2. En 1647, la *Lettre-préface* aux *Principes* affirmera la possibilité de déduire des principes de Descartes la « connaissance de toutes les autres choses qui sont au monde », même s'il est factuellement impossible d'avoir « traité de toutes choses » dans un livre, AT IX-2, 10,30-11,7.

3. Trad. Picot, AT IX-2, 61 : « [...] à la recherche de toutes les vérités que nous sommes capables de connaître ».

distinctos omnium rerum cognoscibilium conceptus formandi acquiremus. Atque in his paucis praecipua cognitionis humanae principia contineri mihi videtur, nous nous accoutumerons à former des conceptions claires et distinctes sur tout ce que nous sommes capables de connaître. C'est en ce peu de préceptes que je pense avoir compris les principes plus généraux et plus importants de la connaissance humaine» (38,29-39,2). Puis des affirmations comme celle de *Principia* III, a. 45 : « [...] omnia quae in hoc mundo aspectabili deprehendimus, oriri potuisse demonstremus [...]» (100,14-15)[1]. Enfin, plus proche du texte sur lequel nous nous sommes appuyé, *Principia* IV, a. 199 : « Nulla[2] naturae phaenomena in hac tractatione fuisse praetermissa» (AT VIII-1,323)[3] ou a. 200 : « [...] me hic universam rerum materialium naturam ita conatum esse explicare» (323,15-16)[4]. Et dans l'a. 202, Descartes lui-même dénonce la prétention démocritéenne à tout expliquer à partir des atomes (ce qui fournit peut-être l'interprétation orthodoxe du « Je vais parler de tout » : je peux tout expliquer par les atomes) tout en se prévalant, lui, de pouvoir tout expliquer *en physique* par figures et mouvements[5]. Descartes, lui, peut donc dire « Je vais parler de tout »[6].

D'autres passages du corpus cartésien, probablement ignorés de Pascal, eussent plus justifié encore qu'il y reconnût un *de omni scibili*, comme la note donnée dans *Cartesius* : « [...] nos accingere debemus *ad discurrendum circa res omnes*, nous devons nous préparer à discourir de toutes

1. Trad. Picot, AT IX-2, 124 : « [...] nous ferons mieux entendre [...] enfin tout le monde visible [...] ».

2. Coquille d'AT, qui donne « nullae ».

3. Trad. Picot, AT IX-2, 317 : « Qu'il n'y a aucun phénomène en la nature qui ne soit compris en ce qui a été expliqué en ce traité ».

4. Trad. Picot, AT IX-2, 318 : « [...] j'ai ici tâché de rendre raison de toutes les choses matérielles [...] ».

5. « [...] à cause qu'il n'expliquait point en particulier comment toutes choses avaient été formées par la seule rencontre de ces petits corps, ou bien, s'il l'expliquait de quelques-unes, les raisons qu'il en donnait ne dépendaient pas tellement les unes des autres [non omnes ejus rationes inter se cohaerebant] que cela fît voir que toute la nature pouvait être expliquée en même façon » (AT VIII-1, 325, 20-23). On comprend mieux la remarque de Pascal, « sans prouver et connaître », qui distingue Démocrite et Descartes.

6. Il n'entre pas dans le cadre du présent propos de traiter de Descartes et Démocrite, ou plutôt du Démocrite de Descartes : sur ce sujet, tout reste à faire. De façon générale, on pourrait avancer l'hypothèse selon laquelle, au XVIIe siècle, et à commencer par Descartes et Leibniz, une rhétorique de l'atomisme permet de maintenir la représentation du discontinu tout en pensant le continu (la divisibilité à l'infini de la *res extensa*). Mais pour étayer une telle hypothèse, les ouvrages classiques de Léopold Mabilleau, *Histoire de la philosophie atomistique*, Paris, Alcan, 1895 et Kurd Lasswitz, *Geschichte der Atomistik vom Mittelalter bis Newton*, Hambourg-Leipzig, Leopold Voss, 1890 offrent peu de secours.

choses [...] »[1] (AT XI, 652). L'on peut aussi penser au titre même de la *Règle* I, qui annonce que l'esprit pourra former « de iis omnibus quae occurrunt proferenda judicia, des jugements solides et vrais, touchant toutes les choses qui se présentent » (AT X, 359,6-7), et surtout aux *res omnes* de la *Règle* VIII : « Neque immensum est opus, res omnes[2] in hac universitate contentas cogitatione velle complecti, et ce n'est pas une tâche immense, de vouloir embrasser par la pensée toutes les choses contenues dans notre univers »[3] (AT X, 398,14-16). S'il n'est pas prouvé que Pascal connaissait les *Regulae,* au moins en partie (il s'en est peut-être fallu de quelques mois), il est certain en revanche qu'il connaissait la deuxième partie du *Discours de la méthode.* Or on y trouve d'abord une référence implicite aux *Regulae*, justement importante pour notre propos : « [...] je ne voulus point commencer à rejeter tout à fait aucune des opinions qui s'étaient pu glisser autrefois en ma créance sans y avoir été introduites par la raison, que je n'eusse auparavant employé assez de temps à faire le projet de l'ouvrage que j'entreprenais, et à chercher la vraie méthode pour parvenir à la connaissance de toutes les choses dont mon esprit serait capable » (AT VI, 17,3-10). On y trouve aussi, peu après, la prétention cartésienne (selon l'heuristique de l'imagination : « m'imaginer », dit Descartes) à embrasser, par analogie avec les « longues chaînes de raisons » des géomètres, « toutes les choses qui peuvent tomber sous la connaissance des hommes » (AT VI, 19,9-11)[4]. Et comment ne pas se rappeler le premier titre du *Discours*, « Projet d'une science universelle »[5] (AT I, 339,18-19) ?

1. Descartes poursuit : « [...] ita ut illa tantum deducamus quae absque difficultate, obscuritate, labore aut incertitudine, possunt concludi ; talia enim solummodo sunt, quae vere scientiam generant, en sorte que nous ne déduisions que celles qui peuvent être conclues sans difficulté, obscurité, peine ou incertitude; car il n'y a que de telles choses qui engendrent vraiment la science ».

2. Voir aussi la *Règle* VI, AT X, 381,9-13 et la *Règle* IV, 377,23-378,2.

3. Descartes poursuit : « [...] ut, quomodo singulae mentis nostrae examini subjectae sint, agnoscamus, afin de reconnaître, en quelle façon chacune d'elles est sujette à l'examen qu'en fait notre esprit » (16-17). La procédure qui permet à Descartes de prétendre atteindre tout objet possible en tant qu'il est soumis à l'ordre connu par l'entendement (*mathesis universalis*) ne fait évidemment pas l'objet de notre étude; voir Gilles Olivo, *Descartes et l'essence de la vérité*, *op. cit.* chap. I.

4. Rappelons l'ensemble de la phrase, AT VI, 19,6-17 : « Ces longues chaînes de raisons, toutes simples et faciles, dont les géomètres ont coutume de se servir, pour parvenir à leurs plus difficiles démonstrations, m'avaient donné occasion de m'imaginer que toutes les choses, qui peuvent tomber sous la connaissance des hommes, s'entre-suivent en même façon et que, pourvu seulement qu'on s'abstienne d'en recevoir aucune pour vraie qui ne le soit, et qu'on garde toujours l'ordre qu'il faut pour les déduire les unes des autres, il n'y en peut avoir de si éloignées auxquelles enfin on ne parvienne, ni de si cachées qu'on ne découvre ».

5. La *lettre à Mersenne* de mars 1636 n'a cependant été publiée par Clerselier que dans le t. II des *Lettres*, Paris, mai 1659, lettre 111.

Il est donc inutile d'en appeler – comme presque[1] tous les commentateurs depuis Havet[2] – à Pic de la Mirandole pour comprendre ce titre « fastueux » *de omni scibili* : non seulement parce qu'il ne se trouve pas chez Pic[3], mais encore parce qu'il ne fait pas de doute que pour Pascal il « crève les yeux » chez Descartes lui-même[4] !

Point n'est besoin de revenir sur les commencements cartésiens, ni sur la présence précise et récurrente de Descartes dans *Disproportion de l'homme*. Et pour injuste qu'il puisse être, Pascal est le meilleur lecteur de Descartes. Car c'est du cartésianisme même de Pascal – encore une fois, textuel, rigoureux, et précis – que naît son anticartésianisme.

1. Nous retrouvons ici une remarque formulée, pour de toutes autres raisons, par Henri de Lubac dès l'introduction de son *Pic de la Mirandole* : « Après Montaigne et Cicéron, Pascal notait un jour que Démocrite avait fait un ouvrage prétendant « parler de tout » ; il critiquait ce genre de titres ambitieux, « aussi fastueux en effet, quoique moins en apparence, que cet autre qui crève les yeux : *De omni scibili* ». Mais Pascal, qui parle en bonne part de Pic, à propos d'Origène, dans sa 17ᵉ *Provinciale* [*Prov.*, 345], ne lui attribuait ni ces mots ni cette ambition ; *rien du moins ne permet de l'affirmer* [nous soulignons] ; l'attribution semble être le fait de commentateurs tardifs, et c'est l'édition Brunschvicg des *Pensées* qui l'a répandue. Ce qui a contribué sans doute à cette erreur, c'est qu'il y eut à la Renaissance toute une tradition *de omni scibili* [Henri de Lubac renvoie en particulier à François Secret, « La tradition du « *De omni scibili* » à la Renaissance : l'œuvre de Paul Scaliger », *Convivium*, nouv. série, 1955, p. 492-497] », *Pic de la Mirandole*, Paris, Aubier-Montaigne, 1974, 14 (pour une comparaison de Pascal et Pic, voir p. 345-351). Voir aussi Denise Leduc-Fayette, *Pascal et le mystère du mal. La clef de Job*, Paris, Cerf, 1996, p. 227-228, n. 4.

2. Suivi comme souvent par Brunschvicg (Br. 72), lui-même imité par presque tous.

3. Voir de nouveau l'introduction du *Pic de la Mirandole* du Père de Lubac, en particulier p. 14-19. Pic annonce, ce qui est bien différent, « conclusiones nongente [...] in omni genere scientiarum » (*op. cit.*, p. 16). La formule la plus proche de celle qu'on attribue faussement à Pic se trouve chez Fernand de Cordoue, dans son *De artificio omnis et investigandi et inveniendi natura scibilis* : « artificium, quo omne natura scibile in singulis disciplinis [...] » (cité par Henri de Lubac, *op. cit.*, p. 19). Au demeurant, le rapprochement entre « *Des principes des choses* » et l'évocation picienne polémique des « principes des choses humaines et divines » vaut d'autant moins, précisément, qu'il s'agit dans ce dernier cas des choses *humaines et divines* : « Dans les assemblées des philosophes et dans les cercles des savants, il ne s'agit pas de discuter sur la mère d'Andromaque, ni sur les fils de Niobé et sur de vaines futilités de ce genre, mais sur les principes des choses humaines et divines » (*Lettre à Ermolao Barbaro* du 3 juin 1485).

4. Le reproche fait à Descartes, qui *détruit* l'idée de Dieu dans le soleil, et aux cartésiens de prétendre rendre raison de tout est mis, dans l'*Entretien avec M. de Sacy*, dans la bouche de Sacy : « Au lieu de reconnaître les choses invisibles dans les visibles, comme dans le soleil, qui est le Dieu de la nature, et voir en tout ce qu'il produit dans les plantes l'image de la grâce, ils prétendent au contraire *rendre raison de tout* par de certains crochets qu'ils se sont imaginés ». Et comme vouloir rendre raison de tout empêche de contempler le tout, Sacy compare les cartésiens « à des ignorants qui verraient un admirable tableau et qui, au lieu d'admirer un bel ensemble, s'arrêteraient à chaque couleur en particulier » (*Sacy EM*, 87).

Un des points fondamentaux de *Disproportion de l'homme* était donc la distinction du général (« en gros »), qu'il faut accorder (les connaissances naturelles *générales*, qui sont les principes du mécanisme) et de l'universel (parler *de tout*, *de universis*, *de omni scibili*), qui est impossible (quoique peut-être inévitable) et témoigne d'une « présomption infinie », *parce qu'il est infini*. Cette distinction entre général et universel, ou plutôt l'accès à l'universel, constitutif du projet des *Regulae* d'accéder à la *sapientia universalis*, c'est peut-être dans Descartes que Pascal l'a apprise. Mais le Pascal de *Disproportion de l'homme* subvertit Descartes avec Descartes. Car s'il révoque la *scientia* ou la *sapientia universalis* de Descartes, en tant qu'elle prétend accéder à l'universel, c'est parce qu'il découvre cet universel infini. L'infini, dont nous avons essayé de montrer par ailleurs la puissance de déconceptualisation, ruine ici l'accès proprement cartésien à l'universel. Dans *Disproportion de l'homme*, l'infini subvertit le concept cartésien d'universel. Pascal y nie rien de moins que la *capacité* de l'entendement à *tout* constituer comme son objet. Voilà ce à quoi conduit, en 1657, la relecture pascalienne ambivalente des *Principia philosophiae*.

DEUXIÈME PARTIE

DE L'*EGO* AU MOI

CHAPITRE PREMIER

LE VÉRITABLE AUTEUR DU *COGITO* : TRAITS D'ANTI-AUGUSTINISME

À la mémoire de Geneviève Rodis-Lewis

Montaigne, Descartes et saint Augustin n'ont pas le même statut dans la constitution de la pensée pascalienne. La présence de Montaigne y est presque constante : Montaigne est cité, paraphrasé, glosé, discuté, critiqué ; les *Essais*, singulièrement l'*Apologie de Raimond Sebond*, affleurent en permanence dans le texte pascalien. Les *Essais* constituent – le plus souvent – le fonds de Pascal – le fonds, au sens du foncier, le sol des *Pensées*. A côté de cette omniprésence foncière de Montaigne, Descartes est fondamental. La philosophie cartésienne constitue le fond de la pensée pascalienne, entendons : Pascal est cartésien – il est même le premier cartésien –, il pense en cartésien, et c'est à partir de ce fondement cartésien, toujours interprété, c'est-à-dire repensé, qu'a pu naître et se développer l'anti-cartésianisme, précis et décisif, de certaines de ses thèses. C'est ainsi que l'interprétation pascalienne de Descartes a pu donner lieu à ce que nous avons appelé naguère une subversion conceptuelle. La présence de saint Augustin dans les *Pensées* n'est ni foncière ni fondamentale. Pascal n'en a été nourri, aussi essentiellement que de Montaigne ou de Descartes, ni dans les années où il se consacrait principalement aux travaux scientifiques, ni même au moment où il a voulu manifester l'échec des philosophies et libérer l'accès à la vraie religion, ni, *a fortiori*, quand, il invente une anthropologie inédite et devient le penseur de l'existence humaine. Le *De vera religione* a constitué indéniablement, au moins un certain temps, le modèle de son projet apologétique[1], et le renouvellement de l'opposition tout augustinienne de la *miseria* et de la *dignitas*[2], à laquelle Pascal a voulu redonner sa pertinence, impliquait qu'il réassumât une thèse et un cadre augustiniens, mais rien de plus. Pascal n'est pas parti pour autant d'un fonds augustinien, et n'a jamais pensé en augustinien. L'*Entretien avec M. de Sacy* suffit à nous en convaincre : la voix de saint Augustin est tenue par Sacy, alors que par la bouche de Pascal parlent Epictète, Montaigne et, sous le pseudonyme de Montaigne... le Descartes de la *Meditatio* I[3] ! L'augustinien, c'est Sacy, tandis que Pascal est le philosophe : et ce qui faisait l'admiration de Sacy, selon l'introduction de l'*Entretien*, c'est que Pascal « se rencontrait en toutes choses avec saint Augustin », lui qui n'avait « point lu les Pères de l'Église »[4] – nous reviendrons sur ce concept de *rencontre*, à propos d'une autre rencontre : non pas celle de Pascal et de saint Augustin selon Sacy, mais de celle de Descartes et de saint Augustin selon Pascal.

Bien des choses se jouent dans le rapport complexe de Pascal à ces trois figures que sont Montaigne, Descartes et saint Augustin – et dans le rapport des deux premiers eux-mêmes à saint Augustin. Nous nous contenterons d'abord de distinguer leurs fonctions respectives dans la formation et l'élaboration toujours continuée de la pensée pascalienne. Une chose en effet est un fonds (Montaigne), autre chose un mode de pensée que l'on fait sien (Descartes), autre chose encore un modèle (saint Augustin) : et l'on peut vouloir redonner sa pertinence à un modèle que l'on se propose, sans pour autant partager en tout la pensée de son auteur, *a fortiori* sans le suivre sur des points qui, pour n'être pas dénués d'importance, n'appartiennent pas au dossier que les polémiques contemporaines ont conduit à privilégier, spécialement la question de la grâce. C'est pourquoi nous trouvons chez Pascal un certain nombre de *points de résistance* à la pensée de saint Augustin. Ces points de résistance sont d'autant plus remarquables qu'ils constituent du même coup des points de divergence avec des contem-

1. Il a été traduit par Arnauld en 1647, seconde éd. 1652.

2. Voir Pierre Courcelle, *Connais-toi toi-même de Socrate à saint Bernard*, Paris, Études augustiniennes, 3 t., 1974-1975. La seconde partie (t. II et III) est consacrée aux « vues platoniciennes et chrétiennes sur la misère et la grandeur de l'homme ». Pour Pascal et l'homme-*paradoxe*, voir la conclusion, p. 732-735.

3. *Sacy* 28-31 puis *Pascal et la philosophie*, § 6, c.

4. *Sacy* 10-11 (lg. 51-52 et 43) = *Sacy EM* 92 puis 91. Les éditeurs notent ici : « Affirmation inexacte, du moins en ce qui concerne saint Augustin : cf. Philippe Sellier, *Pascal et saint Augustin*, Paris, 1970 » ! Selon Pascal, Sacy connaît encore mieux saint Augustin que lui, Pascal, ne « possède » Montaigne, *Sacy*, lg. 366-371 = *Sacy EM*, 117.

porains eux aussi qualifiés d'augustiniens, singulièrement Arnauld. Il y a ainsi ce que l'on pourrait appeler un anti-augustinisme, interne à l'augustinisme ambiant, – limité, précis mais par là même d'autant plus aigu –, anti-augustinisme constitué de lignes de fracture d'autant plus nettes, d'arêtes d'autant plus vives qu'elles se détachent d'un ensemble augustinien, ou, pour user d'une formulation plus prudente, d'un ensemble que l'on pourrait qualifier d'augustinien : une culture, un sentiment d'appartenance, et même un militantisme augustinien, ce que nous appellerions aujourd'hui une idéologie. En ce sens, il est incontestable que Pascal est augustinien. Cet augustinisme de Pascal, il fallait l'explorer, et c'est ce qu'a fait, sous un mode non conceptuel, mais thématique, Philippe Sellier dans son beau livre de 1970[1] : nous tenons d'emblée à reconnaître notre dette envers ce livre en ce qu'il nous donne les moyens, comme *a contrario*, de mieux prendre la mesure des éléments anti-augustiniens de la pensée pascalienne. Ajoutons aussitôt que ces éléments sont ce que nous appelons des *points de résistance*, fussent-ils en eux-mêmes essentiels, par distinction avec des éléments de doctrine. Le rapport de Pascal à saint Augustin ne saurait s'énoncer en termes de systèmes : rien de commun avec la question si débattue du cartésianisme systématique de Malebranche – ou de son augustinisme –, au sens où *Le cartésianisme de Malebranche* d'Alquié a pu s'opposer à « L'anticartésianisme de Malebranche » d'un Blondel[2]. Non, rien de cela pour Pascal. Il y a peu de sens – en tout cas peu d'intérêt philosophique –, nous semble-t-il, à juger de son augustinisme ou de son anti-augustinisme en bloc[3] – et cela conviendrait bien mal à la nature de sa propre pensée : nous ne dresserons donc pas la longue liste, assez vaine sans doute, des éléments de doctrine augustinienne que Pascal passe sous silence.

1. *Pascal et saint Augustin*, Paris, Armand Colin, 2ᵉ éd. Albin Michel, 1995. On regrettera cependant que Philippe Sellier ne renvoie pas systématiquement à l'édition de Louvain, utilisée par les contemporains de Pascal. Le préjudice principal réside dans l'exclusion des textes considérés comme inauthentiques, dont plusieurs constituent pourtant encore des autorités importantes au XVIIᵉ siècle, comme le *De substantia dilectionis*, Louvain, IV, 510 *sq.* = Mauristes, VI, Appendix, 71 *sq.* = PL XL, 843 *sq.* Sur cette édition, voir en particulier Lucien Ceyssens, « Le « Saint Augustin » du XVIIᵉ siècle : l'édition de Louvain (1577) », *XVIIᵉ siècle*, n° 135, 1982, 2, p. 103-120.

2. Sans pourtant, bien sûr, se réduire à cette opposition, comme les premiers mots du livre d'Alquié (Paris, Vrin, 1974, p. 9) suffisent à l'indiquer; l'article de Blondel a paru dans la *Revue de métaphysique et de morale*, 23, 1916, p. 1-26.

3. Jean Laporte, dans un article célèbre (« Pascal et la doctrine de Port-Royal », in *Études d'histoire de la philosophie française au XVIIᵉ siècle*, Paris, Vrin, 1951, p. 106-152), soutenait que Pascal était authentiquement et constamment janséniste. Ce n'est pas le lieu de le discuter; mais, quoi qu'il en soit, il ne saurait s'agir de poser la question dans les mêmes termes pour l'augustinisme de Pascal.

Le présent propos ne s'essaiera pas davantage à relever toutes les thèses anti-augustiniennes de Pascal, épistémiques[1], philosophiques[2] ou théologiques[3] – ce relevé reste à faire, car ce que nous appelons les traits d'anti-augustinisme de Pascal sont nombreux. Nous nous contenterons ici 1) de montrer brièvement que le *De civitate Dei* doit être mis au nombre des ouvrages que Pascal n'a pas lus : non seulement rien ne nous indique qu'il l'ait lu, mais un certain nombre d'indices textuels peu contestables établissent qu'il n'a ni lu, ni même feuilleté, plusieurs des livres du *De civitate Dei* qu'il cite pourtant[4]. Rien de répréhensible à cela. Mais surtout, rien d'étonnant à ce qui s'apparente à un usage, semble-t-il, dans la première moitié du XVIIe siècle, et plus tard encore : le corpus augustinien y est toujours sollicité de façon très diverse, aussi bien en milieu scolaire où il constitue toujours l'autorité essentielle sur les questions de la grâce, que non scolaire, sans souci de cohérence ni d'exhaustivité. Pascal n'est pas le seul, loin de là, à n'avoir pas ouvert ce qui était un best-seller au siècle précédent. De ce point de vue, Pascal nous paraît seulement un cas particulièrement significatif de l'histoire de la réception ou de la non-réception de *La cité de Dieu* : on peut, au milieu du siècle, être proche de Port-Royal et même avoir pour projet une Apologie de la religion chrétienne, sans se croire pour cela obligé de lire *La cité de Dieu*. Nous nous efforcerons en conséquence 2) de réfléchir à ce que signifie « se rencontrer avec », ou plus exactement pour Pascal « dire la même chose » : nous le ferons à partir d'un rapprochement très célèbre des *cogito* augustinien et cartésien, rapproche-

1. Nous ne reviendrons pas ici sur le célèbre (et sévère) L XXIII/ 577 = *Disc.* 131 : « Saint Augustin a vu qu'on travaille pour l'incertain sur mer, en bataille, etc., mais il n'a pas vu la règle des partis qui démontre qu'on le doit. Montaigne a vu [...]. Toutes ces personnes ont vu les effets, mais ils n'ont pas vu les causes. Il sont à l'égard de ceux qui ont découvert les causes comme ceux qui n'ont que les yeux à l'égard de ceux qui ont l'esprit ».

2. Voir, outre la fin de *Disproportion de l'homme* les premiers exemples pris dans *Pascal et la philosophie*, en particulier la conclusion. A la rhétorique et aux fauses beautés (L 1007), Rapin ajoutait les « réflexions » sur les nombres (*Recueil de choses diverses*, *OC* I, p. 891 et 983).

3. Deux exemples : la pensée du martyre et le thème du Christ-médecin. Jean-Louis Chrétien a justement remarqué à quel point la pensée du martyre était profondément différente chez saint Augustin et Pascal : voir *Saint Augustin et les actes de parole*, Paris, PUF, 2002, p. 146. Quant au *Christus medicus*, le moins que l'on puisse dire est que Pascal n'exploite guère ce thème augustinien puis éminemment jansénien, lui pour qui au contraire l'essentiel est de faire « bon usage des maladies ».

4. Nous confirmerons ainsi en la précisant une remarque d'Emmanuel Martineau : « Pascal ne fait nulle part d'allusion favorable au *De civitate Dei*, qu'il ne mentionne qu'en passant », « Deux clés de la chronologie des discours pascaliens », *XVIIe siècle*, n° 185, 1994, 4, p. 726.

ment qui témoigne d'un anti-augustinisme d'une violence stupéfiante. Les deux points ne sont pas sans rapport, puisqu'une des formulations les plus précises de ce qu'on appelle le *cogito* augustinien se trouve dans le livre XI du *De civitate Dei*.

LE *DE CIVITATE DEI* DE... MONTAIGNE

Les citations du *De civitate Dei* que l'on trouve dans les *Pensées* sont peu nombreuses : il y en a trois – plus une quatrième à laquelle Pascal pense, mais qu'il se contente de gloser. En réalité, si notre point de vue était strictement pascalien, nous aurions tort de parler de citations du *De civitate Dei* : nous devrions plutôt dire des « citations de saint Augustin », car dans le cas de trois des quatre citations que l'on trouve dans les *Pensées*, rien n'indique que Pascal sache qu'elles viennent du *De civitate Dei* – et même, pour la première, rien n'indique que Pascal sache qu'elle vient de saint Augustin ! En vérité, c'est encore trop dire, puisque deux des quatre citations ne sont pas proprement augustiniennes, mais ont Varron pour auteur, que saint Augustin lui-même ne fait que citer.

Nous avons montré naguère [1], à partir d'une coquille de l'*Apologie* dans l'édition de 1652 des *Essais* [2], faute qui est reproduite deux fois dans les *Pensées*, que Pascal n'avait pas lu le livre XIX du *De civitate Dei*. Pascal écrit en effet dans ce qui est apparemment le projet d'une « lettre de la folie de la science humaine et de la philosophie » (L I/408 = *Disc.* 152, autographe) : « 280 sortes de souverain bien dans Montaigne », et on trouve dans L XI/479 = *Disc.* 157 (original perdu), « Pour les philosophes, deux cent quatre-vingts souverains biens ». 280, conformément à ce que Pascal a lu dans l'édition de 1652 des *Essais*, et non pas 288 [3], comme le porte le texte de saint Augustin, que Montaigne a lu au livre XIX de *La cité de Dieu*, qui rapporte le « calcul de Varron » [4]. Car 288 est bien le résultat d'un calcul, la multiplication des différents critères possibles [5] pour répondre à la

1. *Pascal et la philosophie*, p. 103-104. Tetsuya Shiokawa nous a signalé que le grand pascalien japonais Yiôchi Maeda avait déjà tiré de ce constat la même conclusion que nous : voir *Les arguments apologétiques chez Montaigne et chez Pascal* (en japonais), 2e éd. 1989, Tokyo-Sogenska, p. 284-285, n. 2.

2. Ed. 1652, p. 424 = *Essais* 577.

3. La faute est du reste présente dans toutes les éditions, de 1595 à 1652.

4. Livre XIX, I, 2, BA 37, 40-47.

5. Le quatuor des choses recherchées naturellement : plaisir, repos, les deux (soit la volupté selon Epicure), les biens de la nature (*prima naturae*) (4) se trouve multiplié par le rapport que ces choses entretiennent à la vertu : les rechercher pour la vertu, ou la vertu pour

question du souverain bien : 288, soit $2^5 \times 3^2$. Si Pascal avait lu le livre XIX de *La cité de Dieu*, il aurait su que le nombre des diverses réponses à l'unique question des fins dernières procédait d'un véritable *calcul* et qu'il était un multiple de 3 : il n'aurait donc jamais écrit 280 (qui n'est *évidemment* pas un multiple de 3) ! Pascal a donc lu Montaigne (sans s'intéresser à la nature du « calcul » de Varron), mais il n'a pas lu saint Augustin – il ignore même probablement que ce calcul nous est transmis par saint Augustin, puisque l'édition de 1652 ne l'indique pas.

La fin de *Disproportion de l'homme* (L 15/199 = *Disc.* 66) cite une deuxième fois *La cité de Dieu* : Pascal y convoque pour appuyer, contre Descartes, la thèse de l'inconcevabilité de l'union de l'âme et du corps après qu'en a été posée, conformément à Descartes, la distinction réelle : « Modus quo corporibus adhaerent spiritus [et animalia fiunt], omnino mirus est, nec comprehendi ab homine potest : et hoc ipse homo est »[1]. En réalité, cette citation ne vient pas directement du *De civitate Dei*, mais de l'*Apologie de Raimond Sebond*, comme en témoigne une coupe interne à la citation, que Pascal reproduit à la suite de Montaigne[2]. Là encore, rien n'indique que Pascal sache que la citation est prise au *De civitate Dei*.

Pascal cite une troisième fois le *De civitate Dei*, en sachant cette fois que la citation vient de cet ouvrage, mais en ignorant apparemment tout du sens qu'elle revêt chez saint Augustin. Il s'agit du livre IV, chap. 27, que Pascal cite à la fin de L 3/60 = *Disc.* 126-127 – le grand fragment sur la justice –, quand il montre qu'il ne faut pas que le peuple « sente la vérité de l'usurpation; elle a été introduite autrefois sans raison, elle est devenue raisonnable. Il faut la faire regarder comme authentique [...] ». De

elles, ou celle-là et celles-ci pour elles-mêmes (3); les douze sectes ainsi produites peuvent être alors considérées selon que l'on agit pour soi ou pour d'autres aussi (2); les vingt-quatre sectes se dédoublent de nouveau selon un critère épistémique emprunté aux nouveaux académiciens, celui de la certitude ou de l'incertitude de l'opinion suivie (2); le dédoublement suivant est dû à deux *habitus* possibles, celui des cyniques ou celui des autres philosophes (2); enfin chacune des quatre-vingt-seize sectes peut être adoptée par choix soit d'une vie de loisir, soit d'affaires, soit mixte (3).

1. *De Civitate Dei*, XXI, 10, BA 37, 426. Saint Augustin s'interroge dans ce chapitre sur la possibilité de la peine du feu, qui est corporel, sur les démons, qui sont incorporels. Après tout, dit saint Augustin, le *modus adhaerendi* ainsi supposé n'est pas plus merveilleux et ineffable que cet *autre* mode d'adhérence par lequel l'esprit humain, incorporel, est uni au corps et le rend vivant (« et animalia fiunt », omis par Montaigne). On imagine le profit que les occasionnalistes pourront faire de cette phrase.

2. Ed. 1652, p. 393, qui ne donne pas la référence = *Essais* 539. Pour l'usage anti-cartésien de la citation, voir notre *Pascal et la philosophie*, § 18, en part. p. 283-285; ajoutons cependant qu'en entendant *comprehendi* en son sens cartésien, ou plus exactement augustino-cartésien, la citation de saint Augustin reste parfaitement cartésienne.

nouveau, la citation de saint Augustin vient de l'*Apologie de Raimond Sebond* : « Cum veritatem qua liberetur ignoret, expedit quod fallatur » [1], où Montaigne avait cité une phrase en fait de Mucius Scevola citée (et approuvée) par Varron cité par Augustin [2]. Mais dans tout ce passage, dans lequel il est question des pratiques religieuses païennes, polythéistes (ce que le contexte de l'*Apologie* suffit à indiquer clairement), Augustin cite Scevola / Varron *pour les réfuter*, car ils préconisent par exemple de ne pas faire connaître au peuple qu'Esculape, Hercule, Castor ou Pollux ne sont pas des dieux mais des hommes, ou que les dieux des cités ne sont pas des dieux ; Scevola et Varron sont en effet partisans de l'idée selon laquelle il est bon que le peuple ignore certaines vérités et croie certaines erreurs en matière de religion. De même Varron pense que la nature de Dieu est d'être « une âme gouvernant le monde par le mouvement et la raison », donc reconnaît qu'il faut adorer un Dieu unique [3], mais prétend nécessaire de maintenir le peuple dans le polythéisme et ses cultes méprisables. Bien évidemment, personne n'est plus opposé à une telle « politique » que saint Augustin : « Belle religion, pour accueillir le faible en quête de salut ! Et quand, pour se sauver il demande la vérité, on croit qu'il vaut mieux lui donner le mensonge ! » [4] –, politique, dit-il un peu plus loin, des pseudo-sages (*consilium velut sapientium*), et tromperie dont se délectent les démons [5]. Ainsi, *via* Montaigne qu'il a lu, Pascal cite Augustin qu'il n'a pas lu, qui citait Varron qui à son tour citait probablement un des livres de Scevola sur le droit civil pour faire sienne une autorité que saint Augustin a combattue de toutes ses forces. La politique même que Pascal va assumer à nouveaux frais était, pour Augustin, la politique religieuse des démons, qui

1. Montaigne a écrit : « Cum veritatem, qua liberetur, inquirat, credatur ei expedire, quod fallitur », éd. de 1652, p. 389 (citation traduite en marge, avec la référence au *De civitate Dei*, 4 : « Puisqu'il cherche une vérité, qui étant connue lui donnerait la clef des champs : il faut croire que ce qui l'abuse lui est propre »). Pascal sait donc que la citation vient de saint Augustin. La correction – de mémoire vraisemblablement – d'*inquirat* en *ignoret* va spontanément dans le sens du propos pascalien.

2. « [...] cum veritatem qua liberetur inquirat, credatur ei expedire, quod fallitur », BA 33, 614 ; Pierre Villey avait repéré une autre source, non textuelle : « [...] multa esse vera, quae non modo vulgo scire non sit utile, sed etiam, tametsi falsa sint, aliter existimare populum expediat », BA 33, 628 ; voir l'édition municipale des *Essais*, t. IV, Pierre Villey, *Les sources des* Essais, Bordeaux, Pech, 1920, p. 253.

3. *Ibid.*, BA 33, 630.

4. « Praeclara religio, quo confugiat liberandus infirmus, et cum veritatem qua liberetur inquirat, credatur ei expedire, quod fallitur », BA 33, 614.

5. « Hac tamen fallacia miris modis maligni daemones delectantur », chap. XXXI, *ibid.*, 628.

tiennent en leur pouvoir trompeurs et trompés[1] ! – comme le dirait Sacy citant les *Confessions*, « on leur rend hommage en bien des manières »[2]... La même conclusion s'impose d'elle-même – si Pascal avait lu le *De civitate Dei*, il y eût pris conscience que sa politique rendait hommage aux démons !

Enfin, il est arrivé une fois que Pascal lui-même note que c'est dans Montaigne qu'il a lu une citation de saint Augustin, qu'il ne donne pas mais qu'il glose, comme dans L 18/236 = *Disc.* 105 : « Il y a assez de clarté pour éclairer les élus et assez d'obscurité pour les humilier ». Pascal note en marge de gauche « St Aug. Montag. Sebonde » (T 252), soit « Augustin <ap.> Montaigne, <Apologie de Raimond> Sebond ». Emmanuel Martineau[3] a retrouvé la citation à laquelle Pascal pensait, et qui s'énonce chez Montaigne : « Ipsa veritatis occultatio aut humilitatis exercitatio est, aut elationis attritio »[4]. Mais l'édition des *Essais* de 1652 ne donnant pas elle-même la source de cette citation[5] (qu'elle rapporte au demeurant fautivement), rien de nouveau ne permet de supposer que Pascal sache qu'il s'agit du livre XI du *De civitate Dei.* Cette ignorance, nous le verrons, est moins significative pour elle-même que parce que cette citation précède de quelques pages seulement le *cogito* du livre XI[6], dont nous verrons plus bas que Pascal en ignore aussi la source.

À ces quatre seuls renvois littéraux possibles du *De civitate Dei*, il faut ajouter deux références explicites (livres V, 10 et XX, 29) qu'on trouve dans L HC 1/971 = *Disc.* 168, dont Jean Mesnard a montré qu'elles venaient de la lecture pascalienne du *Tetrateuchus*[7].

1. « [...] maligni daemones [...] qui et deceptores et deceptos pariter possident », *ibid.* Rappelons-nous que les dieux du polythéisme sont pour saint Augustin des démons (« Sed non te audiunt [*sc.* dei], daemones sunt », IV, XXVII, BA 33, 616.

2. *Sacy* lg. 489-490 et p. 155-156 (puis lg. 554-561) = *Sacy EM*, 125 ; voir aussi Pierre Courcelle, *Les* Confessions *de saint Augustin dans la tradition littéraire*, Paris, Études augustiniennes, 1963, Seconde partie, chap. VIII, p. 423-431.

3. *Disc.* 105 et 243 pour la justification de la ligature.

4. Éd. 1652, p. 404 = *Essais* 553-554, qui rétablit toutefois le texte de Montaigne (Édition municipale, III, 298) cité fautivement en 1652 et, par là, celui de Saint Augustin qui avait écrit : « Ipsa *utilitatis* occultatio aut humilitatis exercitatio est aut elationis adtritio », *De civitate Dei*, XI, 22, BA 35, 98. Le L 18/234 résume : « Abaisser la superbe », qui traduit le dernier membre de la phrase et renforce le collage opéré par Emmanuel Martineau, *Disc.* 105.

5. L'édition de 1652 se contente de donner avec la traduction : « D. Aug. vel Ambros. ». La citation se trouve au livre XI, chap. 22, BA 35, 98.

6. Chap. 26. Voir *infra* et les *lettres à Mersenne* du 15 novembre 1638 (AT II, 435) puis de décembre 1640 (AT III, 261).

7. *OC* III, 208.

Concluons ce repérage. Les *Pensées* ne connaissent de *La cité de Dieu* que ce qu'en donne l'*Apologie de Raimond Sebond*. – Montaigne, au contraire, connaît surtout de saint Augustin le *De civitate Dei*, avec le commentaire de Vivès. « Montaigne a beaucoup étudié *La cité de Dieu*, disait Villey, mais de tous les ouvrages de saint Augustin, il semble n'avoir pratiqué que celui-là »[1]. Il va sans dire qu'il faut ajouter à l'intérêt doxographique de Montaigne pour *La cité de Dieu* son intérêt pour le scepticisme de saint Augustin, ou du moins ce qui reste des arguments sceptiques et de leur réfutation[2]. Si *La cité de Dieu* est à l'évidence un livre bien connu au XVIe siècle, ne fût-ce que pour des raisons de doxographie, sa lecture semble beaucoup moins banale au XVIIe siècle : en témoigne l'ignorance de Descartes qui, malgré ses consultations en bibliothèque, ne retrouve pas la référence au *cogito* dans le livre XI qui lui avait été donnée par Mersenne – nous y reviendrons. En témoigne plus encore celle de Pascal, ou, à tout le moins, son désintérêt pour ses longues et nombreuses pages – si Pascal a lu le *De civitate Dei*, les *Pensées* n'en fournissent aucune preuve[3]. En

1. Pierre Villey, *Les sources et l'évolution des* Essais *de Montaigne*, Paris, Hachette, 1908, t. I, p. 72. Selon l'auteur, l'ensemble des citations de saint Augustin (nombreuses citations latines, faites à partir de l'édition de 1570, texte d'Erasme avec les commentaires de Vivès, et paraphrases françaises) qui apparaissent à partir de l'édition posthume de 1595 suffit à indiquer que l'étude de *La cité de Dieu* prend place entre 1588 et 1592 et qu'elle a été accompagnée de la lecture du commentaire de Vivès (p. 73). La thèse d'Andrée Comparot, *Augustinisme et aristotélisme de Sebon à Montaigne*, Thèses / Cerf, s.d., comporte un utile index des citations et rapprochements observés entre Montaigne et saint Augustin (p. 670-678) qui permet de nuancer la conclusion de Villey. Voir aussi Mathurin Dreano, « L'augustinisme dans l'*Apologie de Raymond de Sebond* », *Bibliothèque d'Humanisme et Renaissance*, 24, 1962, p. 559-575, Elaine Limbrick, « Montaigne et saint Augustin », *ibid.*, 34, 1972 et Elisabeth Caron, « Saint Augustin dans les *Essais* », *Montaigne Studies*, II, 2, 1990. Il arrive que Montaigne cite *La Cité de Dieu* dans la traduction française de Gentian Hervet : voir Montaigne, *Essais, I, 56, « Des prières »*, éd. annotée par Alain Legros, Genève, Droz, 2003, p. 241.

2. Villey fait observer que « vingt des emprunts de 1595 se rencontrent dans l'*Apologie de Sebond* », *ibid.*, p. 73. Sur l'usage du scepticisme pour combattre l'hérésie, commun à Montaigne et à saint Augustin, voir *Sacy*, lg. 348-352 = *Sacy EM*, 115.

3. On peut naturellement se satisfaire, pour toute preuve, de rapprochements allusifs. Parmi la vingtaine de références supposément faites au *De civitate Dei* dans les *Pensées* données par Philippe Sellier en appendice à *Pascal et saint Augustin* (Paris, 2e éd. Albin Michel, 1995, p. 634-635, Index des citations, allusions et réminiscences augustiniennes dans l'œuvre de Pascal), aucune, à l'exception de celles que nous venons de mentionner (et qui proviennent de Montaigne), n'est probante : il s'agit dans le meilleur des cas de rapprochements thématiques qui conviendraient aussi bien avec d'autres passages du corpus augustinien, quand il ne s'agit pas directement du Pentateuque, des Evangiles, ou du commentaire que Jansénius en a donné.

revanche, alors même qu'il les cite, on peut être certain qu'il n'en a lu ni le livre IV, ni le livre XI, ni le XIX, ni le XXI... Mais en vérité, ce constat négatif lui-même importe assez peu: moins certainement que de comprendre l'opposition fondamentale de Pascal au *De civitate Dei*, dès son titre même. Car si les ignorances de Pascal sont une chose (qui sommes-nous pour en juger?), autre chose est ce qu'il rejette en connaissance de cause.

Venons-en donc au fond de l'affaire: le concept de *cité* essentiel à la pensée de saint Augustin et la doctrine des deux amours qui en est constitutive.

Pascal, comme l'a observé Emmanuel Martineau, est « furieusement allergique » au mot « cité »[1]. Il fait tout pour éviter, dans les *Pensées* comme dans la XIVe *Provinciale*[2], le paradigme indigne de la véritable *unité* chrétienne qu'est le paradigme politique. Le corps du Christ – « Qu'on s'imagine un corps plein de membres pensants » –, ne saurait à aucun prix être conçu comme une cité : une telle confusion est proprement « horrible », comme dit l'auteur des *Provinciales*: « Que peut bien valoir, en somme, sa [*sc.* de saint Augustin] sacro-sainte opposition des deux cités s'il ne s'agit, d'un côté comme de l'autre, que de *sociétés*? »[3] Comment en effet le corps du Christ, lui qui est unité absolue, pourrait-il être pensé comme société, *societas hominum*[4], association, c'est-à-dire association

1. Emmanuel Martineau, « Deux clés de la chronologie des discours pascaliens », p. 726.

2. *Prov.* 271-272. On notera que les « deux genres d'homme », les « deux peuples », les « deux mondes », les « deux royaumes » se constituent selon une logique de l'appartenance (c'est-à-dire de parti : « Qui n'est point avec Jésus-Christ est contre lui »), qui détermine elle-même « deux langages », mais qu'elle n'est nullement pensée selon la dualité des amours.

3. Emmanuel Martineau, *ibid.*, p. 727, qui souligne « l'horreur absolue » de cette « fausse image ».

4. *De civitate Dei*, XV, 1, BA 36, 34. Henri de Lubac note que « dans la langue chrétienne d'alors, spécialement dans celle d'Augustin, « societas » et « communio » s'équivalaient » (« « Augustinisme politique » ? », première version dans les actes du Congrès augustinien de 1954, *Augustinus magister*, seconde version dans *Théologies d'occasion*, Paris, DDB, 1984, p. 270): c'est possible. Mais Pascal, à l'évidence, n'y est pas plus sensible que nous. On pourra relire les pages du P. de Lubac pour des motifs très divers, à commencer par sa belle lecture du *Commentaire* de saint Augustin *sur les Psaumes 64 et 61*; pour éclairer le contexte du présent propos, on sera d'abord attentif à ses remarques sur le concept juridique de *societas perfecta* appliqué à l'Eglise. Plus généralement, voir l'ouvrage d'Yves Congar, *L'Eglise. De saint Augustin à l'époque moderne*, Paris, Cerf, 1970 – mais on regrette de ne pouvoir disposer d'aucun ouvrage de synthèse sur le concept d'Eglise au XVIIe siècle, de Bellarmin à Bossuet. L'étude classique de Jean Orcibal – contemporaine de l'article de Geneviève Rodis-Lewis auquel nous nous référons – reste bien seule : « L'idée d'Eglise chez les catholiques du

profane d'intérêts, comme celle de ces cités que Platon et Aristote, « riant avec leurs amis, [...] se sont divertis » à « régler » comme « un hôpital de fous »[1] ? Saint Augustin a commis ici la confusion la plus grave que l'on puisse commettre : il a confondu « les communautés naturelles et civiles elles-mêmes »[2] avec le corps du Christ, dont l'unité est l'unité même de la Trinité. L'amour intra-trinitaire, voilà l'unité *réelle* que saint Augustin a méconnue en la pensant selon un modèle politique[3] : « On s'aime parce qu'on est membre de J.-C. ; on aime J.-C. parce qu'il est le corps dont on est membre. Tout est un, l'un est en l'autre, comme les trois Personnes » (L 26/372 = *Disc.* 141).

Or, en refusant le paradigme politique des deux cités, Pascal (ne) rejette-t-il (que) le paradigme lui-même, ou n'est-il pas conduit à invalider la doctrine augustinienne des *deux* amours comme telle[4] ? En effet, il ne nous paraît pas que la *Lettre sur la mort de son père*, écrite en 1651, qui faisait bien fond sur les deux amours[5], fournisse un contre-exemple. Dans

XVIIe siècle », *Relazioni del X Congresso Internazionale di Scienze Storiche*, vol. IV, Storia moderna, Florence, Sansoni, 1955, p. 111-135 (réimpression dans *Études d'histoire et de littérature religieuses, XVIe-XVIIe siècles*, Études réunies par Jacques Le Brun et Jean Lesaulnier, Paris, Klincksieck, 1997).

1. L XXIII/533 = *Disc.* 127.

2. L II/421 = *Disc.* 39 : « Si les membres des communautés naturelles et civiles tendent au bien du corps, les communautés elles-mêmes doivent tendre à un autre corps plus général dont elles sont membres ».

3. De façon générale, le XVIIe siècle ne nous paraît pas être le siècle où le politique se pense à partir des deux cités – pas plus qu'il n'est, à de très rares exceptions près, le siècle de l'ecclésiologie.

4. La question doit être posée, et l'hypothèse prise au sérieux, même si elles requerraient une tout autre étude, qui envisagerait le concept d'amour dans les *Pensées*. Les commentateurs restent discrets sur cette question pourtant essentielle (ne se posât-elle dans les *Pensées* qu'à partir du couple de la charité et de la cupidité : par exemple dans L XIX/503 ou XXIV/615 = *Disc.* 96-97). En l'absence, donc, d'une telle étude, voir d'abord le dossier constitué par Jean Laporte, *La doctrine de Port-Royal*, II, I, *Les vérités de la grâce*, Paris, PUF, 1923, p. 65 *sq.* Mais on pourra ne pas suivre les conclusions de Laporte quand il entend montrer, certes non sans prudence, que « Pascal traduit des pensées semblables » (p. 67) et quand il estime que les réflexions de Pascal (dont les « membres pensants ») sont « inspirées (directement ou non) de saint Augustin » (p. 68, référence au *De civitate Dei*, XIV, 4 et à *In Joan.*, tract. 123). Voir ensuite les remarques plus décisives d'Emmanuel Martineau dans la notice au discours XVII de son édition (*Disc.* 256) et l'article « Deux clés de la chronologie des discours pascaliens ».

5. « La vérité qui ouvre ce mystère est que Dieu a créé l'homme avec deux amours, l'un pour Dieu, l'autre pour soi-même », *OC* II, 857. Emmanuel Martineau remarque, art. cit., *ibid.*, que l'absence du mot « cité » n'en est que plus « éclatante ».

cette *lettre*, tout empreinte de la spiritualité de l'École française, comme disait l'abbé Bremond[1], Pascal ne manquait pas d'affecter l'opposition des deux amours de l'écart abyssal de l'infini au fini, en bouleversant radicalement sa portée : « mais avec cette loi, que l'amour pour Dieu serait infini [...] et que l'amour pour soi-même serait fini »[2]. Car un tel écart entre l'infini et le fini, pour le dire à gros traits, est moderne – entendons provisoirement, postérieur au XIVe siècle. Interpréter de la sorte saint Augustin, c'est déjà s'en écarter considérablement. Quoi qu'il en soit, il n'en va plus de même dans les *Pensées,* et spécialement dans les « membres pensants ». Loin qu'il y ait là deux amours antagonistes, au moins par leurs finalités, toute la question est celle qui consiste à se demander comment s'aimer justement (car on ne peut pas ne pas s'aimer, chez Pascal comme chez Augustin), c'est-à-dire comment régler l'amour qu'on se doit à soi-même. Pour ce faire, dit Pascal, je dois intérioriser une différence, m'aimer comme un autre – Dieu – m'aime. Loin que l'amour de soi ait à être converti (saint Augustin), il a à être réglé (Pascal). Ainsi, « on s'aime parce qu'on est membre de J.-C.; on aime J.-C. parce qu'il est le corps dont on est membre »; et « en aimant le corps, il [le membre] s'aime soi-même » (L 26/372 = *Disc.* 141). Il n'est pas certain que l'on puisse trouver chez saint Augustin, qui pense bien davantage en termes de finalité, cette métonymisation de l'amour par laquelle l'amour de soi devient *réglable*[3]. Il n'est donc pas illégitime de faire l'hypothèse que c'est le concept même d'amour de Pascal qui s'avère bien différent de celui de saint Augustin : le

1. Voir en particulier le vol. I (*L'École française*) du t. III (*La conquête mystique*) de l'*Histoire littéraire du sentiment religieux en France...*, Paris, Bloud et Gay, 1923.

2. *OC* II, 857. Pascal lui-même articule sommairement les deux sens d'« infini » : « [...] infini, c'est-à-dire sans aucune autre fin que Dieu même » – c'est l'objet qui norme la capacité; quant à l'amour « fini », qui n'a d'autre objet que soi-même, il n'en est pas moins « rapportant à Dieu » – en quoi, dans l'état de la création, il n'est pas peccamineux : « L'homme en cet état non seulement s'aimait sans péché, mais ne pouvait pas ne point s'aimer sans péché ». Voir encore le L 10/148 = *Disc.* 83 : « ce gouffre infini ne peut être rempli que par un objet infini ». Nous laissons ici de côté la question de savoir si, entre les deux amours, il n'y a qu'une différence d'objet, et non de nature – autrement dit, si Pascal restera janséniste en pensant « la charité comme une cupidité retournée » : voir Henri de Lubac, *Surnaturel*, 1re éd. Paris, Aubier-Montaigne, 1946, 2e éd., DDB, 1991, p. 75-76. Pour Philippe Sellier, les mentions du vide viennent de Jansénius (*Pascal et saint Augustin*, p. 142) : « vastissima capacitas » – mais il y a bien de la différence entre « vastissime » et infini.

3. Voir *infra*, p. 211-213.

reproche radical que Pascal adresse à saint Augustin est de n'avoir pas assez pensé l'amour comme unité[1].

Nous pouvons conclure ce premier point, du moins provisoirement. Il n'y a rien avec quoi Pascal prenne davantage ses distances qu'avec le *De civitate Dei* : prise de distances, sous la double modalité d'une indifférence ignorante du contenu des livres qui le composent et d'un refus de principe, volontaire et assumé, de sa thèse fondamentale.

DIRE LA MÊME CHOSE

Nous ne quitterons pas *La cité de Dieu*, et nous ne quitterons pas plus Descartes (mais est-ce seulement possible quand on lit Pascal?) en abordant un point d'anti-augustinisme d'une portée bien moins grande que celui qui concerne l'amour dans les *Pensées*, mais qui, comme le précédent, nous reconduit à la question du *moi* : il s'agit de l'étonnante comparaison du *je pense donc je suis* de Descartes et de celui de saint Augustin, à laquelle en appelle Pascal. Rappelons au préalable – et pour mieux se donner les moyens de mesurer la différence pascalienne – qu'il ne fait pas de doute que la puissance philosophique du cartésianisme n'ait suscité une lecture nouvelle de saint Augustin. Nous avons essayé de montrer naguère que le cartésianisme avait puissamment réactivé un intérêt pour saint Augustin philosophe et non seulement docteur de la grâce[2]. « S'il est impossible de méconnaître la vigueur de l'augustinisme théologique[3] à l'époque de

1. Voir une dernière fois Emmanuel Martineau, art. cit., p. 723. Il est inutile de rappeler que cette étude n'a pas pour objet d'évaluer la pertinence du reproche pascalien, mais seulement d'en prendre acte.

2. Voir notre « Arnauld : de l'occamisme au cartésianisme », in *Antoine Arnauld (1612-1694). Philosophe, écrivain, théologien, Chroniques de Port-Royal*, 1995, p. 259-282.

3. Voir en particulier, après les travaux d'Henri de Lubac, Bruno Neveu, « Le statut théologique de saint Augustin au XVIIe siècle », *Actes du colloque (19-20 avril 1990) sur le troisième centenaire de l'édition mauriste de saint Augustin*, Paris, Études augustiniennes, 1990, repris dans *Erudition et religion aux XVIIe et XVIIIe siècles*, Paris, Albin Michel, p. 473-490; voir aussi « Augustinisme janséniste et magistère romain », *XVIIe siècle, Le siècle de saint Augustin*, n° 135, 1982, 2, repris *ibid.*, p. 451-472. Dans la première étude citée, Bruno Neveu note d'emblée : « C'est qu'au XVIIe siècle la situation n'est plus la même qu'aux temps de l'humanisme : Augustin est devenu l'astre de la théologie positive, fondée sur la référence documentaire. A vrai dire c'est le héros des campagnes contre les pélagiens et les semi-pélagiens qui se voit presque canonisé, alors que toutes les autres facettes de son œuvre sont quasi négligées », p. 474-475. Si ces deux articles sont décisifs pour le rapport de l'augustinisme à Rome, les études de Bruno Neveu trouvent leur accomplissement dans le maître-livre qu'est *L'erreur et son juge. Remarques sur les censures doctrinales à l'époque*

Descartes, écrivait Geneviève Rodis-Lewis, l'objet essentiel des œuvres du saint pouvait masquer à ceux qui les connaissaient le mieux l'originalité de son argumentation philosophique »[1]. En réalité, ce masque prenait les proportions d'une véritable couverture étendue sur presque tout le corps de la doctrine. Changeons de métaphore : « On a la surprise de voir, avant la publication de la philosophie de Descartes, le courant proprement augustinien se réduire, sur le plan philosophique, à un filet presque imperceptible »[2]. Cet intérêt récent pour saint Augustin philosophe se mesure en particulier aux déplacements opérés dans les références au corpus augustinien lui-même avec l'apparition de nouveaux rapprochements et de nouvelles citations. Ce faisant, nous rejoignions l'hypothèse proposée par Geneviève Rodis-Lewis dans l'étude devenue classique à laquelle nous rendons hommage, « Augustinisme et cartésianisme » : « Descartes, loin d'avoir pu recueillir l'écho d'un augustinisme philosophique ambiant, aurait permis à ses contemporains de retrouver l'originalité métaphysique du penseur d'Hippone, dans ses affinités avec la démarche cartésienne »[3]. Geneviève Rodis-Lewis parle alors d'une « nouvelle lecture de saint Augustin, désormais éclairée à la lumière du cartésianisme »[4] et montre que, par la lecture de Descartes, « l'augustinisme métaphysique était révélé » à ses contemporains[5]. Nous notions à sa suite : « Si, comme on l'a dit, le XVIIe siècle est le siècle de saint Augustin[6], il ne saurait être le siècle de saint

moderne, Naples, Bibliopolis, 1993, en particulier dans les deux derniers chapitres, « Pervigil argus » et « Sensus et sententia ».

1. Geneviève Rodis-Lewis, « Augustinisme et cartésianisme », in *L'anthropologie cartésienne*, Paris, PUF, 1990, p. 115. Cette étude prononcée en septembre 1954 au Congrès international augustinien de Paris a d'abord paru dans les *Études augustiniennes*, 1955 (*Augustinus Magister*), p. 1087-1104. On ne la confondra pas avec « Augustinisme et cartésianisme à Port-Royal », paru dans *Descartes et le cartésianisme hollandais*, Paris, PUF et éd. françaises d'Amsterdam, 1950, p. 131-182.

2. *Le problème de l'inconscient et le cartésianisme*, Paris, PUF, 1950, p. 17.

3. Geneviève Rodis-Lewis, « Augustinisme et cartésianisme », p. 101.

4. *Ibid.* p. 105.

5. Geneviève Rodis-Lewis, « Augustinisme et cartésianisme », p. 123. La chose est évidente pour Malebranche, qui avoue du reste lui-même sa redécouverte philosophique de saint Augustin sous l'impulsion de la lecture de Descartes : « Je me souvins heureusement de ce que j'avais lu autrefois dans saint Augustin, comme plusieurs autres, sans y avoir fait beaucoup d'attention », OC, VI, 199 ; voir Henri Gouhier, *La vocation de Malebranche*, Paris, Vrin, 1926, p. 74, puis Geneviève Rodis-Lewis, *Nicolas Malebranche*, Paris, PUF, 1963, p. 9.

6. La formule vient de Jean Dagens, qui l'a prononcée en 1951 lors du Congrès international des études françaises : voir *XVIIe siècle*, n° 135, 1982, 2, « Le siècle de saint Augustin ».

Augustin philosophe avant Descartes »[1]. Ce contexte philosophique, celui d'un cartésianisme augustinisé et d'un augustinisme cartésianisé aurait dit Henri Gouhier[2], étant rappelé – contexte sans lequel on ne saurait mesurer l'originalité de la position pascalienne par rapport à ses contemporains, au premier chef Arnauld –, venons-en à l'opuscule *De l'art de persuader*.

Dans *De l'art de persuader*, Pascal travaille sur ce qu'est *dire la même chose*. On sait qu'un tel travail sur le langage est capital en théologie. Il est seul à même de rendre compte, aux yeux de Pascal, du concept d'hérésie. Que l'on songe à la « proposition » du Concile de Trente que Pascal se propose de commenter : « Que les commandements ne sont pas impossibles aux justes ». La *Lettre sur la possibilité des commandements* (ce qu'on appelait naguère le 3e *Écrit sur la grâce*) fait la théorie de « deux sens tout différents et éloignés l'un de l'autre »[3] : le premier est que le juste a toujours le pouvoir prochain d'agir selon la loi (§ 4), le second sens, « qui ne s'offre pas avec tant de promptitude », est que le juste « peut accomplir les commandements dans l'action qu'il fait par charité » (§ 5) – ce qui revient à dire que c'est la charité qui fait faire les commandements au juste. « Vous voyez, dit Pascal, combien ces deux sens sont différents [...]; ils peuvent néanmoins tous deux être exprimés par ces paroles : *Les commandements sont possibles aux justes* » (§ 6). « Mais comme cette proposition est équivoque, vous ne trouverez pas étrange qu'on puisse l'accorder en un sens et la nier en l'autre. Aussi a-t-elle eu des hérétiques contraires dans les deux sens » (§ 7). Les deux sens de cette proposition *équivoque* permettent de définir et les pélagiens, qui l'affirment au premier sens, en disant que les commandements sont *toujours* possibles au juste, et les luthériens, qui la nient au second sens (§ 8-9). L'Église réfute les deux hérésies, la méconnaissance du vrai sens dans le cas des pélagiens, la négation du second sens dans le cas des luthériens (§ 10 et s.). Laissons ici les éclaircissements de Pascal. Le point qu'il nous importe de souligner est l'intérêt théorique de Pascal pour ce qu'est *dire la même chose*. Ainsi, saint Augustin et les pélagiens ont pu, « jusqu'à un certain point, dire la même chose ». Pascal dresse la liste des expressions « communes à saint Augustin et à ses adversaires » (§ 42), puis distingue le saint de ses ennemis en dressant la liste des « expressions contraires [...] particulières à saint Augustin » (§ 44); c'est pourquoi « les expressions semi-pélagiennes sont aussi

1. « Arnauld : de l'occamisme au cartésianisme », p. 262.

2. *Cartésianisme et augustinisme au XVIIe siècle*, Paris, Vrin, 1978.

3. *Lettre*, § 3, *OC* III, 648, *sq.* (tous les passages cités sont compris entre la p. 648 et la p. 662) = *Œuvres complètes*, éd. Lafuma, Paris, Seuil, 1963, p. 319 *sq.*

augustiniennes, mais non pas le contraire » (§ 45). « Ainsi on peut dire les mêmes choses qu'eux sans être de leur sentiment » (§ 41). On peut donc dire le même en entendant le contraire. Pascal mettra en lumière les raisons de cette ambiguïté constitutive du discours des Pères et des Conciles en les rapportant à leurs deux sources que sont la volonté de l'homme et la volonté de Dieu. Par rapport à cette ambiguïté, les hérésies peuvent s'analyser comme des discours partiels et univoques[1]. Qu'est-ce que dire la même chose ? Cette interrogation apparaît donc bien fondamentale pour comprendre la généalogie des hérésies, en même temps qu'elle nous demeure essentielle pour la question des sources en histoire de la pensée. On la retrouve de fait dans *De l'art de persuader*, à l'occasion de la paternité à attribuer au *cogito*. En quel sens saint Augustin et Descartes ont-ils dit la même chose ? On sait que les contemporains de Descartes, et parmi eux Arnauld, se sont empressés de lui indiquer qu'il avait dit la même chose que saint Augustin, ou posé le même principe[2]. Mais Pascal seul – le premier des cartésiens – soumet la question de fait à l'interrogation préalable : qu'est-ce que dire la même chose ?

De l'art de persuader est un texte d'inspiration parfaitement cartésienne, tout entier consacré au concept de méthode. La présence du *Discours de la méthode* y affleure en permanence, jusqu'à l'explicite de son titre entier : « la véritable méthode de conduire la raison ». Pascal y développe l'opposition cartésienne de la logique et de la géométrie – et quand il quitte le champ cartésien pour louer Montaigne et reprendre à son compte une analyse des *Essais*, il louera en Montaigne « l'incomparable auteur de *l'Art de conférer* », c'est-à-dire le *Discours de la méthode* de Montaigne (*Essais* III, VIII). Revenons à l'opuscule, jusqu'au point qui nous intéresse.

Après avoir renoncé à traiter, disant s'en sentir incapable, des règles de la méthode d'agréer[3], Pascal donne les règles de la méthode de convaincre, c'est-à-dire les règles de l'art « qui fait voir la liaison des vérités avec leurs principes » (*OC* III, 417), c'est-à-dire l'art de persuader, « qui n'est proprement que la conduite des preuves méthodiques parfaites » (*OC* III, 418).

1. Voir *Pascal et la philosophie*, § 10, p. 149-164.

2. Descartes « [...] idem pro totius suae philosophiae principio statuisse, quod statuit D. Augustinus », AT VII, 197, 24-26.

3. « [...] la manière d'agréer est bien sans comparaison plus difficile, plus subtile, plus utile et plus admirable. Aussi, si je n'en traite pas, c'est parce que je n'en suis pas capable ; et je m'y sens tellement disproportionné que je crois pour moi la chose impossible », *OC* III, 416-417.

Après avoir formulé les règles, Pascal assigne à son propos de « prévenir trois objections principales ». La première seule nous intéresse – au demeurant, la suite de *L'art de persuader* n'apporte de réponse qu'à cette première objection. Elle s'énonce simplement : « cette méthode n'a rien de nouveau » (*OC* III, 421). Pascal va donc travailler sur ce qu'est et ce que n'est pas la nouveauté, plus exactement sur ce qu'est *dire la même chose.* Ainsi, les logiciens et les géomètres disent la même chose. On pourrait en effet m'objecter, dit Pascal, que les logiciens ont les premiers prescrit de tout définir [1] et de tout prouver, bref que les règles que je donne ont d'abord été les leurs : « les logiciens mêmes les ont mises entre les préceptes de leur art » [2]. Ainsi Pascal reprend une polémique cartésienne, celle qui oppose les géomètres et les logiciens [3]. Si les deux ont pu dire la même chose, ceux qui

1. C'est-à-dire « définir tous les noms qu'on impose », *OC* III, 421. Pour les logiciens qui, en revanche, prétendent tout définir, y compris les choses les plus simples et les plus évidentes, et ainsi les obscurcissent, voir les *Principia philosophiae*, I, art. 10 : « Et saepe adverti philosophos in hoc errare, quod ea, quae simplicissima erant ac per se nota, logicis definitionibus explicare conarentur ; ita enim ipsa obscuriora reddebant », AT VIII-1, 8, 5-8.

2. Sur ce « entre les préceptes de leur art », voir le *Discours de la méthode*, AT VI, 17, 21-26.

3. Voir par exemple la *Règle* II, *passim*. Au demeurant, la suite de *L'art de persuader* démarque le *Discours de la méthode* :

Pascal : « Et sur cela je fais le même jugement de ceux [les logiciens] qui disent que les géomètres ne leur donnent rien de nouveau par ces règles, parce qu'ils [les logiciens] les avaient en effet, mais confondues parmi une multitude d'autres inutiles ou fausses dont ils ne pouvaient pas les discerner, que de ceux qui, cherchant un diamant de grand prix parmi un grand nombre de faux, mais qu'ils n'en sauraient pas distinguer, se vanteraient, en les tenant tous ensemble, de posséder le véritable aussi bien que celui qui, sans s'arrêter à ce vil amas, porte la main sur la pierre choisie que l'on recherche, et pour laquelle on ne jetait pas tout le reste », *OC* III, 426.

Descartes : « Et bien qu'elle [la logique] contienne, en effet, beaucoup de préceptes très vrais et très bons, il y en a toutefois tant d'autres, mêlés parmi, qui sont ou nuisibles ou superflus, qu'il est presque aussi malaisé de les en séparer, que de tirer une Diane ou une Minerve hors d'un bloc de marbre qui n'est point encore ébauché », AT VI, 17, 21-26 ; « nuisibles » sera repris par Pascal un peu plus loin : « Toutes les autres règles sont inutiles ou nuisibles ».

Pascal suit donc le texte de Descartes. On notera cependant le changement de comparaison, celle de Pascal (peut-être plus évangélique), s'approchant de l'adage *aurum ex stercore* (que l'on trouve sous la bouche de Sacy dans *Sacy*, lg. 555), avant de proposer celle des bonnes herbes médicinales mêlées parmi le grand nombre des mauvaises. Tout n'est qu'affaire de discernement : peut-on être plus cartésien ? La suite du propos pascalien explique en quoi « le bons sens est la chose du monde la mieux partagée » : « Rien n'est plus commun que les bonnes choses : il n'est question que de les discerner ; et il est certain qu'elles sont toutes naturelles et à notre portée, et même connues de tout le monde. Mais on ne sait pas les distinguer » (*ibid.*, 427). En revanche, le propos de Montaigne ayant pour objet les « mœurs » et les « vies », les rapprochements avancés par Jean Mesnard avec la fin de *De l'expérience* ne nous semblent pas pertinents.

« sont entrés dans l'esprit de ces règles [...] sentiront combien il y a de différence entre ce qui est dit ici et ce que quelques logiciens en ont peut-être écrit d'approchant *au hasard*, en quelques lieux de leurs ouvrages »[1]. Les géomètres comprennent donc ces préceptes, c'est-à-dire en savent « tous les principes, la force des conséquences, les réponses aux objections qu'on y peut faire »; les logiciens ne le savent pas, les mêmes préceptes étaient chez eux « des paroles mortes » (*OC* III, 421). Ainsi « ceux qui ont l'esprit de discernement savent combien il y a de différence entre deux mots semblables, selon les lieux et les circonstances qui les accompagnent » (*OC* III, 422).

Pour rendre sensible la différence entre logiciens et géomètres, Pascal s'appuie alors – nous continuons de résumer ces pages très célèbres – sur une analyse de Montaigne dans *De l'art de conférer*, qui montre que « tous ceux qui disent les mêmes choses ne les possèdent pas de la même sorte » (*OC* III, 423). Pour faire ce discernement, il est toujours nécessaire de s'assurer de l'esprit dans lequel une chose est dite, il faut « pénétrer l'esprit » d'où sort un « bon mot », c'est-à-dire vérifier si celui qui le profère le pense en vérité, dans son principe et en en voyant les conséquences : « qu'on tente s'il le tient de sa mémoire[2] [et par là de sa réflexion] ou d'un

1. *OC* III, 422. Voir aussi plus loin : « C'est de cette sorte que la logique a *peut-être* emprunté les règles de la géométrie sans en comprendre la force. Et ainsi, en les mettant *à l'aventure* parmi celles qui lui sont propres [...] », *OC* III, 425.

2. « mémoire » vient de Montaigne : « Le sujet, selon qu'il est, peut faire trouver un homme savant et mémorieux ; mais pour juger en lui les parties plus siennes et plus dignes, la force et beauté de son âme, il faut savoir ce qui est sien et ce qui ne l'est point [...] » (éd. de 1652, 699 = *Essais*, 940 ; le rapprochement de la note de Jean Mesnard ne va pas assez loin, ne renvoyant qu'à 936-937, et omettant le passage que nous discutons *infra* : « ils l'auront produite à l'aventure et à tâtons »). Ensuite Montaigne, mettant en avant qu'il n'est pas un érudit, décrit et justifie sa prudence en matière de jugement de nouveauté, qui implique de connaître les sources éventuelles : « Nous autres, qui avons peu de pratique avec les livres, sommes en cette peine que, quand nous voyons quelque belle invention en un poète nouveau, quelque fort argument en un prêcheur, nous n'osons pourtant les en louer que nous n'ayons pris instruction de quelque savant si cette pièce leur est propre ou si elle est étrangère jusque lors je me tiens sur mes gardes » – ce que nous pourrions appeler une autocensure en attente d'érudition. Nous lisons ce passage de Montaigne un peu différemment du souvenir qu'en a Pascal. Il nous semble que Montaigne oppose l'érudition et la mémoire (« faire trouver un homme savant et mémorieux ») à « la force et la beauté de l'âme » qui résident dans ce qui lui est propre : de hasard, il n'est pas question chez Montaigne (il n'y a de hasard que dans la « production », « à l'aventure et à tâtons » (937) de la bonne chose dite, c'est-à-dire de son moment, de son lieu et de son public ; mais le « beau mot » a été confié à la mémoire, « ils ne

heureux *hasard*». Montaigne, dit Pascal, met tout son soin «à faire entendre qu'il ne faut pas juger de la capacité d'un homme par l'excellence d'un bon mot qu'on lui entend dire; mais, au lieu d'étendre l'admiration d'un bon discours à la personne, qu'on pénètre, dit-il, l'esprit d'où il sort» (*OC* III, 422). Etendre l'admiration d'un bon discours à la personne[1], c'est-à-dire admirer illégitimement par le seul transfert du dit au disant, c'est-à-dire attribuer l'intelligence du dit à celui qui dit, voilà bien l'extension caractéristique de la mauvaise admiration, précipitée et téméraire. Un mot est bon, il peut être approuvé et jugé excellent : pour autant, on admirera son auteur lorsqu'on aura jugé de sa capacité à le prononcer en connaissance de cause, plus exactement de principe et de conséquence. « Il faut donc sonder comme cette pensée est logée en son auteur; comment, par où, jusqu'où il la possède» (*OC* III, 423). S'il ne la possède pas, si le hasard la lui a fait prononcer, l'auteur est en situation d'hétéronomie, d'usurpation dirait Pascal : l'auteur apparent n'est pas l'auteur véritable, l'énonciateur est en situation d'extériorité par rapport à son propre discours, et c'est pourquoi il est si facile de le faire changer d'avis, ce que Pascal, toujours à la suite de Montaigne, remarque aussitôt : « On verra le plus souvent qu'on le leur fera désavouer sur l'heure, et qu'on les tirera bien loin de cette pensée meilleure qu'ils ne croient, pour les jeter dans une autre toute basse et ridicule ». Si le bon mot vient de la mémoire et du jugement, on pourra au contraire en admirer légitimement l'auteur.

Passons alors d'un incomparable auteur à l'autre. Pascal applique immédiatement l'analyse de Montaigne au *cogito*, commun à Descartes et à saint Augustin, «qui a dit la même chose douze cents ans auparavant». Mais l'application qu'il en fait tourne à l'avantage du répétiteur apparent, dont Pascal veut montrer qu'il pense bien au-delà de sa source antique. Descartes n'est pas à saint Augustin ce que Philippe de Comines était à Tacite, et dont Montaigne dit : « Je devais louer l'invention, non pas lui »[2]. Il va s'agir au contraire de louer l'apparent répétiteur – Descartes – qui

[le] possèdent [«jusqu'où il la possède» vient donc aussi de Montaigne] pas; ils ne l'ont qu'en garde»). Pascal au contraire oppose la mémoire d'un mot ou d'un texte compris dans toute la série des principes aux conséquences, et par elle «la capacité d'un homme», au hasard. Voir à ce sujet le § 21 qui précède celui que nous commentons, *OC* III, 422.

1. Pour un autre exemple d'admiration indue, voir L 2/40 = *Disc.* 120 (et la note qui justifie le collage, p. 248). Le peintre se fait admirer d'un transfert indu, comme on admire celui qui prononce un bon mot en reportant illégitimement sur la personne la bonté du discours.

2. *De l'art de conférer*, 940.

s'avère être le véritable inventeur. L'analogie peut donc se construire strictement : Pascal le géomètre est aux logiciens ce que Descartes est à saint Augustin. Ceux-ci ayant (« peut-être ») écrit des mots excellents dans l'incapacité d'en penser l'excellence, Descartes et Pascal en sont par conséquent les véritables inventeurs. Nous sommes donc, quoiqu'en conformité avec les critères de Montaigne, dans deux cas qui inversent ses exemples : c'est le dernier venu qui invente, le répétiteur est le novateur réel [1].

LE PRINCIPE D'UNE PHYSIQUE ENTIÈRE

« Je voudrais demander à des personnes équitables si ce principe : *La matière est dans une incapacité naturelle invincible de penser*, et celui-ci : *Je pense donc je suis*, soient en effet une même chose dans l'esprit de Descartes et dans l'esprit de saint Augustin, qui a dit la même chose douze cents ans auparavant.

En vérité, je suis bien éloigné de dire que Descartes n'en soit pas le véritable auteur, quand bien même il ne l'aurait appris que dans la lecture de ce grand saint. Car je sais combien il y a de différence entre écrire un mot à l'aventure, sans y faire une réflexion plus longue et plus étendue, et apercevoir dans ce mot une suite admirable de conséquences, qui prouve la distinction des natures matérielles et spirituelles, et en faire un principe ferme et soutenu d'une physique entière, comme Descartes a prétendu faire. Car, sans examiner s'il a réussi efficacement dans sa prétention, je suppose qu'il l'ait fait, et c'est dans cette supposition que je dis que ce mot est aussi différent dans ses écrits d'avec le même mot dans les autres qui l'ont dit en passant qu'un homme mort d'avec un homme plein de vie et de force » (*OC* III, 424).

1. Il resterait à comparer cette position avec celle de Descartes lui-même qui à la fois approuve que « rien n'est plus ancien que la vérité » et dit *nemo ante me*. Sur le modèle (anti-cartésien) de la transplantation dans *De l'art de persuader*, voir *Pascal et la philosophie*, p. 141. Cependant, c'est à Descartes qu'il s'impose de penser à nouveau aussitôt lorsque Pascal poursuit : « Mais il arrive bien plus souvent qu'un bon esprit fait produire lui-même à ses propres pensées tout le fruit dont elles sont capables, et qu'ensuite quelques autres, les ayant ouï estimer, les empruntent et s'en parent, mais sans en connaître l'excellence ; et c'est alors que la différence d'un même mot en diverses bouches paraît le plus » (*OC* III, 425) : ce qui est rigoureusement la reprise du *Discours de la méthode*, AT VI, 69, 17-31.

1) Pascal lecteur du *Discours de la méthode et des Principia philosophiae.*

La lecture du passage que nous venons de citer suscite immédiatement deux questions. La première a été posée depuis longtemps par les historiens de la philosophie[1] : d'où Pascal tient-il le rapprochement du *cogito* de Descartes et de celui de saint Augustin – question dont on notera qu'elle suppose que Pascal n'avait pas lu lui-même le *cogito* dans le corpus augustinien[2] ? Ce n'est pas la peine de chercher bien loin, le rapprochement des deux *cogito* constitue la toute première remarque d'Arnauld à ses *Objections* aux *Méditations*. Arnauld en ouvre la série en remarquant que Descartes établit *la même chose* pour principe de sa philosophie que saint Augustin pour principe de la sienne[3], convoquant pour ce faire le chapitre 3 du livre II du *De liberio arbitrio*. Que saint Augustin apparaisse comme un maître de *philosophie* est nouveau au XVIIe siècle. Comme nous l'avons rappelé plus haut, c'est précisément le cartésianisme qui permet de redonner un plein statut philosophique au corpus augustinien, et les *Objections* d'Arnauld sont un des tout premiers lieux de cet intérêt philosophique renouvelé pour l'évêque d'Hippone. Saint Augustin, rappelait la fin de la *Quatrième Provinciale*, est le « prince des théologiens »[4] : sous la plume d'Arnauld, il pourrait bien prendre la place d'Aristote pour devenir le « prince des philosophes ». Arnauld à nouveau, indiquant en 1648 à Descartes la référence au *De Trinitate* X, x, mais aussi d'autres qu'Arnauld, sont revenus sur les rapprochements possibles entre les diverses formulations du *cogito* augustinien et celui de Descartes : Pascal pouvait donc aisément connaître, d'Arnauld lui-même, et qu'il y avait un *cogito* (ou plusieurs) chez saint Augustin et les deux lieux augustiniens (au moins)

1. Voir en particulier, après Léon Blanchet, *Les antécédents historiques du « je pense, donc je suis »*, Paris, Alcan, 1920, l'article de Geneviève Rodis-Lewis, « Augustinisme et cartésianisme » et Henri Gouhier, *Cartésianisme et augustinisme au XVIIe siècle*, Paris, Vrin, 1978 puis J. A. Mourant, « The cogitos Augustinian and Cartesian », *Augustinian Studies*, X, 1979, p. 27-42.

2. On observera aussi que les historiens sont restés beaucoup plus discrets sur le rapprochement des définitions cartésienne et augustinienne de la matière ! Voir *infra*, p. 89.

3. « Hic primum mirari subit, Virum clarissimum *idem pro totius suae philosophiae principio* statuisse, quod statuit D. Augustinus, acerrimi vir ingenii, nec in Theologicis modo, sed etiam in philosophicis rebus plane mirandus » (AT VII, 197, 24-27 ; nous soulignons).

4. *Prov.* 70 : « N'espérez donc plus rien, mon Père, de ce prince des philosophes, et ne résistez plus au prince des théologiens ».

signalés à Descartes par ce dernier. Il y a là un dossier bien connu, commenté en particulier par Geneviève Rodis-Lewis et Henri Gouhier[1], qui fournit du reste une confirmation de la mauvaise connaissance que les contemporains avaient des thèses proprement philosophiques de

1. Nous nous contentons d'en récapituler les moments selon la chronologie des premières *publications* des rapprochements proposés. L'édition Clerselier des trois volumes des *Lettres de Mr. Descartes*, publiés à Paris en 1666-1667, est désormais disponible dans la réimpression de l'exemplaire de l'Institut qu'en ont procurée Jean-Robert Armogathe et Giulia Belgioioso, Lecce, Conte, 2005. Rappelons que nous tenons pour acquis que Pascal a lu le t. I de l'édition Clerselier, paru au début de 1657. Le « dossier » sur le *cogito* appartient presque entièrement au t. II, publié en mai 1659.

1) 1641 : Arnauld, *Quartae Objectiones* : référence au *De libero arbitrio*, II, 3, 7.

2) 1657 : éd. Clerselier, I, lettre 115 *à un R.P. jésuite*, p. 521 = *à Mesland*, 2 mai 1644, AT IV, 113, 12-21 : « Je vous suis bien obligé de ce que vous m'apprenez les endroits de saint Augustin, qui peuvent servir pour autoriser mes opinions; quelques autres de mes amis avaient déjà fait le semblable; et j'ai très grande satisfaction de ce que mes pensées s'accordent avec celles d'un si saint et si excellent personnage. Car je ne suis nullement de l'humeur de ceux qui désirent que leurs opinions paraissent *nouvelles*; au contraire, j'accommode les miennes à celles des autres, autant que la vérité me le permet ». Nous ignorons quels sont les lieux de saint Augustin signalés à Descartes par son correspondant.

3) 1659 :

a) La lettre 3, p. 15 = *à Arnauld*, 3 juin 1648, AT V, 186, 9-13 (AT donne le texte latin, publié dans le t. II de l'édition latine de la correspondance en 1668) : « Ce que vous avez écrit de la distinction qui est entre l'âme et le corps, me semble très clair et très évident, et tout divin; et comme il n'y a rien de plus ancien que la vérité, j'ai eu une singulière satisfaction, de voir que presque les mêmes choses avaient été autrefois agitées fort clairement et fort agréablement par saint Augustin, dans tout le livre dixième de la Trinité, mais principalement au chapitre dixième ». On peut penser, avec Geneviève Rodis-Lewis, que c'est dans ce livre que « saint Augustin prépare le plus Descartes » (« Augustinisme et cartésianisme », p. 104).

b) Les *lettres à Mersenne*, que nous donnons dans l'ordre de leur publication dans le t. II de l'éd. Clerselier :

– Lettre 49, p. 276 = décembre 1640, AT III, 261, 9-13 : « Vous m'aviez ci-devant averti d'un passage de saint Augustin, touchant mon *Je pense, donc je suis*, que vous m'avez, ce me semble, redemandé depuis; il est au livre onzième *de Civitate Dei*, chap. 26 ». Descartes donne probablement à Mersenne la référence du passage qu'il commente à Colvius dans la lettre 118 (voir *infra*, p. 87).

– Lettre 80, p. 360 = du 25 mai 1637, AT I, 376, 17-21 : « je ne vous ai rien mandé [...] du passage de saint Augustin, pource qu'il ne me semble pas s'en servir à même usage que je fais ». Nous ignorons le lieu suggéré par Mersenne, AT conjecture *De civitate Dei*, XI, 26, sans doute en raison de la lettre de décembre 1640, de deux semaines postérieure au lieu indiqué par Colvius; voir Geneviève Rodis-Lewis, *Le problème de l'inconscient et le cartésianisme*, Paris, Vrin, 1950, p. 15-16, puis « Augustinisme et cartésianisme », p. 103.

– Lettre 92, p. 415 = du 15 novembre 1638, AT II, 435, 19-23 : « J'ai cherché la lettre où vous m'aviez cité le passage de saint Augustin, mais je ne l'ai encore su trouver. Je n'ai pu aussi encore avoir les Œuvres de ce saint, pour y voir ce que vous me mandez, de quoi je vous remercie ». Nous ignorons le lieu indiqué par Mersenne, que Descartes dit n'être pas encore allé voir en bibliothèque à Leyde.

saint Augustin[1] – Arnauld le premier, qui a besoin de presque une décennie pour penser au livre X du *De Trinitate*[2]. Bien plus tard, dans l'année même de la publication des *Pensées*, le P. Poisson récapitulera cette découverte de saint Augustin permise par le cartésianisme, en un remarquable renversement: saint Augustin « parle quelquefois d'une manière qu'il semble ou qu'il ait emprunté ses paroles de M. Descartes ou M. Descartes de lui-même »[3].

Nous n'y revenons pas, sauf pour mettre en lumière ce qui de soi n'en a nul besoin, une évidence, pourtant souvent occultée: si les réflexions pascaliennes sur l'esprit géométrique et sur l'art de persuader précèdent presque certainement la publication des divers rapprochements avec saint Augustin suggérés par ses correspondants à Descartes, il reste que Pascal n'a nul besoin de les avoir lus pour comparer, comme il le fait, les deux *cogito*: les *Quatrièmes Objections*, voire la conversation avec Arnauld, suffisent à lui apprendre qu'il y a un *cogito* chez saint Augustin – *cogito* dont il *ne* dit précisément *rien* – et à lui suggérer la comparaison avec celui de Descartes[4]. Répétons-le : toute la réflexion de Pascal est antérieure aux

c) La lettre 118 (dernière lettre du t. II), 3e morceau, p. 563 = *à Colvius*, 14 novembre 1640, AT III, 247, 1-248, 16: « Vous m'avez obligé de m'avertir du passage de saint Augustin, auquel mon *Je pense, donc je suis,* a quelque rapport; je l'ai été lire aujourd'hui en la bibliothèque de cette ville, et je trouve véritablement qu'il s'en sert pour prouver la certitude de notre être, et en suite pour faire voir qu'il y a en nous quelque image de la Trinité, en ce que nous sommes, nous savons que nous sommes, et nous aimons cet être et cette science qui est en nous ; au lieu que je m'en sers pour faire connaître que ce *moi*, qui pense, est une *substance immatérielle*, et qui n'a rien de corporel; qui sont deux choses fort différentes. Et c'est une chose qui de soi est si simple et si naturelle à inférer, qu'on est, de ce qu'on doute, qu'elle aurait pu tomber sous la plume de qui que ce soit; mais je ne laisse pas d'être bien aise d'avoir rencontré avec saint Augustin, quand ce ne serait que pour fermer la bouche aux petits esprits qui ont tâcher de regabeler sur ce principe ». On conjecture que la référence est celle au *De civitate Dei*, XI, 26 en raison de la *lettre à Mersenne* de décembre 1640 (voir *supra*, p. 86), ainsi, évidemment, que du propos même de saint Augustin que rapporte Descartes. Nous revenons sur cette lettre *infra*.

1. Geneviève Rodis-Lewis note justement: « L'apparition successive de ces rapprochements montre déjà combien la familiarité des contemporains de Descartes avec les écrits du saint était limitée », « Augustinisme et cartésianisme », p. 102-103.

2. « Il serait invraisemblable qu'Arnauld n'ait pas lu le *De Trinitate* avant 1648, mais au moment où il découvre les *Méditations* le rapprochement ne s'est pas encore imposé à son esprit », *ibid.*, p. 115.

3. *Commentaire ou Remarques sur la Méthode de René Descartes*, Vendôme, 1670, p. 164-165.

4. C'est pourquoi, nous suivons Jean Mesnard dans son refus d'une datation très tardive de *L'art de persuader*, selon la suggestion d'Henri Gouhier (voir *OC* III, 368-372 ; Jean Mesnard propose pour sa part la date de 1655 – la discussion de cette date sortirait du présent propos). Pour Henri Gouhier en effet, la rédaction de *L'art de persuader*, séparée de celle de

tentatives pour créditer l'entreprise cartésienne de l'autorité de saint Augustin, ou pour retrouver une philosophie augustinienne à partir des positions cartésiennes : antérieure[1], et surtout étrangère à de telles problématiques. En revanche, le *cogito* dont parle Pascal – dont il parle comme d'un principe et dont il vante les admirables conséquences –, est bien celui de Descartes.

D'où la seconde question : ce que Pascal dit du *je pense, donc je suis* cartésien permet-il de le référer à une œuvre particulière de Descartes ? La réponse à cette question corroborera ce que nous avons déjà établi par ailleurs, à savoir non seulement l'impeccable fidélité à la pensée cartésienne des expressions pascaliennes, mais leur conformité textuelle avec les deux ouvrages que Pascal, géomètre et physicien, a lus et relus : le *Discours de la méthode*[2] et les *Principia philosophiae*[3]. Qu'il nous suffise pour l'étayer d'en relever quelques passages.

— *La matière est dans une incapacité naturelle*[4] *invincible de penser.* On notera d'emblée que Pascal commence par le principe qui porte sur la matière, avant même le *cogito* : c'est là que va son intérêt. Cette première citation, ou pseudo-citation, est évidemment fidèle au cartésianisme : Pascal énonce d'abord la première conséquence de la distinction réelle

L'esprit géométrique, est postérieure au second semestre 1659. La raison en est que c'est dans le t. II des *Lettres de Mr Descartes*, paru en mai 1659, que se trouve publiée la *lettre à Colvius* du 14 novembre 1640, dans laquelle le jugement pascalien se « rencontrerait » le plus avec Descartes. Voir *Cartésianisme et augustinisme*, p. 143 : « Deux hypothèses sont alors possibles. Voici la première : Pascal a sous les yeux simplement les rapprochements proposés dans les *Quatrièmes Objections*; devant le texte du *De libero arbitrio* sur le *cogito* et l'immatérialité de l'âme cité par Arnauld, il a la même réaction que Descartes devant celui du *De Civitate Dei* cité par Mersenne et par Colvius : la ressemblance est superficielle, les principes ne doivent pas être séparés des conséquences et le géomètre Pascal, spontanément, va droit à celles qui touchent la physique. Seconde hypothèse : ayant directement ou indirectement connaissance de la réaction de Descartes dans les *lettres à Mersenne* et à *Colvius*, Pascal la juge parfaitement sensée et va encore plus loin dans la direction qu'elle indique, jusqu'à la nouvelle physique ». Comme nous l'avons vu, il n'y a aucune nécessité à lier la rédaction de l'opuscule de Pascal à la publication du t. II des *Lettres*.

1. Nous partageons sur ce point la remarque de bon sens d'Henri Gouhier : pour lire *De l'art de persuader*, « oublions à peu près [?] tout ce que nous savons sur l'histoire du cartésianisme augustinisé et de l'augustinisme cartésianisé », *Cartésianisme et augustinisme*, p. 142.

2. Sur Pascal lecteur du *Discours de la méthode* (en particulier dans la *lettre au P. Noël* du 29 octobre 1647), voir *supra*, p. 23-25 et Gilles Olivo, « La raison des effets : Descartes, Pascal et l'explication par la cause », *Quaestio*, 2, 2002, « La causalità », p. 370 *sq.*

3. Voir *Pascal et la philosophie*, p. 263-285 et *supra*, p. 23-29.

4. Le manuscrit du *Recueil Montempuys*, ainsi que Desmolets, donnent « naturelle et invincible » : voir *OC* III, 424, apparat b). Sur le *Recueil Montempuys* et la *Continuation* de Desmolets, voir *infra* notre deuxième remarque.

de l'âme et du corps concernant l'essence de la matière : l'idée claire et distincte que j'ai de la matière me la fait connaître comme n'étant qu'une chose étendue, donc non pensante, *tantum res extensa, non cogitans*[1]. L'art. 53 de la première partie des *Principia*, sur lequel nous reviendrons, récapitule : « extensio in longum, latum et profundum, substantiae corporeae naturam constituit ; et cogitatio constituit naturam substantiae cogitantis »[2]. L'incapacité de la matière à penser est « naturelle » : entendons bien de par sa nature, *id est* essentielle. Parmi les très nombreux exposés de la distinction réelle de la pensée et de la matière, le passage cartésien le plus proche de *L'art de persuader* est probablement celui de la fin de la Ve partie du *Discours de la méthode* : « J'avais décrit, après cela, l'âme raisonnable, et fait voir qu'elle [autrement dit, la puissance de penser] ne peut aucunement [« invincible »] être tirée de la puissance [« incapacité »] de la matière [...] » (AT VI, 59,8-10). Il n'en reste pas moins que deux mots sont la marque même de Pascal, « incapacité » et « invincible » : l'emploi d'invincible est en effet typiquement pascalien, comme l'accentuation de la proposition « la matière ne pense pas » en son *incapacité* à penser. Dans un premier jet de la fin de L 15/199 = *Disc.* 66 (initialement titré « Incapacité »), Pascal avait écrit : « je laisse à juger combien la matière est incapable de connaître la matière » (T 243). Bien que subordonnée à une autre fin, la même idée est essentielle à l'argumentation de L 23/308 = *Disc.* 37 sur les « trois ordres de choses » : « De tous les corps ensemble on ne saurait en faire réussir une petite pensée. Cela est impossible et d'un autre ordre ».

En revanche, il faudra attendre bien longtemps – dix ou quinze ans au moins ! – pour voir les cartésiens français[3] rapprocher la définition cartésienne de la matière de celle de saint Augustin, comme le feront par exemple, après La Forge dans la Préface au *Traité de l'esprit de*

1. AT VII, 78, 18-19. Cette première conséquence a, à son tour, le statut d'un principe, le premier des principes des choses matérielles.

2. AT VIII-1, 25, 15-18 ; voir aussi l'art. 4 de la deuxième partie des *Principia* : « [...] naturam materiae [...] consistere [...] in eo quod sit res extensa in longum, latum et profundum », *ibid.*, 42, 4-8.

3. Clauberg est, bien avant les français, c'est-à-dire dès 1656, un des premiers à proposer un rapprochement des définitions cartésienne et augustinienne du corps par l'étendue : *De cognitione Dei et nostri..., Exercitatio* LXVI, § 6 et 7, in *Opera philosophica omnia*, 1691, t. II, p. 704 (reprint Hildesheim, Olms, 1968) ; le passage d'Augustin convoqué est la *lettre* 57 *à Dardanus* (= PL II, 838 ou Vivès V, 612 lettre 187, cap. VI, § 18). Voir Henri Gouhier, *Cartésianisme et augustinisme*, p. 47.

l'homme[1] en 1666, Ambrosius Victor dans sa *Philosophia christiana*[2] en 1671, Rohault dans ses *Entretiens sur la philosophie* en 1671 également[3], Cally dans son *Institutio philosophiae*[4] en 1674 ou Dom Desgabets dans son *Supplément à philosophie de M. Descartes*[5] en 1674-1675[6].

1. « Monsieur Descartes, dit que l'esprit est immatériel, dans le même sens et de la même manière que ce saint Docteur l'avait dit devant lui dans le 4 e Livre de l'*Origine de l'âme* et dans celui *De la quantité de l'âme*, dans lesquels il ne nie pas seulement que l'âme soit un corps, quand on prend ce terme pour signifier les membres visibles de l'homme, mais encore quand il signifie toute sorte de substance étendue, en longueur, largeur et profondeur, qui est capable par ses parties de remplir un espace. Je n'apporte point de passages pour le prouver; personne ne pouvant douter que ce ne soit là sa pensée, pour peu que l'on soit versé dans la lecture de ce Père de l'Église », Préface (non paginée, **2 v), reprint Olms, Hildesheim, 1984 (= rééd. F. Girbal, Paris, PUF, 1974, p. 84). Quelques pages plus loin (**7 r = éd. F. Girbal, p. 89), La Forge cite le cap. V du *De cognitione verae vitae* du pseudo-Augustin [Honorius d'Autun] à l'appui de la proposition « [...] tout ce qui est contenu dans un lieu répond à l'étendue en longueur, largeur, et profondeur de l'air, qui l'environne, et est corps par conséquent » : « Est etiam illocalis; omne enim quod loco includitur altitudine, latitudine, longitudine aeris circumscribitur, igitur corpus est [...] » (PL XL, col. 1009; voir l'éd. F. Girbal, n. 26, p. 254). Dans la même préface, La Forge concluait sa comparaison des deux *cogito* : « Vous voyez donc qu'il n'y a aucune différence entre le *Je pense, donc je suis*, de Monsieur Descartes et la pensée de saint Augustin, que celle qui se trouve dans les mots », *ibid.*

2. Paris, vol. 6, « De anima bestiarum », p. 13-14 : « Caput V. *Nullam prorsus animam esse corpoream seu rem quantam, id est, in longum latum & profundum extensam* [...]. Anima *certe* non est corpus [note de Martin : « *lib. de quantit. animae cap.* 3. »]; si *tamen* hoc dixeris corpus, quod & nos, id est, naturam quamlibet longitudine, latitudine, altitudine, spatium loci occupantem ». André Martin indique pour cette dernière citation : *lib.* 7 *de genesi ad lit. cap.* 21 = BA 48, 546. Ce texte est publié en 1671, mais il est possible qu'on le trouve dans *Philosophia moralis christiana*, Angers 1653, dont dérive l'édition de 1667-1671. Selon Louis Batterel, *Mémoires pour servir à l'histoire de l'Oratoire*, Paris, 1902-1905, t. III, p. 518-529, André Martin aurait enseigné la physique cartésienne (c'est-à-dire sans qualités sensibles) à Marseille dès 1651-1652 (voir aussi François Girbal, *L'Affaire du P. André Martin à Saumur*, 1669-1675, Paris, Vrin, 1988, p. 8). Voir aussi les propos d'André Martin à l'Hôtel Liancourt rapportés par Jean Orcibal, en particulier sur les principes de Descartes, « qui vont à exclure toutes les qualités, toutes les formes substantielles, hors l'âme de l'homme [...] », qui « se trouvent dans saint Augustin », « Descartes et sa philosophie jugés à l'Hôtel Liancourt », in *Descartes et le cartésianisme hollandais. Études et documents*, Paris, PUF, 1950, p. 93-94.

3. p. 17-18.

4. Caen, 1674, I, préface générale; Voir aussi son *Durand commenté ou l'accord de la philosophie avec la théologie*, Cologne [Caen], 1700, Ire partie, chap. 2.

5. *Œuvres philosophiques inédites*, G. Rodis-Lewis et J. Beaude (éd.), Amsterdam, Quadratures, 1985, fascicule 5, p. 164-166 (mais sans références précises à saint Augustin).

6. Avant ce que l'on peut considérer comme une seconde série de rapprochements dans les diverses réponses à Louis de la Ville (Le Valois), *Sentiments de M. Descartes touchant l'essence et les propriétés des corps*, Paris, 1680 : voir par exemple Malebranche, *Réponse à une lettre de ses amis...*, OCM XVII-1, 489 : « [...] Saint Augustin [...] parle toujours conformément à l'idée du corps qu'ont les cartésiens [...] ».

– *Je pense, donc je suis* : on sait que cette formulation n'apparaît pas dans les *Meditationes*. En français, elle est le propre du *Discours*, en latin, des *Principia philosophiae*.

– *La distinction des natures matérielles et spirituelles*. Nombreux sont les lieux cartésiens qui déduisent du *cogito* la distinction réelle des deux substances ou qui y reviennent pour l'expliciter. Mais il nous semble que ce sont les formulations du *Discours*[1] et de l'art. 8 de la première partie des *Principia* qui sont les plus proches de l'expression pascalienne. Dans ces œuvres et par différence avec les *Meditationes*, la distinction des natures matérielle et spirituelle est bien la première conséquence du *je pense donc je suis* : Pascal l'accorde pleinement à Descartes. Si l'on s'étonne du pluriel des adjectifs, corrigé dans plusieurs éditions, mais présent dans les deux manuscrits et l'édition Desmolets[2], on observera cependant qu'il arrive à Descartes d'utiliser le pluriel, comme dans l'art. 48 des *Principia* I[3].

– *Principe*[4] *ferme et soutenu*. Que le *cogito* soit un principe, c'est l'évidence. Mais de nouveau, c'est le texte même du *Discours de la méthode* qui vient sous la plume de Pascal : « Et remarquant que cette vérité : *je pense, donc je suis*, était si *ferme* et si *assurée*, que toutes les plus extravagantes suppositions des sceptiques n'étaient pas capables de l'ébranler, je jugeai que je pouvais la recevoir, sans scrupule, pour le *premier principe de la philosophie*, que je cherchais » (AT VI, 32,18-23 ; nous soulignons).

Si la lecture du début des *Quatrièmes Objections* suffit à susciter la comparaison avec saint Augustin, celle, plus ancienne et plus fondamentale, du *Discours de la méthode* et des *Principia* permet aisément de rendre compte de la manière qu'a Pascal de restituer les deux principes cartésiens : *La matière est dans une incapacité naturelle invincible de penser* et le *Je pense, donc je suis*. Il n'y a aucune nécessité à supposer que Pascal les doive à la médiation de quiconque.

1. « Je *connus de là* [« conséquences qui prouvent »] que j'étais une substance dont toute l'essence ou la *nature* n'est que de penser, et qui, pour être, n'a besoin d'aucun lieu, ni ne dépend d'aucune chose *matérielle*. En sorte que ce moi, c'est-à-dire *l'âme* par laquelle je suis ce que je suis, est entièrement *distincte* du corps, et même qu'elle est plus aisée à connaître que lui, et qu'encore qu'il ne fût point, elle ne laisserait pas d'être tout ce qu'elle est [...] » (AT VI, 33, 3-9).

2. Sur ces sources, voir *OC* III, 424, apparat critique et de nouveau *infra* notre deuxième remarque.

3. « [...] duo summa genera rerum agnosco : unum est rerum intellectualium, sive cogitativarum [...] ; aliud rerum materialium », AT VIII-1, 23, 3-6.

4. La *lettre à Clerselier* « touchant le premier principe » constitue l'avant-dernière lettre (118) du t. I de l'éd. Clerselier, p. 534-535 (= de juin ou juillet 1646, AT IV, 444-445).

2) Le principe ferme et soutenu d'une *physique* entière.

De quoi Pascal loue-t-il Descartes ? En quoi Descartes a-t-il inventé, quand bien même son invention passerait pour une répétition textuelle, et quand bien même on pourrait discuter la réussite de son entreprise ? En ce qu'il a aperçu dans *je pense, donc je suis* « une suite admirable de conséquences, qui prouve la distinction des natures matérielles et spirituelles » et en ce qu'il en a fait « un principe ferme et soutenu d'une physique entière ». Ce dernier texte pourrait étonner, qui est celui que donnent toutes les éditions depuis Havet, au milieu du XIXe siècle. Car le *cogito* n'est pas lui-même, comme tel, le principe d'une physique, entendons un principe *de* physique[1]. C'est le principe, ferme et soutenu, d'une *méta*physique, dont la première conséquence, et la plus importante, est précisément, comme Arnauld le souligne à la suite de Descartes lui-même, la distinction réelle des substances spirituelle et matérielle. Autre chose est en effet de dire que la métaphysique est au principe de la physique, ou qu'elle en contient les principes ou les fondements[2], autre chose est de faire du *Je pense donc je suis* comme tel le principe de la physique cartésienne. Toutes les éditions modernes de l'opuscule *De l'esprit géométrique* semblent donc attribuer à Pascal, dans l'hommage[3] anti-augustinien qu'il rend à Descartes, sinon de confondre physique et métaphysique, du moins d'énoncer une contraction qui subsume, sous le nom de « physique », à la fois la métaphysique et la physique, c'est-à-dire de faire de « physique » le synonyme exact de « philosophie ».

C'est sans doute en raison de cette gêne que les premières éditions de *L'art de persuader*, de 1728 à 1844, donnent la leçon : « un principe ferme et soutenu d'une métaphysique entière ». Nous disposons pour sources de *L'art de persuader* de deux manuscrits, tous deux probablement issus, selon Jean Mesnard, du manuscrit Périer (*P*), perdu[4] : – le *manuscrit* dit *de Sainte-Beuve* (*P'*), suivi par toutes les éditions modernes depuis Faugère (qui en avait eu communication pour son édition de 1844), et le manuscrit

1. Au demeurant, pour Descartes, aucun principe métaphysique ne peut valoir immédiatement comme principe de physique : voir sur ce point en particulier Frédéric de Buzon et Vincent Carraud, *Descartes et les Principia II. Corps et mouvement*, Paris, PUF, 1994, p. 29-32.

2. Voir les *lettres à Mersenne* du 11 novembre 1640 (AT III, 233, 24-26) et du 28 janvier 1641 (AT III, 298, 1-2).

3. Cet hommage n'a absolument rien d'ambigu : « suite *admirable* de conséquences », « suite *merveilleuse* de conséquences », « excellence », « arbre *admirable* », etc., *ibid.*

4. Voir in *OC* I, « L'œuvre de Louis Périer », 60-111.

du *Recueil Montempuys*[1] (*M*) qui, « dans la filiation des manuscrits, [...] se trouve sur le même plan que P' »[2]. Or ce manuscrit, au demeurant fiable[3], donne « métaphysique »[4]. Ainsi, en l'absence du manuscrit Périer, un des deux manuscrits donne « métaphysique ». D'autre part, la première publication de *L'Art de persuader*, en 1728, par le P. Desmolets (*D*), dans la *Continuation des mémoires de littérature et d'histoire*, donne également « métaphysique »[5]. Ne fallait-il donc pas suivre *évidemment* le texte initialement publié et s'en tenir à la *lectio evidentior*? C'est ce qu'ont fait toutes les premières éditions, qui semblent pourtant « dériver » du *manuscrit de Sainte-Beuve* (quoique de façon incomplète avant Faugère[6]).

1. Jean-Gabriel Petit de Montempuys, bachelier en théologie, professeur de philosophie au Collège du Plessis, a été recteur de l'Université de Paris de 1715 à 1717 : voir Charles Jourdain, *Histoire de l'Université de Paris aux* XVII*e et* XVIII*e siècle*, Paris, 1862-1866, réimpression Bruxelles, Culture et civilisation, 1966, p. 286-287 et 310 *sq*.

2. *OC* I, 95. Sur le *Recueil Montempuys*, voir *ibid*., 94-95. Jean Mesnard précise : « Le principal intérêt de *M* est sans doute de nous aider à reconstituer le texte authentique de *P* pour les écrits de Pascal qui nous ont été transmis par cette seule voie [...]. Il est un autre écrit dont le texte peut être désormais établi d'une manière plus rigoureuse : c'est l'opuscule *De l'art de persuader*, maintenant connu par deux sources indépendantes » (*ibid*., 98).

3. *OC* III, 366 : « Dans certains cas, relativement rares, on peut [...] se demander s'il [sc. *D*] ne fournirait pas la leçon véritable de *P* [le manuscrit perdu de l'abbé Périer], reproduite alors inexactement dans *P'* [le *manuscrit de Sainte-Beuve*] ».

4. Nous avons à notre tour consulté ce manuscrit à la Bibliothèque de la Sorbonne (MS 1196) : l'apparat critique de Jean Mesnard est impeccable (*OC* III, 424, *f*), aucune hésitation n'est permise. Voici ce que nous lisons en haut de la p. 16 (pagination de la copie de *L'art de persuader* = f° 31 v. du recueil) : « [...] des natures materielles et spirituelles et en faire un principe ferme et soutenu d'une methaphisique entiere comme Descartes a pretendu faire ». « unemethaphisique » est attaché : le copiste n'a eu aucun mal à lire ce qui était déjà une copie. Sans doute en effet *P.* Montempuys a corrigé de sa main la copie en la relisant. Il est particulièrement intéressant qu'une correction intervienne quelques lignes après notre mot, renforçant ainsi la certitude que le copiste lisait bien le mot « métaphysique » sur le texte copié (cette correction répare une omission, ou plutôt un télescopage mot / mort : « d'avec le même / mot » devient, après rature de « mot », en marge : « mot dans les autres qui l'ont dit en passant qu'un homme mort ». Signalons seulement une leçon de *M* omise in *OC* III : alors que P' donne : « et apercevoir dans ce mot une suite admirable de conséquences, qui prouve la distinction des natures matérielles et spirituelles », *M* donne : « et apercevoir dans ce mot une suite admirable de conséquences [sans virgule] qui prouvent la distinction des natures matérielles et spirituelles ».

5. T. V, Partie II, Paris, Simart, 1728, les p. 271-296 publient « De l'art de persuader » in *Œuvres posthumes ou Suite des Pensées de M. Pascal, extraites du Manuscrit de M. l'abbé Périer son neveu*. Le passage que nous commentons se trouve à la p. 290 : « ...la distinction des natures matérielles et spirituelles, et en faire un principe ferme et soutenu d'une métaphysique entière, comme Descartes a prétendu faire ». – Jean Mesnard a pu mettre en évidence que le *Recueil Montempuys* faisait « accéder à une étape intermédiaire dans la préparation de l'édition Desmolets » (*OC* III, 366).

6. *OC* III, 366.

Elles adoptent pour le passage que nous commentons le texte de Desmolets : Condorcet[1], Bossut[2], Villemain encore[3]. Et lorsque Faugère, en 1844, publie pour la première fois complètement *De l'esprit géométrique*, et alors qu'il le fait – nous insistons – en suivant intégralement le *manuscrit de Sainte-Beuve*, il ne manque pas de corriger la leçon de P' pour maintenir « métaphysique »[4].

Les choses changent avec Havet (1852), qui justifie ainsi la *lectio difficilior* du *manuscrit de Sainte-Beuve* : « *Physique* est pris ici au sens où il l'est souvent chez les anciens, pour la science de la *nature* entière (*physis*), y compris l'âme de l'homme et celle du monde. C'est bien l'étendue qu'embrassent les *Principia Philosophiae*, qui commencent par le « Je doute, donc je suis » pour s'élever de là à Dieu, puis redescendre à la connaissance du monde extérieur et aux lois générales de la matière »[5]. Ce que Havet a bien vu, c'est que Pascal loue en Descartes la « suite admirable de conséquences » qui constitue l'ensemble des *Principia Philosophiae*. En effet, si le *cogito* permet de penser la distinction réelle des substances, si donc la substance étendue n'a rien de spirituel (sans intentionalité, sans volonté, etc.), alors place est faite à une physique de la figure et du mouvement : que la matière soit « dans une incapacité naturelle invincible de penser » n'est que la première condition négative d'une physique mécaniste. Car si le *cogito* n'est pas comme tel un principe de la physique, il n'en libère pas moins en métaphysique la possibilité d'une physique de la pure étendue, *via* le long cheminement ininterrompu des « longues chaînes de raison » – ce que Descartes ne craint pas de nommer « déduire ». On se rappellera aussi que Descartes ne manque jamais d'insister sur l'unité organique de sa physique et de sa métaphysique, souvent pensée comme une relation de fondement : « ce peu de Métaphysique que je vous envoie

1. *Pensées*, Londres, 1776, p. 91-135 (art. premier : *De la manière de prouver la vérité et de l'exposer aux hommes*).

2. Pascal, *Œuvres*, t. II, La Haye, Detune, 1779, art. III, *De l'art de persuader*, p. 39-57 ; le passage concerné se trouve p. 53-54 : « [...] la distinction des natures matérielle et spirituelle [*sic*], et en faire un principe ferme et soutenu d'une métaphysique entière [...] ».

3. *Pensées*, 1823, éd. de 1836, Paris, Ledoux, p. 42.

4. Non sans qu'une note appelée à « métaphysique » n'indique : « Notre MS [c'est-à-dire le *manuscrit de Sainte-Beuve*, P'] dit : « *physique* », ce qui est évidemment une faute » !, Faugère, *Pensées, fragments et lettres de Blaise Pascal*, publiés pour la première fois conformément aux manuscrits originaux en grande partie inédits, Paris, Andrieux, 1844, t. I, p. 168, qui donne en outre : « natures matérielle et spirituelle ». Le manuscrit de Sainte-Beuve est nommé par Faugère « le petit MS. in-8 », qui précise, « dont nous reproduisons le texte qui nous a semblé le plus complet et le plus correct » (p. 154).

5. *Pensées*, Paris, Dezobry et E. Magdeleine, 1852, p. 470.

contient tous les principes de ma Physique», «ces six *Méditations* contiennent tous les fondements de ma physique»[1].

Y a-t-il d'autres motifs que cette unité fondamentale de la physique et de la métaphysique cartésiennes qui puissent justifier la *lectio difficilior* suivie, contre les premiers éditeurs, d'Ernest Havet à Jean Mesnard? Entendons: non plus des motifs de doctrine cartésienne, mais des raisons proprement pascaliennes. Trois au moins: a) le contexte d'abord. Le propos de Pascal dans *De l'esprit de géométrie* et dans *De l'art de persuader* porte sur la méthode pour convaincre, sur les « véritables démonstrations », c'est-à-dire sur *l'ordre* à suivre dans les *sciences*. Et surtout, dans ce contexte général, le principe que Pascal énonce en premier, avant même le *cogito* – nous l'avons déjà souligné – porte sur la matière, objet de la physique. C'est bien la physique qui intéresse Pascal, ici comme en général, et non la métaphysique. Et singulièrement, que la matière soit dans une incapacité naturelle invincible de penser: c'en est alors fini, grâce à Descartes, des qualités spirituelles attribuées à la nature et donc à la matière, ces « noms spécieux qui remplissent l'oreille et non pas l'esprit », et singulièrement de l'horreur imaginaire du vide, «comme si des corps inanimés étaient capables de sympathie et d'antipathie». Pascal pense d'abord à ses propres expériences sur le vide et à son combat contre «la foule des philosophes», les physiciens aristotéliciens, qui «ont inventé exprès cette horreur imaginaire du vide»[2]. b) Le même éloge adressé à

1. Respectivement *lettres* du 11 novembre 1640, AT III, 233, 24-26, publiée dans le t. II de l'éd. Clerselier, puis du 28 janvier 1641, AT III, 298, 1-2 (même publication). Descartes l'entend évidemment des *Meditationes* en entier, et non du seul *cogito* : en entier, c'est-à-dire en comprenant non seulement les *Meditationes* V et VI, mais aussi et d'abord les démonstrations de l'existence de Dieu, comme la *lettre à Mersenne* du 15 avril 1630 en avait posé le principe : « Or j'estime que tous ceux à qui Dieu a donné l'usage de cette raison, sont obligés de l'employer principalement pour tâcher à le connaître, et à se connaître eux-mêmes. C'est par là que j'ai tâché de commencer mes études; et je vous dirai que je n'eusse su trouver les fondements de la physique, si je ne les eusse cherchés par cette voie » (AT I, 14, 5-11 ; lettre publiée en 1659).

2. *Récit de la grande expérience de l'équilibre des liqueurs*, *OC* II, 688. Voir aussi le *Traité de la pesanteur de la masse de l'air*, *OC* II, 1062-1101, *passim*. Pascal avait conclu : l'expérience «faite sur les montagnes a renversé cette créance universelle du monde, que la nature abhorre le vide, et ouvert cette connaissance qui ne saurait plus jamais périr, que la nature n'a aucune horreur pour le vide, qu'elle ne fait aucune chose pour l'éviter, et que la pesanteur de la masse de l'air est la véritable cause de tous les effets qu'on avait jusqu'ici attribués à cette cause imaginaire », *OC* II, 1101. Sur la critique cartésienne de la *fuga vacui*, voir, après le chap. IV du *Monde* (AT XI, 20), que Pascal ne connaissait pas, la deuxième partie des *Principia*, art. 16-18 (voir aussi la critique de la sympathie dans les *Principes*, IV, art. 187) et la *lettre à Arnauld* du 29 juillet 1648 (AT V, 222-223), qu'il pouvait connaître.

Descartes dans *Disproportion de l'homme*: Descartes, auteur d'une physique enfin débarrassée du finalisme propre aux esprits, et des anthropologies, fondée sur la pure matérialité de la matière, ce Descartes qui avait écrit: « [...] nec imaginatio [potest intelligi], vel sensus, vel voluntas, nisi in re cogitante » (*Principia* I, art. 53, AT VIII-1, 25,23-25). Nous avons commenté suffisamment ces textes pour qu'il ne soit pas nécessaire d'y revenir ici [1]. Qu'il nous suffise de les citer, en rapprochant le début cartésien de la réflexion pascalienne de la fin de L 15/199 : « *(Descartes). (Il faut dire en gros : cela se fait par figure et mouvement* [...])[2]. [...] Presque tous les philosophes [c'est-à-dire tous, sauf Descartes] confondent les idées des choses et parlent des choses corporelles spirituellement et des spirituelles corporellement. Car ils disent hardiment que les corps tendent en bas, qu'ils aspirent à leur centre, qu'ils fuient leur destruction, qu'ils craignent le vide, qu'ils ont des inclinations, des sympathies, des antipathies, qui sont toutes choses qui n'appartiennent qu'aux esprits »[3]. c) En écrivant « physique *entière* », Pascal retrouve d'abord le sens proprement cartésien de la généralité[4] : l'entièreté est de droit, car à partir du *cogito*, et spécialement de l'incapacité naturelle de la matière à penser, tout est soumis à l'ordre, selon « une suite admirable de conséquences »[5]. Tout, c'est-à-dire tout ce

1. Voir *Pascal et la philosophie*, p. 271-283 et *supra*, p. 43-61.

2. On observera aussi dans L HC 1/84 = *Disc.* 63 une « supposition » analogue à celle de *L'art de persuader*: « [...] sans examiner s'il a réussi efficacement dans sa prétention, je suppose qu'il l'ait fait [...] » / « Et quand cela serait vrai [...] ». La prétention qui n'est pas examinée, c'est celle de savoir si Descartes a raison dans sa physique *entière*, c'est-à-dire en tant qu'elle descend jusqu'au détail. De même, « Et quand cela serait vrai » s'entend de la *composition* de la machine. Mais « en gros », c'est-à-dire que tout se fasse « par figure et mouvement », « cela est vrai ». Il n'y a donc ici aucune « réserve » de Pascal sur les principes du mécanisme. Autre est le sens de principe (rigoureusement non métaphysique) dans ce que Pascal tient, lui, pour « les seuls principes de la physique », à savoir les expériences : ce sens reste indifférent pour le présent propos (voir la *Préface sur le traité du vide, OC* II, 781, ou la conclusion des traités *De l'équilibre des liqueurs* et *De la pesanteur de la masse de l'air*, *OC* II, 1101).

3. L HC 1/84 et 15/199 = *Disc.* 63 et 66.

4. Outre le mouvement même des 4 e et 5e parties du *Discours de la méthode*, voir de nouveau la *Lettre-préface* à la traduction française des *Principia*.

5. Voir encore la *Lettre-préface*, AT IX-2, 10, 4-17 : « [...] j'ai pris l'être ou l'existence de cette pensée pour le premier principe, duquel j'ai déduit très clairement les suivants : à savoir qu'il y a un Dieu, qui est auteur de tout ce qui est au monde, et qui, étant la source de toute vérité, n'a point créé notre entendement de telle nature qu'il se puisse tromper au jugement qu'il fait des choses dont il a une perception fort claire et fort distincte. Ce sont là tous les principes dont je me sers touchant les choses immatérielles ou métaphysiques, desquels je déduis très clairement ceux des choses corporelles ou physiques, à savoir qu'il y a des corps étendus en longueur, largeur et profondeur, qui ont diverses figures et se meuvent en

qui constitue l'objet des *Principia philosophiae* : la philosophie [1], racine et tronc [2], métaphysique et physique, dans sa totalité, c'est-à-dire en comprenant toutes ses parties, non seulement les principes des choses matérielles, mais le monde visible et la terre, jusqu'en ses détails. D'où, ensuite, le sens de la physique *entière* comme cette physique qui approfondit et descend dans tous les détails de la composition de l'univers [3]. Ces deux sens unifiés de l'entièreté de la physique, c'est ce que le L HC 1/84 appellera, au moment de la disqualifier, « toute la philosophie ». On saisit derechef que l'intérêt premier de Pascal va à la définition de la matière défaite de toute détermination spirituelle, autrement dit au mécanisme, donc à ce principe premier : « La matière est dans une incapacité naturelle invincible de penser ». La *lectio difficilior*, la leçon du *manuscrit de Sainte-Beuve*, est donc la bonne : ce principe est le « principe ferme et soutenu d'une *physique* entière » [4].

diverses façons » (déduire signifie que la métaphysique fonde ce qui est déjà principe en physique, et non pas ce que l'on entend aujourd'hui par déduction); puis 10,26-11,5 : « [...] les vérités que je mets entre mes principes [...], reconnues pour les principes de la philosophie, c'est-à-dire pour telles qu'on en peut déduire la connaissance de toutes les autres choses qui sont au monde », etc.

1. C'est en ce sens que le *Discours de la méthode* disait du « je pense donc je suis » que « je jugeais que je pouvais la recevoir, sans scrupule, pour le premier principe de la philosophie, que je cherchais », AT VI, 32, 21-23. Etienne Gilson commentait déjà : « Le *Cogito* est le premier principe de la philosophie tout entière, physique comprise », et justifiait cette assertion en faisant référence à... Pascal, dans le passage même qui nous occupe (*Discours de la méthode*. Texte et commentaire, Paris, Vrin, 5e éd. 1976, p. 299). Dans ses *Études sur le rôle de la pensée médiévale dans la formation du système cartésien*, Paris, Vrin, 1984, p. 194, Gilson commente notre passage : « On ne saurait mieux dire, et pour cause, mais la question reste intacte de savoir si l'on ne pourrait dire plus vrai. [...] Entre l'excès de confondre les deux doctrines et celui de les trouver sans rapports, il y a peut-être une vérité moyenne que l'histoire permet de dégager ».

2. AT IX-2, 14, 7s. De cet « arbre admirable », Pascal jouera à en imaginer la transplantation, et par là à penser la désappropriation d'un « mot » (*OC* III, 424-425).

3. Voir *supra*, p. 52-55.

4. Nous soulignons. A ces trois motifs, nous pouvons ajouter une dernière raison, négative. Pascal ne parle jamais, ou presque jamais, de la métaphysique comme telle. On se rappellera que « métaphysiques », adjectif pluriel, est un hapax (cartésien) des *Pensées* (L 14/190 = *Disc.* 149) qui qualifie les preuves de l'existence de Dieu (voir *Pascal et la philosophie*, chap. V.) Nous n'imaginons pas que Pascal eût pu écrire « métaphysique entière », même sans y entendre une totalité architectonique (ni Pascal ni Descartes ne sont des précurseurs de la *metaphysica generalis !*). Pascal ne parle jamais de métaphysique, et l'usage de ce terme dans notre texte nous paraîtrait trop manifestement grandiloquent pour être authentique. Voit-on Pascal se prononcer sur la métaphysique pure, et louer pour la sienne Descartes, « un des plus célèbres [physiciens] de notre temps » (*au P. Noël*, *OC* II, 526) ?

3) Un anti-augustinisme violent et illégitime.

Nous n'insisterons ni sur la violence ni sur l'illégitimité de l'anti-augustinisme pascalien tant elles sont manifestes. La violence est exceptionnelle, et proprement stupéfiante : saint Augustin aurait écrit le *cogito* « à l'aventure », « sans y faire une réflexion plus longue et plus étendue » [1], « en passant » ; bref, si saint Augustin a écrit le *je pense, donc je suis*, c'est par hasard [2] ! Pire, le *cogito* augustinien est au *cogito* cartésien ce qu'un mort [3] est à un vivant [4] ! Pascal eût pu dire la différence des deux *cogito* [5] sans dévaloriser à ce point ce qu'il croyait attribuable à celui de saint

1. A la « réflexion » sur le *cogito* (que les cartésiens n'invoquent « que pour appuyer la définition de la pensée par la conscience »), *distingué de ses conséquences*, comme présence de l'âme à elle-même et à l'exploration des profondeurs de l'âme, autrement dit à ce qu'on appellera l'introspection, saint Augustin consacre évidemment plus de pages, et plus approfondies, que Descartes: voir encore Geneviève Rodis-Lewis, *Le problème de l'inconscient et le cartésianisme*, p. 24-26 et 178.

2. Un autre texte mentionne que saint Augustin ait pu écrire quelque chose par hasard. Mais cette supposition est celle de l'objecteur, non de Pascal, et le hasard ainsi soupçonné s'entend des circonstances d'une proposition en elle-même essentielle – donc nécessaire, *id est* qu'il ne pouvait pas ne pas dire, l'occasion venant à se présenter : « Saint Augustin a dit formellement que les forces seront ôtées au juste. – Mais c'est par hasard qu'il l'a dit, car il pouvait arriver que l'occasion de le dire ne s'offrît pas. – Mais ses principes font voir que l'occasion s'en présentant, il était impossible qu'il ne le dît pas ou qu'il dît rien de contraire. C'est donc plus d'être forcé à le dire, l'occasion s'en offrant, que de l'avoir dit, l'occasion s'en étant offerte. L'un étant de nécessité, l'autre de hasard. Mais les deux sont tout ce qu'on peut demander » (L HC 1/930 = *Disc.* 45). La citation de saint Augustin vient du *De symbolo ad catechumenos*, s. 2, texte cité à la suite d'Arnauld dans la *Troisième Provinciale*, *Prov.* 41-42.

3. L'« homme mort » reprend et durcit encore les « paroles mortes » de qui aurait appris un livre par cœur sans le comprendre vraiment, c'est-à-dire sans le posséder (on préfèrera de nouveau la leçon de *M* « possèdent » à « sachent ») – par quoi l'esprit de saint Augustin s'avère « stérile » (*OC* III, 422-423); au contraire, possède le livre celui qui le « comprend en sorte qu'il en sache tous les principes, la force des conséquences, les réponses aux objections [le modèle des *Méditations !*] qu'on y peut faire, et toute l'économie de l'ouvrage » (*ibid.*).

4. L'analogie pourrait se poursuivre : saint Augustin est à Descartes ce que la logique est à la géométrie: « C'est de cette sorte que la logique a peut-être emprunté les règles de la géométrie sans en comprendre la force. Et ainsi, en les mettant à l'aventure parmi celles qui lui sont propres, il ne s'ensuit pas de là qu'ils aient entré dans l'esprit de géométrie », *OC* III, 425.

5. Sur le sens proprement augustinien du *cogito*, voir l'étude classique de Charles Boyer, « Le Cogito dans saint Augustin », *Congrès Descartes*, Paris, 1937, t. I, p. 89-92 puis le chap. I de *L'idée de vérité dans la philosophie de S. Augustin*, Paris, Beauchesne, 1920. Voir aussi, plus récemment, Emmanuel Bermon, *Le* cogito *dans la pensée de saint Augustin*, Paris, Vrin, 2001, qui cite notre passage de *L'art de persuader* en se contentant de reprendre les remarques de Gilson, p. 17-18, et de noter « l'impertinence » de Pascal; pour l'auteur, Pascal « reprend le grief que Descartes formulait avant lui [dans la *lettre à Colvius !*] [...] tout en le radicalisant » : mais viendra le Husserl des *Méditations cartésiennes*, qui, dénonçant l'« influence néfaste » de l'idéal d'une physique mathématique, permettra d'inverser mort et vivant ! (*ibid.*).

Augustin[1]. Même dans la *lettre à Colvius*, Descartes était loin d'être aussi méprisant : « C'est une chose qui de soi est si simple et si naturelle à inférer, qu'on est, de ce qu'on doute, qu'elle aurait pu tomber sous la plume de qui que ce soit[2]; mais je ne laisse pas d'être bien aise d'avoir rencontré avec saint Augustin, quand ce ne serait que pour fermer la bouche aux petits esprits qui ont tâcher de regabeler sur ce principe »[3]. Quant à l'illégitimité du jugement de Pascal, elle a frappé tous les commentateurs, d'Ernest Havet[4] à Geneviève Rodis-Lewis[5] et Henri Gouhier[6], en passant par

1. La violence indue de Pascal a conduit un certain nombre de commentateurs à passer sous silence la critique de saint Augustin menée dans *De l'art de persuader*. Ainsi Philippe Sellier, qui n'a pas consacré moins de 600 p. à Pascal et saint Augustin se contente-t-il d'une courte phrase – en note ! – pour tout commentaire de ce passage : « On connaît la dureté de Pascal à l'égard de la pensée cartésienne [...]. Un augustinien [*sic !*], sensible à la souplesse et aux virtualités de l'intelligence, à la « finesse », ne pouvait que rejeter comme étroit le rationalisme cartésien. Toutefois, Pascal a bien saisi l'originalité du *Cogito* [...] » – suit la citation de notre passage (*Pascal et saint Augustin*, p. 45, n. 29). S'il y a un lieu où il fallait « défendre » saint Augustin, c'était bien celui-là !

2. Il ne nous paraît pas évident que ce passage soit particulièrement insolent – puisqu'il ne dévaluerait pas moins le *cogito* cartésien : *contra* Jean-Luc Marion, *Questions cartésiennes* II, Paris, PUF 1996, p. 41. Au demeurant, l'auteur le compare au jugement de Descartes lui-même : « [...] hoc tritum : *Cogito, sum* », AT VII, 551, 10 (repris de 531, 15).

3. AT III, 248, 1-7. Pascal fait beaucoup plus, et surtout autre chose, que de « surenchérir » sur Descartes, comme le dit Jean Mesnard, non sans une très étonnante nuance : « presque en renchérissant sur lui » (*OC III*, 371).

4. *Pensées*, Paris, Dezobry et E. Magdeleine, 1852, p. 470 : « Et il est vrai que saint Augustin n'a pas construit ainsi toute une philosophie sur ces principes : cependant il ne serait pas juste non plus de prétendre qu'il ne les produit qu'*à l'aventure et en passant.* Il prétend s'en servir pour prouver Dieu, et même la Trinité [...] ».

5. Qui ajoute à l'argument ce qui suit : « la multiplicité même de ces références [au corpus augustinien] exclut que saint Augustin ait posé la certitude de l'âme comme « un mot à l'aventure » et permet d'y voir déjà « la distinction des natures matérielle et spirituelle » [...] », « Augustinisme et cartésianisme », p. 109. Etienne Gilson comptait six *cogito* chez saint Augustin : voir ses *Études sur le rôle de la pensée médiévale*, p. 194, qui renvoie aux textes donnés dans l'*Introduction à l'étude de saint Augustin*, Paris, Vrin, 2e éd. 1982, p. 53-55.

6. Voir par exemple *Cartésianisme et augustinisme au XVIIe siècle*, p. 143 : « Il est clair que Pascal n'a pas pris la peine de lire ou de relire saint Augustin ; dans ses ouvrages comme le *De libero arbitrio* ou le livre X du *De Trinitate*, ce que nous appelons son *cogito* n'est pas « écrit à l'aventure » ou « en passant » » ; ou encore *Blaise Pascal. Conversion et apologétique*, Paris, Vrin, 1986, p. 183 : « Il est clair que Pascal ne s'est pas reporté au texte du *De libero arbitrio* dont Arnauld donnait la référence ». Voir aussi Pierre Cahné, « Saint Augustin et les philosophes au XVIIe siècle : ontologie et autobiographie », *XVIIe siècle*, n° 135, 1982, 2, p. 121-132 (en part. p. 125) : Pierre Cahné pense comme Geneviève Rodis-Lewis que c'est du livre X du *De Trinitate* que le *cogito* des *Meditationes* est le plus proche ; plus, il soutient que c'est dans ce livre que Descartes a trouvé l'énoncé « performatif » qui fera la force de la *Meditatio* II : il lui semble donc « évident » que Descartes a lu le *De Trinitate* entre la rédaction du *Discours* et celle des *Meditationes* – on nous permettra d'être moins sensible que l'auteur à cette « évidence ».

Etienne Gilson[1] : il faut n'avoir pas ouvert saint Augustin pour juger que le *cogito* y est un mot écrit « à l'aventure ». Car enfin, jamais un lecteur du *De libero arbitrio*, du *De civitate Dei*[2] ou du *De Trinitate*, pour nous en tenir aux trois occurrences les plus célèbres, ne dirait une chose pareille ! Mais c'est ici que l'argument d'Henri Gouhier en faveur d'une datation tardive de *L'art de persuader* se retourne contre lui. Car si Pascal avait lu la *lettre* de Descartes *à Colvius*, il n'aurait jamais écrit « à l'aventure », et « sans [...] apercevoir dans ce mot une suite admirable de conséquences », puisque Descartes lui-même résume le cheminement augustinien : « Vous m'avez obligé de m'avertir du passage de saint Augustin, auquel mon *je pense, donc je suis* a quelque rapport; je l'ai été lire aujourd'hui en la bibliothèque de cette ville, et je trouve véritablement qu'il s'en sert pour faire voir qu'il y a en nous quelque image de la Trinité, en ce que nous sommes, nous savons que nous sommes, et nous aimons cet être et cette science qui est en nous; au lieu que je m'en sers pour faire connaître que ce *moi*, qui pense, est une *substance immatérielle*, et qui n'a rien de corporel; qui sont deux choses fort différentes » (AT III, 247,1-248,1). Descartes et Augustin ne font certes pas même usage du *cogito*, mais, de l'aveu même de Descartes, saint Augustin n'en tire pas moins une indéniable « suite admirable de conséquences » – métaphysiques[3].

1. *Études sur le rôle de la pensée médiévale*, p. 53, 161-162 et 194-195.

2. On se divertira, après le rappel des remarques pascaliennes sur la *fuga vacui* naturelle, à constater que dans la page même qui suit le *cogito* du *De civitate Dei*, saint Augustin en appelle au principe « refugiat natura non esse » (BA 35, 116).

3. Et non pas, pour Descartes le premier, physiques : confirmation supplémentaire, d'un point de vue de cartésien, de la *lectio difficilior*.

Qu'on nous permette, pour terminer, de citer un texte qui, revenant à la métaphysique et répondant, sans doute sans le savoir, à Pascal, revendique la supériorité de saint Augustin sur Descartes en ce qu'il aurait atteint aux plus sublimes vérités métaphysiques *comme par hasard*. Entendons bien l'hypothèse : donnons à saint Augustin l'*ordre* cartésien, et l'excellence du premier éclatera ! L'auteur de ce texte étonnant est Fénelon, dans la 4 ͤ *lettre sur divers sujets*, c'est-à-dire la *Lettre* [à l'abbé Houtteville] *sur l'idée de l'infini, et sur la liberté de Dieu de créer ou ne pas créer* : « Si j'avais à croire quelque philosophe sur la réputation [mais ce n'est pas le cas !], je croirais bien plutôt Platon et Aristote, qui ont été pendant tant de siècles en possession de décider : je croirais même [rappelons-nous : dans le cas où l'on croirait un philosophe sur sa réputation] saint Augustin bien plus que Descartes, sur les matières de pure philosophie; car outre qu'il a beaucoup mieux su les concilier avec la religion, on trouve d'ailleurs dans ce Père un bien plus grand effort de génie sur toutes les vérités de métaphysique, quoiqu'il ne les ait jamais touchées que par occasion et sans ordre. Si un homme éclairé rassemblait dans les livres de saint Augustin toutes les vérités sublimes que ce Père y a répandues comme par hasard, cet extrait, fait avec choix, serait très supérieur aux *Méditations* de Descartes, quoique ces *Méditations* soient le plus grand effort de l'esprit de ce philosophe », Fénelon, *Œuvres*, éd. J. Le Brun, Paris, Gallimard, Bibliothèque de la Pléiade, t. II, 1997, p. 785; Henri Gouhier a vu dans ces lignes un projet de Fénelon lui-même : *Fénelon*

Pascal ne pouvait donc pas s'opposer plus clairement à Arnauld, au début de ses *Quatrièmes Objections*[1]. « Ceux qui ont l'esprit de discernement savent combien il y a de la différence entre deux mots semblables, selon les lieux et les circonstances qui les accompagnent », disait Pascal dans *De l'art de persuader* (*OC* III, 422). Le moins que l'on puisse dire est que le pauvre Arnauld, fût-il suivi par deux générations de cartésiens augustiniens, n'a pas eu, au jugement de Pascal, « l'esprit de discernement ». Mais Pascal lui-même avait-il bien sondé le logement de cette pensée chez saint Augustin ? À l'évidence, non. Pascal cartésien, évidemment. Mais aussi Pascal ignorant ou malhonnête, trompé ou trompeur[2] ; dans ce dernier cas, l'appel « à des personnes équitables » serait du dernier cynisme.

Nous aimerions suggérer pour conclure qu'il y a peut-être des raisons fondamentales au refus de principe pascalien des *cogito* augustiniens, au delà de leur méconnaissance factuelle. Il nous semble en effet que si Pascal ne veut pas voir – malgré l'évidence – que saint Augustin ait pu écrire le *cogito* autrement qu'à l'aventure, c'est parce qu'il rejette radicalement ce que ce *cogito*-là révèle : que l'homme soit image de Dieu, exactement, image de la Trinité. Pour le dire d'un mot : dans ses différents *cogito*, Augustin ne s'arrête jamais au moi, en ce sens ne *trouve* jamais le moi, mais va toujours à Dieu lui-même. Descartes l'avait parfaitement vu : le *cogito* augustinien sert à trouver l'image de Dieu en l'homme[3], saint Augustin « s'en sert pour faire voir qu'il y a en nous quelque image de la Trinité ». Les *cogito* augustiniens conduisent à Dieu, sans jamais s'arrêter à *l'invention*

philosophe, Paris, Vrin, 1977, p. 25. Sur l'écriture de saint Augustin, « sans ordre, à la hâte » et les « morceaux épars » où l'on trouverait « plus de métaphysique » que dans Platon et Descartes, voir aussi la fin de la *5e lettre* (*ibid.*, 804-805).

1. On se rappellera le jugement prémonitoire qu'Arnauld inspire à Mersenne, lorsqu'il affirme à Voet toute sa confiance dans la « façon de philosopher » (« philosophandi methodo ») de Descartes : « Ut qui doctior evaserit in Augustini doctrina, eo libentius philosophiam cartesianam amplexurus sit. En sorte que plus un homme sera savant dans la doctrine de saint Augustin, et plus sera-t-il disposé à embrasser la philosophie de Monsieur Descartes », *Lettre* de Mersenne *à Voet* du 13 décembre 1642, *Correspondance du P. Marin Mersenne*, publiée et annotée par C. de Waard avec la collaboration de B. Rochot, XI, 375 = AT III, 603 ; traduction française en tête du volume II des *Lettres de Mr Descartes*, réimpression de l'exemplaire de l'Institut, pp.[13-14]. Sur l'étonnante affirmation d'Arnauld selon laquelle « il avait enseigné et publiquement soutenu la même philosophie » que Descartes, voir notre « Arnauld : de l'occamisme au cartésianisme » (art. cité *supra*).

2. Selon l'alternative du de L 23/322 = *Disc.* 113 ; par ailleurs, on pourra être sensible à l'analogie avec le refus de trouver dans l'*Augustinus* « les cinq propositions ».

3. Etienne Gilson le rappelle après Descartes : voir les *Études sur le rôle de la pensée médiévale dans la formation du système cartésien*, Paris, Vrin, 1984, p. 193 *sq*.

du moi[1]. En ce sens, nous pourrions dire qu'il est impossible au moi augustinien de se trouver en regardant en soi : ce que le moi trouve en soi, ce n'est justement pas soi, mais Dieu.

Pour mesurer l'opposition de la pensée pascalienne à la doctrine augustinienne sur ce point, trois brèves remarques suffiront amplement. a) C'est à une richesse intérieure du moi que fait accéder l'introspection augustinienne. Développant ce qu'ouvre la célèbre *magna quaestio*[2], saint Augustin découvre, avec les « livres des platoniciens », une infinie richesse dans le soi : découverte de l'excès de ce qu'il est sur ce qu'il pense, croit ou sait être. Ce à quoi l'*ego* accède en rentrant en soi-même, c'est la lumière divine, « superior, quia ipsa fecit me, au-dessus, parce que c'est elle-même qui m'a fait »[3]. Le *cogito* augustinien fait donc accéder à la richesse intérieure de l'homme. Et pour la plupart des auteurs spirituels au XVIIe siècle, l'intériorité est richesse. Chez Pascal, tout au contraire, l'intériorité est vide et misérable : « le cœur de l'homme est creux et plein d'ordure », et notre être le plus intime est néant[4]. b) L'intime conduit donc directement au supérieur : « tu autem eras interior intimo meo et superior summo meo »[5]. Le Dieu de Pascal, tout au contraire, ne lui est jamais intérieur : « Il n'y a nul rapport de moi à Dieu, ni à J.-C. juste » (L HC 1/919 = *Disc.* 33). Cette thèse du *Mystère de Jésus* est absolument fondamentale : nul rapport – Dieu est à jamais introuvable en moi –, nulle anagogie n'est possible. Il n'y a pas passage, mais fondamentalement opposition entre l'homme et Dieu. Comme le disait Paul Bénichou dans une formule remarquable des *Morales du Grand Siècle*, Pascal a voulu « couper les ponts de l'homme à Dieu »[6]. Rien n'est plus anti-augustinien. Le Maître n'est pas intérieur. Le Médiateur est extériorité. La pensée pascalienne de l'union n'est pas une pensée de l'intériorité[7]. c) Que l'homme soit à l'image de Dieu (*Genèse* 1,26), rien n'est plus traditionnel en théologie. Saint Augustin en développe la théorie selon le modèle trinitaire. L'analyse de la connaissance de l'âme par elle-même, qui, dans le *De Trinitate,* conclut à la tripartition *memoria, intelligentia, voluntas*, conduit ultimement à Dieu : Dieu Trinité dont ces trois concepts sont l'image (l. X et XI). De nouveau, Descartes

1. Nous reprenons et développons cette opposition dans l'étude suivante.

2. *Confessions* IV, IV, 9, BA 13, 422.

3. *Confessions* VII, X, 16 BA 13, 614-616.

4. Voir, respectivement L V/449 = *Disc.* 81 (« c'est un Dieu qui leur fait sentir intérieurement leur misère »), L XXIX/806 = *Disc.* 119 (voir *infra*, p. 174-176) et L 8/139 = *Disc.* 137.

5. *Confessions* III, VI, 11, BA 13, 382.

6. Paris, Gallimard, 1948, p. 90.

7. Voir « Des membres pensants » et *infra*, p. 205-213.

avait bien lu quand il écrivait *à Colvius*: « il s'en sert pour prouver la certitude de notre être, et ensuite pour faire voir qu'il y a en nous quelque image de la Trinité ». Or Pascal refuse à toute force le thème de l'homme image de Dieu, *a fortiori* du moi dans lequel se retrouverait l'image de la Trinité : jamais, en site chrétien, le rejet de l'*homoiôsis* n'a été si absolu[1].

Notre recherche sur l'augustinisme supposé de Pascal s'est voulue précise et circonstanciée : menée à partir des très rares citations attestées de *La cité de Dieu* qu'on trouve dans les *Pensées*, elle nous a naturellement conduit au thème des deux cités et à un constat évident : ce thème, un des plus centraux de la pensée de saint Augustin, est passé sous silence par Pascal. Restait à analyser ce silence et à en évaluer la portée : il nous est apparu comme une prise de distance, plus exactement comme un refus de principe de la thèse augustinienne engagée dans le thème des deux cités. Point n'était donc besoin de supposer, comme on a pu le faire sans fondement textuel, que Pascal ait lu *La cité de Dieu* pour en récuser le cadre d'ensemble. C'est aussi dans *La cité de Dieu* que l'on trouve une des expressions les plus explicites et les plus développées du *cogito* augustinien : nous pouvions donc mettre notre hypothèse à l'épreuve de ce second thème, à la fois beaucoup plus circonscrit que le premier, d'un enjeu beaucoup moins considérable aux yeux du Pascal apologiste, mais aussi plus aigu et plus actuel aux yeux du Pascal encore imbu de la méthode consignée dans *L'art de persuader*. Or il est apparu que la comparaison des *cogito* augustinien et cartésien n'a d'autre fonction dans l'opuscule que de déprécier radicalement la portée principielle du *cogito* augustinien. De nouveau, laissant de côté la considération de l'usage propre de cette comparaison dans *L'art de persuader*, nous pouvions alors proposer l'hypothèse selon laquelle il y a, pour Pascal, au delà sa méconnaissance des différentes formulations des *cogito* augustiniens, des raisons théoriques fondamentales à son refus de principe, volontaire et assumé, de ce qu'ils recèlent et révèlent. Le bilan auquel nous parvenons est, comme l'enquête qu'il conclut, nécessairement limité, et donc provisoire. Il requiert désormais

1. On observera que la seule mention de l'homme image de Dieu dans les *Pensées* en attribue l'idée… aux stoïciens : les philosophes (et ceux parmi eux qui exaltent l'orgueil) « vous ont fait penser que vous lui étiez semblables et conformes par votre nature » (A P.-R., L 11/149 = *Disc.* 69). Opposant corruption et rédemption, nature et grâce, Pascal avait écrit dans son grand discours sur la double condition de l'homme que par la grâce seule l'homme « est rendu comme semblable à Dieu » (L 7/131 = *Disc.* 75), avant de raturer les deux passages. Aussi faut-il noter avec Emmanuel Martineau que « le seul texte de Pascal sur le Christ-image, et même sur l'homme à l'image » est le § IV de la *Prière pour le bon usage des maladies*, *OC* IV, 1002 (« Deux clés de la chronologie des discours pascaliens », p. 717).

que soit rendu compte de ce fait indiscutable : Pascal a récusé d'avance plusieurs choix théoriques majeurs de saint Augustin. Ce bilan exigera, pour sa confirmation, d'autres recherches sur les lectures pascaliennes de saint Augustin – à commencer par celle des *Confessions* – et sur leur interprétation. Il n'en permet pas moins d'en finir avec l'opinion abstraite d'un augustinisme non problématique de Pascal.

CHAPITRE II

L'INVENTION DU MOI

À Jean-Luc Marion

LE SOI OU LE MOI ?

Comme il convient à une manifestation organisée à la fois par l'Université de Chicago et par l'Université de Paris Sorbonne, le colloque qui nous réunit est bilingue. Aussi le concept qui en constitue l'objet se dit-il dans les deux langues : *Le soi, The self.* Il n'y a là apparemment rien de problématique, du moins aujourd'hui : que l'on puisse dire « *le* soi, *the* self », en substantivant ces pronoms réfléchis, ne saurait étonner, pas plus qu'on ne saurait s'étonner de leur équivalence. Or cette double évidence n'est pas toujours allée, si l'on peut dire, *de soi*. Elle est le résultat d'un double coup de force, en anglais d'abord, en français ensuite, double coup de force enregistré par Pierre Coste en 1700, lorsqu'il publie la traduction française de la 4e édition de *An Essay concerning Human Understanding* de Locke, l'*Essai sur l'entendement humain*. Coste est en train de traduire le § 9 du chap. XXVII du livre II, consacré à l'analyse de l'identité personnelle. Locke y définit la personne comme « a thinking intelligent Being, that [...] can consider it self as it self, Un être pensant et intelligent, [...] qui peut se consulter soi-même comme le même [...] »[1].

1. Nous citons *An Essay concerning Human Understanding* dans l'édition de Peter H. Nidditch, Oxford, Clarendon Press, 1975 et la traduction de Coste, *Essai philosophique concernant l'entendement humain...*, dans l'édition Amsterdam et Leipzig, 1755, réimprimée par E. Naert aux éditions Vrin en 1972 (4e tirage 1994). Nous utilisons aussi la traduction de l'*Essay* par Jean-Michel Vienne, Paris, Vrin, 2001 pour les livres I et II, 2006 pour les livres III et IV. Pour la présente citation, voir respectivement p. 335 (Nidditch), p. 264

Cette définition de la personne par la considération de *itself as itself*, Locke la présente comme résultant d'une première caractéristique, propre à la pensée et inséparable d'elle, qui est *the consciousness*[1]. La thèse de Locke justifie ainsi un usage apparemment banal du réfléchi *self*: « For since consciouness always accompanies thinking, and 'tis that, that makes every one to be, what he calls *self* [...], cette connaissance accompagne toujours nos sensations et nos perceptions présentes [périphrase par laquelle Coste diffère l'introduction de « conscience »], et c'est par là que chacun est à lui-même ce qu'il appelle soi-même [...] ». Locke ose alors un emploi inédit de *the self*: « It not being considered in this case, whether the same self be continued in the same, or diverses substances, On ne considère pas dans ce cas si le même *soi* est continué dans la même substance, ou dans diverses substances ». Une note de Coste appelée à *soi* souligne très clairement et l'audace lockienne que constitue l'emploi substantivé et isolé de *self*, et sa propre audace de traducteur dictée par la fidélité : Coste se dit obligé de se « servir du mot *soi*, *soi-même*, pour exprimer ce sentiment que chacun a en lui-même qu'il est le *même*; ou pour mieux dire, j'y suis obligé par une nécessité indispensable; car je ne saurais exprimer autrement le sens de mon auteur, qui a pris la même liberté dans sa langue »[2]. – Premier constat donc : selon Coste, *the self*, substantivant le pronom, est une liberté prise par Locke afin de penser l'identité personnelle; et le français qui substantive le pronom réfléchi *le soi* en est le décalque requis par la fidélité de la traduction. Mais pour oser imposer un tel équivalent, quelque fidèle qu'il parût, encore fallait-il que Coste s'y crût autorisé par la langue française elle-même, au moins sous la forme d'un emploi illustre : c'est ainsi, dans le

(Coste) et p. 521 (Vienne), qui corrige Coste pour éviter de confondre *same* et *self*: « [...] qui peut se regarder soi-même comme soi-même [...] ».

1. Coste, qui mentionne le latin *conscientia*, propose *con-science* en s'autorisant de Malebranche (*Essai*, p. 264-265). Voir Etienne Balibar, introduction à John Locke, *Identité et différence.* An Essay concerning Human Understanding II, XXVII, « Of Identity and Diversity ». *L'invention de la conscience*, Paris, Seuil, 1998, en part. p. 12-29. Mais Coste aurait pu se recommander de Descartes, même sans connaître la *lettre à Gibieuf* du 19 janvier 1642 telle que nous pouvons la lire, car c'est probablement Descartes lui-même qui ajoute « conscience » à « connaissance » dans la traduction par Clerselier des *Troisièmes Réponses*, AT VII, 176, 19 (voir Geneviève Rodis-Lewis, *Le problème de l'inconscient et le cartésianisme*, Paris, PUF, 1950, p. 39). Sur cette question, et surtout sur le sens du mot *conscience*, voir Gilles Olivo, *Descartes et l'essence de la vérité*, Paris, PUF, 2005, p. 320, n. 2, qui complète et corrige opportunément le petit dossier fourni par Etienne Balibar. Quoi qu'il en soit, nous laissons de côté la question de l'évolution du terme de « conscience », différente de celle qui nous occupe ici.

2. *Essai*, p. 264. Entendons bien par « le même » *lui-même*. Sur *same* et *self*, voir la note de Jean-Michel Vienne, trad. citée, p. 521.

même ordre d'idées, que pour recourir à « conscience » Coste invoquera un peu plus bas le Malebranche de *La recherche de la vérité*[1]. Pour justifier *le soi*, il en appelle à la puissante autorité de Pascal. Voici le début de la note : « Le *moi* de M. Pascal m'autorise en quelque manière à me servir du mot *soi*, *soi-même*, pour exprimer ce sentiment que chacun a en lui-même qu'il est le *même* ». Pour justifier *le soi* lockéen, Coste convoque *le moi* pascalien ! Vingt ans plus tard, traduisant en 1720 l'ouvrage de John Wynne, *An abridgment of Mr Locke's Essay concerning human undestanding* sous le titre *Abrégé de l'Essai de Monsieur Locke sur l'entendement humain*[2], J.-P. Bosset remplace au contraire, pour traduire *the self*, « le soi » par « le moi » pour traduire *the self* témoignant ainsi d'une sensibilité précise à une certaine différence entre *moi* et *soi*. – Second constat : si comme l'original précède la traduction, *the self* semble précéder légitimement *le soi*, il reste que *le moi* devance à son tour *the self* d'une préséance qui l'autorise : l'innovation de traduction recouvre donc une transposition du moi au soi qui en est la condition de possibilité conceptuelle. Si l'innovation conceptuelle lockienne impose le soi, l'innovation pascalienne précède la substantivation lockienne, reconduisant ainsi l'audace anglaise à un premier coup de force français : *le moi*. Deux questions naissent immédiatement de l'autorité invoquée par Coste, historique et conceptuelle : 1) pourquoi en appeler à Pascal pour accréditer le moi ? Comprenons : pourquoi Pascal, et non pas Montaigne : ce choix doit être d'autant plus significatif que Coste

1. L. III, chap. VII, OCM I, 448; voir *supra* la note 1, p. 106.

2. L'ouvrage de Wynne a paru à Londres en 1696, la traduction de Bosset à Londres en 1720, rééd. Genève, 1738 (le livre I est présenté comme un « extrait fait par M. Le Clerc). La préface (p. V-VIII), qui prétend à l'éloge, est en réalité singulièrement critique. Pour le présent propos, voir la traduction de l'abrégé du l. II, chap. XXVII, éd. de Genève, p. 96-97 : « Le mot de *personne* marque un être intelligent, qui par le sentiment intérieur de soi-même, lequel est inséparable de la pensée, raisonne, réfléchit, et se considère comme étant *le même* en différents temps et en différents lieux. Or par cette *conscience* ou ce sentiment intérieur que j'ai, et que tout le monde a, on est ce qu'on appelle *soi-même*, je suis ce que j'appelle *moi-même*, et c'est là à mon avis, ce qui constitue l'*identité personnelle*, ou ce qui fait que je suis toujours *le même*, et que tout être raisonnable est toujours *le même*. Et cette *identité* subsiste autant de temps que j'ai le sentiment intérieur d'avoir fait de certaines actions et d'avoir eu de certaines pensées; car le *moi* qui a fait une action autrefois, est le même moi qui s'en ressouvient à présent. Ce que j'appelle *moi-même*, c'est donc cet être, ce *moi* pensant, quelle que soit sa substance, qui est convaincu de mes actions, qui sent du plaisir et de la douleur, qui est capable de bonheur et de misère, et qui par conséquent est intéressé pour *moi*-même aussi longtemps qu'il a le sentiment intérieur de soi-même. Et tout ce à quoi je joins le sentiment intérieur de cet être pensant, constitue avec lui la *même personne, le même moi* » (c'est l'auteur qui souligne).

sera le remarquable éditeur, à Londres, des *Essais* de Montaigne[1], lui qui revendique : « je suis moi-même la matière de mon livre »[2]. D'où la portée véritable de cette question : Pascal est-il bien le premier à avoir écrit « le moi » ? 2) En quel sens *le moi* autorise-t-il *le soi* ? C'est bien ainsi qu'il convient d'entendre la nuance de Coste : « Le *moi* de M. Pascal m'autorise en *quelque manière* à me servir du mot *soi* [...] ». En quelque manière, qu'est-ce à dire ? Ne s'agirait-il que d'une analogie dans l'audace lexicale, qui substantive un pronom réfléchi comme Pascal avait substantivé un pronom personnel enclitique ? Ou bien s'agirait-il, y compris pour Coste, d'un enjeu conceptuel que l'espace d'une traduction, donnât-elle lieu à une longue note explicative, ne saurait suffire à justifier ou éclairer ? Plus rigoureusement formulée, la question revient à demander : dire *le moi* et dire *le soi*, est-ce dire la même chose ?

Nous voudrions, dans un colloque bilingue sur le soi, revendiquer, conformément à la précision de Coste, une forme de *hors-sujet*, non pas tant au sens banal du terme – on ne manquera cependant pas de constater qu'il ne s'agira pas dans notre propos du soi, mais du moi –, qu'au sens propre : penser le moi hors-sujet, c'est-à-dire hors de la problématique si rebattue du sujet (*subjectum*)[3]. Les questions que nous avons formulées engagent en effet celle de l'invention du moi : l'invention du moi, et non pas celle du sujet, de l'homme, de l'âme, de la conscience, de la personne ou bien encore de la personnalité, de l'identité, ni même *du soi*. Le moi est apparemment bien connu – trop bien connu, et c'est pour cela qu'il est si facilement synonyme de toutes les notions que nous venons d'énumérer – et par conséquent méconnu. Il est ce que Hegel appelle une *Vorstellung*, une représentation, qu'il est nécessaire d'analyser, c'est-à-dire, pour commencer, de détruire. Sans doute conviendrait-il de détruire la représentation du moi qui le confond avec homme, sujet, personne, etc. Nous nous contenterons de nous efforcer d'attaquer celle qui le confond avec le soi.

Une telle confusion est-elle inévitable en anglais ? D'autres sont plus compétents pour en parler : constatons néanmoins – outre évidemment que *self* est rendu par *même* quand il est lié à un pronom (*moi-même* traduit

1. Londres, J. Tonson & J. Watts, 1724. Coste a retraduit les citations grecques, latines et italiennes, et a retrouvé la source de nombreuses citations ignorées de Melle de Gournay.

2. *Essais*, avis au lecteur, 3 ; voir *infra* la note 1, p. 118.

3. Ce n'est pas dire qu'elle ait été parfaitement élucidée. Parmi les ouvrages qui se sont récemment efforcé de le faire, voir les travaux publiés sous la direction d'Olivier Boulnois, *Généalogies du sujet, de saint Anselme à Malebranche*, Paris, Vrin, 2007 ainsi que le premier tome d'une *Archéologie du sujet, Naissance du sujet*, publié par Alain de Libera, Paris, Vrin, 2007. – Mais quant au *moi*, c'est là une autre affaire...

myself) –, que les traducteurs de l'anglais en français traduisent le *self* isolé tantôt par *moi*, en conférant au pronom personnel une fonction réfléchie, tantôt par *soi*, en fonction du sujet de la proposition dans lequel il est employé. Cette indistinction fondamentale entre le soi et le moi (*the self* dans les deux cas) est posée d'entrée de jeu par Paul Ricœur dans *Soi-même comme un autre*, en soulignant ce qu'il appelle l'*amplitude* du soi, sur laquelle « prend appui [son] usage constant du terme « soi », en contexte philosophique, comme pronom réfléchi de toutes les personnes grammaticales, sans oublier les expressions impersonnelles »[1]. Ainsi Ricœur a-t-il d'emblée éliminé la difficulté que nous souhaitons prendre en compte en réduisant le moi au soi, c'est-à-dire en considérant comme « forme canonique » la « nominalisation » du réfléchi « soi-même », et en en parlant comme de l'ipséité (selfhood, Selbstheit). Il nous semble qu'il faut précisément commencer par ne pas l'assimiler au soi si l'on veut comprendre l'invention du moi. L'histoire de la langue des philosophes n'est pas le produit du hasard. Il y a des faits lexicaux, qu'il faut repérer et dater, et dont il convient de rendre compte. Notre hypothèse, réunissant les deux questions posées plus haut, sera que l'invention pascalienne du moi admet des raisons proprement philosophiques : ce qui requiert de comprendre pourquoi ce ne pouvait être que chez Pascal, et personne d'autre, que « le moi » pouvait apparaître[2].

L'établir requiert un travail modeste et précis d'historien de la philosophie. Mais on ne saurait se dispenser d'un tel travail si l'on prétend saisir quoi que ce soit de ce qu'on appelle emphatiquement la modernité. Quel secours en effet attendre par exemple d'un ouvrage qui prétendrait mettre au jour les *Sources of the Self* sans jamais s'interroger sur l'invention du moi, ni par là même distinguer le soi du moi ? Une chose est la difficulté qui procède peut-être de l'unicité du mot anglais *the self*[3], une autre que le

1. Paris, Seuil, 1990, Préface, en particulier p. 12.

2. En français évidemment, puisque telle est la langue des *Pensées*, mais aussi, à notre connaissance, en toute langue européenne : voir *infra*, p. 123-124.

3. Sur les « équivalents » antique et médiéval (l'âme) ou chrétien (la personne) de *self*, et sur leurs différences radicales d'avec lui (car « l'idée même de *self* est moderne »), voir Rémi Brague, « Le problème de l'homme moderne », in *Charles Taylor et l'interprétation de l'identité moderne*, éd. par G. Laforest et P. de Lara, Les presses de l'Université Laval et les éditions du Cerf, 1998, p. 220-223. Rémi Brague signale en particulier « un équivalent très exact de l'anglais *self* » pour exprimer le réfléchi dans l'arabe d'Avicenne (p. 221). Enfin, un tableau proposé par l'auteur distingue « moi » (qui serait à la modernité ce que l'âme est à

soi et le moi ne constituent qu'un seul concept. La traduction française du livre de Charles Taylor est à cet égard significative : *Sources of the Self* sont devenues en français *Les sources du moi*[1]. On pourrait s'étonner du choix de la traductrice, qui n'a pas plus eu recours à la forme canonique privilégiée par Ricœur qu'elle n'a respecté le principe qui prescrit d'employer « soi » quand le sujet de la phrase n'est pas à la première personne, *a fortiori* s'il est impersonnel. Mais en réalité l'assimilation du soi au moi, et des deux à l'identité, sont bel et bien l'œuvre de Charles Taylor[2] – qui n'a en cela rien d'original, comme le prouve un simple coup d'œil jeté sur l'immense bibliographie récente des ouvrages qui confondent soi et moi[3], pour finalement les identifier à la personne, à l'identité, à l'agent humain[4] ou à

l'Antiquité et la personne au christianisme) et « self » (qui, suivi d'un judicieux point d'interrogation, serait à la modernité ce que la *physis* est à l'Antiquité et Dieu au christianisme). Malheureusement, cette dernière distinction du tableau ne donne lieu à aucune élucidation. Une hypothèse complémentaire de la nôtre est que le concept de soi ait pu « émerger » au Moyen Age, dès Avicenne : voir Shlomo Pinès, « La conception de la conscience de soi chez Avicenne et chez Abu 'l-Barakât al-Baghdâdî », *Archives d'histoire doctrinale et littéraire du Moyen Age*, XXI, 1954, p. 21-98 (sur Avicenne, p. 21-56).

1. Cambridge (Ma), Harvard University Press, 1989 ; trad. fr. de Charlotte Melançon, *Les sources du moi*, Paris, Seuil, 1998 et Montréal, Éditions du Boréal, 1998.

2. Voir en particulier les chap. 1 et 2, « Inescapable Frameworks » et « The Self in Moral Space », qui identifient « a human agent, a person, or a self », puis leur récapitulation en « selfhood » (également traduit par « le moi », par ex. p. 3 = tr. fr. p. 15). Reste que tous ces concepts sont seconds par rapport à celui d'identité qui constitue le véritable intérêt de Charles Taylor, voire ce que l'auteur qualifie (!) de « phenomenological account of identity » (par ex. p. 32 = tr. fr. p. 52), dont le premier aspect est ainsi défini dès la préface, p. x (tr. fr. p. 10) : « modern inwardness, the sens of ourselves as beings with inner depths, and the connected notion that we are "selves" ». Cette identité ne va pas sans un « espace », constitutif de la moralité et dans lequel chacun « est capable de prendre position, capable to taking a stand » (à quoi s'opposerait le « punctual self » de Locke) : voir le chapitre 2.2, qui pose en outre la synonymie non problématique de « the Ego or Self », p. 33, trad. fr. p. 53 ; puis, plus explicitement, p. 175 : « the « self », the « I », the « ego », trad. fr. p. 231).

3. Dans la même préface, Ricœur remarquait : « Le survol qu'on vient de proposer des études qui composent cet ouvrage donne une première idée de l'écart qui sépare l'herméneutique du soi des philosophies du *Cogito*. Dire *soi*, ce n'est pas dire *je*. Le *je* se pose – ou est déposé. Le *soi* est impliqué à titre réfléchi dans des opérations dont l'analyse précède le retour vers lui-même » (p. 30). Mais, comme l'eût dit Pascal, où est donc le *moi ?* –.

4. On signalera une esquisse de contre-exemple dans le livre de Vincent Descombes, *Le complément du sujet*, Paris, Gallimard, 2004, chap. XIV, p. 125-132, au moment où est discutée l'idée avancée par Rémi Brague selon laquelle il y aurait comme une « doctrine du « je » » chez Aristote, au sens de l'instance à laquelle quelque chose incombe (*Aristote et la question du monde*, Paris, PUF, 1988, p. 117-118). L'auteur met en particulier en cause le passage naturel, pour ce qu'il appelle l'*égologie cognitive*, de « la tautologie « Je suis moi » à la thèse métaphysique « Je suis un moi » » (p. 128 ; voir aussi p. 137).

ses « pratiques »[1]. Ce point de méthode formulé, revenons à la première question posée, c'est-à-dire à Pascal[2].

QU'EST-CE QUE LE MOI ?

« Le *moi* de M. Pascal, disait Coste, m'autorise en quelque manière à me servir du mot *soi*, *soi-même*, pour exprimer ce sentiment que chacun a en lui-même qu'il est le *même* [...] ».

A quel texte de Pascal Coste songe-t-il ? L'expression stéréotypée « Le moi de M. Pascal » évoque immédiatement une citation *de* Pascal, mais non pas prise *chez* Pascal. Il s'agit naturellement du passage de la deuxième édition (1664) de la *Logique de Port-Royal* qui rapporte que « Feu M. Pascal, qui savait autant de véritable rhétorique que personne en ait jamais su, portait cette règle[3] jusques à prétendre, qu'un honnête homme devait éviter de se nommer, et même de se servir des mots de *je*, et de *moi*, et il avait accoutumé de dire sur ce sujet, que la piété chrétienne anéantit le *moi* humain[4], et que la civilité humaine le cache et le supprime »[5].

1. Charles Larmore, tout en proposant un intéressant concept de « pratiques », ne semble pas avoir davantage besoin de distinguer soi et moi : voir *Les pratiques du moi*, Paris, PUF, 2004.

2. On remarquera l'absence, ou quasi-absence, de Pascal dans les trois ouvrages mentionnés plus haut – et même dans celui de Vincent Descombes (le moi n'est haïssable que pour Mme Verdurin ou le prof. Brichot, p. 135 !). On pourra aussi savourer la note 37 du chap. 8 de *Sources of the Self* (p. 542, tr. fr. p. 665) et, quitte à prendre le parti de rire, on admirera la chaste récriture de *La nouvelle Héloïse* dans le chapitre 17 (p. 294-295, trad. fr. p. 377).

3. Cette règle, c'est celle qui prescrit de « n'irriter que le moins qu'on peut leur [*sc.* ceux à qui l'on parle] envie et leur jalousie en parlant de soi, et en leur présentant des objets auxquels elle se puisse attacher » ; pour ce faire, « les personnes sages évitent autant qu'ils peuvent, d'exposer aux yeux des autres, les avantages qu'ils ont ; ils fuient de se présenter en face, et de se faire envisager en particulier [...] » (*La logique*, éd. citée *infra*, n. 5, p. 266-267). Autrement dit, il faut agir « obligeamment pour tout le monde », L XXIV/597 = *Disc.* 39.

4. = L 1006. L HC 2/978 = *Disc.* 40 mentionne aussi le « moi humain » : « La nature de l'amour propre et de ce *moi* humain est de n'aimer que soi ». Mais il ne pouvait être connu de Coste, n'ayant été publié que par Desmolets en 1728 sous le titre *Réflexions sur l'amour propre et ses effets* dans le t. V de la *Continuation des Mémoires de littérature et d'histoire* (p. 296). On retrouvera signicativement le syntagme remarquable de « moi humain » sous la plume de Rousseau dans le *Discours sur l'économie politique* (éd. Bruno Bernardi, Paris, Vrin, 2002, p. 61) et à trois reprises dans l'*Émile* (OC IV, p. 506, 602, 743).

5. *La logique ou l'art de penser*, III, XX, § VI, éd. P. Clair et F. Girbal, Paris, Vrin, 2ᵉ éd., 1981, p. 267 = *OC* I, 994. *La Vie de Monsieur Pascal* par Gilberte Périer, dans sa seconde version (c'est-à-dire le texte découvert en 1908 par Léon Brunschvicg, seconde selon l'opinion de Jean Mesnard – ce n'est pas le lieu de discuter ce point de chronologie, mais il

Cependant la double citation de la dernière phrase peut être lue dans les *Pensées*, dans ce qu'Emmanuel Martineau a reconstitué comme un dialogue entre Pascal et Mitton qui commence dès « Le cœur a ses raisons que la raison ne connaît point » [1]. Prenons ce dialogue en cours, en nous en tenant à ce que l'édition de Port-Royal a publié dans son chapitre XXIX, anonymant l'interlocuteur : « Le *moi* est haïssable. Ainsi ceux qui ne l'ôtent pas, et qui se contentent seulement de le couvrir, sont toujours haïssables. Point du tout, direz-vous [Mitton donc] ; car en agissant, comme nous faisons obligeamment pour tout le monde, on n'a pas sujet de nous haïr. Cela est vrai, si on ne haïssait dans le *moi* que le déplaisir qui nous en revient. Mais si je le hais parce qu'il est injuste, et qu'il se fait centre de tout, je le haïrai toujours. En un mot, le *moi* a deux qualités [...] » (PR 278-279), etc. Voilà qui suffit à autoriser l'appel de Coste à Pascal, car on a là le Pascal le plus célèbre, passé à la postérité pour « Le moi est haïssable » [2]. Les éditeurs avaient fait précéder cette pensée d'une note : « Le mot de *moi* dont l'auteur se sert dans la pensée suivante, ne signifie que [3] l'amour propre. C'est un terme dont il

nous semble très vraisemblable que ce soit à *La Vie* que la seconde édition de *La logique* ait emprunté cette anecdote, ce qui présuppose que cette version de *La Vie* soit antérieure à 1664), que Coste ne pouvait pas connaître, rapporte : « L'amour propre des autres n'était pas incommodé par le sien [songeons à L XXIV/597 = *Disc.* 39], et on aurait dit même qu'il n'en avait point, ne parlant jamais de lui, ni de rien par rapport à lui ; et on sait qu'il voulait qu'un honnête homme évitât de se nommer et même de se servir des mots de *je* et de *moi*. Car ce qu'il avait coutume de dire sur ce sujet est « que la piété chrétienne anéantit le *moi* humain, et que la civilité humaine le cache et le supprime ». Il concevait cela comme une règle, et c'est justement ce qu'il pratiquait », § 83, *OC* I, 635. On observera que *La logique* prescrit une observation moins rigoureuse que Pascal de la règle : « Ce n'est pas que cette règle doive aller jusqu'au scrupule ; car il y a des rencontres, où ce serait se gêner inutilement, que de vouloir éviter ces mots » (*ibid.*). Bref, *La logique* préconise l'honnêteté, et *La Vie* présente Pascal comme un honnête homme, du moins avant qu'il ne soit contraint à « parler des choses ». – on s'étonnera, avec Jean Pommier, de la fin « peu satisfaisante » du passage : « supprime » veut sans doute dire « efface », voire « dissimule », donc répète « cache », puisqu'il s'oppose à « anéantit » (Jean Pommier, « La *Vie* de Pascal par Gilberte Périer », *Archives des lettres modernes*, n°57, 1964, 6, p. 15. Quant à la piété, laissée de côté par Arnauld et Nicole, Gilberte Périer y arrive fidèlement peu après (§ 87, *OC* I, 636).

1. Il faut en effet lire en continuité L XXV/688, II/423 et XXIV/597 = *Disc.* 39 : « Le *moi* est haïssable. Vous, Mitton, le couvrez, vous ne l'ôtez point pour cela. Vous êtes donc toujours haïssable. – [Mitton] Point, car en agissant, comme nous faisons, obligeamment pour tout le monde, on n'a plus sujet de nous haïr. – [Pascal] Cela est vrai, si on ne haïssait dans le moi que le déplaisir qui nous en revient. Mais si je le hais parce qu'il est injuste qu'il se fasse centre de tout, je le haïrai toujours. En un mot, le *moi* a deux qualités [...] », etc.

2. Sur le sens de cette formule (l'amour de soi est haïssable), voir *Pascal et la philosophie*, p. 332-338.

3. Sur ce « ne...que », voir Christian Meurillon, « Un concept problématique dans les *Pensées* : « le moi » », in *Méthodes chez Pascal*, Paris, PUF, 1979, p. 269-280.

avait accoutumé de se servir avec quelques-uns de ses amis » (PR 278). La double référence littérale que Coste pouvait avoir à l'esprit l'autorise donc pleinement à se recommander de « Le moi de M. Pascal ». Mais elle ne légitime que *lexicalement* cet emploi, car, se développant dans une analyse de l'amour propre, il ne relève pas de la problématique de l'identité du « sentiment que chacun a en lui-même qu'il est le *même* », qui est celle de l'*Essai sur l'entendement humain*. Le véritable coup de force opéré *conceptuellement* serait donc bien celui de Locke et Coste : et, en dépit du précédent lexical pascalien revendiqué par Coste pour justifier l'audace de sa traduction, c'est bien le soi (lockien), et non le moi, qui ferait ainsi son entrée *en métaphysique*.

Cette conclusion serait peu discutable s'il n'y avait un autre fragment de Pascal, où Coste n'a pas pu lire « le moi », mais où nous, nous lisons « le moi » – texte à ce point novateur que l'édition de Port-Royal, le publiant pour la première fois, en 1678, en a supprimé le « titre », ou plutôt sa « rubrique primaire »[1] (« Qu'est-ce que le moi ? »), a atténué plusieurs de ses expressions et a en particulier *corrigé* « le moi » : « Un homme qui se met à la fenêtre pour voir les passants, si je passe par là, puis-je dire qu'il s'est mis là pour me voir ? Non, car il ne pense pas à moi en particulier. Mais celui qui aime quelqu'un [PR : qui aime une personne] à cause de sa beauté, l'aime-t-il ? Non, car la petite vérole, qui tuera [PR : ôtera] la beauté sans tuer la personne, fera qu'il ne l'aimera plus. Et si on m'aime pour mon jugement, pour ma mémoire [PR : ou pour ma mémoire], m'aime-t-on, moi ?[2] Non, car je puis perdre ces qualités sans me perdre moi-même [PR : sans cesser d'être]. Où est donc ce moi, s'il n'est ni dans le corps, ni dans l'âme ? et comment aimer le corps ou l'âme, sinon pour ces qualités [PR : ses], qui ne sont point ce qui fait le moi [PR : ce qui fait ce moi], puisqu'elles sont périssables ? Car aimerait-on la substance de l'âme d'une personne abstraitement et quelques qualités qui y fussent ? Cela ne se peut, et serait injuste. On n'aime donc jamais personne, mais seulement des qualités [PR : les qualités] ». Et PR ajoute une phrase entière, qui affaiblit encore nettement le propos pascalien : « Ou si on aime la personne, il faut dire que c'est

1. Voir *Disc.* 12. L'original de ce fragment est perdu, de sorte que l'on ne saurait être paléographiquement certain que c'est bien Pascal lui-même qui a écrit « Qu'est-ce que le moi ? ». Les corrections que PR a opérées par rapport aux Copies rendent cependant la chose extrêmement probable.

2. On mesure ici toute la difficulté des traductions anglaises, contraintes de gloser, comme A. J. Krailsheimer : « What is the self ? [...] Do they love *me ?* myself ? » (1966, rééd. Penguin Books, 1983, p. 245) ou Roger Ariew : « What is the self ? [...] Does he love me, myself ? » (Indianapolis / Cambridge, Hackett Publishing Company, 2005, p. 172).

l'assemblage des qualités qui fait la personne» (PR 1678, XXIX, § 14, p. 273-274 = L XXV/688 = *Disc.* 39).

Quittons Locke et Coste, pour les laisser à l'histoire du soi, de l'identité personnelle et de la mémoire, dont le XVIIIe siècle, à commencer par Condillac[1] et Hume, fera un de ses lieux communs favoris, et venons-en à la chose même. Pour ce faire, nous ne reviendrons pas en détail sur le commentaire de ce fragment, nous permettant de renvoyer à *Pascal et la philosophie*. Nous y commentions le passage de la question de l'essence du moi à celle de l'amour, dont l'opérateur est la subversion de la recherche de la définition du moi par la question du lieu du moi[2], et mettions en évidence les motifs de la critique pascalienne en en exposant la stratégie : d'abord ruiner la substantialité de la personne, selon les deux attributs principaux, étendue (corps) et pensée (âme), pour dire le moi métaphysiquement introuvable; puis le trouver en fait dans la dépravation de la volonté, et poser la thèse : la vraie religion seule enseigne le moi aimable et heureux (par différence d'avec l'honnêteté pour qui il est haïssable ou malheureux (L II/426 = *Disc.* 40). Un rappel s'impose cependant avant de pouvoir proposer une hypothèse qui rende compte de l'invention paradoxale du moi.

On a reconnu, à l'origine de la mise en scène pascalienne, la reprise d'une autre mise en scène, cartésienne cette fois, celle de la *Meditatio* II. Descartes, à l'intérieur de l'analyse dite du morceau de cire, avait construit cette comparaison : « D'où je voudrais presque conclure, que l'on connaît la cire par la vision des yeux, et non par la seule inspection de l'esprit, si par hasard je ne regardais d'une fenêtre des hommes qui passent dans la rue, à la vue desquels je ne manque pas de dire que je vois des hommes, tout de même que je dis que je vois la cire; et cependant que vois-je de cette fenêtre, sinon des chapeaux et des manteaux, qui peuvent couvrir des spectres ou des hommes feints qui ne se remuent que par ressort? »[3]. Nous voulons seulement souligner ici la primauté de Descartes[4], à l'origine même d'un

1. Condillac commente L XXV/688 dans le *Traité des sensations*, I, VI, « Du moi, ou de la personnalité d'un homme borné à l'odorat » (*Œuvres philosophiques*, éd. Georges Le Roy, Paris, PUF, Corpus général des philosophes français, t. XXXIII, vol. 1, 1947, p. 238-239).

2. P. 315-327; voir aussi le commentaire de Jean-Luc Marion, qui avait insisté sur l'inversion de la situation phénoménologique cartésienne et sur le « décentrement du *je* en un *moi* », *Sur le prisme métaphysique de Descartes*, Paris, PUF, 1986, p. 344-347.

3. AT IX-1, 25, 12-19 = AT VII, 32, 4-10 : « Unde concluderem statim : ceram ergo visione oculi, non solius mentis inspectione, cognosci ; nisi jam forte respexissem ex fenestra homines in platea transeuntes, quos etiam ipsos non minus usitate quam ceram dico me videre. Quid autem video praeter pileos et vestes, sub quibus latere possent automata ».

4. Au contraire ce qu'essaie de montrer Charles-Olivier Stiker-Métral, *Narcisse contrarié. L'amour propre dans le discours moral en France (1650-1715)*, Paris, Champion,

discours dans lequel nous pouvions nous attendre à ce que les souvenirs de Montaigne fussent récurrents : « Il n'est pas sans intérêt d'observer, écrit Emmanuel Martineau, que le nouveau converti, tout imbu qu'il était des *Essais*, n'en restait pas moins capable des les « oublier » presque complètement dans l'espace d'un discours entier : exemple typique d'une primauté de Descartes dont l'*Entretien avec M. de Sacy* avait déjà témoigné »[1]. S'agissant de moi, ou plutôt *du* moi, c'est la méditation de Descartes qui s'impose. Et c'est elle qui fait que Pascal invente « le moi » : seul un cartésien – seul le premier cartésien –, seul un cartésien méditant Descartes, méditant exactement la *Meditatio secunda*, pouvait écrire pour la première fois « le moi ». Qu'est-ce à dire ? Que, partant de Descartes pour s'y opposer et dire le moi – non plus l'*ego*, mais le moi –, introuvable, Pascal *devait* écrire *le* moi, c'est-à-dire transformer la question constitutive de la métaphysique cartésienne « qu'est-ce que je suis ? » en cette nouvelle question « qu'est-ce que le moi ? ».

D'où l'hypothèse suivante : la substantivation[2] du moi est le point de départ de sa désubstantialisation. C'est pour disqualifier[3] la substantialité de l'*ego* que Pascal a commencé par ériger le moi en substantif. Autrement dit, c'est pour *destituer* l'acquis cartésien (« ego autem substantia », AT VII, 45,7) que Pascal a d'abord solennellement fixé dans la langue la substantivation du moi, avant de prétendre le trouver autrement, c'est-à-dire non métaphysiquement, mais dans la dépravation de la volonté. Cette

2007, II, III, I, p. 147-191, ce n'est donc pas l'amour de soi qui a été l'occasion de la substantivation du moi, mais bien la philosophie première cartésienne !

1. *Disc.* 221.

2. En lexicologie, ce que nous appelons substantivation (ou nominalisation) appartient à la catégorie de la dérivation impropre, par laquelle un même mot est transféré d'une classe dans une autre sans modification. Littré, qui ne connaît pas « substantivation », donne comme synonymes « substantifier » et « substantiver », mais préfére le second.

3. La disqualification pascalienne est moins l'effet d'une *critique* philosophique (désubstantialisation) que de ce que nous avons appelé dans *Pascal et la philosophie* une *subversion*. Il ne nous importe pas ici d'inscrire Pascal dans l'histoire (métaphysique) de la désubstantialisation de l'*ego* : on peut en effet critiquer, c'est-à-dire prétendre faire l'économie de la substantialité pour penser l'identité personnelle (Locke), ou dénoncer comme paralogisme la substantialisation cartésienne de l'*ego* (en soutenant que l'unité synthétique du divers de l'intuition n'implique pas la substance) et tenter de penser un *ego* disjoint d'une métaphysique de la substantialité. On peut penser aussi, avec Husserl, que cette critique reste très insuffisante et que Kant ne s'est pas avancé dans l'élucidation de l'*ego* pur, puisque seule la réduction phénoménologique peut conduire à une désubstantialisation radicale du « sujet » (nous y revenons *infra*). Remarquons seulement que ces critiques sont lexicalement dépendantes de l'innovation pascalienne, et donc de la position d'un moi substantivé mais dont la substantialité reste introuvable.

destitution est rendue possible – et saisissante – dans L XXV/688 par la tension entre une substantivation inédite qui prend acte de l'acquis cartésien et la désubstantialisation immédiate à laquelle elle conduit : « Car aimerait-on la substance de l'âme d'une personne, abstraitement [...] ? ». D'où ce que nous appelons l'*invention* du moi, qui procède d'un paradoxe : avec cette substantivation, Pascal a objectivé l'*ego* en un moi, mais il n'en a fixé lexicalement la substantivation qu'afin d'en destituer la substantialité. L'*ego* n'est devenu un objet – le moi – que pour perdre la substantialité que la métaphysique cartésienne lui avait conférée, avec la triple *abstraction* de la substance de l'âme d'une personne. Voilà l'acte de naissance éminemment paradoxal de l'expression « le moi ».

Pascal, ici comme en plusieurs autres occasions remarquables[1], a donc eu l'audace de marquer dans la langue l'avancée conceptuelle décisive franchie par Descartes, avant de la détourner, c'est-à-dire d'en subvertir le concept. Pour être anti-cartésien, Pascal a commencé par prendre acte, dans son écriture même, de l'acquis de Descartes. Pour en arriver à sa thèse (encore une fois : le moi n'est trouvable que dans la dépravation de la volonté), donc pour destituer la substantialité de l'*ego*, Pascal a commencé par accomplir dans sa langue le geste cartésien, c'est-à-dire par transcrire avec cette substantivation la substantialisation du moi dont il allait faire apparaître la vanité. Dès lors, on comprend 1) que le moi n'a rien à voir avec une quelconque réflexivité caractéristique du soi, mais procède d'une tout autre question : qui est vu quand je suis vu, est-ce le moi qui est vu ? qui est aimé quand je suis aimé, est-ce le moi qui est aimé ?, etc. ; 2) que *le moi* ne pouvait pas être écrit, en français comme sans doute dans aucune autre langue, avant Descartes.

Pourquoi ? Parce que, pour le dire d'un mot, le concept du moi n'est pas un donné premier, il n'est pas toujours déjà là. Il fallait *tout simplement* que le moi fût *obtenu*, ce qui requérait l'opération du doute de la *Meditatio prima* – avant la position de son existence conçue comme substantialité. Pour qu'on écrivît *le moi*, il fallait rien de moins que l'*ego sum, ego existo* de la *Meditatio secunda* acquis à partir du doute, et la possibilité de *désigner* l'*ego* ainsi obtenu, comme nous le montrerons plus bas. Il fallait donc d'abord cette opération proprement cartésienne que Husserl repensera comme réduction. Revenons-y brièvement.

1. Que l'on songe par exemple au concept de réalité, « inventé » en français par Pascal : voir *Pascal et la philosophie*, p. 263-271 puis F. de Buzon et V. Carraud, *Descartes et les « Principia » II : corps et mouvement*, Paris, PUF, 1994, p. 72-76.

C'est l'affirmation de la substantialité du moi qui témoigne pour Husserl de l'échec de Descartes, comme il le relève dans le § 10 des *Méditations cartésiennes*: « C'est malheureusement ce qui arrive chez Descartes, avec le tournant inapparent mais fatal, qui fait de l'*ego* une *substantia cogitans*, une *mens sive animus* humaine distincte, et le point de départ de déductions selon le principe de causalité, bref, le tournant grâce auquel Descartes est devenu le père du contresens qu'est le réalisme transcendantal » [1]. Mais ce contresens même montre bien la secondarité de la thèse de la substantialité du moi. Car si Descartes a eu tort de faire de l'*ego* une substance, tort constaté par Locke, par Kant, par Husserl *et alii*, il n'en reste pas moins que c'est parce qu'il a, le premier, accédé à l'*ego*, que Descartes a pu, *ensuite*, en penser la substantialité. L'affirmation de la substantialité – et donc sa mise en question éventuelle – ne se pose qu'une fois l'*ego obtenu*, c'est-à-dire qu'après qu'on a accédé à l'*ego*. Or on n'accède à l'*ego* – c'est une conquête que celle de la *Meditatio secunda* – que par le doute, c'est-à-dire le travail de la réduction, précisément la réduction des *cogitationes* à l'*ego* qui cogite. Quelque critique que l'on puisse formuler à l'endroit de sa substantialité, reste qu'on ne saurait penser le *moi* (c'est-à-dire sa substantivation) – le moi est l'interprétation objectivante de la primauté de l'*ego* – comme *res cogitans* (Descartes), conscience (Locke), sujet des représentations (Kant), résidu phénoménologique (Husserl), etc., sans que le travail de la réduction ne l'ait fait advenir à partir de la réduction à l'*ego* des *cogitationes*. C'est d'ailleurs là le grand mérite de Descartes selon le même Husserl, mérite qui était la condition de possibilité de son échec même : « [...] face à la plus grande des découvertes, l'ayant déjà faite en quelque manière, il n'en saisit cependant le sens véritable, c'est-à-dire le sens de la subjectivité transcendantale » [2] qui devait conduire à une radicale désubstantialisation du moi. On ne peut pas dire plus clairement que les critiques adressées à la substantialité du moi, de Locke à Kant et Husserl, sont secondes en ce qu'elles présupposent le grand acquis cartésien d'un *ego* obtenu par le doute, autrement dit, selon la

1. « Leider geht es so bei Descartes, mit der unscheinbaren, aber verhängnisvollen Wendung, die das Ego zur *substantia cogitans*, zur abgetrennten menschlichen *mens sive animus* macht und zum Ausgangsglied für Schlüsse nach dem Kausalprinzip, kurzum der Wendung, durch die er zum Vater des [...] widersinnigen transzendentalen Realismus geworden ist », Husserliana I, 63, tr. fr. Marc de Launay, Paris, PUF, 1994, p. 68 ; voir aussi le § 18 de la *Krisis*, Husserliana VI, 81-82, tr. fr. Gérard Granel, Paris, Gallimard, 1976, p. 92-93.

2. « [...] so kommt es, dass er vor der grössten aller Entdeckungen steht, sie in gewisser Weise schon gemacht hat, und doch ihren eigentlichen Sinn nicht erfasst, also den Sinn der transzendentalen Subjektivität [...], *ibid.*, 64, trad. fr., *ibid.*

réinterprétation husserlienne, par la méthode phénoménologique de la réduction : et l'*ego* ainsi obtenu, voilà ce qu'on appellera *je* transcendantal, le *moi* pur, défait de toutes ses déterminations empiriques. Or un tel *je* transcendantal n'est susceptible, par principe, d'aucune individuation : moi *abstrait*, ce que note Pascal en écrivant : « Car aimerait-on la substance de l'âme d'une personne abstraitement et quelques qualités qui y fussent ? ». Pascal a le premier compris que la substantialité qui est posée dans la *Meditatio tertia* ne l'est (peut-être illégitimement) que parce qu'a été atteint un moi *abstrait, id est* un moi transcendantal.

S'il ne pouvait pas y avoir « le moi » avant Descartes, c'est parce qu'il n'y a pas de moi sans réduction à l'*ego* du *cogito*. Que Descartes, ayant mis par le doute hors-circuit l'*ego* humain empirique, ait obtenu un *ego* sans monde, sans qualités, abstrait, c'est exactement ce dont Pascal prend acte – pour ensuite l'interpréter en réputant le moi introuvable et en niant toute pertinence à sa détermination métaphysique. En disjoignant radicalement le moi transcendantal et l'affirmation de sa substantialité, la lecture husserlienne ambivalente de Descartes permet donc de confirmer notre hypothèse historique : nul autre qu'un cartésien, le premier et le plus aigu d'entre eux, ne pouvait inventer « le moi » – fût-ce pour en disqualifier la substantialité, ou plutôt : précisément parce qu'il s'agissait d'en disqualifier la substantialité. Comme souvent – comme toujours – c'est l'histoire des concepts, et elle seule, qui peut rendre compte des faits de langue[1].

1. On ne s'étonnera donc pas que Montaigne n'ait pas, le premier, écrit « le moi ». Si celui qui revendique d'être lui-même son propre sujet et de n'étudier que « moi » (parmi bien d'autres occurrences dans les *Essais* : « [...] je n'ai que moi pour *visée* à mes pensées, [...] je ne contrôle et étudie que moi », 378 ; « [...] je me suis présenté moi-même à moi, pour argument et pour sujet », 385 ; « [...] la bassesse du sujet, qui est moi », 653 ; « Je m'étudie plus qu'autre sujet. C'est ma métaphysique, c'est ma physique », 1072), n'a jamais écrit « le moi », ce n'est pas une affaire d'évolution de rhétorique, c'est faute d'une réduction au moi pur, et à la position corollaire cartésienne de ce moi comme substance – s'il y a quelque chose chez Montaigne comme une réduction éidétique des vécus de conscience, selon l'hypothèse de Jean-Luc Marion, cette réduction abouti toujours à une *forme*, en l'occurrence ce que Montaigne appelle sa « forme maîtresse », et jamais à « le moi » : voir, de ce dernier, « Qui suis-je pour ne pas dire *ego sum, ego existo ?* », in *Montaigne : scepticisme, métaphysique, théologie*, Paris, PUF, 2004, p. 229-266. Voir au contraire, à partir d'un même constat, les remarques de Terence Cave, « Fragments d'un moi futur : de Pascal à Montaigne », *Préhistoires. Textes troublés au seuil de la modernité*, Genève, Droz, 1999, p. 120-123, qui, après avoir consacré quelques pages peu informées à L XXV/688 (p. 114-119). insiste sur le thème de l'amitié, porteur de l'*alter ego* et sur l'importance de l'*imitatio*, d'où il conclut que « la possibilité de cette transformation » [« moi » en « le moi »] était déjà en quelque sorte prévue par l'écriture des *Essais* » (p. 125). La première phrase de cette étude a le mérite de formuler clairement la thèse à laquelle nous nous opposons radicalement : « Il n'y a aucun rapport nécessaire entre l'apparition d'un phénomène de langue inédit et une évolution ou une rupture

C'est pourquoi il faut aller jusqu'à dire que l'invention du moi, en même temps qu'elle signe la première réception du cartésianisme, ouvre exemplairement à la dimension transcendantale d'une question dans laquelle toute la philosophie, après Descartes, s'est vue contrainte de s'engager : qu'est l'*ego* du *cogito* ? Pascal, créant le mot, décrit tout uni-ment la nouvelle situation qui est faite à la philosophie après Descartes, qui répète constamment l'effort pascalien de répondre à la question « qu'est-ce que le moi ? ». Sous ce rapport, la distinction entre moi et soi, entre une figure de l'ipséité irréductible à la fois à sa modalité égologique substantialiste (le moi substantiel) et à sa modalité réflexive (le soi), la recherche de formes pré-réflexives, impersonnelles de sa constitution, de sa donation etc., ne sont que des réponses qui ne valent elles-mêmes que comme autant de distinctions qu'impose la nécessité d'identifier ce qui répond à la primauté cartésienne de l'*ego sum*. Le moi et le soi, le sujet, la conscience, l'*ego* transcendantal, pur, empirique etc, ne sont que des réponses à cette question qui les précède. Sous ce rapport, le concept d'ipséité lui-même est *aussi* un rejeton de l'*ego* du *cogito*, une des modalités de la réponse à la question suscitée par Descartes. C'est pourquoi il faut tenir fermement la différence entre ces concepts et, simultanément, saisir qu'ils découlent d'une même question : qu'est-ce que le moi ?

Mais alors, demandera-t-on, pourquoi Descartes n'a-t-il pas écrit lui-même « le moi » ? Pourquoi n'a-t-il pas explicitement posé la question « qu'est-ce que le moi ? » ? Pourquoi celui qui a le premier réduit l'*ego* à un *ego* pur, défait de son jugement ou de sa mémoire, comme dit Pascal, puis qui l'a pensé comme substance, ne l'a-t-il pas lui-même substantivé, ne fût-ce qu'au moment où il le constituait en tant que substance ? Nous savons pourquoi Pascal, lui, l'a fait : il fallait que l'*ego* fût objectivé, objet et non plus sujet du regard ou de l'amour[1]. Reste que le *je* cartésien, qu'il se demande lui-même ce qu'il est après avoir posé qu'il est selon les *Meditationes*, ou encore, selon le *Discours de la méthode*, qu'il connaisse ce qu'il est dans le mouvement même où il pose qu'il est, se prenant donc pour objet de sa pensée, est au plus près de se laisser dire comme un moi, sans pourtant franchir tout à fait ce pas : ce que nous nous permettrons d'appeler une quasi-substantivation de l'*ego*. Dans le *Discours de la méthode* en effet, « moi », relayant « je » (« il fallait nécessairement que moi, qui le pensais,

dans le domaine conceptuel. [...] L'histoire du vocable « moi » en constitue un cas exemplaire » (p. 111).

1. Voir Jean-Luc Marion, *Sur le prisme métaphysique de Descartes*, p. 34-347 et *Pascal et la philosophie*, p. 315-327.

fusse quelque chose »), est substantivé et admet pour ce faire un démonstratif. Moi devient l'objet de ce que les grammairiens appellent un déictique. Descartes y écrit donc *ce moi*, mais pour en donner aussitôt l'équivalent ancien « âme » : « [...] je pris garde que, pendant que je voulais ainsi penser que tout était faux, il fallait nécessairement que moi, qui le pensais, fusse quelque chose. [...] Je connus de là que j'étais une substance dont toute l'essence ou la nature n'est que de penser, et qui, pour être, n'a besoin d'aucun lieu, ni ne dépend d'aucune chose matérielle. En sorte que *ce moi*, c'est-à-dire *l'âme* par laquelle je suis ce que je suis, *est* entièrement distincte du corps [...] »[1]. Nous avons affaire ici à un *premier pas* vers la substantivation : – premier pas, car le pronom moi est bien substantivé, en étant l'objet d'un déictique, « ce moi » ; – mais premier pas seulement[2], car il est explicité par l'âme[3], sujet de la suite de la phrase : l'âme « *est* entièrement distincte du corps »[4].

1. *Discours de la méthode* IV, AT VI, 32, 15-18 ; 33, 3-9 ; voir aussi la *lettre à Colvius* de novembre 1640, AT III, 247, 9-11 : « [...] au lieu que je m'en sers [sc. le *je pense, donc je suis*, à la différence de celui de saint Augustin] pour faire connaître que ce *moi*, qui pense, est une *substance immatérielle* [...] ».

2. Une des atténuations de PR, nous l'avons vu, avait été de remplacer « le moi » par « ce moi » : atténuation cartésianisante donc.

3. Etienne de Courcelles traduira en supprimant, malgré la *Meditatio* II qu'il connaissait, le démonstratif : « Adeo ut, *ego, hoc est, mens* per quam solam sum is *qui* sum, sit res a corpore plane distincta [...] » (AT VI, 558-559) – mais on remarquera à l'avance le « qui », lequel provient, lui, de la *Meditatio* II !

4. Le seul contre-exemple que nous connaissions d'une quasi-substantivation du moi est dû à la plume de Bérulle – ce n'est sans doute pas un hasard ! —, dans des notes personnelles où l'on trouve une occurrence de « ce mien moi », qui distingue détermination métaphysique et détermination morale du moi (nous y reviendrons dans le chapitre suivant) : Mais personne au XVIIe siècle ne pouvait connaître ces notes ! Bérulle distingue deux sens de moi, le premier purement métaphysique (la subsistance de chaque personne), le second moral, ou, pour parler comme Bérulle, spirituel, conçu comme une *addition* due au péché, en l'occurrence à l'orgueil. Voici ce texte remarquable, qui appartient à des notes préparatoires à *La Vie de Jésus* dans lesquelles Bérulle s'inspire, semble-t-il, de la *Vie admirable et doctrine sainte de la bienheureuse Catherine de Gênes* : « Ce mien moi est perdu en Dieu où il n'est rien, où est Dieu même auquel seul appartient en propriété à justement parler, toute la perfection et excellence virtuellement enclose et l'énergie et signification de ce terme [le moi comme tel appartient donc à Dieu]. [...] Ce terme de moi se peut entendre : ou naturellement comme signifiant la subsistance naturelle qui convient à chaque personne, et en cette sorte elle demeure toujours de même sans altération, changement ni anéantissement quant à sa nature ; ou il se prend spirituellement [la pensée du péché est une pensée spirituelle, spirituelle désigne un ordre] pour une *addition* que le péché et l'éloignement de Dieu a fait en nous *d'une certaine propriété fondée en cet être naturel comme un accident en son sujet et comme une qualité ajoutée de nous* par orgueil, par présomption et *par propriété*, par laquelle nous n'avons point voulu comme relever de Dieu, mais consister en nous-mêmes. C'est cet être [ce que Bérulle appelle plus haut l'être « fait par nous qui est la propriété »] et ce moi spirituel

Sitôt posé « ego sum, ego existo », la *Meditatio secunda* accomplit un second pas décisif, recherchant non pas « qu'est-ce que ce moi qui est ? », mais « qui est ce moi ? ». Si nous voulons comprendre pourquoi Descartes n'a pas demandé « qu'est-ce que le moi ? » ; si nous voulons savoir s'il est resté insensible à la dérive qu'il aurait subie sans même s'en rendre compte, dérive qui mène subrepticement de l'*ego* à la *substantia cogitans*, c'est à ce second pas qu'il convient de s'intéresser à présent.

QUI SUIS-JE ?

Il arrive que le latin élégant de Descartes soit complexe ; il lui arrive aussi d'être novateur. Dans la *Meditatio secunda*, aussitôt après avoir conçu et proféré le *pronuntiatum* « *ego sum, ego existo* », Descartes essaie de progresser en identifiant ce qu'il ne sait pas, ce qu'il ne comprend pas assez, quand il pose et comprend « *ego sum, ego existo* ». Il écrit alors : « Nondum vero satis intelligo, quisnam sim ego ille, qui jam necessario sum » ; ce qu'il répètera deux pages plus loin : « Novi me existere ; quaero quis sim ego ille quem novi » [1]. Ces phrases sont si connues qu'elles n'étonnent personne. Une expression les rend cependant stupéfiantes, expression inouïe, et sans doute inédite : *ego ille*. Elles appellent deux premières remarques :

1) *ego ille* : dans cette expression, *ego* se trouve gouverné par un déictique, *ille*, signifiant notre démonstratif *ce* (mais aussi, semble-t-il, à l'origine de l'article *le*). Le déictique *ille*, emphatique disent les grammairiens, renvoie à ce qui précède et dont l'existence a été démontrée : cet *ego*, c'est bien l'*ego* de l'*ego sum, ego existo*. Et c'est Descartes qui parle, l'expression est donc au masculin, évidemment ! Cette évidence n'en est en

qu'il faut perdre et anéantir pour être, non plus à nous, mais à Dieu seul » (*Œuvres de piété*, 232, OC IV, Paris, Cerf, 1996, p. 150-152 ; ces notes ont été retrouvées et publiées par M. Michel Dupuy : voir *infra*, p. 158). Bérulle requiert donc non l'anéantissement du moi naturel (la subsistance de la personne), mais l'anéantissement de cette *addition* accidentelle qu'est l'amour propre. (Soulignons au passage l'originalité qu'il y a d'une part à penser le péché comme addition, ou ajout, et non comme manque, défaut ou insuffisance ; d'autre part à penser cette addition comme propriété : autrement dit, penser la « réflexion de soi » comme propriété accidentelle.) Notons brièvement que là où Bérulle détermine « ce mien moi » comme la subsistance de chaque personne, il ne vise nullement ce qui s'est constitué comme « le moi » dans l'histoire de la métaphysique : c'est pourquoi n'écrit justement pas « le moi ».

1. Respectivement AT VII, 25, 14-15 puis 27, 28-29, repris dans la *Meditatio* III, 49, 13-14.

réalité pas une, elle constitue au contraire un remarquable coup de force grammatical[1], qui prend acte de l'innovation conceptuelle. Car quand le latin veut *citer* un pronom qui vient d'être employé, c'est au neutre qu'il le fait naturellement : c'est donc à *illud « ego »* qu'il eût fallu s'attendre. Or il ne s'agit pas ici de citation, mais de substantivation : je sais que je suis et m'interroge sur qui je suis, et c'est ce mien *je* que je pointe du doigt. Ce masculin inédit gouvernera donc la première personne du singulier : « quisnam sim ego ille, qui jam necessario sum ». Voilà ce que le français ne saurait encore dire, que Descartes n'a pas osé, ou plus vraisemblablement qu'il n'a pas encore nettement conçu dans le *Discours de la méthode*[2] – obnubilé qu'il demeure par le préjugé de l'immédiate convertibilité de l'*ego* et de la substance par le biais de son identité présupposée et non éclaircie avec l'âme, qui entrave le déploiement entier de la question qui nous occupe – et qu'il ose en latin dans les *Meditationes* parce que la réduction au moi pur enfin clairement dégagée requiert de poser la question de son essence. D'où naturellement l'impossibilité qui est la nôtre de traduire littéralement ce qui est d'abord un solécisme latin. Le duc de Luynes se dispensait simplement de rendre *ille* : « Mais je ne connais pas encore assez clairement ce que je suis, moi qui suis certain que je suis », alors que Michelle Beyssade glose : « Mais je ne connais pas encore d'une intellection suffisante [?] ce qu'est ce moi [*ego ille*], ce que je suis [*quisnam sim* – « qui », non « ce que »], moi qui à présent de toute nécessité suis »[3]. Il faudrait forcer la langue pour dire en renonçant à la troisième personne : « Or je ne comprends pas encore assez qui je suis, ce *moi* qui « suis » désormais nécessairement ». Voilà donc, dans le latin de Descartes cette fois, dont la métaphysique avait forcé la langue pour se dire, la substantivation de l'*ego : ille ego*, dont Pascal prend acte en français avec « le moi ».

On peut désormais saisir comme l'indice d'une nécessité conceptuelle ce que nous n'hésitons plus à qualifier de fait textuel : le constat que l'on ne saurait trouver ni *ego ille*, ni « le moi », avant Descartes et Pascal. Entendons bien : on ne manquera pas de rechercher, de trouver et donc de

1. Solécisme sans doute aux yeux de Hobbes, au point qu'il fît disparaître « ille » même en citant Descartes : voir les *Objectiones Tertiae*, obj. II, AT VII, 173, 6-7.

2. Christian Meurillon, qui cite après le *Discours de la méthode* le passage de la *Meditatio* II dont nous relevons la singularité, estime au contraire que Descartes atténue en latin l'audace de son néologisme français : « Si *ego ille* approche au plus près « ce moi », *sim* et *sum* restent à la première personne » (« Un concept problématique dans les *Pensées* : « le moi » », p. 279) – mais n'est-ce pas là au contraire la grande innovation cartésienne ?

3. AT IX-1, 19, puis Descartes, *Méditations de philosophie première*, in *Méditations métaphysiques*, Paris, Le livre de poche, 1990, p. 53.

nous objecter des occurrences, grecques, latines, allemandes, françaises, etc. qui équivalent à *ego ille* ou à « ce/le moi ». Elles sont rares, mais elles existent[1]. En grec, on relèvera un « τὸ ἐγὼ » chez Epictète (ἐγώ est donc significativement désigné comme un neutre[2]) ou chez Thémistius par exemple quand il définit le *je* comme composé de puissance et d'acte[3]. En latin, il y a un *ille ego* chez Plaute, masculin donc (il s'agit de Sosie dans *Amphytrion*), mais qui gouverne un verbe à la troisième personne[4] – et par conséquent son équivalent « ce moi » dans *Les deux sosies* de Rotrou (1636) et dans l'*Amphytrion* de Molière (1668)[5], qui, français oblige, ne peut se construire qu'à la troisième personne du singulier. Le latin médiéval n'emploie pas, à notre connaissance, « ego ille » : dans la célèbre fiction de l'homme volant du *Liber De Anima*, l'*Avicenna latinus* emploie naturel-

1. Pour la première occurrence de « ce moi », le TLF, s.v. « moi », renvoie après Littré à la *Complainte* des *Epitaphes* de Desportes (1581) : « La seule mort a causé ma tristesse, / La seule mort y pourra mettre cesse, / Ne m'empêchant plus longuement de suivre / Cet autre moi, pour qui j'aimais à vivre ». Comme on le voit, il s'agit là de l'équivalent français de l'*alter ego* cicéronien. On a aussi relevé que « ce moi » apparaît dès 1558 dans la traduction par Sébastien Castellion de [Heinrich von Bergen ?] *La théologie germanique, livre auquel est traicté comment il faut dépouiller le vieil homme, et vêtir le nouveau*, Anvers, Plantin : « On dit coutumièrement, qu'il [Adam] tomba et alla à perdition pour avoir mangé la pomme. Je dis que cela advint principalement pour s'être attribué et approprié ce *moi* et ce *mien*, et autres titres semblables ». Il n'y a là nulles substantivations, mais de pures citations de l'emploi de « moi », dont Rousseau nous apprendra que certaines furent autrement décisives…

2. *Entretiens*, II, 22, 17 : « Ὅπου γὰρ ἂν τὸ ἐγὼ καὶ τὸ ἐμόν, ἐκεῖ ἀνάγκη ῥέπειν τὸ ζῷον, Car du côté où se trouvent le moi et le mien penche nécessairement l'être vivant ».

3. *In Aristotelis libros De Anima paraphrasis*, CAG V, 3, éd. R. Heinze, Berlin, Reimer, 1899, p. 100, lg. 18-19 : « […] ἄλλο ἂν είν καὶ τὸ ἐγὼ καὶ τὸ ἐμοὶ εἶναι, καὶ ἐγὼ μὲν ὁ συγκείμενος νοῦς ἐκ τοῦ δυνάμει καὶ τοῦ ἐνεργεία […] », puis lg. 28 : « […] ἄλλο μὲν τὸ ἐγὼ, ἄλλο δε τὸ ἐμοὶ εἶναι » ; voir G. Verbeke, Introduction à Thémistius, *Commentaire sur le Traité de l'âme d'Aristote. Traduction de Guillaume de Moerbecke*, Leyde, Brill, 1973 (Corpus Latinum commentariorum in Aristotelem Graecorum, t. I), p. L *sq.*, puis Alain de Libera, *L'unité de l'intellect. Commentaire du* De unitate intellectus contra averroistas *de Thomas d'Aquin*, Paris, Vrin, 2004, chap. II, § 50, p. 155 *sq.* (saint Thomas se contente de rendre « τὸ ἐγὼ » par *ego*).

4. Plaute, *Amphitryon*, texte établi et traduit par Alfred Ernout, Paris, Les Belles Lettres, 1952. Sosie déclare : « Neque […] credebam primo mihimet Sosiae / Donec Sosia ille egomet <me> fecit sibi uti crederem, Et je ne me croyais pas, moi-même Sosie, jusqu'à ce que ce moi-même Sosie ait fait que je l'en crusse » (II, 1, v. 597-598).

5. Toutes les occurrences de « le moi » ou « ce moi » y sont suivies de la troisième personne, à l'exception d'une occurrence dans un ensemble anaphorique dont toutes les autres gouvernent la troisième personne, vers 811 *sq.*

lement « illud ego » [1], etc. Mais dans tous ces cas, rares encore une fois, *ego*, ou moi, sont désignés au neutre [2] et non au masculin, exactement comme le fera Leibniz, dans les nombreux textes où il utilise l'article grec τό avant le latin *ego* pour dire « le « je » », comme si nous devions énoncer une règle de grammaire définissant par exemple le « je » (τὸ ἐγὼ, *illud ego*) parmi les pronoms.

2) *Quisnam* : « Nondum vero satis intelligo, *quisnam* sim ego ille, qui jam necessario sum », puis « quaero quis sim ego ille quem novi » (AT VII, 25,14-15 puis 27,29-30). Je recherche *quisnam*, *qui* (je suis) et non pas *ce que* je suis – au contraire des traducteurs, à commencer par Luynes, qui confondent *quis*, et *quid*. *Ce que* je suis n'intéresse pas Descartes : car la recherche de « ce que » je suis, c'est exactement la recherche qui, avant le doute et même dans ses premières formulations, telle celle du *Discours de la méthode*, l'a conduit, et a conduit tant de philosophes, à l'inutile, voire à l'erreur : « Quare jam denuo meditabor *quidnam* me olim esse crediderim, priusquam in has cogitationes incidissem, C'est pourquoi je considérerai derechef *ce que* je croyais être avant que j'entrasse dans ces dernières pensées » (AT VII, 25,19-20) [3]. Descartes emploie l'interrogatif *quidnam*, ce que, et non *quem*, qui. La recherche de *ce que* je suis, ou ai cru être, c'est bien cela qui a égaré les philosophes : « *Quidnam* igitur antehac me esse putavi ? Hominet scilicet [...], *Qu'est-ce* donc que j'ai cru être ci-devant ? Sans difficulté, j'ai pensé que j'étais un homme [...] » (25,25-26). La question « quid ? » est donc exactement la question dont Descartes ne veut pas, du moins ne veut pas maintenant, car elle conduit précisément à des réponses indues, et prématurément substantialistes : *homo*, *animal rationale* (25,26-27), *corpus* (26,5), *res* [4] – comme cela fut conclu avant lui –,

1. *Liber De Anima*, P. V c. VII, éd. S. van Riet, Louvain, Éditions orientalistes et Leiden, Brill, 1968, t. II, p. 164-165 : « unde nescio quod illud ego sit anima, dum nesciero quid sit anima » (lg. 85-86) ; voir aussi lg. 87-88 et 90-93).

2. Dans tous ces cas, la typographie contemporaine mettrait *ego* entre guillemets ou en italiques.

3. Voir aussi AT VII, 25,31-26,2 : « Sed hic potius attendam, quid sponte et natura duce cogitationi meae antehac occurrebat, quoties quid essem considerabam, Mais je me rendrai plutôt attentif ici à ce qui, jusqu'à maintenant, se présentait à ma pensée spontanément et naturellement, à chaque fois que je considérais ce que j'étais ». Ajoutons au corps l'âme elle-même conçue comme un vent, un feu ou l'éther, AT VII, 26, 8-10.

4. « Sed quid igitur sum ? Res cogitans », AT VII, 28, 20. Il conviendrait du reste de préciser le statut de la liste qui suit, qu'on appellera celle des *modi cogitandi*, mais qui n'a dans la *Meditatio secunda* que celui d'effets de reconnaissance : quand je doute, quand je comprends, quand j'affirme, etc., je sais que je suis pensant. – En outre, nous ne sommes pas convaincu que l'on doive tenir le concept de *res* de la *Meditatio secunda* pour un synonyme de *substantia* ; tout au contraire, l'indétermination fondamentale qui préside au choix de ce mot

substantia (45,7) – comme la précipitation contraignit Descartes lui-même à l'avancer dans le *Discours* –, toutes réponses qui n'auront éventuellement de sens que dans un second temps, mais qui tombent à présent sous le coup du doute mené à son terme, c'est-à-dire jusqu'au moi pur. De même, aussitôt après qu'il aura mené l'enquête qui clôt la première partie de la *Meditatio secunda*, avant donc de relâcher la bride à son esprit qui le conduira à l'analyse du morceau de cire, Descartes enregistrera : « [...] melius incipio nosse *quisnam* sim, [...] je commence à connaître mieux *qui* je suis » (29,19)[1].

Tout au long de la *Meditatio secunda*, et au moins jusqu'à l'explicitation des *modi cogitandi*, qui trouvera son lieu propre dans la *Meditatio tertia* avec la considération des *ideae rerum sive cogitationes*, Descartes met tout son soin à révoquer la question essentialiste *quid sum ?,* dont les réponses ont été éliminées par le doute, au profit de la question identifiante *quis sum ?,* qui seule et de prime abord permet l'auto-développement de l'*ego sum, ego existo.* On voit donc que, quoi qu'en ait pensé Husserl, la « dérive » substantialiste de la détermination de l'*ego* par lui-même n'est sans doute pas restée inaperçue par Descartes, mais lui a été un problème. En tentant satisfaire à ces difficultés il a rectifié la forme de substantialisation infondée à laquelle il avait conclu dans le *Discours*, la différant désormais jusqu'à la *Meditatio tertia*, très exactement jusqu'à l'irruption du principe de causalité (AT VII, 40,21-23)[2] – irruption que Husserl ne manquera pas d'objecter à nouveau à Descartes[3]. Tant que nous restons dans la *Meditatio secunda*, c'est-à-dire tant que nous avons affaire au *je* réduit qui s'interroge sur lui-même, la question première et unique dans laquelle séjourne la pensée cartésienne est celle de savoir *qui* je suis, moi qui suis. La méditation de l'essence est seconde par rapport à celle de l'identité – à laquelle Descartes reviendra autrement, puisque la méditation de l'identité, ce sera la tâche de la *Meditatio quarta,* qui la révèlera comme liberté. Voilà ce que Pascal a parfaitement compris, dont il retranscrit

res nous paraît significative de ce qu'il ne saurait être question, dans cette *Meditatio*, d'anticiper la substantialité conférée plus tard à l'*ego*.

1. Luynes traduit : « [...] je commence à connaître quel je suis [...] », tandis que Michelle Beyssade donne de nouveau : « [...] je commence [...] à connaître [...] mieux ce que je suis » ! – Nous réservons la question du sens de « aliquanto », assez, assez nettement, plutôt selon nous que « un peu ».

2. Voir notre Causa sive ratio. *La raison de la cause, de Suarez à Leibniz*, Paris, PUF, 2002, chap. II.

3. Voir de nouveau le § 10 des *Méditations cartésiennes* cité *supra* note 1, p. 117.

fidèlement les conséquences en reconduisant aporétiquement la question de l'essence à celle de l'identité : m'aime-t-on, moi, moi en particulier ?

Le moi n'est donc pas le soi. Il n'y a aucune réflexion, aucune médiation du réfléchi, dans l'invention du moi. Après Descartes et Pascal, ce sera la triste retombée dans le soi et sa réflexivité, et la prolifération du moi : Locke, Leibniz[1], et les autres, désormais innombrables. Pascal, lui, a pris acte avec « le moi » de ce que seul le travail du doute permet d'accéder à *ego ille*. Mais il n'en a pris acte que pour en disqualifier l'abstraction, puisque la métaphysique échoue à déterminer qui je suis : le moi, ce n'est pas moi.

1. La définition leibnizienne du moi le révèle en fait être un soi, entièrement déterminée qu'elle est par la « réflexion » de l'âme intelligente sur soi : voir en particulier le *Discours de métaphysique*, § 34.

TROISIÈME PARTIE

LA FIN DU NÉANT

CHAPITRE PREMIER

DE L'ÉTAT DE NÉANT À L'ÉTAT ANÉANTI : BÉRULLE

À la mémoire de Jean Orcibal

Dans une *lettre*[1] adressée aux Pères de l'Oratoire dans les jours qui suivirent son élévation au cardinalat, le 30 août 1627, Bérulle écrit : « Nous sommes un néant qui tend au néant, qui cherche le néant, qui s'occupe du néant, qui se contente du néant, qui se remplit du néant et qui enfin se ruine et se détruit soi-même pour un néant, au lieu que nous devons être un néant, à la vérité (car cela nous convient par nature), mais un néant en la main de Dieu, un néant destiné à Dieu, un néant référé à Dieu, un néant choisi de Dieu, un néant consacré à Dieu, un néant rempli de Dieu, et enfin un néant possédé de Dieu et possédant Dieu ; et cela nous convient par grâce »[2]. Le

1. Pour les renvois bibliographiques à Bérulle, nous utiliserons les abréviations suivantes : O 1644 : *Les Œuvres…*, par les soins du R. P. François Bourgoing, Paris, Estienne, 1644 (1re rééd. 1657), reproduction photographique, Maison d'institution de l'Oratoire, Montsoult, 1960, en 2 vol. OC M : *Œuvres complètes*, Migne, Petit-Montrouge, 1856, suivi de l'indication de la colonne. OC D : *Œuvres complètes*, Paris, Oratoire de France et Éditions du Cerf, 1995-, suivi de l'indication du tome, du volume et de la page (puis simplement du volume et de la page), en particulier OC I, 1 et 2, *Conférences/Collationes* (*Coll.*), introduction et notes par Michel Dupuy, traduction d'A. Piédagnel, 1995, puis 3 et 4, *Œuvres de piété* (OP), texte établi et annoté par Michel Dupuy, 1995-1996 et enfin 5, *Notes et entretiens. Ordonnances des visites canoniques* (NE), texte établi et annoté par Stéphane-Marie Morgain, 1997 (le rôle scientifique joué par Michel Dupuy dans cette nouvelle édition nous autorise à l'abréger OC D). Correspondance : *Correspondance*, éd. par Jean Dagens, Paris-Louvain, Desclée de Brouwer et Revue d'histoire ecclésiastique, 3 vol., 1937-1939. On pourra consulter aussi le choix intéressant d'opuscules paru dans les *Opuscules de piété*, texte établi et précédé de « La christologique de Bérulle » par Miklos Vetö, Grenoble, Jérôme Millon, 1997.

2. OP n° 209, OC D I, 4, 98.

colloque qui nous réunit a pour titre *Dire le néant*. Peu d'auteurs sans doute l'auront dit autant que Bérulle. On peut juger sévèrement la phrase bérullienne et son dire redondant, comme Louis Cognet qui parlait, à propos de ce passage même, de « griserie verbale »[1] : certes, Bérulle *néan-tise* à profusion. On ne saurait cependant méconnaître la visée théologique du Cardinal : poser un concept de néant – néant *par nature*, lui-même originellement ambigu, à la fois « état de néant » (néant métaphysique) et néant du péché (néant moral[2]) – tel que, commun à la nature et à la grâce, il soit non seulement le lieu d'une conversion, mais son opérateur : du néant du péché à l'état anéanti de la grâce. Le concept de néant, si continûment opposé à la nature comme à la grâce, permet dès lors de *conjoindre* nature et grâce; Bérulle poursuit : « Et ainsi la nature et la grâce se trouvent heureusement jointes ensemble ». Bérulle conçoit donc le passage du péché à la grâce non comme le passage du néant à l'être mais comme la substitution d'un mode du néant à un autre, sur fonds, pour ainsi dire, d'un état de néant constitutif de la créature.

C'est ce dont nous allons essayer de rendre compte. Il ne s'agit pas pour cela de faire une leçon de philosophie. La première raison en est évidente : Bérulle n'a pas revendiqué d'être philosophe et son œuvre n'appartient pas au corpus ordinairement reconnu comme celui de la philosophie, mais à l'histoire de ce qu'on appelle depuis un siècle environ « spiritualité ». Plus, Bérulle a pris soin, en de multiples occasions, d'opposer à la philosophie la doctrine qu'il était en train de méditer, de présenter ou de prêcher, de sorte que ses discours ou ses conférences se sont voulus explicitement antiphilosophiques, selon l'injonction paulienne : « Videte ne quis vos decipiat per philosophiam, et inanem fallaciam secundum traditionem hominum, secundum elementa mundi, et non secundum Christum » (*Colossiens* 2,8). Trois remarques permettront de préciser la nature de l'opposition de Bérulle à la philosophie. 1) Les emplois, relativement peu nombreux, de philosophie dans le corpus bérullien, présupposent une définition de la philosophie comme *connaissance de soi*. Or la « philosophie humaine » ou la « raison humaine » ne peuvent accéder à la véritable connaissance de soi, qui requiert d'une part de considérer que l'homme, créé *ex nihilo*, participe

1. Louis Cognet, *La spiritualité moderne*, I. L'essor : 1550-1650, Paris, Aubier, 1966, p. 347.

2. Nous employons provisoirement cette distinction commode, à l'imitation de celle entre mal métaphysique et mal moral, mais nous verrons qu'un des traits essentiels du bérullisme est de la dépasser.

du néant[1], d'autre part de l'envisager « dans le dessein de Dieu » et de prendre acte de ce que, par son péché, l'homme a nié ce dessein[2]. Faute d'une telle connaissance, la philosophie est vouée à l'échec. Pour Bérulle, la connaissance de soi sans la considération du dessein de Dieu, qui caractérise la prétention philosophique des païens, conduit nécessairement à l'amour de soi. Ainsi la connaissance païenne de soi s'avère constitutivement méconnaissance de soi : « Les anciens philosophes [...] ne connaissaient point Dieu et fort peu eux-mêmes »[3]. A rebours du pseudo-enseignement de la philosophie, il faudra apprendre l'anéantissement de soi et « l'amour de Dieu »[4]. Les notions de néant et d'anéantissement constitueront donc l'arme décisive contre la philosophie. 2) Connaître son péché, c'est prendre conscience de son besoin d'un Réparateur. D'où un leitmotiv bérullien : « Jésus, et non les philosophes »[5], lesquels désignent toujours les « philosophes profanes ». Il arrive cependant, quoique rarement, que Bérulle parle de « philosophie chrétienne » : on a affaire là au thème de la *philosophia Christi, ex Christo* plutôt que *de Christo*[6], qui considère le Christ comme philosophe, nous ayant instruits, comme disent les *Grandeurs*, d'une « plus haute philosophie »[7]. L'opposition entre le Christ et les philosophes est presque toujours absolue. La question du statut des vertus des païens, si discutée au début du XVIIe siècle, conduit néanmoins Bérulle à évoquer brièvement certains philosophes qui ont voulu s'écarter des voies de « la philosophie profane » et « s'élever plus haut », mais « en tenant des maximes impossibles » : « Le monde les estime et ils me font pitié : un Sénèque, un Epictète », car ils ont établi « l'amour propre de la nature ». Bérulle assigne aux stoïciens une place intermédiaire, « ils sont mitoyens entre les philosophes chrétiens et les philosophes profanes », car « ils

1. C'est pourquoi les philosophes ont « ignoré » la création continuée : voir OP 173, OC D 4, 21 et *infra* n. 3, p. 151 et n. 3 et 4, p. 152.

2. Voir par exemple OP n° 168, OC D 4, 9 : « L'homme doit être considéré dans le dessein de Dieu, qu'il a ruiné, en soi et dans son état présent auquel il s'est réduit, et dans la réparation que Dieu veut faire de sa ruine en son Fils unique Jésus-Christ, notre Seigneur. A ces trois points se réduit la connaissance que nous devons avoir de nous-mêmes, connaissance que la philosophie et la raison humaine ne nous peut donner [...] ».

3. OP n° 210, OC D 4, 108 ; OP n° 235, OC D 4, 158.

4. OP n° 235, OC D 4, 159.

5. Voir par exemple OP n° 169, OC D 4, 12.

6. Sur le sens des expressions *philosophia christiana*, *philosophia Christus*, *philosophia Christi*, *Christus summus philosophicus*, on consultera avec profit Xavier Tilliette, *Le Christ de la philosophie*, Paris, Cerf, 1990, tout en regrettant qu'il n'y soit pas question de Bérulle.

7. Discours VIII, OC M, col. 284.

cherchent en eux-mêmes ce qui n'est point en eux-mêmes »[1]. 3) L'anti-philosophisme bérullien est fondamentalement une réaction anti-scolastique. Bourgoing, dans sa Préface aux *Œuvres* de 1644, le dit explicitement, en reprenant l'opposition de l'amour de soi philosophique à l'abnégation de soi chrétien : « [...] nous n'avons que trop d'expérience de ceux qui censurent ce qu'ils ne sont pas capables d'entendre : *Quae ignorant blasphemant* (*Jud.*, 10), et qui veulent assujettir la science de Jésus-Christ à celle d'Aristote, et la philosophie chrétienne, laquelle a pour fondement l'abnégation de soi-même, à celle des païens, qui est toute en la plénitude et en la complaisance de soi-même »[2]. Le Dieu de Bérulle n'est jamais le Dieu des philosophes et des savants. Le seul usage que l'on puisse faire de la science – la révolution copernicienne[3] – est figuratif, il constitue ce que Mersenne appellera une moralité tirée de l'astronomie ; le seul, ou presque, couple conceptuel que Bérulle emprunte à la scolastique, celui de la matière et de la forme, devra faire lui aussi l'objet d'une *révolution* : c'est l'âme qui aura besoin d'être informée[4].

Cependant, ce rejet sommaire et de principe de la philosophie s'accompagne-t-il de l'abstention de l'usage de tout philosophème, à supposer que cela soit possible à qui fait non seulement œuvre de piété, mais aussi œuvre de théologie, fût-elle « mystique » ? Bérulle n'use-t-il pas, fût-ce à son insu, de concepts empruntés à une autre métaphysique que celle qu'il récuse en l'identifiant hâtivement à la philosophie, à savoir la scolastique ? Et dans ce cas, le refus de la scolastique n'implique-t-il pas une dépendance d'autant plus grande envers cette autre métaphysique que

1. Les citations qui précèdent viennent du n° 235, OC D 4, 159-160. Sénèque et Epictète sont comparables à des « autruches qui ont des ailes, mais sans voler. Ils remuent leurs ailes comme des oiseaux, mais leurs pieds demeurent en terre ».

2. OC M, col. 85-86. Pour Bérulle lui-même, voir OP 233, OC D 4, 153. Aristote n'en fournit pas moins la belle comparaison qui ouvre le *Traité des énergumènes*, par laquelle Dieu, situant l'homme au milieu du monde, est comme Phidias qui, « enchâssant son portrait dans la statue de Minerve, en fit comme un point principal » (OC M, col. 835) ; mais, même si Bérulle pouvait n'avoir pas saisi, fût-ce confusément, que de *De mundo* était une œuvre éclectique tardive, il ne s'agit pas là d'un point de doctrine aristotélicienne (*De mundo*, 399 b 33 – 400 a 3). L'honnêteté nous oblige enfin à signaler que l'OP n° 36 (OC D, 3, 123) qualifie de « plus grand des philosophes » l'auteur de « Omnia vitam appetunt » : *Ethique à Nicomaque*, IX, 9, 1170 a 26 *sq.*

3. « Un excellent esprit de ce siècle <Nicolaus Copernicus> a voulu maintenir que le soleil est au centre du monde, et non pas la terre ; qu'il est immobile, et que la terre [...] se meut au regard du soleil [...]. Cette opinion nouvelle, peu suivie en la science des astres, est utile et doit être suivie en la science du salut », *Grandeurs*, discours II, § 2, OC M, col. 161. Voir un usage analogue de la naturalisation aristotélicienne de l'esclavage en OP n° 132, OC D 3, 358.

4. Voir *infra* la fin de la 2e partie, p. 149-150.

cette dernière n'est pas assumée comme telle? Autrement dit, l'absence volontaire de réflexion proprement philosophique sur l'origine et le statut des concepts fondamentaux dont sa théologie va se servir ne rend-elle pas Bérulle d'autant plus prisonnier de son néo-platonisme initial? Le bérullisme peut-il sans contradiction récuser la philosophie et, sitôt posé le principe d'un Dieu-un au-delà de l'être et l'exigence d'union propre à la mystique, faire usage du néo-platonisme de façon purement instrumentale, comme s'il ne constituait qu'un réservoir de philosophèmes immédiatement prêts à emploi théologique? À tout le moins faut-il se demander si et en quel sens, pour Bérulle lui-même, la métaphysique néo-platonicienne de l'École abstraite que l'ensemble de sa théologie présuppose évite la soumission de Jésus-Christ à la science des philosophes. Les notions de néant et d'anéantissement serviront donc à un second titre de pierre de touche.

Si enfin l'on s'efforce de repérer les traces d'une éventuelle postérité philosophique de qui a eu tant d'« influence » sur la spiritualité française du XVIIe siècle, force est de constater qu'on est immédiatement plus sensible aux différences ou aux oppositions entre les doctrines d'un Descartes ou de l'un des post-cartésiens et la pensée bérullienne qu'aux éléments par lesquels cette dernière pourrait valoir comme « source ». Car la métaphysique de Bérulle, archétype de ce que Bremond appelait « la métaphysique des saints », si initialement liée soit-elle à l'École abstraite et au platonisme qu'elle véhicule, ne saurait s'y réduire. Les choix théologiques et métaphysiques de Bérulle viennent aussi d'un diagnostic : celui de la crise de la philosophie et de la théologie scolastique, dont il a eu, comme peu de contemporains sans doute dans le premier quart du XVIIe siècle, une conscience très vive[1]. Mais comme souvent en période de crise, la « solution » néo-platonicienne, si essentielle à la mystique, mais laissée elle-même non interrogée, allait apparaître en métaphysique comme une solution de facilité, voire une impasse. Sans doute Bérulle savait-il donc aussi sa propre incapacité à surmonter cette crise *en philosophie*. C'est probablement pourquoi il n'a pas hésité à engager Descartes à travailler « pour tâcher de tirer la philosophie de la vexation des scolastiques et des péripatéticiens »[2]. Comprenant l'importance du « dessein » cartésien[3], il est ainsi devenu, dès l'automne 1627 ou 1628 (selon Baillet), le premier

1. Sur cette crise, voir Henri Gouhier, *La pensée religieuse de Descartes*, 2e éd., Paris, Vrin, 1972, Appendice, puis notre « Histoire de la philosophie et théologie au XVIIe siècle », in *Le regard d'Henri Gouhier*, éd. par Denise Leduc-Fayette, Paris, Vrin, 1999.

2. Adrien Baillet, *La Vie de Monsieur Descartes*, Paris, Horthemels, 1691, 2 vol., rééd. Hildesheim – New York, Olms, 1972, , I, p. 162.

3. *Ibid.*, p. 165.

auditeur de Descartes[1]. Si l'autorité de Bérulle a déterminé Descartes à devenir Descartes, elle l'a donc décidé à n'être pas bérullien[2] : et de fait, rien n'indique que la philosophie cartésienne ait dû quoi que ce soit à la théologie de Bérulle, sauf *a contrario*, entendons en nous permettant par exemple d'opposer au néant bérullien le concept cartésien de néant de la *Meditatio* IV (rien n'est moins bérullien que de considérer l'*ego* comme *medium quid inter Deum et nihil*)[3]. On pourrait soutenir également, en conservant l'exemple que nous privilégions ici, que c'est à partir du refus de l'anéantissement bérullien que s'est constitué le concept pascalien de néant : avec *Disproportion de l'homme*, il est en effet manifeste que c'est le concept cartésien de néant qui permet à Pascal de mettre fin à l'anéantissement dévot[4]. On pourrait enfin montrer que le concept malebranchien de néant doit fort peu à celui du fondateur de l'Oratoire de France, en

1. *Ibid.* : « Le Cardinal de Bérulle sur tous les autres goûta merveilleusement tout ce qu'il en avait entendu, et pria M. Descartes qu'il pût l'entendre encore une autre fois sur le même sujet en particulier ». Selon Baillet, Bérulle « conçut une affection et une estime toute particulière » pour Descartes dès 1626 (p. 139). Sur la date de la conférence de Chandoux chez le nonce, voir Jean-Luc Marion, *Sur la théologie blanche de Descartes*, Paris, PUF, 1981, p. 157. L'enjeu de la datation est de taille, puisque l'injonction de Bérulle peut avoir eu pour effet non le « commencement de métaphysique », mais les *Regulae*.

2. *Ibid.* : « Le Cardinal n'eût pas de peine à comprendre l'importance du dessein; et le [Descartes] jugeant très propre pour l'exécuter, il employa l'autorité qu'il avait sur son esprit pour le porter à entreprendre ce grand ouvrage. Il lui en fit même une obligation de conscience [...] ». Voir Jean-Luc Marion, *ibid.*, qui conclut : « Bérulle et Descartes ne se sont rencontrés, en ce sens, que pour ne pas s'influencer ». Pour la supposition inverse, celle d'une influence réelle de la pensée bérullienne sur la métaphysique de 1629, voir Etienne Gilson, *La liberté chez Descartes et la théologie*, Paris, Alcan, 1913, réimpression Paris, Vrin, 1982, p. 173-178.

3. Le début du *Traité des énergumènes* offre, avec la belle comparaison de Phidias et du Créateur, une pensée de la *situation* de l'homme *au milieu... entre...* le ciel et l'enfer, les anges et les animaux, Dieu même et le diable (OC M, col. 835; mais ce *milieu... entre* là, fort traditionnel, n'a rien à voir avec le *medium quid inter* de Descartes. Un certain nombre d'autres concepts ou d'autres thèses cartésiennes trouveraient un éclaircissement nouveau en étant rapportées (et éventuellement opposées) à la doctrine bérullienne : Jean-Luc Marion l'a vérifié avec la thèse dite de la création des vérités éternelles (Jean-Luc Marion [1981], section 8), et en indique plusieurs autres thèmes, comme celui de la création continuée (p. 152) : voir *infra*, note 3, p. 151 et notes 3 et 4, p. 152.

4. Voir *infra*, p. 165-169; pour une opinion différente, voir Hélène Michon, « Bérulle et Pascal : de l'anéantissement », *Chroniques de Port-Royal*, 50, 2001, p. 447-462. L'*Écrit sur la conversion de pécheur* prouve suffisamment à quel point Pascal est parti de la spiritualité bérullienne et de la dévotion salésienne. Quant aux thèmes bérulliens que l'on trouve dans les *Pensées*, on peut penser avec Jean Orcibal qu'ils doivent beaucoup à la médiation, directe ou indirecte, de la spiritualité de Saint-Cyran (*Le Cardinal de Bérulle. Évolution d'une spiritualité*, Paris, Cerf, 1965, p. 14). Voir aussi Michel Dupuy, « Bérulle et Pascal : le péché originel », *Oratoriana*, 1962, 6, p. 3-14.

métaphysique[1] comme en morale, où l'anéantissement n'a plus guère cours[2]. Bref, faire de la philosophie à partir de Bérulle – si du moins l'on veut ne pas se limiter à l'énoncé des thèmes néo-platoniciens qu'on trouve dans son œuvre pour mesurer l'inflexion propre que Bérulle leur donne –, revient pour l'essentiel à mesurer à quel point Descartes, Pascal ou Malebranche[3], qui l'ont lu, ne sont pas bérulliens.

Les pages qui suivent ne relèvent à proprement parler ni de l'histoire de la philosophie ni de celle de la théologie. Elles n'ont d'autre but que de constituer une présentation de la doctrine bérullienne du néant, afin de contribuer, si peu que ce soit, à une histoire du néant dans les deux premiers tiers du XVIIe siècle. Le caractère de complément de ces pages et leur brièveté impliquaient de faire un choix, en l'occurrence celui de l'immense figure que fut le cardinal de Bérulle. Mais une enquête plus complète sur la notion de néant dans la première moitié du XVIIe siècle devrait inscrire Bérulle entre deux doctrines du néant plus explicites que la sienne, que nous passerons sous silence : celle du néantisme de l'École abstraite (nous

1. Voir les premières indications dans Jean-Christophe Bardout, *Malebranche et la métaphysique*, Paris, PUF, 1999, p. 200-206.

2. Sauf de façon figurée : « l'anéantissement de l'âme » est entendu comme « sacrifice spirituel » (voir par exemple les *Méditations chrétiennes*, XI, IX, OCM X, 119). Resterait cependant à faire droit au péché comme « l'état pire que le néant ». Malebranche substitue cette expression, qui emploie cependant le très bérullien « état », à l'expression bérullienne d'un second néant pire qu'un premier néant, que l'on trouve dans le préambule de la *Vie de Jésus*, § 10 : « [...] c'est un signe évident de la faiblesse de la créature, qui ne faisant que sortir du néant, rentre et retombe aussitôt *en un autre néant pire que le précédent*; car le néant et la privation de la grâce où nous réduit le péché est beaucoup plus dommageable et déplorable que n'est pas le pur et simple néant de l'être où nous étions avant la création [...] » (OC M, col. 419-420; voir aussi le n° 227 des OP, OC D 4, 140 : « Le péché est un second néant, pire que le premier, néant de grâce, néant opposé à Dieu, néant résistant à Dieu »). Pour Malebranche, « l'état pire que le néant » impliquerait, selon l'*ordre*, que « l'homme ayant péché devrait rentrer dans le néant » (mais la solution pour remédier à ce *désordre* sera, comme chez Bérulle, l'Incarnation) : voir le VIIIe *Eclaircissement* à la *Recherche de la vérité*, OCM III, 99; voir aussi les IVe (§ 18) et XIVe (§ 11) *Entretiens sur la métaphysique*, OCM XII, 103 et 349 et les VIIIe (§ 7) et XVIIIe (§ 19) *Méditations chrétiennes*, OCM X, 85 et 209. La IIe *Conversation chrétienne* et le XIVe *Entretien sur la métaphysique*, § 11 et semblent reprendre l'expression bérullienne de « néant de l'être » (OCM IV, 52 et XII, 349) : mais le néant de l'être malebranchien, distingué du néant de la sainteté (ce que nous appellerions le néant de sainteté, c'est-à-dire le péché), signifie le non-être (complément objectif), ce néant sur lequel le Christ a à « travailler »; tandis que le néant de l'être bérullien, distingué du « néant du péché » (le péché comme néant), signifie l'être même comme néant (complément subjectif, voir *infra*, p. 153-160).

3. La question est plus complexe pour Malebranche : prise dans sa généralité, notre affirmation est plus que discutable (voir *infra* la note 6, p. 141). Nous laissons de côté le cas, également plus complexe, de Fénelon, philosophe et théologien.

ne dirons que quelques mots de l'École abstraite en évoquant Benoît de Canfeld) et celle de son successeur, le deuxième général de l'Oratoire, Charles de Condren, beaucoup plus « néantisant » et « sacrificiel » que Bérulle[1], et sans doute plus important encore pour tout le XVIIe siècle – on se rappelle que Descartes souhaita que Condren lût ses *Meditationes* et qu'il était persuadé qu'il les eût approuvées[2]. Un premier moment de cette présentation s'efforcera de restituer brièvement le problème de départ, la compatibilité du néantisme (initialement abstrait) et de la christologie : nous nous appuierons principalement pour ce faire sur les travaux classiques de Jean Orcibal et Louis Cognet. La seconde partie, plus proprement consacrée à l'œuvre du fondateur de l'Oratoire, cherchera moins à restituer la cohérence de sa pensée à partir de sa christologie et des notions les plus caractéristiques de sa synthèse spirituelle[3] (état, adhérence, application, référence, servitude, etc. comme les formes de l'habitation dans le Christ par la foi) qu'elle ne cherchera à repérer le concept de néant, ou les concepts de néant, que Bérulle livre au XVIIe siècle.

SÉPARER, UNIR, ANÉANTIR

Qui entreprendrait de faire l'histoire du concept d'*unité* dans la longue durée écrirait par là même l'histoire de la réception d'un verset paulinien : un verset qui a constitué, des siècles durant, non seulement le sommet de la tradition spirituelle, mais aussi le lieu commun de toute réflexion sur

1. R. Bellemare avertit à juste titre de ne pas lire Bérulle à la lumière de Condren, car « Condren est déjà imbu de néantisme quand il vient à Bérulle » (*Le sens de la créature dans la doctrine de Bérulle*, Paris, Desclée de Brouwer, 1959, p. 21).

2. « [...] je ne laisse pas d'avoir beaucoup de satisfaction de ce que ce sont les plus grands hommes et les meilleurs esprits qui goûtent et favorisent le plus mes opinions. Je me laisse aisément persuader que, si le Révérend Père de Gondran eût vécu, il en aurait été des principaux », *lettre à Gibieuf* du 19 janvier 1642, AT III, 473 ; voir aussi AT III, 276-277). Il n'entre pas dans l'objet du présent article de proposer une hypothèse pour étayer la persuasion cartésienne : il nous paraît aller de soi cependant que la *Meditatio* IV eût été au cœur des motifs d'approbation de Condren.

3. Le mot est celui de Hans Urs von Balthasar dans « Métaphysique des saints », in *La gloire et la croix, 4. Le domaine de la métaphysique*, II, B. 2, trad. par R. Givord et H. Engelmann, Paris, Aubier, 1982, p. 172, comme de Louis Cognet dans *La spiritualité moderne*. Les présentes pages suggèrent que cette synthèse, quelque évolution qu'elle connût, fut aussi et peut-être d'abord un *système*, mot par ailleurs également balthasarien – après Henri Bremond, *Histoire littéraire du sentiment religieux*, t. III, *La conquête mystique*, 1. L'école française, t. VII, *La métaphysique des saints*, Paris, Bloud et Gay, 1923, p. 153, qui jugeait le système de Bérulle « plus moderne que le *Discours de la méthode* » !

l'unité, qu'elle fût théologique et philosophique ou ecclésiologique et politique. Il s'agit du verset 17 du sixième chapitre de la *Première lettre aux Corinthiens*: «Qui autem adhaeret Domino, unus spiritus est». Si rien n'est plus traditionnel que de rechercher l'*unitas spiritus*, les modèles par lesquels penser cette unité, et par conséquent les sens donnés à *adhaerere*, sont divers et ont leur propre histoire. Ainsi plusieurs pensées de l'unité coexistent au début du XVIIe siècle : elles coexistent, c'est-à-dire elles sont en concurrence, se distinguent, voire s'opposent, et s'entrelacent à la fois. Nous distinguerons, sommairement, trois grandes pensées de l'unité. La première vient de la tradition que l'on peut nommer *contemplative*; principalement médiévale, elle trouve son accomplissement au XIIe siècle : ce qui constitue l'objet de la contemplation, c'est l'unité même de Dieu et des créatures – nous appellerions aussi volontiers cette tradition *spirituelle* si ce mot ne recouvrait des sens trop divers, et nous parlerions alors à la suite d'Emmanuel Martineau d'une *spiritualité créaturelle*[1]. Sans doute saint François de Sales est-il un des tout derniers témoins de cette tradition spirituelle[2] – nous nous sommes efforcé de montrer que Pascal, dans le discours intitulé *Disproportion de l'homme*, mettait fin à ce concept traditionnel de contemplation, en organisant sa destruction systématique[3]. La deuxième pensée de l'unité est également ancienne, qui va connaître au XVIIe siècle des modifications radicales : c'est la pensée de l'unité selon le modèle du corps, qui donne lieu à ce qu'on appelle la doctrine du corps mystique[4], élaborée d'après plusieurs passages de saint Paul systématisés; soit, sommairement : l'Église est le corps, le Christ est la tête du corps, les chrétiens sont les membres, dont il s'agit de déterminer les rapports[5]. La

1. Voir E. Martineau, *Malévitch et la philosophie*, Lausanne, L'Âge d'homme, 1977, chap. III, § 8, p. 123-145, qui s'appuie documentairement sur l'art. «Contemplation» du *Dictionnaire de spiritualité*, Paris, Beauchesne, t. II, col. 1643 *sq.* Pour l'expression «spiritualité créaturelle», voir p. 140.

2. En ce que la simplicité de la contemplation commande l'extension infinie de son champ : voir *ibid.*, p. 132-133.

3. Voir *ibid.*, p. 145, n. 71 puis *Pascal et la philosophie*, § 30.

4. Voir l'ouvrage classique d'Emile Mersch, *La théologie du corps mystique*, Paris – Bruxelles, DDB – L'édition universelle, 2e éd., 1946, 2 t. Sur Bérulle et le corps mystique, voir en particulier Claude Taveau, *Le Cardinal de Bérulle, maître de vie spirituelle*, Paris, Desclée de Brouwer, 1933, p. 133 *sq.* et 375-378, Jean Orcibal, *Les origines du jansénisme*, Louvain – Paris, Duculot-Vrin, 1947, t. II, *Jean Duvergier de Hauranne, abbé de Saint-Cyran et son temps (1581-1638)*, p. 75 *sq.*

5. 1 Cor 6 et 12, Rm 12, Eph 1, 22-23 et 4, 15, Col 1,18 et 2, 19. Nous méconnaissons ici les différences pourtant fondamentales entre ces passages. Sur l'interprétation pascalienne de «Adhaerens Deo, unus spiritus est» (*Pensées*, § 372), voir Emmanuel Martineau,

troisième pensée de l'unité est beaucoup moins ancienne. Certes, elle naît au sein du néo-platonisme, ou plutôt comme un avatar chrétien du néo-platonisme, spécialement sous sa forme dionysienne, mais on ne saurait la faire remonter au-delà de la *devotio moderna* : nous voulons parler de la mystique, entendue en son sens historiquement rigoureux[1]. La mystique est quelque chose de récent au XVIIe siècle, Fénelon le sait bien, qui tente de lui inventer une ancienneté avec Clément d'Alexandrie[2], Bossuet plus encore qui lui répond : la mystique a trois siècles[3]. Or la mystique est moins une pensée de l'*unité* qu'une pensée de l'*union*, comprise comme *fusion*. On saisit alors immédiatement à quel point cette pensée, celle de la vie unitive, à laquelle s'applique rigoureusement le mot « mystique », se distingue jusqu'à s'y opposer de la première pensée que nous avons décrite, celle, contemplative, de l'unité de Dieu et des créatures. Dans celle-ci en effet, sont contemplés toutes choses en Dieu et Dieu en toutes choses, selon la formule de Robert Grosseteste : « in ipso omnia et in omnibus ipse »[4]. Autrement dit, en empruntant les termes d'Emmanuel Martineau, « si la contemplation est pensée abstraite, ce n'est point en donnant congé au créé, en se séparant *de* lui pour se retirer en soi. Le contraire, paradoxalement, est le vrai. C'est *parce qu'*elle est abstraite que la contemplation a affaire à « toutes choses », Dieu inclus, et *vice versa* » – c'est pourquoi « la spiritualité prend la parole quant au *tout* de l'étant »[5]. C'est donc par opposition à une tradition millénaire que la mystique réduit l'objet de la contemplation à « Dieu seul ». Pour s'unir à Dieu, il s'agirait d'abord de se *séparer* de tout

« Deux clés de la chronologie des discours pascaliens », *XVIIe siècle*, n° 185, 1994, 4, p. 695-729.

1. Voir André Ravier, *La mystique et les mystiques*, Paris, DDB, 1965, en particulier la préface du P. de Lubac (reprise et augmentée : « Mystique et mystère », in *Théologies d'occasion*, Paris, DDB, 1984, p. 37-76) et Michel de Certeau, « "Mystique" au XVIIe siècle. Le problème du langage "mystique" », in *L'homme devant Dieu. Mélanges offerts au Père Henri de Lubac*, Paris, Aubier, 1964, t. II, p. 267-291.

2. Fénelon, *Le gnostique de saint Clément d'Alexandrie*, éd. par Paul Didon, Paris, Beauchesne, 1930.

3. « Le contemplatif qu'on nous donne est un homme tout nouveau, très éloigné de tous les autres, et fabriqué par les mystiques de nos jours », Bossuet, *Tradition des nouveaux mystiques*, in *Œuvres complètes de Bossuet*, t. IV, Migne, Petit-Montrouge, 1856, p. 289. Sur la querelle entre Bossuet et Fénelon, voir Louis Cognet, *Le crépuscule des mystiques* [1958], Paris, Desclée, 1991.

4. *De divinis nominibus*, VII, p. 4a, cité par Jean de Ripa, *Lectura super primum Sententiarum, Prologi quaestiones ultimae*, q. VI, a. III, éd. A. Combes, Paris, Vrin, 1970, p. 412, cité par Emmanuel Martineau dans *Malévitch et la philosophie*, p. 133.

5. *Ibid.*, p. 144.

autre que lui, des créatures et de nous-mêmes[1]. Or Bérulle ne dit pas autre chose, en définissant la théologie mystique – une des rares définitions de la théologie mystique de son œuvre, alors même que c'est lui qui a puissamment contribué à redistribuer le champ de la théologie au début du XVIIe siècle[2] – : « La théologie mystique tend à nous tirer, à nous unir, à nous abîmer en Dieu. Elle fait le premier par la grandeur de Dieu, le second par son unité, le troisième par sa plénitude. Car la grandeur de Dieu nous sépare de nous-mêmes et des choses créées, et nous tire en Dieu. Son unité nous reçoit et nous unit en lui. Et sa plénitude nous perd, nous anéantit et nous abîme dans l'océan immense de ses perfections, comme nous voyons que la mer perd et abîme une goutte d'eau »[3]. Voilà ce qu'est la mystique, que résument ces trois opérations : séparer[4], unir, anéantir ; on mesure combien la nouvelle pensée de l'union est peu compatible avec la pensée contemplative de l'unité[5]. Plus, on saisit d'emblée que pour Bérulle la pensée

1. Si nous devions mesurer cette troisième pensée de l'unité à l'aune de la réaction pascalienne, comme nous l'avons fait pour les deux premières, nous dirions que Pascal est à la fois moderne et antimystique. Rappelons-nous le *Mémorial* : « Oubli du monde et de tout, hormis Dieu » : moderne, car anti-contemplatif (oubli du monde), anti-mystique, car il ne saurait être question de s'oublier, soi – tout au contraire de Bérulle : « [...] je ressentis que [...] je devais entrer dans un entier oubli de moi-même », Notes de la retraite de Verdun (1602), OP, n° 265, art. 6, OC D 4, 246.

2. De l'autonomisation des anciennes parties de la théologie en trois théologies, Bourgoing prend sans doute acte le premier en 1644 dans sa Préface aux *Œuvres* de Bérulle : « Il y a trois sortes de théologie, la positive, la scolastique et la mystique. La positive a pour objet l'interprétation des saintes Écritures [...]. La scolastique éclaircit les vérités de la foi par méthode, y mêlant quelque raisonnement humain ; et la mystique applique ces vérités et s'en sert pour élever l'âme à Dieu » (O 1644, VII = OC M, col. 83-84). La fin du siècle verra la théologie mystique cesser d'être *la* théologie présentée sous son aspect « expérimental », « affectif » ou « pratique », pour devenir la mystique, « science tout à fait séparée des autres » comme le dira Surin, cité par Michel de Certeau, « "Mystique" au XVIIe siècle. Le problème du langage "mystique" », p. 79 (voir notre « Histoire de la philosophie et théologie au XVIIe siècle », p. 41-62.

3. *Œuvres de piété*, n° 12, OC D 3, 57.

4. Sur « l'amour en Jésus », qui est séparation (il sépare la nature humaine de la personne humaine) alors que « l'amour en Dieu » est union, voir le discours XII des *Grandeurs de Jésus*.

5. Pensée contemplative et non pas, bien évidemment, théologie du primat de l'unité parmi les noms divins. Les IIIe et IVe discours des *Grandeurs de Jésus* constituent peut-être le traité le plus grandiose à l'époque moderne de l'unité divine (comme Etienne Gilson, *La liberté chez Descartes et la théologie*, p. 170, le signalait déjà, voyant en Bérulle « l'apôtre de l'unité divine »). La foi propose, pour Bérulle, trois unités : « l'unité d'essence en la divinité que nous adorons ; l'unité d'amour en la Trinité que nous admirons ; l'unité de subsistence en l'Incarnation que nous professons » (voir les *Grandeurs*, discours III, § 8, OC M, col. 200).

mystique de l'union implique une doctrine de l'anéantissement. L'anéantissement sera à la fois l'effet et le moyen d'une telle union.

De l'union : entendons bien, de l'union à... *Dieu*. Ce point semble évident, il est capital. Son évidence n'en requiert pas moins quelques repères historiques et quelques critères susceptibles de caractériser la mystique, que nous reprenons brièvement à Louis Cognet[1] : 1) une *expérience* du divin, et singulièrement une expérience de l'union à Dieu (la vie unitive); 2) Denys le pseudo-aréopagite : la présence fréquente des références au corpus dionysien. D'où 3) le néoplatonisme et, avec lui, un théocentrisme fondamental. Le mysticisme français de la fin du XVIe siècle dépend très profondément de ce qu'on a appelé l'école rhéno-flamande, en particulier Harphius (1400-1477) et Ruysbroek (1393-1481). Dans le courant rhéno-flamand, l'union à Dieu est conçue dans les termes néoplatoniciens de la suréminence (superéminence) et de suressentialité (superessentialité). L'union qui est la fin de la mystique est décrite comme une fusion[2] de l'essence divine et de l'essence humaine. Cela implique que tout ce courant soit profondément volontariste, qui tient que l'essence de l'homme réside dans la volonté[3] : l'union à Dieu s'accomplit par

1. Louis Cognet, *Le crépuscule des mystiques*, en particulier le chap. I, « Le mysticisme en France au XVIIe siècle » et *La spiritualité moderne* : il s'agit de critères, et non d'une définition qui prétendrait envelopper l'ensemble des mystiques. Rappelons que l'étude classique de Martin Grabmann, *Wesen und Grundlagen des Mystik*, Munich, Theatiner Verlag, 1922, est loin d'être obsolète. On utilisera également avec profit, mais non sans la discuter, la définition – qui doit beaucoup à Poiret – et les six traits donnés par Leszek Kolakowski, *Chrétiens sans Église. La conscience religieuse et le lien confessionnel au XVIIe siècle* [1969], A. Posner (trad.), Paris, Gallimard, 1987, p. 31-51 comme, avec une circonspection analogue, l'introduction de Michel de Certeau, *La fable mystique*, Paris, Gallimard, 1982. L'ouvrage le plus récent sur la mystique au XVIIe siècle, Carlo Ossola, *et al.*, *Pour un vocabulaire mystique au XVIIe siècle. Séminaire du professeur Carlo Ossola*, éd. par François Trémolières, Turin, Nino Aragno, 2004, s'il multiplie les expressions littéraires de certains courants « mystiques » n'offre malheureusement que peu de secours à une détermination rigoureuse de la théologie mystique au XVIIe siècle. Nous ne croyons pas que l'on puisse se dispenser aisément des critères posés par Jean Dagens, Jean Orcibal et Louis Cognet, pour ne citer qu'eux : du moins reste-t-il à en faire la preuve. Il faudrait aussi apporter la preuve que l'on puisse faire l'économie d'une histoire de la réception de la *Théologie mystique* (1402-1408) de Jean Gerson.

2. Le vocabulaire de la fusion se maintient chez Bérulle, y compris dans les textes tardifs les plus « prudents ». Sur Bérulle et Denys le pseudo-aréopagite, voir en particulier Paul Cochois, « Bérulle et le Pseudo-Denys », *Revue de l'histoire des religions*, 1961, 2, p. 173-204 et « Bérulle, hiérarque dionysien », *Revue d'ascétique et de mystique*, 147, 1961, p. 314-353 et 151, 1962, p. 354-375.

3. La prise en compte de ce courant, *via* son avatar bérullien, suffirait à contester l'idée selon laquelle le concept cartésien de résolution serait nécessairement à rapporter au volontarisme ignatien : si l'on devait entrer dans la recherche des sources le choix du mot

l'absorption – volontaire – de la volonté humaine dans la volonté divine. On trouve l'expression la plus remarquable de ce volontarisme mystique chez un auteur capital non seulement pour Bérulle, mais aussi pour son influence, qu'on ne saurait surestimer, sur toute la littérature de dévotion du XVIIe siècle. Il s'agit du capucin Benoît de Canfeld : sa *Règle de perfection*, dont la composition commence sans doute dès avant 1593 (l'*Exercice de la volonté de Dieu*) et va jusqu'aux publications de 1610[1], connut plus de quarante éditions au XVIIe siècle. Avec ce que l'on peut considérer comme un « traité de la déification »[2], Benoît de Canfeld est considéré à juste titre comme le meilleur représentant de ce qu'on appelle l'École abstraite[3]. La thèse première de la *Règle de perfection* est que la volonté de Dieu est Dieu même. Et la première conséquence de ce volontarisme mystique est que « cette fusion des volontés par laquelle l'âme s'unit à l'essence même de Dieu doit être forcément une union directe et sans intermédiaires car l'âme ne saurait être parfaitement satisfaite tant qu'elle trouve quelque chose entre elle et Dieu »[4]. *Nulla creatura interposita*, comme dirait saint Augustin[5], en une formule qui sera si essentielle à Malebranche[6] ! Pas d'intermédiaire, pas d'interposition, pas de moyen, pas de medium. Benoît de Canfeld dit avec la dernière netteté : « Nul moyen ne doit ici moyenner [*sic* !] entre l'âme et cette volonté essentielle ou essence de Dieu, mais cette seule fin, sans aucun moyen, nous doit attirer à elle et nous élever à

même de *meditatio* nous paraîtrait devoir davantage à son concept bérullien (élévation) qu'à celui, ignatien, d'exercice.

1. Sur les strates complexes de la rédaction et la chronologie des publications, voir l'introduction de Jean Orcibal à Benoît de Canfeld, *Règle de perfection*.

2. Jean Orcibal, « Divinisation, V. 1. Benoît de Canfeld », *Dictionnaire de spiritualité*, Paris, Beauchesne, 1957, t. III, repris dans *Études d'histoire et de littérature religieuses*, éd. par Jacques Le Brun et Jean Lesaulnier, Paris, Klincksieck, 1997, p. 409-418, col. 1446 ; voir aussi *La rencontre du Carmel thérésien avec les mystiques du Nord*, Paris, PUF, 1959, p. 9-12.

3. La troisième partie de la *Règle de perfection*, que Benoît refusa d'imprimer en 1609, car il en juge l'objet « n'être propre ni convenable au commun », traite « seulement des choses abstraites de haute contemplation et de l'essence de Dieu », Préface de 1608 ; voir Jean Orcibal, *La rencontre du Carmel thérésien avec les mystiques du Nord*, p. 10.

4. Louis Cognet, *Le crépuscule des mystiques*, p. 24 ; voir aussi Jean Orcibal, « Divinisation, V. 1. Benoît de Canfeld ».

5. *De vera religione*, LV, 113, BA 8, 188 ; *De Genesi ad litteram*, XVI, 59-60.

6. Nous aurons à revenir ailleurs sur l'usage fondamental et récurrent que Malebranche fait de cette citation de saint Augustin, dès la préface à la *Recherche de la vérité* (OCM, I, 10 : « non enim est ulla natura interposita » ; voir aussi, entre autres occurrences, dans les *Lettres… à Arnauld*, OCM VI, 206 et VIII, 873). S'il y a un bérullisme de Malebranche, c'est à partir de cette proposition qu'il faut le chercher : sa christologie en est le premier enjeu.

l'heureuse vision et contemplation d'icelle »[1]. C'est en particulier en raison de cette radicale absence de médiation que les commentateurs parlent d'École abstraite : tout le créé doit être nié pour accéder à la parfaite « nudité » de l'esprit nécessaire à l'union fusionnelle avec Dieu. Or cette « nudité », c'est précisément ce que permet d'atteindre l'anéantissement ; d'où le néantisme radical de l'École abstraite[2].

Tout le créé doit donc être transcendé, nié, dépassé. Tout le créé ? « Le problème se pose de savoir si l'humanité du Christ doit être comprise elle aussi parmi ces éléments créés qu'il faut finalement dépasser pour trouver la seule essence divine. A cette question, les mystiques rhéno-flamands, à la suite d'Eckhart, ont dans l'ensemble répondu par l'affirmative, et leurs vues semblent avoir trouvé de nombreux partisans parmi les spirituels français du XVIIe siècle »[3]. Ce n'est évidemment pas dire que la mystique puisse se passer du Christ ; tout au contraire, il est la seule voie d'accès à Dieu – entendons : l'humanité du Christ est la seule voie d'accès à la divinité de Dieu. Mais cette voie elle-même doit être finalement dépassée[4]. Or c'est là précisément que Bérulle se sépare de Benoît de Canfeld et de

1. *Règle de perfection*, 3e partie, chap. II, p. 339.

2. Nous nous permettons de le répéter : c'est d'abord à Benoît de Canfeld et à son annihilationnisme radical qu'eût dû d'abord être consacré un exposé sur la mystique et le néant.

3. Louis Cognet, *Le crépuscule des mystiques*, p. 24 ; voir aussi Jean Dagens, *Bibliographie chronologique de la littérature de spiritualité et de ses sources (1501-1610)*, Paris, DDB, 1952, p. 307 *sq.*

4. Voir la *Règle de perfection*, 3e partie, chap. I et le commentaire de Louis Cognet, *Le crépuscule des mystiques*, p. 29. Cette thèse problématique a valu au « pur mysticisme » abstrait, français, des oppositions importantes dès les premières années du XVIIe siècle – nous entendons des réticences de la part de ceux-là mêmes qu'on considère ordinairement comme des mystiques en raison des expériences, extases ou ravissements dont ils sont favorisés, singulièrement au Carmel, que Bérulle précisément venait d'installer en France. Jean Orcibal cite un témoignage qui illustre ces réticences avec force. Bérulle avait réussi à convaincre Anne de Lobera (Anne de Jésus, 1545-1621, compagne de saint Thérèse d'Avila, fondatrice de divers couvents en Espagne, éditrice de ses œuvres et gardienne la plus fidèle de sa mémoire) de venir à Paris pour fonder le premier couvent du Carmel. La fondation eut lieu le 18 octobre 1604. Une lettre qu'elle adresse six mois plus tard à un évêque espagnol marque tout son étonnement – et sa désapprobation – devant la piété néantiste française. Voici ce qu'elle écrit des premières novices du Carmel parisien : « J'ai soin qu'elles considèrent et imitent Notre-Seigneur Jésus-Christ, car ici on se souvient peu de lui : tout se passe en une simple vue de Dieu. Je ne sais comment cela se peut faire. Depuis le séjour du glorieux saint Denys, qui écrivit la *Théologie mystique*, tout le monde a continué de s'appliquer à Dieu par suspension plutôt que par imitation. C'est là une étrange manière de procéder ; en vérité, je ne l'entends point » (Jean Orcibal, *La rencontre du Carmel thérésien avec les mystiques du Nord*, p. 14). On ne saurait pointer mieux l'opposition : application à Dieu par suspension (union) *vs* imitation de Jésus-Christ.

l'École abstraite[1] : car, comme tous les historiens de la spiritualité l'ont souligné, sa dévotion est entièrement – et de plus en plus – centrée sur le mystère de l'Incarnation. Dans les *Conférences* aux oratoriens (les *Collationes* de 1611-1615), le Christ est devenu « l'unique sujet »[2]. S'il ne fait aucun doute que la première œuvre de Bérulle, le *Bref discours de l'abnégation intérieure* (1597)[3], est très proche de l'anéantissement abstrait – une abnégation sans aucune référence au Christ –, s'il est indéniable que Bérulle a été profondément influencé par Benoît de Canfeld et s'il n'a jamais renié la mystique abstraite, il n'est pas moins vrai que la méditation de l'Incarnation est absolument centrale chez lui[4] : qu'il suffise de songer à ces deux principaux livres : le *Discours de l'état et des grandeurs de Jésus* (1623) et la *Vie de Jésus* (1629, inachevée).

1. Voir Louis Cognet, « Bérulle et la théologie de l'Incarnation », *XVIIe siècle*, n° 29, 1955, p. 311-327. Mais cette séparation n'ira pas sans le maintien d'une thèse fondamentale sur laquelle reviendront les pages qui suivent : la créature n'est rien, car « si nous étions quelque chose [...] l'être de Dieu aurait fin où le nôtre commencerait », Benoît de Canfeld, *Règle de perfection*, III, 8.

2. Michel Dupuy, OC D I, p. XVI, qui renvoie à *Coll.* n° 12, c'est-à-dire (?), à « Haec autem simplex cogitatio efficiet ut huc illucque non discurrat animus, nec tamen sit otiosus sed satis superque occupatus. [...] Constans igitur sit nostra intentio, cogitatio, affectio et dispositio ad Iesum Christum Dominum Nostrum » (OC D 2, 13).

3. En réalité, il s'agit là en grande d'une adaptation du *Breve Compendio intorno alla Perfettione religiosa* d'Isabelle Bellinzaga (1588) ; voir Jean Dagens, « Notes bérulliennes : les sources du *Bref Discours de l'abnégation intérieure* », *Revue d'histoire ecclésiastique*, 27, 1931, p. 318-349, Jean Orcibal, *Le Cardinal de Bérulle*, chap. I et Stéphane-Marie Morgain, *Pierre de Bérulle et les Carmélites de France*, Paris, Cerf, 1995, p. 73-77. Il est plus que vraisemblable, comme Bourgoing le dit dans l'avertissement de 1644, OC M, col. 875 que ce soit dom Beaucousin qui ait *commandé* au jeune Bérulle cette adaptation (Jean Orcibal, *Le Cardinal de Bérulle*, p. 30 et Louis Cognet, *La spiritualité moderne*, I. L'essor : 1550-1650, p. 259-260). Nous devons à Jean-Robert Armogathe d'avoir attiré mon attention sur l'importance de Dom Beaucousin, non seulement pour son influence sur Bérulle, mais plus généralement pour le rôle décisif qu'il a joué dans la diffusion de la mystique rhéno-flamande à Paris ; il serait plus que souhaitable que nous puissions disposer d'un travail fiable le concernant.

4. Les historiens s'accordent à voir dès la retraite de Verdun (28 août-12septembre 1602), qui reste une méditation sur l'être de Dieu et le néant de l'homme, la mention décisive, et désormais définitive, du Christ : « C'est [...] dans les « notes de Retraite » que Jésus-Christ apparaît pour la première fois comme l'exemplaire et le modèle de cette abnégation totale, de cet anéantissement du moi humain, qui était, dès 1597 [*sc.* dans le *Bref discours de l'abnégation intérieure*], et qui restera toujours, pour Bérulle le vrai chemin de la perfection », dans Jean Dagens, *Bibliographie chronologique de la littérature de spiritualité et de ses sources (1501-1610)*, p. 184. OC M donne le texte de la retraite, col. 1289-1307. Reste que la « conversion » de Bérulle au christocentrisme a été graduelle : le Christ apparaît dans les Lettres de Bérulle en 1606-1607 : voir la *Correspondance*, I, p. 83 *sq.* et Jean Orcibal, *Le Cardinal de Bérulle*, p. 45.

D'où le problème initial constitutif du bérullisme : comment concilier une mystique de l'union, qui n'admet aucun intermédiaire et qui est obtenue par l'anéantissement, avec une dévotion à l'Incarnation, c'est-à-dire à l'humanité du Verbe ? Autrement dit, comment concilier un christocentrisme[1] principiel avec le néantisme de l'École abstraite ? A ce problème répondront toute la christologie de Bérulle et, par conséquent, son anthropologie. Et dans cette réponse, les concepts proprement bérulliens de *néant* et d'*anéantissement* – puis la doctrine de l'adhérence[2] (et avec elle une dévotion de la servitude[3]) qui en est la première conséquence spirituelle – auront une fonction opératoire décisive.

Nous voudrions essayer de le suggérer dans les pages qui suivent, en nous appuyant principalement sur deux textes publiés dans les *Œuvres de piété*, prononcés avant et après la rédaction des *Grandeurs de Jésus*, probablement en 1614 et après 1627 – nous aurons recours également, pour les éclairer, à plusieurs discours et entretiens demeurés inédits jusqu'à leur publication par Stéphane-Marie Morgain dans le t. I, 5 des OC M en 1997[4]. Ce double choix est motivé par le souci de mettre en évidence une constante dans l'évolution même de la pensée de Bérulle. Quelques considérables que soient les difficultés chronologiques de la datation des textes de Bérulle, dues à l'évolution de sa pensée, difficultés principalement débrouillées par Jean Orcibal puis par Michel Dupuy[5], cette évolution

1. Le néantisme s'accompagne d'un théocentrisme de principe, qui caractérise encore le *Bref Discours*.

2. L'adhérence est une « transfusion en nous de la vie de Jésus » ; nous faisons nôtre la définition de Louis Cognet, *La spiritualité moderne*, I. L'essor : 1550-1650, p. 353-354 : « L'adhérence est en quelque façon une participation à l'union hypostatique et, du même mouvement, elle nous fait entrer en Dieu ».

3. Depuis Henri Bremond, plusieurs ouvrages de qualité ont porté sur cette doctrine, qui n'intéresse pas directement le présent propos : Paul Cochois, *Bérulle et l'École française*, Paris, Seuil, 1963, Michel Dupuy, *Bérulle et le sacerdoce. Étude historique et doctrinale. Textes inédits*, Paris, Lethielleux, 1969 et Richard Cadoux, *Bérulle et la question de l'homme. Servitude et liberté*, Paris, Cerf, 2005.

4. Ces *Notes et entretiens* restent à exploiter : le P. Morgain, à la suite de Jean Orcibal et de Michel Dupuy, a fait un travail d'édition remarquable, principalement à partir des archives des monastères des carmélites dont Bérulle a été le supérieur (depuis 1603) puis le visiteur (onze visites canoniques, entre le 18 août 1614 et le 23 août 1628) et de celles de l'Oratoire. Bien qu'il s'agisse de textes de seconde main, et qu'ils aient été, pour beaucoup d'entre eux, suscités par les fêtes liturgiques, ils sont d'un très grand intérêt.

5. Après Jean Orcibal « Les œuvres de piété du cardinal de Bérulle. Essai de classement des inédits et conjectures chronologiques », *Revue d'histoire ecclésiastique*, 57, 1962, 3-4, p. 813-862 puis *Le Cardinal de Bérulle*, voir les pages nuancées de Michel Dupuy dans l'introduction générale aux OC D, « Une pensée en mouvement ». Louis Cognet, dans *La*

paraît indiscutable, qui, donnant à l'Incarnation une place de plus en plus centrale, conduit de l'adoration du Père et de la contemplation de son dessein (l'Incarnation) à la pensée simple (*simplex cogitatio*) du Verbe incarné, puis de celle-ci à la contemplation des *états* de Jésus. L'évolution retracée par les commentateurs est donc celle qui aboutit à une théologie toujours plus christocentrée, jusqu'à *La vie de Jésus* : nous passons d'un christocentrisme de la *subsistence*[1] de Jésus à un christocentrisme de ses *états*[2]. N'est-ce pas dire que l'évolution de la christologie bérullienne s'accompagne d'un recul progressif de sa part métaphysique[3] ? Mais pour autant, l'articulation des états et de l'être, de la christologie et de la métaphysique, nous paraît constituer une constante du bérullisme. Quelle que soit donc l'accentuation du christocentrisme dans la théologie de celui qu'Urbain VIII a appelé l'« Apôtre du Verbe incarné », par laquelle le Christ est devenu toujours plus « l'unique sujet », nous paraît essentiel que jamais elle ne se soit accompagnée de la volonté de se séparer d'une métaphysique – bien plus, la théologie de Bérulle est, en son fond même et plus que quiconque au XVIIe siècle, indissolublement christologie et métaphysique. Bérulle ne cesse jamais d'être un penseur de l'être, plus exactement de l'*analogia entis* – analogie qui prend précisément pour lui le nom de *religion*[4]. Et c'est l'Homme-Dieu Jésus-Christ « qui réalise l'acte de

spiritualité moderne, I. L'essor : 1550-1650, p. 328, notait : « La pensée de Bérulle ne peut être bien ressaisie qu'à travers son devenir historique. »

1. Nous conservons à la subsistence (*subsistentia : hypostasis*) bérullienne son orthographe traditionnelle, comme la plupart des commentateurs et OC D.

2. Les emplois du concept d'état se sont eux-mêmes modifiés : sur cette évolution, voir les pages synthétiques de Jean Orcibal, *Le Cardinal de Bérulle*, chap. III, puis la thèse minutieuse de F. Guillén Preckler, *« État » chez le cardinal de Bérulle. Théologie et spiritualité des « états » bérulliens*, Rome, Université grégorienne (Analecta gregoriana), 1974 et son ouvrage, *Bérulle aujourd'hui (1575-1975). Pour une spiritualité de l'humanité du Christ*, Paris, Beauchesne, 1978.

3. Michel Dupuy n'en est pas moins fondé à remarquer qu'« adorer la volonté du Père d'envoyer le Fils est aborder l'Incarnation par le biais de l'idée divine, ce qui est en accord avec une pensée platonicienne portée à abstraire » (Introduction générale, p. XVII) – si par là on souligne que la « méthode » de Bérulle ne recourt jamais à l'imagination, chère à sainte Thérèse comme à saint Ignace (ce que l'on pourrait nommer leur anthropocentrisme, eût-il le Christ pour unique objet).

4. Hans Urs von Balthasar, « Métaphysique des saints », p. 172, y insiste d'emblée dans les pages très synthétiques qu'il consacre à Bérulle : « Il faut parler ici de « métaphysique » dans la mesure où toute la théologie de l'Oratoire s'enracine à nouveau dans le rapport fondamental de l'*analogia entis* dont l'expression pour la créature est la *religio*, c'est-à-dire la réalisation de la sublimité infinie et de la souveraineté de Dieu au-dessus du néant ontologique de la créature ».

religion ; il est l'analogie pleinement réalisée »[1]. Faute de pouvoir ici mettre en évidence cette constante fondamentale du bérullisme à partir de sa doctrine de l'Incarnation elle-même, nous voudrions donc nous efforcer de l'aborder, conformément à l'objet du présent colloque, à partir du concept de néant.

ANNIHILATION, ABNÉGATION, EXINANITION

Une *collatio*[2] de juillet 1614 permet de préciser le vocabulaire de l'anéantissement, du moins en latin, car le mot français peut être employé pour les trois sens envisagés – comme le verbe latin *annihilare*, qui convient pour les trois concepts. Le concept d'*annihilatio* est général. Il comprend deux espèces connues, l'*abnegatio* et l'*exinanitio*, et une troisième, inconnue, et qui n'a donc pas de nom propre.

L'abnégation est à la fois volontaire et négative : elle consiste à *exclure* de la recherche de l'âme tout ce qui n'est pas Dieu, entendons non seulement les diverses affections mondaines de l'âme, pensées inutiles, mais aussi et surtout la recherche par l'âme d'elle-même[3] : « Par l'abnégation, l'âme bannit d'elle-même tout ce qui est contraire à la pureté, je veux dire les mouvements de nos passions, tous les désirs vains, les pensées inutiles et, en outre, tout ce qui pour l'âme n'est pas recherche de Dieu purement et simplement, mais d'elle-même »[4]. L'abnégation est ainsi la

1. *Ibid.*, p. 173. Sur le concept bérullien de « voie de religion » et d'« exercice de religion », voir en particulier le n° 117 des OP, OC D 3, 323.

2. *Collationes*, OC D 2, 210-213 = OC D 1, 234-239. Sur l'origine et les circonstances des premières *Coll.*, voir Michel Dupuy, *Bérulle et le sacerdoce. Étude historique et doctrinale. Textes inédits*, chap. VI.

3. Il y a là un point d'anti-augustinisme qui ne nous paraît pas avoir été remarqué : l'âme ne saurait trouver Dieu au plus intime d'elle-même, puisque ce à quoi tend sa nature, c'est au néant. Cela n'est pas sans rapport avec la lecture métaphysique – scotiste – que Bérulle fait du second Concile d'Orange, canon 22 : « Nul n'a en propre que le mensonge et le péché, Nemo habet de suo nisi mendacium et peccatum » (DS 392). Voir par exemple la *collatio* d'août 1615, passablement anti-augustinienne : « Nous devons nous humilier jusqu'aux enfers. Car c'est notre lieu [...]. Pour y descendre plus facilement, nous devons nous pénétrer de cette pensée, à savoir que nous ne possédons rien que le néant et le péché [...] » (OC D I, 319-320 = 2, 285). La thèse de Duns Scot indéfiniment méditée par Bérulle est celle selon laquelle la créature, d'elle-même, tend au néant (creatura tendit in non esse) (In II *Sent., dist.* 1, q. 3, Lyon, 1639, t. VI, 1, p. 42 *sq.*, en part. la ratio 5), thèse qui fonde également la doctrine de la création continuée.

4. OC D 1, 234-235 = 2, 210 : « Per abnegationem anima excludit a se quicquid puritati contrarium est, omnes, inquam, passionem nostrarum motus, omnia uana desideria, inutiles cogitationes, et ea insuper in quibus non pure Deum quaerit anima, sed seipsam ». La

condition nécessaire pour que l'amour puisse pénétrer dans l'âme, de sorte que « si l'âme s'anéantit tout entière, l'amour envahira aussi l'âme entièrement, puisqu'il ne trouvera en elle rien d'elle-même, et c'est pourquoi elle pourra dire : « Je vis, non plus moi, mais c'est le Christ qui vit en moi » »[1]. L'abnégation consiste donc – c'est à ce point que se réduit le volontarisme initial de Bérulle – à ôter les obstacles : « Nostrum est remouere dumtaxat impedimenta »[2]. L'abnégation est-elle alors vouloir de sa propre fin ? Lorsque nous aurons fait abnégation de tout, n'y aura-t-il plus abnégation ? L'amour parfait met-il un terme à l'abnégation ? Non pas[3] : nous en verrons la raison dans un instant.

L'*exinanitio* est la modalité proprement christique de l'*annihilatio*. L'hymne aux Philippiens est l'objet constant de la méditation bérullienne, de la Retraite de Verdun à la *Vie de Jésus*[4] : « Lui qui était de condition divine, ne se prévalut pas d'être l'égal de Dieu, mais il s'anéantit [exinanivit] lui-même » (*Philippiens* 2,6). L'interprétation bérullienne de la kénose insiste à chaque fois sur la duplicité de l'exinanition du Christ, par nature et par servilité (*forma servi*)[5] : « [...] dans le Christ Seigneur il y a deux sortes d'anéantissement, à savoir, d'une part celui de la personne humaine, puisque la nature humaine en lui ne subsiste pas avec sa personnalité propre[6], et d'autre part l'anéantissement de sa divinité puisqu'il n'apparaît

traduction française glose à juste titre purement et simplement : le propos de Bérulle n'est pas moral, il s'agit bien de rechercher Dieu seul.

1. OC D 1, 235 = 2, 210 : « Si vero totam se anima annihilaverit, totam etiam animam occupabit, nihil ipsius in ea reperiens ; ex quo dicere poterit : « Vivo ego, iam non ego : vivit vero in me Christus » » (sur la centralité de ce verset dans la pensée de Bérulle, voir Henri Bremond, *Histoire littéraire du sentiment religieux*, chap. II, B, § 5). L'autorité de saint Paul prouve également la *possibilité* d'un moyen divin d'anéantissement de l'âme, puisque l'apôtre l'a connu. De façon plus générale, la citation de *Galates* 2, 20 est essentielle à la pensée de Bérulle, qui prend ce verset dans toute sa radicalité métaphysique.

2. OC D 1, 237 = 2, 212.

3. Et, si l'on peut dire, de moins en moins ; le discours II des *Grandeurs*, § 3, dira l'Incarnation comme « amour anéantissant et anéantissement d'amour ».

4. Voir Jean Orcibal, *Le Cardinal de Bérulle*, p. 91-96.

5. Cette dernière deviendra le fondement de la servitude. Parmi de nombreux textes, en voici un probablement contemporain de celui que nous commentons : « Exinanition double, c'est à savoir : et par la condition essentielle de la nature à laquelle il s'allie, toute nature créée étant esclave de Dieu et portant la servitude vers lui enclose dans le fond de son être et dans son essence, sans en pouvoir être aucunement exemptée ; et en outre, exinanition par l'état servile dans lequel il entre en s'alliant à cette nature, ou si vous voulez, par l'état servile de la nature à laquelle il s'allie ». (OP, n° 11, OC D 3, 53).

6. Nous n'avons pas à traiter ici des difficultés théologiques que de telles expressions ont pu susciter, dès lors qu'elles supposent la thèse de la privation de la subsistence de la personne humaine du Christ : le Verbe est la subsistence de sa propre humanité (accusations de

pas dans la majesté mais dans « la forme d'un esclave » »[1]. Nous avons affaire ici à l'un des thèmes les plus célèbres de la doctrine bérullienne, qu'il est inutile de développer. Ce qu'il importe de souligner en revanche, c'est la radicalité de l'interprétation qu'elle permet, dès lors que la contradiction qu'implique l'Incarnation pour la nature divine (anéantissement de Dieu lui-même) sert d'analogon pour penser l'incompréhensible anéantissement d'une âme humaine pourtant immortelle : « Si l'on avait demandé à tous les anges [...] [avant l'Incarnation], ainsi qu'à tous les hommes, s'il était possible d'indiquer un moyen grâce auquel Dieu aurait pu véritablement s'anéantir, [et] véritablement mourir, tous en même temps d'une seule voix auraient déclaré que cela était impossible, et que, bien plus, cela répugnait à la nature de Dieu. Et pourtant Dieu, sa sagesse a trouvé ce moyen absolument ineffable »[2]. L'Incarnation implique contradiction, mais le fait est là : par la communication des idiomes[3], on peut dire en toute vérité que Dieu s'est anéanti lui-même, que Dieu est mort : « vere dicimus Deum esse mortuum »[4]. Un entretien que l'on peut vraisemblablement dater de la même époque (vers 1614) note : « Anéantissement par adjonction de la divinité à une nature qui est néant et qui ne pouvait être fait que par son Dieu. Il n'appartient qu'à Dieu de s'anéantir soi-même[5] et Dieu ne pouvait, par sa toute puissante sagesse, opérer une autre plus parfaite manière d'anéantissement de soi-même que celui qu'il a pratiqué au

nestorianisme ou monophysisme, Jean Orcibal, *Le Cardinal de Bérulle*, p. 114 *sq.*, à la suite de Paul Cochois). Nous nous contentons de souligner que l'absence de personnalité humaine de Jésus est véritablement un principe, sans lequel l'anéantissement humain resterait impensable. Pour le dire sommairement, ce n'est pas la vertu d'abnégation qui trouve son excellence dans le Christ, c'est l'absence de subsistence propre de la personne humaine du Christ qui fonde l'anéantissement.

1. OC D 1, 235 = 2, 211 : « [...] in Christo Domino duplicem fuisse exinanitionem, unam videlicet personae humanae cum per personalitatem propriam non subsistat in ipso natura humana, et aliam Divinitatis suae exinanitionem cum non appareat in maiestate sed "in formam servi" ».

2. OC D 1, 235-236 = OC D 2, 211 : « Si ab omnibus Angelis [...] et ab omnibus etiam hominibus quaesitum fuisset an aliquis modus dari potuisset quo Deus uere annihilari, uere mori potuisset, omnes una voce dixissent id esse impossibile, imo repugnare diuinae naturae, et tamen Deus illum ineffabilem plane modum inuenit sua sapientia [...] ».

3. Le mystère trinitaire témoigne de ce que Dieu échappe au principe de non-contradiction.

4. OC D 2, 211.

5. De nouveau, loin que Dieu soit impuissant en ce qu'il ne peut s'anéantir, il le peut, et le mode de son anéantissement témoigne au contraire de la toute puissance de sa sagesse. Ce qui eût pu n'être attribué qu'à la *potentia absoluta* divine – le « mystère d'anéantissement – a eu lieu en l'Incarnation.

mystère de l'Incarnation »[1]. L'analogie vaut alors, qui permet de concevoir l'anéantissementd'une âme immortelle : « Qu'y a-t-il d'étonnant alors à ce qu'il [*sc.* Dieu] puisse trouver le moyen pour l'âme, qui est par sa nature immortelle, de s'anéantir elle-même ? »[2].

C'est donc le mode divin de l'anéantissement (l'*exinanitio* comme *annihilatio*) qui permet de penser l'anéantissement de l'âme (*abnegatio* et *annihilatio*)[3] : réciproquement, l'*abnegatio* est la modalité humaine de l'*annihilatio*, dans l'état de grâce (dans lequel, nous l'avons vu, opère le couple de l'abnégation et de l'amour). Il y a plus : il faut penser un *certain mode de l'anéantissement* dans l'état de gloire lui-même – bien que ce mode nous soit inconnu. Pour Bérulle, l'*annihilatio* vaut même suprêmement dans l'état de gloire, puisque selon 1 *Corinthiens* 15,28[4] : « *Deus erit omnia*, Dieu tiendra lieu de tout »[5]. Comment se fera cet anéantissement de l'âme (*annihilatio animae*) là-bas, nous l'ignorons ; mais elle ne se fera pas moins, puisque Dieu sera tout – de même que nous ignorons, dans le fond, *comment* penser l'être annihilée de l'âme après l'abnégation ici-bas. Pourtant « il est certain qu'il n'y a plus en elle que Dieu et que c'est Dieu seul qui opère »[6]. Pour concevoir cet inconnaissable, il faut non seulement faire de la métaphysique – en pensant l'être de la créature –, mais recourir à l'histoire de la métaphysique, voire, *horresco referens*, à la scolastique. Bérulle ne craint pas d'utiliser alors l'analogie avec le couple de la matière et de la forme – mais de façon pour le moins inattendue, car c'est la matière qui y est le modèle de l'âme[7] ! – : « Nous disons bien que la matière

1. NE n° 11, OC D 5, 49. La suite de la conférence articule métaphysique et morale dans l'anéantissement humain par analogie avec l'Incarnation : « Il faudrait pour honorer cela que nous-mêmes soyons anéantis et que Dieu par cet anéantissement sien opérât en nous anéantissement. Comme Dieu nous a tirés du néant, aussi peut-il nous anéantir d'une manière connue à lui seul [impensable donc, fût-ce par les anges], sans destruction de notre être, comme il a trouvé une sorte d'anéantissement en sa divinité sans anéantir son être divin ».

2. OC D 1, 236 = 2, 211 : « [...] quid mirum si etiam inuenire potest modum quo ipsa anima, quae ex sua natura immortalis est, annihilatur ? »

3. Dés l'origine, remarque Jean Orcibal, *Le Cardinal de Bérulle*, p. 94, kénose et abnégation sont liées.

4. « Deus omnia et in omnibus ipsis beatis futurus sit ».

5. *Ibid.*

6. OC D 1, 236 = OC D 2, 211 : « Ita etiam, cum se communicat animae post supra dictam abnegationem, est quidem annihilata : quo autem modo nescimus, sed certum est Deum solum in ea esse, illum solum operari ».

7. Voir aussi OP n° 289, OC D 4, 319 : « [...] l'esprit de Jésus [...] animant, appliquant, remplissant notre esprit, comme la forme remplit la matière », et surtout OP n° 301, OC D 4, 361 : « L'esprit de l'homme doit être « pure puissance » au regard de l'Esprit de Dieu qui est la forme des formes et l'esprit des esprits. Je ne sais si la matière est « pure puissance ». Car notre

première n'est presque rien, bien qu'elle soit pourtant le principe passif du composé lui-même, et que c'est la forme seule qui donne l'être de la chose, forme qui achève le composé lui-même et par laquelle seule le composé opère; de la même manière nous disons que l'âme garde certes son être mais que son être n'est presque rien et même n'est vraiment rien, puisque c'est l'esprit de Jésus qui la mène à sa perfection »[1]. Mais – c'est précisément la limite de l'analogie[2] – il n'opère pas « à la manière d'une forme, mais à la manière d'un principe qui opère vraiment en elle d'une manière plus noble qu'elle n'opérerait toute seule par elle-même »[3]. Il faut donc penser que « l'amour annihilant de Dieu puisse avoir une manière d'annihiler l'âme, bien que nous ignorions cette manière ». Cette manière, nous ne la connaissons pas; elle n'en est pas moins possible. Saint Paul l'a connue, lui qui dit – on retrouve ici la citation capitale de *Galates* 2,20 : « Je vis, non plus moi, mais c'est le Christ qui vit en moi »[4]. L'abnégation consistait, dans l'état de grâce, à ôter les obstacles. Mais même dans l'état de gloire il y aura anéantissement. Comment, nous l'ignorons. Ce que nous ne pouvons connaître, nous pouvons l'espérer, et même nous pouvons le penser

connaissance ne met rien dans la nature qui ne varie point selon la variété des opinions des philosophes. Mais il importe beaucoup de connaître que notre esprit doit être « pure puissance » au regard de l'Esprit de Dieu ». Voilà bien une seconde révolution copernicienne !

1. OC D 1, 236 = 2, 211 : « Et quemadmodum dicimus materiam primam esse prope nihil, cum tamen sit principium passivum ipsius compositi, formam vero eam solam esse quae dat esse rei, quae ipsum perficit compositum et per formam solam compositur operetur, sic dicimus animam quidem suum esse retinere sed illius esse prope nihil esse, imo vere nihil, cum spiritus Jesu Christi illam perficiat [...] ». Sur le principe *forma dat esse rei*, voir notre *Causa sive ratio. La raison de la cause, de Suarez à Leibniz*, Paris, PUF, 2002, en particulier p. 67-68.

2. R. Bellemare, *Le sens de la créature dans la doctrine de Bérulle*, qui commente ce texte en y soulignant des aspects assez différents de ceux qui nous intéressent, p. 64-67, parle d'une « analogie, fort délicate, mais tempérée des correctifs nécessaires » ! Jean Orcibal, « Une formule de l'amour extatique de Platon à saint Jean de la Croix et au cardinal de Bérulle », in *Mélanges offerts à Étienne Gilson*, Toronto – Paris, Pontifical Institute of Mediaeval Studies – Vrin, 1959, p. 447-463, repris dans *Études d'histoire et de littérature religieuses*, p. 459, cite également ce texte en soulignant l'effort fait par Bérulle dans cet « exposé technique » « pour commenter le Deus omnia in omnibus sans verser dans le panthéisme ».

3. OC D 1, 236 = 2, 211 : « [...] non ad modum formae sed ad modum principii vere operantis in ea modo nobiliori quam ipsamet per seipsam operaretur ». Le moins que l'on puisse dire est que la distinction de principe et de forme, supposant une sorte d'effet d'indignité de celle-ci, demanderait une explicitation, même si le but de la correction est évident : empêcher que l'analogie ne suggère une *composition* de l'âme et de Dieu comme il y a composition de matière et de forme. Il y a donc une communication, une opération de Dieu sans composition aucune : voir R. Bellemare, *Le sens de la créature dans la doctrine de Bérulle*, p. 66-67, n. 48.

4. OC D 1, 237 = 2, 212.

possible : après l'abnégation, Dieu peut produire « un autre anéantissement, sans aucun doute, de l'essence même de l'âme »[1]. Ainsi Bérulle peut-il donner un plein statut métaphysique au verset 6 du Psaume 38 : « Substantia mea tanquam nihilum ante te » – dont la vérité non seulement ne perd rien à être écrite, mais demeurera même dans la gloire.

Récapitulons le rapport au néant de ces deux opérations divines que sont la création et l'Incarnation, et par là précisons leur propre rapport, en mentionnant un texte sans doute à peu près contemporain de celui que nous venons de présenter[2]. Créer, pour Bérulle, c'est tirer du néant tout en laissant la chose créée *dans* le néant – d'où la nécessité de penser la création continuée[3]. Dans la création, Dieu tire la créature du néant et la laisse dans

1. OC D 1, 237 = 2, 212 : « [...] agnoscamus aliam ei possibilem [...] annihilationem ipsiusmet videlicet essentiae animae »..

2. OP n° 11, OC D 3, 52-53; cette pièce peut remonter aux années 1613-1614 (R. Bellemare, *Le sens de la créature dans la doctrine de Bérulle*, p. 24-27, en la croyant plutôt de l'Avent 1612, insiste au contraire sur la rareté des formules employées dans ce texte, dont il voit la source dans la lecture que Bérulle aurait faite de Bovelles, même sans rien devoir à sa doctrine), mais, comme le remarque Michel Dupuy, elle annonce par ailleurs les *Grandeurs*.

3. Voir par exemple les *Grandeurs*, II, VI ou VI, VI, OC M, col. 168 et 251. Dieu est « toujours nous produisant et tirant du néant, tellement que, s'il cessait de penser à nous, d'opérer en nous et de nous produire au même moment, nous cesserions d'être » (*Correspondance*, 3, 321 *sq.*). Voir aussi, entre de nombreux textes : OP n° 166, OC D 4, 3 : « L'homme est tiré du néant, et est comme un néant qui ne peut ni être ni agir hors la main de Dieu, ni agir qu'avec Dieu, c'est-à-dire autant que Dieu le fait agir » (« comme le remarque justement Michel Dupuy, Bérulle dit « tiré du néant », et non « a été tiré du néant », marquant par là la continuité de la création); OP n° 175, pt 7, OC D 4, 25 : « Selon la meilleure théologie la conservation de Dieu au regard de ses créatures n'est autre chose qu'une continuée production des mêmes créatures »; ou les passages remarquables du n° 173, qui réaffirment la création continuée en enfer même : « Dieu pouvait lui donner un autre être, ou ne lui point donner cet être. Mais il ne se pouvait pas faire qu'il ne lui donnât point ce mouvement en la produisant hors de soi-même. C'est le mouvement perpétuel, cherché et ignoré des philosophes. C'est le mouvement du Créateur dans la créature. C'est le premier et le plus important rapport qu'elle puisse avoir. C'est un mouvement que le péché qui fait mourir un Homme-Dieu dans la croix ne peut faire mourir dans la créature même, dans l'enfer, dans le royaume du péché, et l'éternité même ne le pourra effacer » (OC D 4, 21) et du n° 211 : « Il nous a référés à lui-même et ce mouvement est inséparable de la créature et durera voire dans l'enfer même, c'est-à-dire tant que la créature durera en son être » (OC 4, 109). A vrai dire le thème de la création continuée est traditionnel dans tout le néo-platonisme chrétien, depuis Denys lui-même (*Hiérarchie céleste*, chap. 13) : voir par exemple, parmi les sources possibles les plus proches de Bérulle, Luis de León, cité par Jean Orcibal, *Le Cardinal de Bérulle*, p. 57 puis p. 100-101 (Orcibal renvoie également à Lessius). Jean-Louis Vieillard-Baron, dans « L'image de l'homme chez Descartes et chez le cardinal de Bérulle », *Revue philosophique de la France et de l'Étranger*, 1992, 4, p. 403-419, voit dans ce thème l'unique point de rencontre en métaphysique entre Bérulle et Descartes. Mais la différence des causalités selon lesquelles

le néant, *ex nihilo in nihilo*. Dans l'Incarnation, Dieu tire une créature (l'humanité de Jésus) du néant mais la produit *dans* son être même (privation de subsistence humaine de Jésus). Bérulle lui-même conçoit création et Incarnation l'une par rapport à l'autre : « Dieu qui produit les créatures hors de soi dans le néant, veut en l'Incarnation produire une nature créée dans soi-même, dans son être, dans la Personne de son Verbe, et lui donner la subsistence du Verbe pour sa subsistence[1]. Voilà l'œuvre de l'Incarnation différent de celui de la création, où Dieu tire la créature du néant et la produit et la laisse dans le néant : « du néant dans le néant » »[2]. Cette théorie métaphysique de l'Incarnation est tout à fait caractéristique de Bérulle : si l'humanité de Jésus est privée de la subsistence propre à la personne humaine, la subsistence de toute créature ne se trouve à son tour que dans celle de Dieu – entendons désormais de Jésus[3]. « La privation de subsistence, de la personne humaine de l'humanité du Christ » est devenue l'archétype de l'abnégation du chrétien. L'Incarnation est donc le milieu entre la création et l'émanation (qui est production par Dieu de soi et en soi)[4]. L'émanation se dit : *ex Deo in Deo*; la création : *ex nihilo in nihilo*[5]; l'Incarnation : *ex nihilo in Deo*. Ainsi l'articulation des concepts

la création continuée est pensée par les néo-platoniciens modernes et par Descartes ôte au rapprochement une grande part de sa pertinence.

1. Voir aussi OP n° 189, § 4, OC D 4, 58 : en Jésus, Dieu tire la nature humaine « de son être humain dans l'être divin, par existence et subsistence communiquée, et par substraction de l'existence et subsistence humaine ».

2. OC D 3, 52-53.

3. Dès lors, le néo-platonisme de la création continuée se maintient, mais en mode mineur, car il se double de la doctrine, autrement caractéristique de Bérulle, de la subsistence ou de l'intégration de l'être / néant humain dans le Christ. Le maintien dans l'être se fait dans l'être de Jésus, « l'être de notre être », OP n° 226, OC D 4, 138. Les *Grandeurs* développent abondamment l'analogie : « O mon Seigneur Jésus, faites que je vive et subsiste en vous, comme vous vivez et subsistez en une personne divine ! Soyez mon tout, et que je fasse partie de vous en votre corps mystique, comme votre humanité est partie d'un divin composé subsistant en deux natures si différentes » (II, VI, OC M, col. 168). Et d'où, de nouveau, la thèse bérullienne de la relation, ou de l'être relatif de la créature, premier corollaire de sa doctrine de la subsistence.

4. Bérulle poursuit : « Au contraire, dans les émanations divines, Dieu produit de soi en soi-même son Fils unique et son Saint-Esprit. Et en l'Incarnation qui est moyenne entre la création et l'émanation et en cette qualité tient quelque chose de l'un et de l'autre, Dieu tire du néant et non de soi cette nature créée, mais il la produit et loge en soi-même, en son être et en l'une de ses subsistences » (OC D 3, 53).

5. R. Bellemare, *Le sens de la créature dans la doctrine de Bérulle*, p. 25-26, suggère que cette formule pourrait venir du *Liber de nihilo* de Bovelles, chap. VI : « Quod omnia creatura recepta sunt in nihilo eo non cedente et in nihilo subsistant, Que toutes les créatures ont leur lieu dans le néant, qui ne se retire pas devant elles, et subsistent dans le néant » (éd. et trad. Pierre Magnard modifiée, Paris, Vrin, 1983, p. 84).

d'anéantissement (*ex*, *in*) a-t-elle permis à Bérulle de constituer en système le rapport entre émanation, création et Incarnation. C'est à une autre systématisation que nous souhaitons en venir enfin, celle des néants eux-mêmes.

LE NÉANT A RAPPORT À DIEU

Le néant a rapport à Dieu. C'est au seul titre de cette thèse[1] que l'on peut comprendre que « nous devons avoir *un rapport* de nous-mêmes à Dieu ». Pour ce faire, il faut parler de nous : « Il est temps que nous parlions entre nous de *nous-mêmes*, de notre misère et condition [...] ». Or parler de nous, c'est parler de... Jésus *pénitent*. Car nous-mêmes, c'est « l'objet que l'Église nous représente » dans les semaines « où elle nous représente le Fils de Dieu en sa quarantaine ». Pour ce faire, l'Église, le jour de la Septuagésime[2], offre trois sujets à la dévotion des fidèles – qui sont autant de dogmes, la création, la chute et la réparation : « Et l'objet qu'elle nous présente, *c'est notre création*, notre chute en Adam, notre indigence d'un sauveur et réparateur de notre être », ou, selon une seconde formulation, « notre pèlerinage sur la terre en misère, en péché, en indigence d'un sauveur et réparateur de notre être ». Bérulle n'a pas choisi entre les deux formulations. Leur juxtaposition indique que, pour lui, penser la création, c'est penser la *misère* de l'homme. Si penser la chute, c'est penser le péché, penser la réparation c'est penser l'indigence de l'homme. A ces trois objets correspondent trois principes : Dieu, le premier homme, le Fils de Dieu. Par principe[3], il faut entendre ce par quoi les objets sont advenus, plus exactement, pour parler comme Bérulle, ce par quoi ces trois *états* sont advenus ; il faut donc nommer ce par quoi, ou plutôt ceux par qui, il y a eu création, chute et réparation : « Et partant nous avons en ce temps pour objet trois principes au regard desquels nous avons appartenance, dépendance et

1. OP n° 234, OC D 4, 154-156. La dernière page du manuscrit est perdue, nous ne la connaissons que par l'édition Bourgoing (O 1644 = OC M, n° 115). Toutes les citations qui suivent sont tirées de ces pages. Michel Dupuy infère de la grosse écriture de l'autographe qu'il a été écrit après la dégradation de la maladie d'yeux de Bérulle : il s'agit donc d'un texte tardif.

2. 70 jours avant Pâques, soit le troisième dimanche avant (en remontant) le premier dimanche de Carême.

3. Sur le concept de principe, et surtout sur l'idée des deux principes, voir en particulier OP 13, OC 3, 59-61, ainsi que les *Grandeurs* V, 8 ; voir aussi OP 209, OC 4, 99 : le Père, principe sans principe, y est principe des œuvres de la nature, le Fils, principe principié ou plutôt, comme dit Bérulle, principe émané, celui des œuvres de la grâce.

émanation[1] : *Dieu* en la création. *Le premier homme* en l'extraction de notre nature et en la source de notre état et condition[2]; homme [*sc.* Adam] principe de nature et de grâce s'il eût été fidèle, et maintenant principe de nature et de péché [Adam est le prototype, le principe de la nature humaine, et l'archétype, le type originel de notre condition présente]. *Le Fils de Dieu*»[3]. Les trois objets, les trois principes, et, partant, les *trois* néants doivent avoir pour effet une *disposition* de nous-mêmes eu égard à Dieu : nous mettre, ou nous laisser être mis par Dieu, en un *état*[4] de néant (ce que d'autres textes déjà rencontrés appellent anéantissement). De cette disposition, Bérulle décline les trois motifs : 1) le néant a rapport à Dieu, 2) le néant ne répugne pas à Dieu, 3) le néant est capable des volontés divines. Revenons sur ces trois motifs de l'anéantissement comme disposition.

« Au regard de Dieu il faut nous mettre par esprit et par grâce en un état de néant correspondant au néant duquel il nous a tirés par sa *puissance et bonté souveraine*. Car le néant a rapport à Dieu "qui appelle du néant à l'existence" »[5]. On reconnaît ici la *lettre aux Romains* 4,17 : « Qui vocat ea

1. Ces trois concepts disent la même chose : dépendre de, c'est appartenir à, référer à, ou émaner de… Toute la pensée de Bérulle est une pensée de la relation, ou de la référence, qui mériterait une étude autonome (voir les premières indications dans Jean Orcibal, *Le Cardinal de Bérulle*, p. 102 *sq.*). Le concept permet de nouveau d'opposer la science de Jésus-Christ à la science d'Aristote : « Dans ce monde, cette catégorie de la relation est une des plus petites, *tenuissimae entitatis* [dans le monde, c'est-à-dire selon Aristote, *Métaphysique* N, 1, 1088 a 22 !], et c'est la catégorie la plus puissante et la plus importante dans le monde de la grâce qui ne subsiste et ne consiste qu'en relation vers Dieu », OP n°249, § 1, OC D 4, 198. Descartes conservera, en des lieux décisifs, le vocabulaire de la référence : *Meditatio* IV, AT VII, 57, 14-15 : voluntas « […] praecipue fit, ratione cujus imaginem quandam et similitudinem Dei me referre intelligo ».

2. On soulignera la distinction entre nature, qui dit la création, et condition : extraction de notre nature, c'est-à-dire Adam en tant qu'en lui la nature humaine est extraite, c'est-à-dire créée; en revanche état et condition, ici synonymes encore, disent l'état de péché; Adam est source de notre état présent, ce que la suite explicite.

3. Migne donne, au lieu de « Le Fils de Dieu » : « Jésus-Christ, qui est le second Adam et le nouvel homme ». On observera que Dieu et le Fils de Dieu font ici l'objet d'une simple indication. La principialité du premier homme en revanche est rédigée et développée.

4. Sur les concepts de disposition puis d'état, après Henri Bremond *Histoire littéraire du sentiment religieux*, t. III, *La conquête mystique*, 1. L'école française; t. VII, *La métaphysique des saints*, Paris, Bloud et Gay, 1923, chap. II, § 3 et 1929, chap. III, § 2, voir la mise au point de Jean Orcibal, *Le Cardinal de Bérulle*, p. 85-91, l'ouvrage de F. Guillén Preckler, *« État » chez le cardinal de Bérulle. Théologie et spiritualité des « états » bérulliens*, *passim* et *Pascal et la philosophie*, p. 126-136.

5. C'est pourquoi la relation (référence, servitude) de la créature à Dieu est plus inaliénable que son existence même : « L'être n'est pas essentiel et nécessaire à la créature. Car une éternité s'est passée sans qu'elle fût. Mais si la créature est existante, si elle est crée,

quae non sunt tanquam ea quae sunt ». Cette citation est capitale : saint Paul pose que les choses qui ne sont pas et celles qui sont ont même statut devant Dieu. Il n'y a pas de privilège de l'existant sur le non existant, *omnia serviunt tibi*, disait le Ps 118,91 – il y en a d'autant moins que, diront les *Grandeurs*, « entre le néant et l'être de la nature, il n'y a rien d'*interposé*, et entre l'homme et le néant il n'y a rien qu'une paroi entre eux, et encore n'est-elle que de fange [...] »[1]. Autrement dit, Dieu connaît le néant[2] en tant que néant (non existant), il peut sur le néant, et peut vouloir le néant. « Le néant est dans l'étendue et circonférence de sa connaissance, de sa puissance, de sa bonté », *id est* de sa volonté[3]. C'est bien en ce sens que le néant a rapport à Dieu. Le néant n'a rapport à rien, sauf à Dieu. Si donc nous voulons avoir un rapport à Dieu, ce ne sera pas en tant qu'êtres – que nous ne sommes pas – mais au contraire en tant que néant. Ou plutôt, ce sera en tant que notre être est néant, car « il y a plus du néant que de l'être en notre être »[4]. Revenons-y : « Le néant est dans l'étendue et circonférence de sa connaissance, de sa puissance, de sa bonté; ainsi nous devons avoir *un rapport* de nous-mêmes à Dieu ». C'est bien en tant que nous sommes néant que nous pouvons avoir rapport à Dieu, ce que Bérulle explicite en deux temps. (a) « *Le néant ne répugne en rien* à Dieu » – il ne lui offre aucune résistance. Si l'on ose dire, en fait à la suite de Bérulle lui-même, il est facile (pour Dieu du moins) de créer *ex nihilo* : rien ne résiste. La même thèse apparaît superbement formulée dans une longue conférence adressée aux carmélites, très probablement tardive[5] : « Il n'y a chose quelconque si sujette à Dieu que le néant. Dieu en a créé toute chose et en a créé aussi facilement le ciel et la terre, les anges et les hommes, car le rien est à son entière disposition. Et d'autant moins que le néant peut par soi-même, d'autant plus il est dans la dépendance de Dieu ». Bref, le néant est *à disposition*. « Ainsi nous devons ne répugner non plus à son vouloir et ordonnance et à son opération que si nous n'étions point ». Entendons bien :

elle est dépendante, elle est servante du Créateur; et il est plus aisé d'effacer son être que sa servitude. Notre être est un rapport à Dieu », OP n°180, OC D 4, p. 39.

1. *Discours* IV, §7, OC M, col. 219; nous soulignons de nouveau cette idée : « nulla natura interposita ».

2. Sur la possibilité qu'a Dieu de connaître le néant, voir le dossier médiéval constitué in *Sur la science divine*, dir. par Jean-Christophe Bardout et Olivier Boulnois, paris, PUF, 2002.

3. On reconnaît ici la théologie de la volonté et de la toute-puissance héritière du scotisme.

4. OP, n° 52, OC D 3, 171.

5. NE n°10, OC D 5, 35 *sq.* (voir la notice de Stéphane-Marie Morgain); la citation se trouve p. 42. Le passage prend place dans une méditation sur l'abandon de la Vierge à son néant (voir aussi, entre de très nombreux textes, les *Grandeurs*, II, XII et XVII).

si nous étions pur néant, nous ne résisterions en rien à l'œuvre divine. Il faut donc nous penser comme néant, par là ne résister en rien à Dieu, et donc avoir du rapport à lui. C'est l'idée de notre *être* qui fait obstacle à Dieu, non l'idée que nous sommes néants. (b) D'où le concept essentiel chez Bérulle de *capacité*[1]. Le néant est capable de Dieu. « Le néant est *susceptible* et capable de toutes les volontés de Dieu. Ainsi devons-nous nous rendre susceptibles de tout ce à quoi Dieu nous veut disposer et appliquer ». Puisque le néant seul est absolument *capax Dei*, il faut s'anéantir. Il y aura donc un autre néant, celui de la grâce, un néant de l'anéantissement[2].

Ce néant, ajoute l'édition Bourgoing à l'autographe, « va imitant et adorant l'état anéanti de Jésus-Christ ». Il s'agit donc, après avoir pris conscience à la fois du néant de l'être (créaturel) et du péché (en Adam), c'est-à-dire de *l'état de néant*, d'accéder à *l'état anéanti*. Or imiter l'état anéanti de Jésus, c'est imiter l'exinanition du Christ selon l'hymne de *la lettre aux Philippiens* déjà citée : « Exinanivit semetipsum, formam servi accipiens ». Nous retrouvons l'Incarnation du Christ comme le modèle même de l'anéantissement. Et imiter l'exinanition, c'est ici entrer « dans le néant où Dieu nous *trouve* » ! Entendons bien : il faut penser – en quoi nous imiterons le Christ s'incarnant, c'est-à-dire délaissant la divinité pour prendre l'humanité – notre anéantissement comme renoncement à nous-mêmes et le renoncement à nous-mêmes comme une vie reconduite au néant originel, ou plutôt anté-originel du néant d'avant la création : « Vivons dans le parfait rapport et entière soumission à Dieu de notre premier néant, c'est-à-dire de ce néant qui a précédé la création et qui est propre à la créature ». Autrement dit, imiter l'exinanition christique, c'est vivre dans une disposition aussi capable des volontés divines que le néant pré-créationnel d'où nous avons été tirés : on voit ainsi avec quelle force Bérulle reconduit le spirituel (l'abnégation) à son modèle ontique (l'annihilation). Le néant de la grâce, demandé par Dieu – et octroyé par lui – nous ramène au néant de l'être même, dans lequel il nous trouve, la grâce reconduit à l'origine, exactement à ce qui précède l'origine[3]. Il s'agit de prendre pour modèle le néant anté-originel dans sa non-résistance (capacité) aux

1. Sur la reprise et le déplacement de ce concept par Descartes, voir Jean-Luc Marion, « De la divinisation à la domination : étude sur la sémantique de *capax*/capable chez Descartes », *Revue philosophique de Louvain*, 73, 1975, p. 263-293, repris dans *Questions cartésiennes*, Paris, PUF, 1991, p. 111-151.

2. Là s'arrête l'autographe. Cet anéantissement est nommé dans OP n° 209 « abnégation de soi » et « mort en nous-mêmes » (OC 4, 107).

3. Voir par exemple de nouveau OP n° 209, OC D 4, 99 : « Considérons notre origine [...] pour nous y conformer ».

volontés divines[1]. Et c'est la méditation de ce néant de l'être même – en tant qu'elle engage une soumission à Dieu qui soit l'analogue de la capacité du néant premier – qui permet d'imiter « l'état anéanti de Jésus-Christ ». Imiter l'Incarnation, c'est-à-dire « avoir quelque part au néant adorable et divin du Fils de Dieu prenant notre nature », c'est-à-dire encore imiter cet anéantissement par lequel le Christ s'est vidé de sa divinité, c'est vouloir pour la créature (re)trouver le néant d'avant sa création. On ne saurait s'efforcer plus nettement de conférer à l'*imitatio Christi* un modèle métaphysique.

Voilà ce qu'on appelle, depuis l'argument de l'édition Bourgoing – argument probablement dû à Gibieuf[2] – la doctrine des trois néants : Gibieuf donnait en effet l'argument suivant à ce discours : « Il y a trois sortes de néant : le néant duquel Dieu nous tire par la création, le néant où Adam nous met par le péché, et le néant où nous devons entrer avec le Fils de Dieu s'anéantissant soi-même pour nous réparer »[3]. On ne saurait dire que cette schématisation soit inexacte, et du reste, nous l'avons rencontrée dans d'autres textes : une chose est en effet le néant de l'être créé en tant que créé (*ex nihilo*), le néant de l'être tout court, si l'on peut dire, autre chose le néant du péché (néant moral), autre chose encore l'anéantissement de l'Incarnation (néant spirituel). Reste que Bérulle avait lui-même récapitulé la tripartition initiale (rapport à Dieu, non répugnance, capacité) en distinguant *deux* sortes de néant, deux et non trois : « Il y a deux néants. L'un auquel Dieu nous *trouve*, qui est le néant de l'être et du péché ; l'autre, un néant auquel Dieu nous *met*, qui est le néant de la grâce, c'est-à-dire, que Dieu par son esprit et sa grâce opère en nous » (nous soulignons). Le premier concept bérullien de néant réunissait donc ce qui a été séparé par l'argument de Gibieuf, avant d'être figé par la systématisation doctrinale des épigones et des commentateurs. Le premier homme est premier à ce double titre : et l'extraction de notre nature et la source de notre condition, c'est-à-dire à la fois le néant de l'être, dans toute la force de l'oxymore, et le néant du péché. Dès lors, l'argument de Gibieuf ne pouvait pas ne pas aller sans une explicitation du texte de Bérulle, qui a pris purement et simplement la forme d'une correction du manuscrit autographe : « Il y a deux sortes de néants [au lieu de « deux néants »] que

1. En découleront trois états typiquement bérulliens : « Adoration à Dieu créant l'homme et lui donnant une singulière participation de ce qu'il est. Renoncement à Adam ruinant la nature humaine et la remplissant de péché. Et enfin adhérence à Jésus-Christ qui nous peut seul délivrer du péché et nous réconcilier avec Dieu ».

2. Voir la préface (par Bourgoing) de l'éd. Bourgoing, OC M, col. 83-84.

3. OC M, n° 136, c. 1170.

nous devons considérer : l'un auquel Dieu nous trouve qui est le néant de l'être ou du péché [on notera le « ou » qui est substitué au « et » et surtout la glose qui suit] car maintenant il ne nous trouve plus dans le simple néant de la nature et de l'être, où toutes choses étaient avant la création, mais dans le néant où le péché nous réduit »[1]. Pour le Bérulle de Gibieuf et de Bourgoing donc, trois néants, ontologique, moral et spirituel : autrement dit, ce sont les *catégories* auxquelles appartiennent ces différents néants qui sont au principe de leur tripartition. Pour le Bérulle des années 1620, le Bérulle authentique, il n'y a qu'un seul néant en Adam, l'homme prototype, uniment ontologique et moral : le néant pré-originel et le péché sont envisagés conjointement[2], il n'y a pas d'écart entre métaphysique et morale[3]. Ce double néant, ce néant de l'être *et* du péché, c'est celui en lequel Dieu nous *trouve*, que Bérulle distingue de celui en lequel Dieu nous *met*, le néant de la grâce. Autrement dit, c'est le rapport des deux *états* à Dieu, ou de Dieu à ces deux *états*, qui est au principe de leur bipartition : inutile de souligner que la schématisation des disciples, par souci de distinction et de cohérence sans doute, a effacé le théocentrisme principiel de l'autographe.

Quoi qu'il en soit cependant de l'importance de la « correction » des épigones, voire de la gravité du contresens qu'il révèle, quoi qu'il en soit donc de la pertinence de leur schématisation – n'est-ce pas le propre des

1. OC M, col. 1171 ; autographe suivi in OC D 4, 156 (nous n'accorderons pas à Michel Dupuy qu'il s'agisse de « minimes retouches », p. 154). La suite comporte également quelques « corrections » : « L'autre est un néant où il nous met lui-même, , et dont il est l'auteur, et qu'il opère en nous par son esprit et sa grâce ».

2. Qu'on nous permette d'évoquer une autre conjonction, due à la finitude humaine, c'est-à-dire au statut de créature, qui n'est pas tout à fait sans lien avec celle-là. La *Meditatio* IV considère l'erreur et le péché comme l'effet de la même participation au néant, « et fallor et pecco », AT VII, 58,24-25.

3. S'il est vrai que le dernier Bérulle s'est efforcé de distinguer la métaphysique de l'anéantissement et son interprétation spirituelle, ou morale, cet effort paraît beaucoup plus dû au péril récurrent, dans l'histoire de l'École abstraite, que représente la thèse de la déiformité, ou de l'union comme *transformation*, qu'il ne constitue un désaveu de la constante que ces pages voulaient mettre en évidence. Jean Orcibal, *Le Cardinal de Bérulle*, p. 145, estime que « les dernières années de Bérulle sont marquées par un net souci de prudence métaphysique », qu'il relève en particulier dans les réflexions faites sur le chap. XIV de la *Vie admirable et doctrine sainte de la bienheureuse Catherine de Gênes*. Or ce livre avait été mis à l'*Index* en 1583. Michel Dupuy a publié ces notes, contemporaines de la préparation de *La Vie de Jésus*, OP n° 232, OC D 4, 150-152 (on signalera aussi dans ces trois pages toute une théorie *in statu nascendi* de la lecture des mystiques – Bérulle propose alors une lecture qui évite les « termes excessifs », comme celui de « transformation », et les « descriptions excessives », comme celles de l'amour propre). Quoi qu'il en soit, l'évolution de la théologie mystique ne pouvait pas ne pas rendre les successeurs de Bérulle encore plus sensibles au péril indiqué ici que le Fondateur lui-même.

disciples que de schématiser? – on pourra difficilement nier que Bérulle lui-même ne *schématise*. On peut arguer que les « pièces » qui composent les *Œuvres de piété* sont souvent des ébauches (pour des *collationes*, des homélies, des discours, des instructions) ou des notes prises pour soi-même, qui conservent parfois la forme du brouillon, ou qui se présentent souvent comme des canevas ou plus exactement des *schémas* (quand bien même l'absence de ratures signalerait qu'un brouillon a été mis au propre). C'est indéniable. Et l'on y trouve des *schématisations* diverses des mêmes questions ou des mêmes concepts. C'est ainsi par exemple que bien des années avant de se demander s'il y a deux ou trois néants, le schéma d'une *collatio* ancienne posait qu'« il y a quatre sortes d'abnégations ou anéantissements de soi-même. Le premier, de nature[1], le second de péché[2], le troisième de grâce[3], le quatrième de Dieu[4] »[5]. Mais les œuvres publiées, les *Grandeurs* comme la *Vie*, contiennent de nombreux schémas tripartites. Quoi qu'il en soit dons des disciples, Bérulle lui-même a beaucoup cherché à schématiser, et même à *systématiser*: nous entendons par là à proposer une notion commune et, en en distinguant les différents sens, à les articuler à l'intérieur de cette notion commune (quelques soient les formes précises que peut prendre cette articulation: identité, analogie, inclusion, réduction). Ainsi de la notion de néant et des deux, trois ou quatre néants, dont la pluralité renvoie toujours à l'unité d'un sens, ou la présuppose: « Nous n'avons droit par nous-mêmes qu'au néant, au péché, à l'enfer, c'est-à-dire

1. Ce premier lui-même « a deux effets, à savoir l'anéantissement de l'être et l'anéantissement de la puissance d'opérer et utilité intérieure ».

2. « L'anéantissement du péché est quand nous nous mettons devant Dieu en l'état auquel le péché nous a autrefois réduits. Comme nous sommes sujets à pécher, nous entrons en l'état auquel nous a pu réduire le péché ». (Sur l'usage bérullien de la fameuse formule du Concile d'Orange, voir *supra* n. 3, p. 146). Ce deuxième anéantissement développe une remarquable comparaison avec le plongeon qui évite le milan : « Et surtout, il faut entrer dans ce néant lors des grandes et violentes tentations et peines de l'âme. Car c'est là où le Diable ne peut atteindre et n'y a jamais voulu entrer volontairement. Et tout ainsi que le plongeon poursuivi par un grand oiseau se sauve en se plongeant dans l'eau, ainsi notre âme poursuivie par le milan infernal, se doit plonger dans son néant, et par ce moyen elle sera à l'abri de tous les assauts de l'ennemi ».

3. Anéantissement des passions, des inclinations mauvaises, de l'amour propre et de la « propre volonté ».

4. « L'anéantissement de Dieu est celui que Dieu opère dans nous. Tel a été celui que Dieu a opéré dans saint Paul et en sainte Catherine de Gênes ».

5. NE n°101, OC D 5, 468; Stéphane-Marie Morgain y voit un texte antérieur à 1611 car « l'abnégation n'est pas encore liée à l'anéantissement du Christ comme modèle de l'anéantissement du chrétien » (p. 467). L'argument, que nous partageons, serait absolument probant si le texte dont nous disposons ne se réduisait pas à un schéma qui ne vise qu'à entendre selon la quadripartition Mt 16, 24 : « Qui vult venire post me, abnegat semetipsum ».

au néant en toutes façons »[1]. Bérulle ne distingue pas les sens pour clarifier seulement, mais aussi pour *systématiser*. Le néant se dit multiplement, et l'œuvre de Bérulle pourrait apparaître comme un système[2] du néant.

UN SYSTÈME DU NÉANT ?

Si Bérulle systématise, et ne schématise pas seulement, c'est parce qu'il pose, par delà la pluralité des états, une notion commune de néant : commune à l'être et au péché, commune à l'être, au péché et à la grâce, voire à la gloire, commune à l'exinanition du Christ et à l'abnégation de la créature, commune en tant qu'elle est le résultat unique de tous les modes de l'anéantissement. La notion de néant est sans doute la notion la plus opératoire de la théologie bérullienne. Est-ce à dire pourtant que cette notion soit un concept rigoureux et univoque? Sans doute pas – le fût-il, qu'il eût perdu sa primauté et beaucoup de son application. Car la force de Bérulle est dans sa visée, que la notion de néant rend précisément possible : conjoindre indissolublement métaphysique et christologie. Ce que n'ont pas assez compris ses successeurs, c'est que Bérulle, par delà ses distinctions mêmes, posait une notion de néant qui prétendait valoir à la fois métaphysiquement, moralement, spirituellement, et dont, ultimement, le modèle était fourni par la kénose du Fils de Dieu. Là est la grandeur de Bérulle, la recherche d'un concept axiologiquement surdéterminé dont la pertinence pourrait s'étendre à la fois métaphysiquement (la création), moralement (le péché) et christologiquement. Tout se passe comme si Bérulle, pour la dernière fois peut-être, avait voulu tenir à la fois métaphysique et christologie, et que son *système* du néant lui avait permis d'affirmer une telle conjonction. Mais le prix à payer pour une telle *volonté* de système est lourd : rien de moins que l'indétermination de la notion de néant, qu'aucune théorie philosophique rigoureuse ne vient fonder –ni doctrine des catégories de l'étant pour penser la différence créaturelle, ni doctrine de la causalité, pourtant requise de droit par la thèse de la création continuée (en quoi le néant peut-il être causé? comment penser que ce qui

1. OP n° 227, OC D 4, p. 140.

2. Malgré son origine stoïcienne, nous employons ici système en un sens anachronique, puisqu'au XVIIe siècle, il est à peu près synonyme d'hypothèse (que l'on songe à l'usage du mot en astronomie). rappelons par ailleurs qu'il semble que le premier à appliquer le mot à la métaphysique soit Clemens Timpler, *Metaphysicae systema methodicum*, Steinfurt, 1604.

est créé participe du néant? comment lier le couple du fini et de l'infini à celui du néant et de l'être? etc.).

C'est pourquoi Bérulle n'eût sans doute pas dû se contenter d'hériter du néo-platonisme de l'École abstraite, et de recevoir la notion de néant sans se livrer à sa nouvelle élaboration en métaphysique : une fois de plus, c'est ce qui était insuffisant qui est pourtant demeuré le moins questionné. Le rejet initial de la philosophie a paradoxalement rendu Bérulle d'autant plus dépendant d'une métaphysique obsolète et ininterrogée – et une telle dépendance ne l'a-t-elle pas empêché de donner à sa christologie son entière spécificité, et par là sa pleine mesure? Tout se passe donc comme si Bérulle, ayant voulu tenir à la fois métaphysique et christologie, ne s'était pas doté en métaphysique des moyens requis, à commencer par un véritable système du néant. Il n'a pas disposé de la métaphysique qui lui eût permis d'accomplir la constante que nous nous sommes efforcé de dégager en dépit de l'évolution de sa pensée. Son œuvre apparaît ainsi en retrait par rapport à son grand dessein; entendons: la métaphysique qui porte sa christologie s'est avérée d'autant plus déficiente que cette christologie même ne cessait de prendre davantage d'ampleur, mais, grevée *ab initio*, échouait à acquérir davantage de consistance conceptuelle – c'est sans doute pourquoi la *Vie de Jésus*, à l'évidence beaucoup moins *métaphysique* que les *Grandeurs*, apparaît aussi radicalement moins *théologique* – et de façon générale, penser moins loin en métaphysique, ce n'est pas nécessairement donner plus à la christologie[1]. Peut-être Bérulle lui-même n'était-il pas à la hauteur de la tâche qu'il s'était assignée. On nous permettra de compléter cette suggestion en formulant aussi une autre hypothèse, celle selon laquelle le début du XVIIe siècle marque un moment d'exténuation du néo-platonisme : Bérulle, comme d'autres[2], a cru que le néo-platonisme

1. Plus faible est la métaphysique qui fournit ses philosophèmes à une christologie (celle-ci cherchât-elle à s'en dégager), moins nette et moins distincte cette christologie reste-t-elle : nous aurons à revenir ailleurs sur ce qui n'est pas un paradoxe.

2. Dont quelques-uns, plus tardifs, au premier chef d'autres oratoriens. Les limites de cette présentation ne permettent pas de faire droit ici à Louis Thomassin (1619-1695), la plus haute figure sans doute du néo-platonisme dans la seconde moitié du XVIIe siècle (voir Pierre Clair, *Louis Thomassin (1619-1695). Étude bio-bibliographique avec vingt lettres et deux textes inédits*, Paris, PUF, 1964). Sur sa doctrine de l'Incarnation (t. I des *Dogmata theologica, De Verbi Dei Incarnatione*, 1680), qui doit beaucoup à Bérulle, voir R. Lachenschmid, *Louis de Thomassins Inkarnationslehre. Eine platonische Explikation des Geheimnisses der Menschwerdung. Ein Beitrag zur Dogmengeschichte des 17. Jh.s*, Trèves, Paulinus-Verlag, 1968 (compte rendu de Jean-Robert Armogathe dans *Erasmus*, n° 17-18, septembre 1972, col. 653-656). Les emprunts que Malebranche a pu faire, pour sa propre christologie, à Thomassin et aux thèmes platoniciens de l'Oratoire restent à étudier.

était la solution à la crise de la théologie scolastique. A l'évidence, cette solution n'en était pas une, qui admettait trop de limites initiales. D'où peut-être l'appel à une autre méthode, et à une autre métaphysique : celles de Descartes. Mais à l'exception d'une célèbre sentence de jeunesse, Descartes s'est interdit de penser en philosophie une christologie. Par là même, l'échec théorique sur lequel débouche le bérullisme, à savoir la dissociation définitive de la métaphysique et de la christologie, deviendra la règle jusqu'à l'idéalisme allemand et ses christologies philosophiques. Peut-être n'y aura-t-il qu'une exception au tableau que nous dressons à grands traits : l'œuvre d'un autre oratorien, mais cartésien, héritier direct par conséquent et de Bérulle et de Descartes : Malebranche. Mais cette œuvre exceptionnelle, dans laquelle le Christ garde totalement sa fonction métaphysique, et où la métaphysique ne serait pensable sans le Fils, ne confirme-t-elle pas la règle générale : la séparation définitive de la métaphysique et de la christologie ?

CHAPITRE II

LES SENS DU NÉANT

À la mémoire d'Henri Gouhier

La présence de Pascal dans un volume consacré au néant[1] semble aller de soi: elle est pourtant paradoxale. Le concept de néant[2] n'a jamais constitué pour lui-même un thème majeur de l'apologétique pascalienne: le projet d'une *Apologie pour la religion chrétienne*, tel du moins qu'il apparaît dans la *Conférence à Port-Royal*, est fondé sur l'opposition de la misère et de la grandeur de l'homme, *miseria et dignitas hominis*. Et dire la misère de l'homme, ce n'est précisément pas dire son néant[3] – quant à sa grandeur, il ne s'agit nullement de l'anéantir. Ce que nous avons pu

1. Les pages qui suivent composaient l'introduction à un choix de quelques textes de Pascal; il nous a semblé que, malgré les simplifications qu'entraînait une telle brièveté du propos, les distinctions que nous y proposions pour reconnaître trois sens principaux dans les emplois pascaliens de « néant » et y voir l'indice de l'évolution de sa pensée ne les rendaient pas tout à fait inutiles.

2. Le mot même est rare dans les *Pensées*. DD signale 25 occurrences de « néant » et 11 d'« anéantir » ou de « s'anéantir » et de leurs formes conjuguées ou adjectives. Voici l'ensemble des fragments dans lesquels elles apparaissent, à l'exception des occurrences où « anéantir » est simplement synonyme de « détruire »: L 2/36 = *Disc.* 133, L 15/199 = *Disc.* 63-66, L 27/378 = *Disc.* 142, L II/418 = *Disc.* 42-44, L III/427 et 428 = *Disc.* 142 *sq.*, L IV/432 = *Disc.* 152 *sq.*, L XXIII/531 = *Disc.* 160, L XXIV/622 = *Disc.* 135, L XXV/656 = *Disc.* 121, L XXIX/806 = *Disc.* 119, L HC 1/919 = *Disc.* 34. La même *Concordance* donne 188 occurrences de « rien »; nous ne mentionnons que celles où « rien » est synonyme de « néant ».

3. L'inscription de l'apologétique dans la voie augustinienne implique, parmi d'autres décisions également importantes, celle de ne pas recourir à des schèmes venus des courants mystiques ou néantistes, profondément marqués par le dionysisme, si importants dans le premier tiers du siècle.

nommer la première anthropologie[1] de Pascal, constitutive de son apologétique, doit peu à une doctrine du néant[2], qu'elle soit héritée ou non du platonisme dionysien, pour ne pas dire qu'elle ne lui doit rien – si Pascal, dans certains textes, Pascal paraît proche de thèmes hérités du bérullisme ou du salésianisme ambiants, il s'en détache radicalement pour penser la conversion moins comme anéantissement que comme conscience de la séparation d'avec Dieu due au péché. Mais surtout, dans la *Conférence*, il s'agit pour l'augustinien Pascal de montrer l'impuissance des philosophies à expliquer l'homme, et par conséquent libérer l'unique solution : la vraie religion, qui seule peut rendre compte des contrariétés de la nature humaine. Si la misère de l'homme en fait un « ver de terre » et le « rebut de l'univers », il n'a ni à « s'anéantir » ni à être anéanti[3]. « Sujet de contradictions », il ne saurait être « néant ». Pour autant, celui qui médite à partir de Descartes pour penser la « disproportion de l'homme » n'a pas peu affaire au concept de *nihil*[4] – entendons bien, cette fois, au concept cartésien de *nihil*. Dans la « seconde anthropologie », c'est-à-dire les « grands discours sur l'existence humaine »[5], la mention du néant ne disparaît pas totalement : mais il n'y vaut pas pour lui-même, il sert à décrire, de façon encore provisoire, l'existence humaine, telle que Pascal la saisit dans des concepts autrement forts et originaux, c'est-à-dire autrement pascaliens, que sont la gloire, l'imagination, le divertissement ou l'ennui. Dans cette analytique de l'existence, le néant perd son statut métaphysique ; il devient alors, pour la première fois dans l'histoire de la philosophie, l'index de la finitude de l'existence humaine.

1. Voir *Pascal et la philosophie*, p. 92 *sq.* et la récapitulation que nous en donnons *infra*, p. 235-245.

2. On pourra mesurer l'originalité radicale de Pascal en se reportant à un autre recueil de textes, dont beaucoup appartiennent à la première moitié du XVIIe siècle, choisis par Carlo Ossola, *Le antiche memorie del nulla*, Rome, Edizioni di storia e letteratura, 1997, 3e éd. 2007.

3. Nous ne sachions pas que Pascal cite jamais le Ps 72, 22 : « Et ego ad nihilum redactus sum ».

4. L'acquis de « Disproportion de l'homme » sera décisif à la *relance* d'*APR* (L 15/198 = *Disc.* 86) : voir Emmanuel Martineau, *Disc.* 229.

5. Voir *Pascal et la philosophie*, en particulier p. 97 et 229, puis surtout *Disc.* 247-248 et *infra*, p. 235-267. Nous y entendons par anthropologie non une doctrine de l'essence de l'homme, fût-elle double, mais l'observation, la description et l'analyse du comportement ou des comportements humains, des hommes dans leur existence concrète, ou de l'homme en tant qu'il fait l'expérience de sa finitude.

SÉPARATION

À la fin des années 1640, Pascal pouvait hériter de deux pensées du néant – hériter, car elles sont à bout de souffle. L'une lui vient de *son* livre, les *Essais* de Montaigne, l'autre lui vient, *via* Port-Royal et peut-être plus précisément *via* Saint-Cyran[1], de deux courants mêlés de ce que l'on a appelé l'École française de spiritualité[2], celui de la spiritualité bérullienne et celui de la dévotion salésienne. Ces deux traditions, sceptique et spirituelle, ne sont au demeurant pas incompatibles – que l'on songe au Pierre Charron des *Trois Vérités* (1593) et des *Discours de la Divinité* (1604) ou à la « sceptique chrétienne » d'un Jean-Pierre Camus (*Essai sceptique*, 1610).

« Vanitas vanitatum, dixit Ecclesiastes, vanitas vanitatum, et omnia vanitas ». Montaigne ne dédaigne pas de citer l'Écriture sainte à l'appui de son scepticisme : « La sainte parole déclare misérables ceux d'entre nous qui s'estiment [*Galates* 6, 3][3] : Bourbe et cendre, leur dit-elle, qu'as-tu à te glorifier ? [*Ecclésiastique* 10, 9] Et ailleurs : Dieu a fait l'homme semblable à l'ombre [*Ecclésiaste* 7-8, *passim*] [...]. Ce n'est rien à la vérité que nous »[4]. Parmi les « sujets traités à pleine voile » par Montaigne, il y a, rappelle Melle de Gournay, « la néantise et vanité de l'homme en l'*Apologie*

1. Arnauld rapporte que dans les écrits de Saint-Cyran « il s'est trouvé un Avent tout entier sur le néant de l'homme, distingué en divers points d'oraison, à l'occasion de ces propos de S. Jean-Baptiste, *Non sum* [...] », in Arnauld, *Apologie pour feu Monsieur l'abbé de Saint-Cyran* [contre le libelle de Pintereau, publié anonyme], IIe partie, art. 25, *Œuvres de messire Antoine Arnauld*, t. XXIX, Paris-Lausanne, 1779, p. 304. Sur l'importance, pour la spiritualité de Saint-Cyran, du thème de l'anéantissement tel que Bérulle en traite, voir, Jean Orcibal, *Les origines du jansénisme*, V. *La spiritualité de Saint-Cyran avec ses écrits de piété inédits*, Paris, Vrin, 1962, p. 16-18.

2. Voir Henri Bremond, *Histoire littéraire du sentiment religieux en France*, t. III, *La conquête mystique*, I, L'école française, Paris, Bloud et Gay, 1923 ; puis Louis Cognet (qui préfère l'appellation d'« École abstraite »), *La spiritualité moderne. I. L'essor, 1500-1650*, Paris, Aubier, 1966, en part. les chap. IX, X et XII. Pour les origines de la spiritualité française du XVIIe siècle, la *Bibliographie chronologique de la littérature de spiritualité et de ses sources (1501-1610)* de Jean Dagens, Paris, Desclée de Brouwer, 1952, reste un instrument irremplaçable.

3. Ce verset de la *lettre aux Galates* avait déjà été cité par Montaigne, il constitue du reste une des citations décisives pour l'*Apologie* : « Que nous prêche la vérité, quand elle nous inculque [...] que l'homme, qui n'est rien, s'il pense être quelque chose, se séduit soi-même et se trompe » (*Essais*, 449). La Vulgate fait entendre nettement l'opposition *esse / nihil* : « Nam si quis existimat se aliquid esse, cum nihil sit, ipse se seducit ». Voir notre « L'imaginer inimaginable : le Dieu de Montaigne », in *Montaigne : scepticisme, métaphysique, théologie*, éd. par V. Carraud et J.-L. Marion, Paris, PUF, 2004, p. 149.

4. *Apologie de Raimond Sebond*, *Essais* II, XII, 499.

de Sebonde »[1]. En effet, l'*Apologie* n'a pas d'autre but que de faire « sentir l'inanité, la vanité et dénéantise de l'homme »[2], ou encore « la nihilité de l'humaine condition »[3]. Mais Pascal ne reprendra pas ce vocabulaire : ce qui lui importe, dès l'*Entretien avec M. de Sacy*, c'est que Montaigne exhibe incomparablement la faiblesse et la misère de l'homme. On chercherait en vain la notion de néant dans les réflexions sur l'honnête homme, où la présence de Montaigne est si constante, ou sur le moi et, beaucoup plus significativement encore, dans la *Conférence à Port-Royal*. Pascal, alors même qu'il fait son bien des analyses montaniennes de la faiblesse humaine, ne recourt pas à son concept de néant – au demeurant aussi remarquable que peu abondant chez Montaigne même.

Les *lettres* de Pascal témoignent d'une certaine influence de la spiritualité bérullienne et du vieux style de la dévotion salésienne. C'est encore le cas de ce « discours bien consolatif » qu'est la *lettre* du 17 octobre 1651 *sur la mort de son père* (*OC* II, 851-863)[4], c'était surtout celui de la *lettre de Blaise et Jacqueline Pascal à leur sœur Gilberte* du 1er avril 1648, qui reprend de façon conventionnelle le parallélisme du néant d'avant la création et du néant du péché en assignant un double devoir à « ceux que Dieu, par la régénération, a retirés gratuitement du péché (qui est le véritable néant, parce qu'il est contraire à Dieu, qui est le véritable être) pour leur donner une place dans son Église qui est son véritable temple, après les avoir retirés gratuitement du néant au point de leur création pour leur donner une place dans l'univers [...] » (*OC* II, 583). De même, la *Dix-huitième Provinciale* n'est guère originale quand elle évoque la théorie de la *delectatio victrix* : « Dieu change le cœur de l'homme par une douceur céleste qu'il y répand, qui, surmontant la délectation de la chair, fait que l'homme sentant d'un côté sa mortalité et son néant, et découvrant de l'autre la grandeur et l'éternité de Dieu, conçoit du dégoût pour les délices du péché, qui le séparent du bien incorruptible »[5].

1. Préface de l'édition de 1635 des *Essais* ; éd. de 1652, f. B4 r.

2. *Essais* II, XII, 448. On remarquera que le néant, ou la dénéantise, doit être *senti* : Pascal ne dira pas autre chose, le néant est senti (voir *infra*, p. 174-176). « Néantise » est également un mot salésien, comme « nullité ».

3. *Essais* II, VI, 380 ; voir aussi II, XVIII, 664.

4. Voir en particulier OC II, 857, où la considération selon laquelle dans la mort l'âme serait « périe et réduite au néant » est la part des païens.

5. *Prov.* 359 ; on soulignera qu'il s'agit, comme chez Montaigne, que l'homme *sente* son néant. Dans L XXIV/622 et 8/136 = *Disc.* 135 il s'agira également de *sentir* son néant. – Pour la doctrine de la *delectatio victrix*, voir aussi les *Écrits sur la grâce, Lettre sur la possibilité des commandements*, *OC* III, 686-689, 705-707.

Mais surtout, c'est ce que les éditeurs appellent l'*Écrit sur la conversion du pécheur* qui doit retenir notre attention : probablement rédigé dans la suite de l'échec des *Provinciales*[1], ce discours dévot, rédigé *à la manière de* saint François de Sales, *néantise* à profusion : l'âme anéantit tout ce qu'elle aime, s'anéantit et s'anéantit encore, faisant enfin « de nouveaux efforts pour se rabaisser jusqu'aux derniers abîmes du néant »[2] ! Cet *Écrit sur la conversion* est-il pourtant un « petit traité de l'anéantissement »[3] ? Incontestablement, si l'on entend par là un « pastiche » de dévotion salésienne. En va-t-il pour autant d'un concept *pascalien* de néant ? Certainement pas : attendons pour cela « Disproportion de l'homme » – ce qui ne saurait tarder[4] : le néant – cartésien – aura mis fin à l'anéantissement – dévot. Et en

1. Voir Emmanuel Martineau, « Deux clés de la chronologie des discours pascaliens », *XVIIe siècle*, n° 185, 1994, 4, p. 695-729, étude à notre avis définitive sur la datation et le sens de l'*Écrit* et de « Disproportion de l'homme ». Les lignes qui suivent lui sont grandement redevables de la mise en *évidence* d'un « Pascal au plus bas » puis d'un « Pascal au plus haut ».

2. *OC* IV, 40-43 : L'âme « considère les choses périssables comme périssantes et même déjà péries ; et, dans la vue certaine de l'anéantissement de tout ce qu'elle aime, elle s'effraie dans cette considération, en voyant que chaque instant lui arrache la jouissance de son bien, et que ce qui lui est le plus cher s'écoule à tout moment, et qu'enfin un jour certain viendra auquel elle se trouvera dénuée de toutes les choses auxquelles elle avait mis son espérance. [...] / De là vient qu'elle commence à considérer comme un néant tout ce qui doit retourner dans le néant, le ciel, la terre, son esprit, son corps, ses parents, ses amis, ses ennemis, les biens, la pauvreté, la disgrâce, la prospérité, l'honneur, l'ignominie, l'estime, le mépris, l'autorité, l'indigence, la santé, la maladie et la vie même ; enfin tout ce qui doit moins durer que son âme est incapable de satisfaire le désir de cette âme qui recherche sérieusement à s'établir dans une félicité aussi durable qu'elle-même. [...] / Sa raison aidée de la lumière de la grâce lui fait connaître qu'il n'y a rien de plus aimable que Dieu [...]. / Ainsi elle se réjouit d'avoir trouvé un bien qui ne peut lui être ravi tant qu'elle le désirera, et qui n'a rien au-dessus de soi [...]. Elle s'anéantit en sa présence et, ne pouvant former d'elle-même un idée assez basse, ni en concevoir une assez relevée de ce bien souverain, elle fait de nouveaux efforts pour se rabaisser jusqu'aux derniers abîmes du néant, et considérant Dieu dans des immensités qu'elle multiplie sans cesse, enfin dans cette conception, qui épuise ses forces, elle l'adore en silence, elle se considère comme sa vile et inutile créature, et par ses respects réitérés l'adore et le bénit, et voudrait à jamais le bénir et l'adorer. Ensuite elle reconnaît la grâce qu'il lui a faite de manifester son infinie majesté à un si chétif vermisseau, et après une ferme résolution d'en être éternellement reconnaissante, elle entre en confusion d'avoir préféré tant de vanités à ce divin maître, et dans un esprit de componction et de pénitence, elle a recours à sa pitié pour arrêter sa colère, dont l'effet lui paraît épouvantable. Dans la vue de ces immensités... [...] ». Pour le parallélisme entre ce texte, « Disproportion de l'homme » (mais nous serons passés des immensités de Dieu à l'immensité de la nature) et plusieurs passages de la *Conférence*, voir « Deux clés de la chronologie des discours pascaliens », p. 700-705.

3. Selon l'expression d'Henri Gouhier, qui ne l'entend pas l'expression en mauvaise part, in *Blaise Pascal. Conversion et apologétique*, Paris, Vrin, 1986, p. 46.

4. Nous suivons la datation de l'*Écrit* proposée dans « Deux clés de la chronologie des discours pascaliens », *id est* le printemps 1657, mai probablement, après l'échec des

va-t-il bien d'un *Écrit sur la conversion*? Sans doute, mais à la condition de ne pas y chercher un concept *pascalien* de conversion. Car depuis le *Mémorial*, la conversion n'est pensable que comme « certitude » *et* « séparation » : « Jésus-Christ[1]. – Je m'en suis séparé : je l'ai fui, renoncé, crucifié. – Que je n'en sois jamais séparé » (*OC* III, 51 = *Disc.* 31). Le *Mystère de Jésus* insistera avec force sur cette séparation essentielle : « Je vois mon abîme d'orgueil, de curiosité, de concupiscence. Il n'y a nul rapport de moi à Dieu, ni à J.-C. juste. Mais il a été fait péché pour moi »[2]. « Ainsi, mon Dieu, je vous ai toujours été contraire »[3], dira enfin la *Prière pour le bon usage des maladies* (*OC* IV, 1005)[4]. Ce qui importe n'est pas le néant[5] – de la créature ou du péché – rapporté à l'être de Dieu, mais *la séparation d'avec Jésus-Christ.*

Il nous reste à évoquer un dernier texte, qui conduit d'une notion inadéquate – et dévote – de conversion à « la véritable conversion », que définit en effet le concept de séparation : « elle consiste à connaître qu'il y a une opposition invincible entre Dieu et nous et que sans un médiateur il ne peut y avoir de commerce »[6]. C'est à l'extravagant que s'en prend Pascal

Provinciales et dans la tristesse de cet échec. Peu après, vers le mois de juin peut-être, ce sera « Disproportion de l'homme » (p. 714-715). Prendre parti sur la date de l'*Écrit*, c'est lui conférer son statut : avec cet *Écrit*, nous avons affaire à « la première tentative, la première trace, le premier brouillon de l'« Apologie » pascalienne qui nous ait été conservé » (p. 708).

1. « Je m'en suis séparé » : on observera que, dans la version papier du *Mémorial* comme dans la première mention de cette phrase dans la copie du parchemin (*OC* III, 50-51 = *Disc.* 29-30), l'antécédent de « en » est le Père; dans sa seconde mention, c'est du Christ que Pascal a conscience de s'être séparé. Cette différence décisive suffit à dire tout l'écart pris non seulement par rapport à la mystique théocentrique, mais même par rapport au bérullisme.

2. L HC1/919 = *Disc.* 33 ; voir aussi : « Il y a un chaos infini qui nous sépare », L II/418 = *Disc.* 43.

3. On observera de nouveau que ce « Dieu » est certes le Père, le Seigneur invoqué depuis le début de la *Prière* (dernière phrase du § VIII) : mais il devient à l'instant même le Fils (§ IX) ! (voir Jean Mesnard, *OC* IV, 994).

4. Le mot « néant » est absent de la *Prière pour demander à Dieu le bon usage des maladies!* Quant à « anéantir », le geste en revient à Dieu (*OC* IV, 999-1000).

5. Voir Pierre Magnard « L'homme entre rien et tout », in *Port-Royal et l'Oratoire, Chroniques de Port-Royal*, 2001, 433-445.

6. L III/428 et 27/378 = *Disc.* 142-143 (sur cette ligature, voir *Disc.* 257) : « Ce repos dans cette ignorance est une chose monstrueuse, et dont il faut faire sentir l'extravagance et la stupidité à ceux qui y passent leur vie, en la leur représentant à eux-mêmes, pour les confondre par la vue de leur folie. Car voici comme raisonnent les hommes quand ils choisissent de vivre dans cette ignorance de ce qu'ils sont et sans rechercher d'éclaircissement. « Je ne sais, disent-ils. Si j'avais vu un miracle, [disent-ils,] je me convertirais. » Comment assurent-ils qu'ils feraient ce qu'ils ignorent? Ils s'imaginent que cette conversion consiste en une adoration qui se fait de Dieu comme un commerce et une conversation telle qu'ils se la figurent. La conversion véritable consiste à s'anéantir devant cet être universel qu'on a irrité tant de fois et qui

avant de lui objecter son concept de conversion – Montaigne en fournit la figure, avec laquelle la dévotion fait meilleur ménage qu'il n'y paraît : les deux sources que nous signalions plus haut se conjoignent dans un même discours de la dépréciation de toutes choses et d'abord de soi. L'extravagant, c'est ce « monstre » qui est négligent quand il en va de son éternité [1] : « Que s'il est avec cela tranquille et satisfait, qu'il en fasse profession, et enfin qu'il en fasse le sujet de sa joie et de sa vanité, je n'ai point de termes pour qualifier une si extravagante créature » (L III/427 = *Disc.* 144). Une telle négligence est négation de l'humanité de l'homme : l'extravagant n'éprouve aucun amour de soi, en quoi il est contre nature : « Je ne dis pas ceci par un zèle pieux d'une dévotion spirituelle. J'entends au contraire qu'on doit avoir ce sentiment par un principe d'intérêt humain et par un intérêt d'amour propre » (L III/427 = *Disc.* 143). L'anéantissement (vanité) de Montaigne, voilà ce à quoi il faut opposer un autre anéantissement : « s'anéantir devant cet être universel ». Mais l'expression est elle-même provisoire [2], et sans doute impropre [3], qui le cèdera à la pensée de la séparation et de l'unité du corps (universel) qu'est le Christ [4].

Néant est donc un mot d'emprunt, dont le concept authentique est : *séparation.*

INFINIMENT PETIT

Pascal physicien avait employé, pour définir le vide, le concept de *néant* afin de signifier une absence absolue de matière, et donc la négation de toutes ses déterminations, à commencer par ses dimensions. Si le néant est immatérialité sans dimensions, le vide, en étant immatériel (comme le

peut vous perdre légitimement à toute heure, à reconnaître qu'on ne peut rien sans lui et qu'on n'a rien mérité de lui que sa disgrâce; elle consiste à connaître qu'il y a une opposition invincible entre Dieu et nous et que sans un médiateur il ne peut y avoir de commerce. » Pascal avait écrit : « [...] consiste à [*s'hum*] », s'humilier donc, T 296. Au contraire d'Henri Gouhier qui voit en « anéantir » un superlatif d'« humilier » (*Blaise Pascal. Conversion et apologétique*, p. 49), il nous semble évident qu'« anéantir » est appelé par « être » qui suit immédiatement : la correction fait entendre l'opposition néant / être.

1. L III/427 = *Disc.* 143. Voir *infra*, p. 253-258.

2. Elle est en outre l'effet d'une correction immédiate.

3. Rappelons que pour Pascal le moi ne s'oublie jamais : l'idée d'un moi qui s'anéantirait est proprement inenvisageable (que l'on songe au *Mémorial* : « Oubli du monde et de tout », mais non de soi !).

4. « Des membres pensants », L 26/368-374 = *Disc.* 139-141. « Universelle », telle est l'âme de ce « corps de membres pensants » : « [...] il faudrait [...] qu'ils eussent bonne volonté pour consentir à celle de l'âme universelle », L 26/360.

néant) mais en ayant des dimensions (comme la matière) sera comme un milieu entre le néant et la matière. S'opposant au P. Noël, qui ne peut distinguer « les dimensions d'avec la matière, ni l'immatérialité d'avec le néant », Pascal écrit à Le Pailleur : « [...] la chose que nous concevons et que nous exprimons par le mot d'*espace vide* tient le milieu entre la matière et le néant, sans participer ni à l'un ni à l'autre; [...] il [le vide] diffère du néant par ses dimensions, et [...] son irrésistance et son immobilité le distinguent de la matière : tellement qu'il se maintient entre ces deux extrêmes, sans se confondre avec aucun des deux » (*OC* II 563-564). Dans *De l'esprit géométrique*, pour montrer la divisibilité de l'espace à l'infini, ou plutôt l'absurdité de l'affirmation d'un espace qui serait divisé en deux parties indivisibles, Pascal emploie de nouveau le concept de néant comme négation absolue, hétérogène à toute grandeur : « Qu'y a-t-il de plus absurde que de prétendre qu'en divisant toujours un espace, on arrive enfin à une division telle qu'en la divisant en deux, chacune des moitiés reste indivisible et sans aucune étendue, et qu'ainsi ces deux néants d'étendue fissent ensemble une étendue ? » (*OC* III 404-405). Le néant est à l'étendue ce que le zéro est au nombre, il lui est hétérogène, c'est un indivisible d'étendue. La division infinie n'arrive jamais au néant, indivisible sans étendue. Ce qui est ici conçu de l'espace se retrouve ailleurs : le repos est hétérogène au mouvement, il est un néant de mouvement, l'instant un néant de temps – ailleurs, et même partout dans la nature ! Car toutes les choses de la nature ont grandeur, elles sont des grandeurs, comprises entre deux extrêmes inconcevables, l'infini et le néant : « Toutes ces grandeurs sont divisibles à l'infini sans tomber dans leurs indivisibles, de sorte qu'elles tiennent toutes le milieu entre l'infini et le néant » (*OC* III 410). Toute chose se tient donc entre deux infinis, entendons qu'elle est susceptible d'augmentation ou de diminution *à l'infini*, sans jamais que ce double mouvement parvienne aux inconcevables que sont l'infinité et le néant. *De l'esprit géométrique* s'achève sur la méditation morale qui s'en dégage : « Ceux qui verront clairement ces vérités pourront admirer la grandeur de la puissance de la nature dans cette double infinité qui nous environne de toutes parts, et apprendre par cette considération merveilleuse à se connaître eux-mêmes, en se regardant placés entre une infinité et un néant d'étendue, entre une infinité et un néant de nombre, entre une infinité et un néant de mouvement, entre une infinité et un néant de temps. Sur quoi on peut apprendre à s'estimer son juste prix » (*OC* III 411).

Un des plus célèbres discours des *Pensées* retravaille cette double infinité à partir d'une réflexion sur Descartes, les *Principia philosophiae* en général d'abord[1], puis un passage décisif de la *Meditatio Quarta* : « Disproportion de l'homme » (L 15/199 = *Disc.* 63-66). Nombreux sont les commentaires qui lui ont été consacrés, en particulier pour en rechercher les sources. Nous ne livrerons ici que quelques brèves indications concernant la notion de néant. Nous avons caractérisé ailleurs les différences de problématique entre *De l'esprit géométrique* et « Disproportion de l'homme » en essayant de montrer l'usage purement rhétorique de la notion d'infini qui est fait dans le second texte, puis en l'analysant comme « subversion conceptuelle »[2]. Nous lisons en effet dans « Disproportion de l'homme » : « Car enfin qu'est-ce que l'homme dans la nature ? Un néant à l'égard de l'infini, un tout à l'égard du néant, un milieu entre rien et tout »[3]. En rigueur, le Pascal de *L'esprit géométrique* eût écrit : « un infiniment petit à l'égard de l'infiniment grand, une immense étendue à l'égard de l'infiniment petit, un milieu entre infiniment petit et infiniment grand ». Car ce néant qu'est l'homme est relatif, et n'est précisément pas indivisible ! Et ce tout qu'il paraît, entendu rigoureusement, n'est pas une infinité[4] ! Nous sommes bien dans le domaine de l'apparence : « Enfin les choses extrêmes

1. Voir *supra*, p. 41-61.

2. Voir *Pascal et la philosophie*, § 31, p. 426-434.

3. Ce qui n'empêche pas Pascal de réemployer aussitôt « néant » en un sens traditionnel, tout en maintenant « infini » au sens des « deux infinis » : « Infiniment éloigné de comprendre les extrêmes, la fin des choses et leurs principes sont pour lui invinciblement cachés dans un secret impénétrable. Egalement incapable de voir *le néant d'où il est tiré*, et l'infini où il est englouti, que fera-t-il donc, sinon d'apercevoir quelque apparence du milieu des choses, dans un désespoir éternel de connaître ni leur principe ni leur fin ? *Toutes choses sont sorties du néant* et portées jusqu'à l'infini. Qui suivra ces étonnantes démarches ? L'auteur de ces merveilles les comprend, tout autre ne le peut faire » (*ibid.*). Une première rédaction faisait précéder cet « également » de : « [*Que pourra-t-il donc concevoir, sera-ce l'infini,* [*lui qui est borné, sera-ce le néant, il est en être*] », T 238. On remarquera ce « il est en être » barré.

4. On remarquera aussi l'ambivalence de « tout » : tantôt « tout » désigne la nature en tant qu'infinie, tantôt cet infiniment grand que paraît l'homme eu égard à ce « néant » qu'est l'infiniment petit : c'est pourquoi il n'écrit pas que l'homme soit un « infini » à l'égard du néant, mais un tout. « Qu'il se perde dans ces merveilles, aussi étonnantes dans leur petitesse que les autres par leur étendue. Car qui n'admirera que notre corps, qui tantôt n'était pas perceptible dans l'univers, imperceptible lui-même dans le sein du tout [l'infini de la nature], soit à présent un colosse, un monde ou plutôt un tout [l'infiniment grand] à l'égard du néant où l'on ne peut arriver ? Qui se considérera de la sorte s'effraiera de soi-même, et, se considérant soutenu dans la masse que la nature lui a donnée, entre ces deux abîmes de l'infini et du néant, il tremblera dans la vue de ces merveilles ; et je crois que, sa curiosité se changeant en admiration, il sera plus disposé à les contempler en silence qu'à les rechercher avec présomption » (*ibid.*).

sont pour nous comme si elles n'étaient point, et nous ne sommes point à leur égard »[1].

Néant est donc un mot de rhétorique, dont le concept est : *infiniment petit.*

Reste, dans le second temps de cette présentation, à pointer deux thèses décisives dont on ne saurait surestimer l'importance philosophique.

1) Ce que *De l'esprit géométrique* disait des choses, c'est-à-dire des grandeurs, « Disproportion de l'homme » le dit de l'homme, « milieu entre rien et tout ». Tenir le milieu n'est pas être au milieu, entendons au centre. Le milieu est « vaste », il n'est pas un centre, c'est un « milieu… toujours distant des extrêmes », et « rien ne peut fixer le fini entre les deux infinis qui l'enferment et le fuient ». Il n'en va plus de la situation de l'homme dans une échelle des créatures, mais il en va radicalement de la *position* de l'homme dans la nature, c'est-à-dire *face à* la nature[2]. C'est pourquoi Pascal a parfaitement pris la mesure de l'audace cartésienne, *medium quid inter Deum et nihil* : « […] Aussi longtemps que je ne pense qu'à Dieu et que je me tourne tout entier vers lui, je ne découvre aucune cause d'erreur ou de fausseté ; mais, l'instant d'après, revenu vers moi, j'expérimente que je suis exposé malgré tout à d'innombrables erreurs ; en recherchant leur raison, je remarque que se présentent à moi non seulement l'idée, réelle et positive, de Dieu, c'est-à-dire d'un étant suprêmement parfait, mais aussi une idée si je puis dire négative du néant, c'est-à-dire de ce qui est suprêmement éloigné de toute perfection ; et que moi, je me trouve établi comme quelque chose qui tient le milieu[3] entre Dieu et le néant, c'est-à-dire entre l'étant suprême et le non étant, de sorte que, en tant que j'ai été créé par l'étant suprême, il n'y a certes rien en moi par quoi je me trompe ou suis induit en erreur ; mais que, en tant que je participe aussi en quelque manière du néant, ou non étant, c'est-à-dire en tant que je ne suis pas moi-même l'étant suprême et qu'une foule de choses me manquent, il n'est pas si

1. Le discours *Infini, rien* n'est pas exempt non plus d'un usage rhétorique du néant : « L'unité jointe à l'infini ne l'augmente de rien, non plus qu'un pied à une mesure infinie. Le fini s'anéantit en présence de l'infini, et devient un pur néant. Ainsi notre esprit devant Dieu ; ainsi notre justice devant la justice divine. Il n'y a pas si grande disproportion entre notre justice et celle de Dieu, qu'entre l'unité et l'infini », L II/418 = *Disc. 42.*

2. Voir *Pascal et la philosophie*, p. 434 après Heidegger, *Nietzsche*, GA 6.2, p. 117-118 puis p. 174, tr. fr. Pierre Klossowski, Paris, Gallimard, 1971, t. II, p. 109 puis p. 157 ; voir *supra*, p. 205-207. Nous devons de nouveau à Emmanuel Martineau la distinction de la situation et de la position, inaugurale de l'époque moderne.

3. C'est Pascal lui-même qui nous suggère cette traduction pour « medium quid inter Deum et nihil ».

étonnant que je me trompe. [...] »[1]. Pascal fait plus que d'en prendre la mesure, il la met en scène afin de penser rien de moins que *l'homme*.

2) De Dieu et du néant (Descartes) à la nature (Pascal). « [...] La nature, ayant gravé son image et celle de son auteur dans toutes choses, elles tiennent presque toutes de sa double infinité ». Toutes les choses (ou grandeurs) participent donc de la double infinité, sont environnées et traversées d'infinité. Pour autant, elles ne *participent* pas au néant ou à l'infini lui-même, ce qui, pour le Pascal de *L'esprit géométrique*, n'aurait aucun sens. Tenir « le milieu entre l'infini et le néant », ce n'est pas « tomber » dans l'indivisible auquel toute grandeur est hétérogène. Rappelons la *lettre à Le Pailleur* et soulignons : « [...] la chose que nous concevons et que nous exprimons par le mot d'*espace vide* tient le milieu entre la matière et le néant, *sans participer* ni à l'un ni à l'autre ». Y a-t-il là une différence radicale avec Descartes ? Non, car quand Descartes dit « que je participe aussi en quelque manière du néant, *quodammodo de nihilo* », il dit seulement mon imperfection, c'est-à-dire pose que l'erreur est une pure négation (AT VII, 55,1)[2]; ici participer au néant n'a pas d'autre signification que celle de la négation de l'être divin, *id est* de sa perfection. Mais il ne saurait y avoir, au sens ancien et propre de la participation, participation au néant – d'où le *quodammodo* cartésien. En rigueur de terme donc, pas plus pour Descartes que pour Pascal, l'*ego* ne *participe* du néant : il est causé par Dieu, et par là parfait, mais il n'est pas Dieu, et à ce titre éprouve en lui la négation de sa perfection. Autrement dit, rien, en l'*ego*, ne rend compte de l'erreur, que le rien (*nihil*) lui-même – la raison (*causa*) de l'erreur

1. Nous traduisons AT VII, 54, 8-24 : « [...] quamdiu de Deo tantum cogito, totusque in eum me converto, nullam erroris, aut falsitatis causam deprehendo; sed postmodum ad me reversus experior me tamen innumeris erroribus esse obnoxium, quorum causam inquirens anidmadverto non tantum Dei, sive entis summe perfecti realem, et positivam, sed etiam, ut ita loquar, nihili, sive ejus quod ab omni perfectione summe abest, negativam quandam ideam mihi observari, et me tanquam medium inter Deum et nihil, sive inter summum ens et non ens ita esse constitutum, ut, quatenus a summo ente sum creatus, nihil quidem in me sit, per quod fallar aut in errorem inducar, sed quatenus etiam quodammodo de nihilo, sive de non ente participo, hoc est quatenus non sum ipse summum ens, desuntque mihi quamplura, non adeo mirum esse quod fallar » (ponctuation de l'éd. de 1642, p. 51-52).

2. Reste que l'erreur ne sera pas analysée comme une pure négation, mais qu'elle est une privation, c'est-à-dire « carentia cujusdam cognitionis, quae in me quodammodo esse deberet, le manque de quelque connaissance qui, en quelque façon, devrait être en moi » (AT VII, 55, 1-3; voir aussi AT VII, 60,31-61,4), c'est-à-dire une privation dans l'usage que nous faisons de la faculté que Dieu nous a donnée. Sur ce passage, voir désormais Gilles Olivo, « L'idée du néant et la fausseté matérielle de l'idée », *Cahiers de philosophie de l'Université de Caen*, 43, 2007, p. 249-273.

(et du péché), c'est le néant lui-même : le *nihil* s'interpose entre Dieu et l'homme[1].

ENNUI

Bien que les analyses pascaliennes de la gloire, au sens profane du terme, admettent encore un point de départ cartésien, ce commencement cartésien est loin d'être aussi explicite et constitutif dans les « discours de l'existence humaine » que dans « Disproportion de l'homme » : Descartes n'est plus médité pour lui-même, et il est vite abandonné. Certes, la réflexion pascalienne part de la grandeur de l'âme de l'homme, mais elle est aussitôt déportée vers sa conséquence, la recherche de l'estime d'une âme : « Grandeur de l'homme. Nous avons une si grande idée de l'âme de l'homme que nous ne pouvons souffrir d'en être méprisés, et de n'être pas dans l'estime d'une âme. Et donc toute la félicité des hommes consiste dans cette estime » (L I/411 = *Disc.* 119). Le fragment L XI/470 = *Disc.* 119-120 décrit cette estime que l'homme a pour la raison de l'homme : non pas l'estime qu'il a pour sa propre raison, mais l'estime qu'il a pour la raison des autres hommes, précisément en tant qu'ils sont susceptibles de l'estimer. Le monde imaginaire qu'est la raison d'un autre homme acquiert ainsi plus d'être pour la pensée d'un homme que son être propre. C'est pourquoi il serait prêt à échanger vie réelle et vie imaginaire, c'est-à-dire vie « dans l'idée des autres ». L'insatisfaction d'une vie réelle, fût-elle vertueuse, que n'accompagnerait pas la vie imaginaire, en l'occurrence la réputation de vertu, et la volonté d'échanger l'une pour l'autre constituent pour Pascal une marque exemplaire « du néant de notre propre être » (L XXIX/806 = *Disc.* 119). Ce qui satisfait l'homme, c'est de remplir son vide (le vide de soi) avec les représentations qu'un autre a de lui. Par la pensée, l'homme se désapproprie de son être pour vouloir être dans la raison d'autrui, témoignant par là de l'inanité primordiale de son être – le thème montanien de la vanité est constamment retravaillé dans les analyses consacrées à la gloire, à l'imagination, à la justice ou au divertissement dans lesquelles affleurent constamment les *Essais*. Ainsi la pensée veut-elle s'aliéner, et le lieu de cette aliénation est la raison d'autrui[2]. Notre néant se marque proprement à

1. Notre hypothèse est que cette thèse cartésienne ne restera pas sans conséquence pour la christologie pascalienne : son développement excèderait cependant largement la nature et le cadre d'une telle présentation.

2. Pour l'analyse de cette aliénation que nous résumons ici, voir *infra*, p. 260-267.

la volonté d'aliénation[1]. L'opérateur de cette aliénation est l'imagination, ce qu'explicite L XXIX/806 en définissant la vie imaginaire comme l'intériorisation d'une identité substitutive. L'imagination, « partie dominante *dans* l'homme », « qui se plaît à contrôler et à dominer » la raison, est l'analogue du moi dans le moi lui-même, qui organise la présence en lui d'une extériorité, pour en combler le vide intérieur (L 2/44 = *Disc.* 122). Telle est la fonction de l'imaginaire : chercher « l'occupation au dehors », s'identifier à des objets extérieurs toujours différents. L'imaginaire est le domaine de l'instabilité : le divertissement est un cas particulier de cette identification généralisée à l'extériorité, c'est-à-dire de cette structure d'aliénation de la pensée de l'homme. C'est pourquoi le divertissement échappe à toutes les représentations volontaires, il « se cache à [notre] vue » : ce ne sont pas tant les hommes qui se divertissent qu'il n'y a un travail « confus » du divertissement en eux[2]. Le divertissement, c'est ainsi la perte de soi : il « nous empêche principalement de songer à nous et [...] nous fait perdre insensiblement » (L I/414 = *Disc.* 134). Avec cette perte *insensible* de soi, on ne saurait être plus loin de la volonté de s'anéantir : Pascal ne dit pas de ne pas se divertir, mais il se contente de décrire le divertissement comme perte de soi –, car l'homme n'échappe pas à l'imaginaire. Plus exactement, le divertissement tire sa puissance du caractère insupportable du repos et de « l'ennui qu'il engendre »[3]. Dès lors, *penser à soi* ne fait accéder qu'à l'ennui[4]. Telle est la « condition de l'homme :

1. D'autres réflexions diagnostiqueront une aliénation involontaire : « En écrivant ma pensée elle m'échappe quelquefois ; mais cela me fait souvenir de ma faiblesse, que j'oublie à toute heure ; ce qui m'instruit autant que ma pensée oubliée, car je ne tiens qu'à connaître mon néant. / Qui s'aperçoit d'avoir dit ou fait une sottise croit toujours que ce sera la dernière. Loin d'en conclure qu'il en fera bien d'autres, il conclut que celle-là l'empêchera d'en faire. /Je me sens une malignité qui m'empêche de convenir de ce que dit Montaigne, que la vivacité et la fermeté s'affaiblissent en nous avec l'âge. Je ne voudrais pas que cela fût. Je me porte envie à moi-même. Ce moi de vingt ans n'est plus moi », L XXV/656 et *Pensées inédites* XI et V = *Disc.* 121.

2. Voir *infra*, p. 245-259.

3. « Ainsi s'écoule toute la vie : on cherche le repos en combattant quelques obstacles, et, si on les a surmontés, le repos devient insupportable par l'ennui qu'il engendre ; il en faut sortir et mendier le tumulte. Car ou l'on pense aux misères qu'on a ou à celles qui nous menacent. Et, quand on se verrait même assez à l'abri de toutes parts, l'ennui, de son autorité privée, ne laisserait pas de sortir du fond du cœur où il a des racines naturelles, et de remplir l'esprit de son venin. », L 8/136 = *Disc.* 135.

4. Voir par exemple L 8/137 = *Disc.* 134, et les « personnes qui ont un soin merveilleux de prendre garde que le roi ne soit seul et en état de penser à soi, sachant bien qu'il sera misérable, tout roi qu'il est, s'il y pense ».

inconstance, ennui, inquiétude » (L 2/24 = *Disc.* 155)[1]. Soulignons *condition*, concept que Heidegger méditera à nouveaux frais comme facticité[2] : l'anthropologie pascalienne est une anthropologie dont l'égologie n'est plus le principe.

Pour dire cette nouvelle anthropologie de la finitude humaine, irréductible à l'assignation d'une essence de l'homme, Pascal devait donc délaisser le vocabulaire du néant, marqué par une littérature de dévotion trop abondante et à ce titre usé, ambigu, abstrait, impropre par conséquent à décrire concrètement l'existence humaine. Le « néant » n'apparaît plus que pour la force de l'oxymore, *le néant de notre être*, ou pour avancer que sentir le rien, ce n'est pas ne rien sentir, avant qu'il ne laisse la place à des synonymes plus signifiants : abandon, insuffisance, dépendance, impuissance, vide. La question – c'est bien de la question *de l'homme* qu'il s'agit – n'est plus de prononcer le néant de notre être, mais de décrire la finitude existentielle dans tous ses aspects : gloire, imagination, divertissement.

Néant est donc un mot d'attente. Le concept pascalien qui rend compte de la phénoménalité de l'existence humaine est : *ennui*.

1. Voir aussi L XXIV/622 et 8/136 = *Disc.* 135 (collage) : « Ennui. Rien n'est si insupportable à l'homme que d'être dans un plein repos, sans passions, sans affaire, sans divertissement, sans application. / Il sent alors son néant, son abandon, son insuffisance, sa dépendance, son impuissance, son vide. / Incontinent il sortira du fond de son âme l'ennui, la noirceur, la tristesse, le chagrin, le dépit, le désespoir. / Ainsi l'homme est si malheureux qu'il s'ennuierait même sans aucune cause d'ennui, par l'état propre de sa complexion [...] ».

2. Voir *Die Grundbegriffe der Metaphysik*, en part. § 29-38, GA, 29/30, 199-249 ; tr. fr. Daniel Panis, Paris, Gallimard, 1992, p. 202-251. Pour la comparaison de l'ennui pascalien et du concept heideggerien de *Langeweile*, voir Jean-Luc Marion, *Réduction et donation*, Paris, PUF, 1989, p. 280-289.

QUATRIÈME PARTIE

L'ÉTUDE DE L'HOMME

CHAPITRE PREMIER

DES CONCUPISCENCES AUX ORDRES DE CHOSES

À Jean Mesnard

La transformation des trois concupiscences johanniques en « trois ordres de choses » (L HC 1/933 = *Disc.* 37-38), c'est-à-dire le renversement de l'interprétation du *monde* selon une triple théorie du péché, élaborée par une tradition ininterrompue de saint Augustin à Jansénius, au profit d'une triple inspection des *choses* selon leur mode d'objectité propre, constitue une remarquable innovation pascalienne, dont on a pu dire qu'elle lui faisait échapper au « rétrécissement de Port-Royal »[1]. Reste néanmoins à en déterminer la nature, ce qui ne va pas de soi ; car l'innovation est ou bien rupture radicale – ce qu'interdit ici le rappel explicite des concupiscences, ou plutôt leur « relance » thématique au début de L HC 1/933 – ou bien travail à nouveaux frais de ce à partir de quoi il y a innovation, singulièrement l'interprétation janséniste de la réflexion augustinienne sur les trois concupiscences. Or l'examen de cette question préliminaire reste paradoxalement à mener, puisque l'histoire du commentaire s'est abstenue de le faire ; en s'efforçant, à juste titre, de prendre toute la mesure de cette innovation spectaculaire, elle a peut-être sous-estimé l'originalité de

1. « die Verengung Port-Royals » : Hans-Urs von Balthasar, *Herrlichkeit*, Bd. II : *Fächer der Style*, Einsiedeln, 1962, p. 546; tr. fr. 1972, p. 79. Balthasar fait de L 23/308 (ou L HC 1/933 ?) « le fragment central, celui des trois ordres, qui est comme le résumé de toutes les *Pensées* » (p. 543, tr. fr. p. 76) – comme on le verra plus loin, nous ne partageons cependant pas cette interprétation, prise au sérieux et retravaillée jusqu'à voir dans « la doctrine pascalienne des trois ordres [...] une structure de dépassement de la métaphysique cartésienne » par Jean-Luc Marion, *Sur le prisme métaphysique de Descartes*, Paris, PUF, 1986, p. 329.

l'analyse pascalienne des trois concupiscences elles-mêmes, que marquent non seulement les déplacements auxquels Pascal soumet leurs objets et leurs domaines [1], mais tout aussi bien l'abandon de la problématique qui les organisait. Si l'innovation pascalienne consiste à transformer les concupiscences en autant de modes d'inspection des choses, sa possibilité tient sans doute d'abord à l'analyse des concupiscences elles-mêmes. C'est en effet dans la mesure même où Pascal modifie l'interprétation dont il hérite qu'il ouvre la possibilité de l'inversion d'une triple détermination morale en une triple herméneutique de toutes choses. C'est pourquoi s'impose d'expliquer L HC 1/933 = *Disc.* 37-38, moins célèbre assurément que L 23/308 quand on parle des trois ordres, que Pascal du moins n'a pas retenu parmi les liasses et les séries que les Copies restituent (il figure dans le Recueil original), mais qui formule exhaustivement cette transformation en posant seul qu'« il y a trois ordres de *choses* » : cet énoncé recèle en lui seul l'innovation et sa charge problématique. En effet cette innovation s'accomplit de façon complexe puisque le rapport de cette triple inspection aux *choses* inspectées suppose, au moins textuellement, la médiation des concepts d'ordre et d'objet. L'affirmation des « trois ordres de choses » se fait selon un concept d'*ordre* immédiatement relayé par celui d'*objet* qui permet que l'on passe d'une triple modalité de la connaissance fondée sur une tripartition *de l'homme* (corps, entendement, volonté) à une typologie tripartite *des hommes* (les charnels, les curieux et les savants, les sages) [2]. Pour le dire autrement, les trois ordres de choses ne sont tels (*ordres*, et ordres de *choses*) que parce que leur affirmation définit des modes de connaissance, eux-mêmes reconduits aux objets des concupiscences constitutifs d'une triparition des hommes.

Nous sommes donc de nouveau ramenés à l'élucidation préliminaire des objets respectifs des trois concupiscences dans l'analyse de Pascal, en tant qu'ils autoriseront l'inversion remarquable qui manifeste l'innovation pascalienne, et pour autant que ces ordres de choses sont déterminés par l'ordre des objets des concupiscences et ne valent que rapportés à lui. La thèse selon laquelle « il y a trois ordres de choses » est particulièrement difficile en ce qu'elle conjugue des déterminations hétérogènes :

1. Voir cependant Geneviève Rodis-Lewis, « Les trois concupiscences », *Chroniques de Port-Royal*, 11-14, 1963 et in *Pascal. Textes du Tricentenaire*, Paris, Fayard, 1963, p. 81-92.

2. Les dimensions de cette contribution ne nous permettent pas d'étudier l'emploi pascalien des concepts de chose et d'objet, que nous croyons retravaillés à partir de leur détermination cartésienne; outre l'indétermination capitale des « choses », nous nous en tenons ici à cette première remarque : dans L HC 1/933, *chose* et *objet* constituent moins un couple conceptuel qu'*ordre* et *objet*.

1) ontique, car elle pose des ordres de *choses*; 2) épistémique, car elle définit des modes de connaissance qui ont chacun leurs « *objets* séparés »; 3) axiologique, car elle subordonne les deux premières concupiscences à la troisième. Or, si l'on a montré la façon dont s'organise cette subordination axiologique [1], le rôle constituant des concupiscences n'a jamais été mis en lumière. Le présent essai ne prétend pas y parvenir, mais formuler seulement une hypothèse et proposer quelques remarques préparatoires à une étude plus ample et plus fondamentale sur la théologie des *Pensées*.

Les fragments L HC 1/933 et 23/308 ont valu aux études pascaliennes, depuis une trentaine d'années, des analyses multiples et de qualité : recherche des sources [2], examen du concept d'ordre et des modèles mathématiques qui articulent nature et surnature [3], comparaison de ces deux « fragments » [4] et inventaire de leur présence commune dans l'ensemble des *Pensées* [5], étude de leur fonction herméneutique et de la destitution de la métaphysique qu'ils opèrent [6], repérage de leur enjeu politique [1]. Notre

1. Jean-Luc Marion, *op. cit.*, p. 325-342.

2. Geneviève Rodis-Lewis, art. cité; Philippe Sellier, *Pascal et saint Augustin*, II, 4, « Les trois concupiscences », 2e éd. Albin Michel, 1995, p. 169-196, qui ne voit pas les différences entre Pascal et saint Augustin, ici très sensibles. La suite du propos montrera que les rapprochements thématiques ne suffisent pas, *a fortiori* quand ils passent outre les médiations historiques nécessaires, en particulier celle que constitue l'œuvre de Jansénius.

3. Catherine Chevalley, *Pascal. Contingence et probabilités*, Paris, PUF, 1995, p. 55-59. Les brillantes analyses consacrées à l'ordre par Michel Serres, *Le système de Leibniz et ses modèles mathématiques*, Paris, PUF, 1968, t. II, III, II et par Pierre Magnard, *Nature et Histoire dans l'apologétique de Pascal*, Les Belles Lettres, 1980, I, ne s'appliquent pas au concept d'ordre présent dans « les trois ordres », dont l'intérêt premier est de poser l'hétérogénéité des ordres; Catherine Chevalley en indique justement la raison : « S'il y avait une théorie générale des ordres, d'où une philosophie systématique pourrait être tirée, cela réintroduirait immédiatement ce que Pascal veut exclure : l'idée d'un ordre unique d'intelligibilité [...]. La distinction des ordres a chez Pascal deux finalités : établir non systématiquement l'existence de certaines différences entre les régions d'expérience; établir que ces différences créent des hétérogénéités irréductibles » (*op. cit.* p. 55). Cette remarque aussi simple que fondamentale rend vaine la recherche de « modèles » argumentatifs ou rhétoriques qui vaudraient universellement dans l'œuvre pascalienne, et qu'il suffirait de transférer d'un domaine à l'autre pour rendre intelligible le propos pascalien (voir par ex. Dominique Descotes, *L'argumentation chez Pascal*, Paris, PUF, 1993).

4. Voir la restitution et la disposition en double colonne opérées par Emmanuel Martineau, *Disc.* 37-38 et 218-220.

5. Jean Mesnard, « Le thème des trois ordres dans l'organisation des *Pensées* », in *Pascal. Thématiques des Pensées*, éd. par L.M. Heller et I.M. Richmond, Paris, Vrin, 1988, p. 27-55, repris dans Jean Mesnard, *La culture du XVIIe siècle*, Paris, PUF, 1992, p. 462-484; Martine Pécharman, « L'ordre dans les trois ordres et l'ordre des trois ordres », *Revue de métaphysique et de morale*, 1997, 1, p. 19-40.

6. Jean-Luc Marion, *op. cit.*, p. 325-342; *Pascal et la philosophie*, p. 234-239.

propos se distinguera donc de ces acquis pour présenter quatre remarques qui visent à mettre en évidence l'originalité que nous venons de postuler. Les deux premières concernent la concupiscence de la chair, dont l'analyse ne porte pas moins la marque de l'originalité que les deux autres concupiscences : que signifie d'abord que ses exemples habituels, les intempérants, soient abandonnés au profit des rois et des riches ? Faut-il faire une lecture politique, voire économique, de la concupiscence de la chair ? Le traitement nouveau que Pascal lui impose permet de mesurer la distance prise par rapport à l'explication janséniste « des voluptés de la chair » et le refus de la théologie de l'imitation qui la fonde, et de comprendre que la richesse en soit devenue le paradigme. L HC 1/933 commence par le rappel des concupiscences selon 1 *Jn* 2,16 et s'achève avec la citation de 1 *Cor* 1,31 : quelle relation entretiennent ces deux autorités ? L'orgueil est-il la seule instance à pouvoir les articuler ? Que signifie la mise en rapport direct de la justice et de la sagesse ? Il importe donc de déterminer la fonction architectonique que joue le quaternaire sapientiel de la *première lettre aux Corinthiens* 1,30 dans l'organisation du fragment L HC 1/933. Enfin, dans la tension constitutive de la méditation pascalienne entre la tripartition des concupiscences ou des ordres et le binaire sagesse / justice ou le quaternaire sagesse / justice / sanctification / rédemption, quel sens et quelle fonction attribuer à la proposition centrale « Dieu doit régner sur tout et tout se rapporter à lui » ? Mais si L HC 1/933, à l'évidence moins philosophique que le développement particulier que constitue L 23/308, explicitement quoique partiellement cartésien, s'articule autour d'une thèse théocentrique, peut-on encore y voir une structure essentielle de l'*Apologie* ? Plus fondamentalement encore, une pensée de la totalité, dans la mesure même où elle suppose un contenu théologique principiel et définitif, peut-elle valoir comme apologétique ?

1. Jean Pucelle, « La politique de Pascal et la doctrine des trois ordres », *Chroniques de Port-Royal*, 10, 1959, p. 8-21 ; René Taveneaux, *Jansénisme et politique*, Armand Colin, 1965, p. 92 *sq.* L 933 et 308 sont étonnamment peu cités par Gérard Ferreyrolles, *Pascal et la raison du politique*, Paris, PUF, 1984 ; voir cependant, au titre de la *libido dominandi*, p. 101 *sq.* ; voir aussi l'analyse de Christian Lazzeri, *Force et justice dans la politique de Pascal*, Paris, PUF, p. 263-276 en part., qui s'efforce de déterminer les critères qui caractérisent le concept d'ordre présent dans les trois ordres à partir des définitions qui en ont été proposées (J. Prigent in *Ordre, désordre, lumière*, Vrin, 1952, p. 192, J. Mesnard, art. cité et A.W.S. Baird, *Studies in Pascal's Ethics*, Nijhoff, 1975, p. 5s.). Nicholas Hammond, dans *Playing with Truth. Language and the Human Condition in Pascal's Pensées*, Oxford, Clarendon Press, 1994, recense peu utilement six sens d'ordre dans les *Pensées* (chap. 2, p. 50-59).

IMITER LA PREMIÈRE DÉLECTATION

Annotant les L 23/308 et HC 1/933, les éditeurs des *Pensées* ont souvent renvoyé le lecteur au *Discours de la Réformation de l'homme intérieur* de Jansénius, dans la traduction qu'en a donnée Arnauld d'Andilly en 1642[1]. En particulier, on a légitimement rapproché la tripartition anthropologique jansénienne des « trois ordres de choses » de L HC 1/933, « la chair, l'esprit, la volonté » : « Car qu'y a-t-il autre chose dans tout l'homme que le corps et l'âme ; et qu'y a-t-il dans l'âme que l'esprit et la volonté ? Or la volonté a reçu l'impression de l'orgueil, l'esprit celle de la curiosité, et le corps celle des désirs de la chair »[2] – ce passage « qu'on dirait fait exprès pour favoriser la réminiscence cartésienne » de la *Meditatio IV*[3] : et de fait, le cartésianisme initial de L 23/308 est textuel. L'écriture même de Pascal est proche de celle d'Arnauld d'Andilly, chez qui il est difficile de ne pas souligner, comme par un effet en retour, le donné initial (*qu'y a-t-il*) d'une totalité (dans *tout* l'homme) de choses (*autre chose*). *Tout ce qu'il y a dans le monde, omne quod est in mundo*, c'est déjà ce dont prétendaient rendre compte les trois concupiscences johanniques (1 *Jn* 2,16) : c'est donc tout naturellement que l'anthropologie tripartite (cartésiano-)jansénienne supportera les concupiscences, en renforçant l'exhaustivité[4] qui fait la force de l'analyse : « Or la volonté a reçu l'impression de l'orgueil, l'esprit celle de la curiosité, et le corps celle des désirs de la chair »[5]. On a rapporté le « thème des trois concupiscences » pascalien à son traitement augustinien et jansénien pour mettre au jour certaines « différences entre Augustin et Pascal, et voir comment s'est opérée la transformation afin de mieux saisir l'originalité de Pascal ». Mais alors que Geneviève Rodis-Lewis, mesurant les déplacements que Pascal impose

1. L'*Oratio de interioris hominis reformatione* fut d'abord un sermon prononcé le 18 octobre 1628 devant les moines bénédictins de l'abbaye d'Affligem et leurs « illustres invités ». Publiée sous ce titre dès la fin de l'année, elle connut plusieurs rééditions ; la traduction d'Arnauld d'Andilly fut également rééditée plusieurs fois (1644 et 1659) ; voir Jean Orcibal, *Jansénius d'Ypres (1585-1638)*, Études augustiniennes, 1989, p. 211-216.

2. *Commencement du Discours*, in G. Michaut, *Les époques de la pensée de Pascal*, 2e éd., 1902, p. 201. Pour ce rapprochement, voir G. Rodis-Lewis, art. cité, p. 85. Jansénius ouvrait le *Discours* par le rappel de la création selon une anthropologie non moins nette : « Il [Dieu] donna à cette âme la lumière de l'intelligence, et la liberté de la volonté ».

3. Emmanuel Martineau, *Disc.* 220.

4. *Commencement du discours* : « Et certes il n'y a point d'espèce de tentation [...] qui ne soit comprise dans l'étendue de l'orgueil, de la curiosité, ou des plaisirs sensuels ».

5. *Commencement du discours* ; l'*Oratio* donne : « Voluntati superbia, intelligentiae curiositas, corpori concupiscentia carnis impressa est ».

aux catégories augustiniennes rigoureusement reprises par Jansénius[1], considère que c'est pour les deux dernières concupiscences qu'il « renouvelle le plus profondément l'analyse augustinienne »[2], nous voudrions signaler ici combien, dès la première concupiscence, l'analyse de Pascal apparaît originale. L'ordre de la chair, en tant qu'il caractérise ceux qui « ont pour objet le corps », ne saurait se réduire à ce que la *libido sentiendi* (L XXIII/545 = *Disc.* 37) signifie traditionnellement, la concupiscence ou le désir de la chair, entendons concupiscence ou désir sensuels. La concupiscence charnelle n'est même plus le paradigme de cette *libido*[3], puisque « les riches, les rois » en fournissent de meilleurs exemples que les intempérants. L'originalité de la lecture pascalienne de la *prima Joannis* se décline doublement. D'une part, il ne s'agit plus fondamentalement, comme chez Jansénius ou saint Augustin, des plaisirs des sens, c'est-à-dire « des voluptés de la chair » ; mais surtout, Pascal abandonne ici la doctrine janséniste de la délectation, elle-même fondée sur une théorie de l'imitation ; d'autre part, cette concupiscence aux objets déterminés à nouveaux frais n'est pas tant l'amour du pouvoir[4] (les rois, les capitaines) que l'amour de l'avoir (les riches) ; ou plutôt, c'est le second amour qui s'avère être au principe du premier. Nous reprenons ces deux points.

Le *Discours de la Réformation de l'homme intérieur* nomme la première concupiscence « la *concupiscence, ou le désir de la chair*, parce que le plaisir vers lequel elle se porte avec violence se ressent dans la chair, et entre par les cinq sens comme par autant de pores ». Le livre X des *Confessions* avait en effet décliné la première concupiscence selon cinq tentations, organisées selon les cinq sens[5]. Mais avant de les reprendre et de

1. Jansénius suit le *Commentarium in Joannem* sur 1 *Jn* 2, mais y ajoute aussi des réflexions tirées surtout des *Confessiones* X, du *De Genesi ad litteram* et du *De vera religione*. La fidélité de l'*Oratio*, « où l'on trouve la quintessence de la spiritualité augustinienne » aux textes de l'évêque d'Hippone, est soulignée par Jean Orcibal : « nul ne conteste que, dans le domaine spirituel du moins, Jansénius ne se soit montré fidèle disciple », malgré un bel anachronisme (*op. cit.*, p. 215 et 213) ; Geneviève Rodis-Lewis relève en outre quelques traits par lesquels Jansénius « modernise la description augustinienne » (*op. cit.* p. 85 *sq.*).

2. Art. cité respectivement p. 82 et 85. Pascal ne reprend pas le parallèle augustinien des trois concupiscences avec les trois tentations du Christ (*Commentarium in Joannem* et *De vera religione*).

3. Ou de ce que l'on appelle couramment la *libido* ; voir le *De civitate Dei*, XIV, XV et XVI, BA 35, 422-425.

4. Il relevait de la troisième concupiscence chez Augustin ou Jansénius, *ambitio saeculi*.

5. *Confessions*, X, XXX-XXXIV, 41-53 ; les tentations sexuelles y valent pour le toucher, viennent ensuite le goût, l'odorat, l'ouïe et la vue. C'est concernant l'ouïe, et en particulier le chant des *Psaumes*, que nous nous permettrons de ne pas partager le jugement de Jean Orcibal mentionné plus haut sur la fidélité irréprochable de Jansénius envers la spiritualité de saint

paraphraser les analyses augustiniennes avec une fidélité remarquable, Jansénius met en place une explication de la concupiscence de la chair grâce à la doctrine de la délectation présente comme imitation de la délectation pré-lapsaire, qui n'appartient pas aux *Confessions*[1]. Le *Discours* comprend les voluptés de la chair comme le substitut d'une première volupté perdue : « Car l'esprit de l'homme ayant malheureusement perdu le sentiment des délices intérieures, se répand dans les extérieures, s'efforçant de retenir, au moins par les sens corporels qui sont les plus basses et les plus grossières de ses puissances, ce plaisir céleste qui l'abandonne, ou d'en récompenser la perte par d'autres plaisirs »[2]. Le statut présent de l'homme porte le souvenir de son statut d'avant la faute : par les plaisirs présents, essayer de retrouver quelque chose de la première délectation. Mais faute d'une délectation intérieure, l'homme dans l'état de nature déchue se tourne vers une délectation extérieure : de nouvelles délectations (ré)compensent l'ancienne délectation à jamais perdue. Comme pour l'arbre qui se courbe au contraire de l'arbre sain dans sa droiture[3],

Augustin (*Confessions*, X, XXXIII, 50). Jansénius, réduisant la difficulté à la question sommaire d'un discernement instantané entre l'amour du sens éprouvé par la piété et l'amour du son éprouvé par la passion, méconnaît la finesse de l'analyse augustinienne sur l'affinité secrète (*occulta familiaritas*) de la voix et du chant avec la piété, et surtout le problème du péché inconscient. A notre connaissance, Pascal évite toujours également la difficile question du plaisir dans / de la prière : y a-t-il une délectation propre à la prière ? se laisse-t-elle analyser comme une concupiscence ? – Gilberte Périer, elle, n'hésitera pas à insister sur le plaisir de Pascal à dire le bréviaire : « Il avait un amour *sensible* pour tout l'Office divin, mais surtout pour toutes les Petites Heures, parce qu'elles sont composées du psaume CXVIII, dans lequel il trouvait tant de choses admirables qu'il *sentait de la délectation* à le réciter », *La Vie de Pascal*, 1re version, § 72 = 2e version, § 88, *OC* I, 596 et 637.

1. Les commentateurs sont muets sur ce point pourtant essentiel, pour lequel Jansénius ne renvoie à aucun autre texte qu'à la *Genèse* elle-même. Dans l'attente d'une identification exacte de la source augustinienne au propos de Jansénius, il est possible de rapprocher cette explication du livre XII du *De Trinitate*, IX-XI, BA 16, p. 236-243 (« incipiens a perverso appetitu similitudinis Dei », « concupiscitur scientia ex mutabilium temporaliumque experimento », etc.) et des textes parallèles du *De civitate Dei*, XII, I et XIV, 13 en part.

2. Première partie du *Discours*, « Des voluptés de la chair ».

3. « Ainsi que les arbres que l'on plie avec grand effort, se remettent avec d'autant plus de violence dans leur état naturel, aussitôt que la main qui les tenait les laisse aller : de même, en un sens contraire, depuis que la nature humaine a été corrompue, et comme courbée par le péché, elle ne peut plus être redressée que par une force extrême ; et aussitôt qu'on la laisse à elle-même, et dès qu'on l'abandonne, elle se précipite par son propre poids dans le vice de son origine » (Avant-propos du *Discours*). Jansénius pense la grâce comme un pouvoir externe de redressement, au contraire du péché qui est une puissance interne de courbure. C'est donc le péché qui est conçu comme poids par Jansénius, à l'inverse de saint Augustin qui, lui, pense l'amour comme poids : « pondus meum amor meus » (*Confessions*, XIII, 9, BA 14, 440 ; *De civitate Dei*, XI, XXVIII, BA 35, 123, *Lettres* 55, 10, 18 et 157,9 ; voir André Pessel,

l'extériorité est substituée à l'antériorité d'une première volupté perdue[1]. Dans les *Pensées* au contraire, l'« instinct impuissant du bonheur de <notre> première nature » (L 11/149 = Disc. 68)[2] ne se dit jamais comme plaisir passé dont nos concupiscences présentes feraient mémoire[3]. Ainsi Jansénius développe-t-il une théorie de l'imitation quand Pascal proposera une explication par les contrariétés gouvernée par l'opposition de la grandeur et de la misère[4]. Pour le *Discours sur la réformation de l'homme intérieur*, l'homme d'après le péché imite, mais d'une imitation[5] déréglée, l'état d'avant le péché : « Car s'étant vu abandonné à lui-même, aussitôt qu'il eut l'expérience du bien et du mal, il sentit sa pauvreté ; et ce sentiment le porta à vouloir imiter, mais par une imitation déréglée et pleine d'aveuglement, la grandeur, la science, et la béatitude divine qu'il avait goûtées, et auxquelles il avait été uni par cet état admirable de gloire, de lumière, et de bonheur. Il devint esclave de ces trois passions désordonnées, qui lui inspirent sans cesse un désir ardent de réparer la perte qu'il a faite, et de recouvrer la félicité qu'il a méprisée, cherchant ainsi la consolation de son

« Mersenne, la pesanteur et Descartes », in *Le Discours et sa méthode*, sous la dir. de N. Grimaldi et J.-L. Marion, PUF, 1987, p. 163 *sq.*). L'anti-augustinisme de Jansénius est chose assez rare pour être signalée : l'arbre qui figure l'homme résiste naturellement à l'extériorité de son redressement. En revanche, les *Pensées* introduisent l'idée de la flexibilité et des vibrations du roseau (L 15/200 = *Disc.* 79) qui cède sans résistance au sentiment, à la fantaisie, aux concupiscences, etc. (L XXIII/530 = *Disc.* 22). Le péché originel produit selon Jansénius la lente et inéluctable inclination vers le sol, selon Pascal le tremblement et l'instabilité continuels.

1. De cette extériorité jansénienne, il n'est pas exclu de trouver le rappel dans L 8/136 = *Disc.* 135 avec cet « instinct secret qui les porte à chercher le divertissement et l'occupation au-dehors ». Mais précisément, Pascal ne dit jamais qu'il est possible, et même nécessaire, de ne pas se divertir ; il se contente d'en montrer le caractère maladif : voir *infra*, p. 245-259.

2. Voir aussi L 8/136 = *Disc.* 135 : l'« instinct secret qui reste de la grandeur de notre première nature ».

3. Jansénius utilise la métaphore du ruisseau oublieux de sa source pour décrire l'homme de péché : « Car il ne sut pas remonter, comme il devait, le ruisseau, qui lui paraissait si agréable, vers la source d'où il était sorti » (Commencement du *Discours*). A ce modèle de l'irréversibilité d'un écoulement, à partir d'une origine unique, Pascal substitue la pluralité des commencements et la diversité des biais, remplaçant par la pluralité des ordres le paradigme d'un ordre unique méconnu (« Il se perdit de cette sorte, en voulant s'élever contre l'ordre de la nature et de la raison », *ibid.*).

4. Voir *Pascal et la philosophie*, § 7 et 9 en part.

5. Peut-être faut-il voir là l'influence du platonisme : cette possibilité n'est pas envisagée par Jean Orcibal, dans « Néo-platonisme et jansénisme. Du *De libertate* du P. Gibieuf à l'*Augustinus* », *Analecta gregoriana*, LXXI, 1954, p. 33-57, ni dans « Thèmes platoniciens dans l'*Augustinus* de Jansénius », in *Augustinus Magister*, Études augustiniennes, 1955, t. II, p. 1077-1085 (articles repris dans *Études d'histoire et de littérature religieuses, XVIe-XVIIe siècles*, Études réunies par Jacques Le Brun et Jean Lesaulnier, Paris, Klincksieck, 1997).

malheur dans l'ombre de ces grands biens, dont il avait une véritable et parfaite jouissance »[1]. La cupidité se définit donc dans le *Discours* comme la mauvaise imitation de la béatitude, la culpabilité comme la mauvaise imitation de l'innocence. L'analyse de la troisième concupiscence répètera cette imitation, d'autant plus perverse qu'elle n'est plus seulement celle de l'état premier, mais celle de l'excellence et de la puissance de Dieu même (*libido excellendi*) : « Cette première plaie du péché qui a blessé le premier homme, et l'a rendu comme un esclave fugitif de devant la face de son Maître, lui a imprimé dans toutes ses affections une ardente passion d'imiter cette souveraineté de Dieu, et cette éminence de son être; et d'en tracer une image ténébreuse dans ses crimes et dans ses désordres, soit qu'il pèche étant seul, soit qu'il pèche étant avec d'autres »[2]. Pascal se tient donc au plus loin de Jansénius : l'état de l'innocence est à jamais perdu, et à jamais inimitable[3].

Or, pour lutter contre la mauvaise imitation qui est celle des concupiscences, Jansénius propose pour remède l'imitation du Christ. C'est pourquoi, paraphrasant le *De vera religione*, XXXVIII, 70-71 avant de suivre le livre X des *Confessions*, Jansénius développe l'idée selon laquelle le Christ lui-même a été victime de la triple tentation à laquelle Adam a succombé. Il s'agira désormais d'imiter la résistance christique à la tentation satanique : « Et c'est pour cela que notre Roi étant venu pour guérir l'homme de ces trois blessures, a été attaqué en ces trois manières, et a rompu la pointe de ces trois flèches par le bouclier de sa vérité, afin que ses imitateurs ne craignissent plus les armes par lesquelles ils avaient été vaincus » (*Commencement du Discours*). Jansénius fait donc un usage ambivalent du concept d'imitation : d'une part les concupiscences présentes imitent dans la perversité, c'est-à-dire dans l'extériorité, la délectation

1. La traduction d'Arnauld d'Andilly accentue significativement le vocabulaire de l'imitation; Jansénius avait écrit : « Nam per ipsam boni malique experientiam continuo in se demersus suam sentit indigentiam; ideoque tenebrosa quadam aemulatione divinae excellentiae, scientiae, ac beatitudinis, quas gustaverat, et quibus mirabili suae naturae exaltatione, et illustratione, et gaudio conglutinatus fuerat, trium immundarum cupiditatum impetu ardentissime nititur contemptae felicitatis resarcire iacturam, ut amissa tantorum bonorum veritate infelix animus saltem umbra eorum quoquo modo suam miseriam consoletur ».

2. De nouveau, l'insistance sur l'imitation est une glose d'Arnauld d'Andilly. Jansénius écrit : « Cuius excellentissimae potentiae et potentissimae excellentiae tenebrosam imaginem exprimi illius vulneris prurigine ardentissime fugitivus animus in peccatis appetit, sive delinquat in solitudine, sive in societate grassetur ».

3. Il faudrait donc opposer à la mimétique jansénienne la sémiologie pascalienne des traces qui restent de la première grandeur, constitutive du divertissement (L 8/136 = *Disc.* 133-136).

originelle; d'autre part l'homme intérieur doit imiter dans la grâce le remède christique. L'imitation définit la maladie et norme le remède. Dans les *Pensées*, une telle imitation n'a jamais lieu : l'hétérogénéité des trois ordres l'interdit[1]. Si une distance entre deux ordres peut en figurer une autre (L 23/308), les ordres eux-mêmes ne sauraient s'imiter. La théorie pascalienne de la figuration n'est pas une doctrine de l'imitation. La pensée figurative pascalienne ne doit rien à la pensée mimétique jansénienne.

DONNER LA RICHESSE

Malgré les capitaines que L 23/308 ajoute aux rois et aux riches parmi les « grands de chair », la première concupiscence ne se caractérise pas tant pour Pascal par l'amour du pouvoir que par l'amour de l'avoir. L'universalité de la première concupiscence désigne moins une revendication humaine à exercer un pouvoir qu'à posséder. Du reste, en rapprochant *1 Jn* 2,16, ἡ ἀλαζονεία τοῦ βίου et *Jc* 4,16, νῦν δὲ καυχᾶσθε ἐν ταῖς ἀλαζονείαις ὑμῶν, c'est-à-dire en rapprochant la *prima Joannis* de la critique de la richesse chez *saint Jacques*, un certain nombre d'interprètes précèdent Pascal, qui comprennent la troisième concupiscence (dans l'ordre de saint Jean) par « l'orgueil de la richesse »[2]. A rebours, si l'orgueil caractérisera en propre la troisième concupiscence pour Pascal, il n'en est pas moins déjà présent dans la première, comme orgueil de la richesse, car « ce n'est pas qu'on ne puisse être glorieux pour le bien ». Le bien, au sens évident de ce que l'on possède, devient dans le L 23/308 les biens, que Jésus-Christ ne possède pas : « J.-C. sans biens ». Qu'il y ait un orgueil de la richesse, c'est ce qu'affirme l'Écriture : « [...] non gloriatur dives in divitiis suis ». Or cette citation provient du verset même cité par saint Paul à la fin de L HC 1/933, *Jer.* 9,23, qui donne une clef de ce fragment en dénonçant lui-même trois fausses gloires fondées sur trois concupiscences : « Non

1. Voir *Pascal et la philosophie*, § 16. Si Pascal n'essaie pas de faire correspondre les tentations du Christ au désert avec les concupiscences johanniques, ce n'est donc pas seulement parce qu'il classerait la domination temporelle du Christ (seconde tentation) parmi les modalités de la première concupiscence, et non, comme Augustin ou Jansénius, comme exemple d'*ambitio saeculi* ou de *superbia vitae* (*contra* G. Rodis-Lewis, art. cité, p. 83-84).

2. Voir par ex. le commentaire de Cornelius a Lapide, *ad loc.* : « Glossa et Thomas Anglicus : *In superbiis*, inquiunt, id est, in divitiis quae faciunt superbos, et in quibus superbitis. *Vermis* enim *divitiarum est superbia*, ait S. Aug. » (*Commentarii in Scripturam sacram*, Lyon et Paris, 1865, t. X, p. 562). La plupart des traducteurs contemporains adoptent un sens proche de celui de Pascal, par ex. Osty : « l'ostentation de la richesse ».

glorietur sapiens in sapientia sua, et non glorietur fortis in fortitudine sua et non glorietur dives in divitiis suis». Il importe donc de préciser le lien, essentiel semble-t-il, entre orgueil et richesse.

Nulle part dans les *Pensées* Pascal ne propose de détermination économique de la richesse, mais toujours une description de notre rapport à la richesse. Comment penser la richesse? Comme bien particulier, entendons le bien en tant que particulier. La richesse est cet avoir qui me particularise. Si la concupiscence charnelle n'est plus caractérisée comme chez Augustin et Jansénius par les plaisirs sensuels, pour apparaître à l'origine de tous les rapports sociaux, c'est parce que la richesse individualise, au point de désigner son possesseur comme *illustre*. Ceux qui illustrent la concupiscence de la chair sont précisément ceux que l'on croit illustres, riches et rois par excellence, tous les «grands de chair» ensuite. Or l'orgueil n'est pas autre chose qu'un désir du particulier. Si l'orgueil est souvent défini chez saint Augustin comme le désir d'une grandeur perverse, *perversae celsitudinis appetitus*[1], il trouve sa détermination conceptuelle la plus rigoureuse dans le livre XII du *De Trinitate*: «L'âme, qui aime son propre pouvoir, glisse de l'universel, qui est commun à tous, au particulier qui lui est propre. La faute en est à l'orgueil, cette force de séparation, que l'on appelle «le commencement du péché» (*Eccli.* 10,15) [...]. Le désir de posséder quelque chose de plus que l'universel, et la prétention de se gouverner par sa propre loi la précipitèrent dans le souci du particulier, pour la bonne raison qu'il n'y a rien au-delà de l'universel. Ainsi, par désir de posséder plus elle se trouve diminuée». L'orgueil, c'est préférer le propre[2]. Saint Augustin continue en désignant lui-même le corps comme l'instrument de cette particularisation orgueilleuse: «Et ce tout où elle s'efforce d'agir d'une facon qui lui soit propre, contre les lois auxquelles est soumis l'universel, elle le régit par son propre corps qui ne peut avoir de possession que partielle»[3]. L'orgueil est donc le refus

1. Par exemple *De civitate Dei* XIV, 13, 1, BA 35, p. 410, qui poursuit: «Perversa enim est celsitudo deserto eo, cui debet animus inhaerere, principio sibi quodam modo fieri atque esse principium»; Jansénius paraphrase fidèlement en inversant l'ordre des deux phrases: «n'y ayant point d'élèvement plus extravagant et plus injuste que de quitter le principe auquel on doit demeurer inséparablement attaché, pour se rendre comme le principe de soi-même, la règle de sa vie, l'origine de ses connaissances, et la source de sa félicité. Et qu'est-ce que l'orgueil, sinon le désir de cette injuste grandeur?» – il est difficile d'être plus anti-cartésien; Pascal ne suivra pas longtemps Augustin et Jansénius sur ce terrain.

2. «Alii [les mauvais anges] sua potestate potius delectati, velut bonum suum sibi ipsi essent, a superiore communi omnium beatifico bono ad propria defluxerunt», *De civitate Dei*, XII, I, 2, BA 35, 150.

3. *De Trinitate* XII, 9,14, BA 16, 236-239: «Potestatem quippe suam diligens anima, a

de l'universel et, à ce titre, le refus de la créature de se penser comme créature. C'est pourquoi « les membres pensants » opposeront à l'orgueil la « bonne volonté pour consentir à celle de l'âme universelle » (L 26/360 = *Disc.* 140). L'orgueil est donc le désir d'un surplus, d'un surcroît par rapport à l'universel. En ce sens, l'orgueil est relation fautive à la singularité[1]. Les *Confessions* dénoncent cette inversion métonymique en une formule géniale : « privata superbia diligitur in parte unum falsum »[2]. L'orgueil n'est donc révolte contre Dieu que parce qu'il est d'abord illusion du particulier, faux un, faux tout. Être orgueilleux, c'est se particulariser, ce qu'accomplit d'abord la richesse, en quoi elle est premièrement et proprement concupiscence, et concupiscence de la chair, « qui ne possède que partiellement ».

Ce n'est donc que secondairement que le pouvoir caractérise la première concupiscence – c'est pourquoi il ne faut pas se hâter de faire une lecture politique des concupiscences. Secondairement, parce que le pouvoir lui-même vient de la richesse – c'est pourquoi la première concupiscence ne relève pas de prime abord du politique. Avoir du pouvoir, c'est pouvoir donner de la richesse. Il faut donc comprendre que la concupiscence de la chair est partagée à la fois par ceux qui sont riches, et par ceux qui désirent l'être. C'est parce que la richesse est désirée que les riches sont puissants, au point d'être des rois. Pascal explicitera ce point dans le troisième *Discours sur la condition des Grands* dans lequel on peut retrouver les trois ordres[3] : « Vous êtes de même environné d'un petit nombre de personnes sur qui vous *régnez en votre manière* [*id est* dans votre ordre]. Ces gens sont pleins de concupiscence. Ils vous demandent les *biens* de la concupiscence. C'est la concupiscence qui les attache à vous. Vous êtes donc proprement un roi de concupiscence. Votre royaume est de peu d'étendue; mais vous êtes égal en cela aux plus grands rois de la terre. Ils

communi universo ad privatam partem prolabitur : et apostatica illa superbia, quod « initium peccati » dicitur (*Eccli.* X, 15) [...] plus aliquid universo appetens, atque id sua lege gubernare molita, quia nihil est amplius universitate, in curam partilem truditur, et sic aliquid amplius concupiscendo minuitur [...]. Totumque illud ubi aliquid proprium contra leges, quibus universitas administratur, agere nititur, per corpus proprium gerit, quod partiliter possidet ».

1. La bonne relation à la singularité sera au contraire normée par l'amour que le tout porte à la partie (L 26/368-372 = *Disc.* 140-141).

2. III, VIII, 16, BA 13, 394.

3. Les raisons récapitulées par Emmanuel Martineau (*Disc.* 218) qui permettent de conjecturer l'ancienneté (1655) des « trois ordres » sont très fortes : nous le rejoignons totalement ici. C'est précisément parce que Pascal pouvait juger lui-même trop sommaire cette réflexion de 1655, exclue des liasses titrées, qu'il en a proposé un usage pédagogique fort mais appauvri quelques années plus tard, probablement en 1659.

sont comme vous des rois de concupiscence. C'est la concupiscence qui fait leur force, c'est-à-dire *la possession des choses que la cupidité des hommes désire* »[1]. La richesse peut être *donnée*, et c'est la possibilité de ce don qui fait le pouvoir : « Le propre de la richesse est d'être donnée libéralement », comme « le propre de la puissance est de protéger » (L XXVIII/797 = *Disc.* 203). Ainsi « le plaisir des Grands est de pouvoir faire des heureux » (*ibid.*).

L'analyse de la concupiscence vaut donc à la fois pour ceux qui possèdent et ceux qui demandent. Aux riches on demande (de) la richesse, en quoi le riche devient puissant. Pascal reprend au début du troisième *Discours* le concept même d'*objet* utilisé dans L HC 1/933 : « Qu'est-ce, à votre avis, d'être grand seigneur ?[2] C'est être maître de plusieurs *objets* de la concupiscence des hommes, et ainsi pouvoir satisfaire aux besoins et aux désirs de plusieurs. Ce sont ces besoins et ces désirs qui les attirent auprès de vous, et qui font qu'ils se soumettent à vous »[3]. Un premier principe se déduit immédiatement : chacun donne ce qui est en sa puissance, c'est-à-dire chacun ne donne que dans les limites strictes de son ordre. À cette condition, donner c'est régner ; et réciproquement, régner c'est pouvoir donner. Ainsi les riches donnent la richesse – mais ils ne doivent pas prétendre « régner par une autre voie que par celle qui [les] a fait rois »[4] ; les savants donnent des inventions (L 23/308), et Dieu donne la sagesse (L HC 1/933). On ne parle bien que de ce que l'on peut donner, condition d'un *style* qui ne sera *proportionné* que parce qu'il est d'abord *approprié* : « [...] le riche parle bien des richesses, le roi parle froidement d'un grand don qu'il vient de faire [...] » (L 23/303 = *Disc.* 114). Le troisième *Discours* pose l'analogie : Dieu donne la charité comme un roi donne les biens de la concupiscence. C'est pourquoi on demande à Dieu ce qu'il peut donner en propre, comme on demande au roi ce qu'il peut donner : « Dieu est envi-

1. *OC* IV, 1034, nous soulignons ; l'introduction de Jean Mesnard précise justement : « La possession du pouvoir est inséparable de celle des richesses : on retrouve l'association qui s'effectuait, au titre des grandeurs de chair, dans le fragment des trois ordres », 1023-1024. La même association typologique des riches et des rois se trouve chez Bossuet, dans le premier point du *Sermon du mauvais riche*, prononcé en 1662 (donc bien avant la publication par Nicole de *De l'éducation d'un prince*, 1670).

2. Pour que la parabole du premier *Discours* trouve toute son application, il faut que la richesse vaille déjà comme royauté : « Ne vous imaginez pas que ce soit par un moindre hasard que vous possédez les richesses dont vous vous trouvez maître que celui par lequel cet homme se trouvait roi [...]. Vous tenez, dites-vous, vos richesses de vos ancêtres ; mais n'est-ce pas par mille hasards [...] ? », *OC* IV, 1030.

3. *OC* IV, 1033.

4. *OC* IV, 1034.

ronné de gens *pleins* de charité, qui lui demandent les biens de la charité, qui sont en sa puissance : ainsi il est proprement le roi de la charité »[1].

Reste que cette analogie entre Dieu roi de la charité et les rois de concupiscence qui fonde le troisième *Discours sur la condition des Grands* n'est formulée ni dans L HC 1/933 ni dans L 23/308. De même, l'analogie célèbre qui opère entre le pouvoir sur les corps et le pouvoir sur les esprits dans la *lettre à Christine* de juin 1652 a disparu des « trois ordres de choses »[2]. C'est pourquoi la *lettre* comme le troisième *Discours* en disent à la fois plus et beaucoup moins que L HC 1/933 : les rapprochements thématiques partiels[3] qu'ils permettent indiscutablement masquent les différences problématiques profondes qui témoignent des étapes de la pensée pascalienne[4]. Notons seulement pour l'instant que l'originalité des « trois ordres de choses » dans les *Pensées* est, paradoxalement, d'avoir supprimé l'analogie entre les ordres, pourtant si commode dans les autres textes et si attendue par les commentateurs. Il importe désormais d'examiner l'organisation de L HC 1/933 = *Disc.* 37.

Donner la sagesse

Le style de L HC 1/933 est nettement formalisé, axiomatisé même. La présentation anaphorique et le rythme ternaire par lesquels Pascal imite les « parallélismes » bibliques coïncident avec l'écriture axiomatique qui

1. *Ibid.* ; nous soulignons « pleins », ils en redemandent donc.

2. Voir Jean Mesnard, *OC* IV, 922. « Le pouvoir des rois sur leurs sujets n'est, ce me semble, qu'une image du pouvoir des esprits sur les esprits qui leur sont inférieurs, sur lesquels ils exercent le droit de persuader, qui est parmi eux ce que le droit de commander est dans le gouvernement politique », *OC* II, 924. L HC 1/933 et L 23/308 ont plus sûrement encore éliminé l'idée, sans doute appelée par la flatterie, d'une complémentarité entre les ordres : « Quelque puissant que soit un monarque, il manque quelque chose à sa gloire, s'il n'a la prééminence de l'esprit; et quelque éclairé que soit un sujet, sa condition est toujours rabaissée par la dépendance [...]. C'est elle (Christine) en qui la puissance est dispensée par les lumières de la science, et la science relevée par l'éclat de l'autorité », *OC* IV, 924-925. On imagine mal une telle complémentarité étendue au troisième ordre, avec un Christ riche, inventeur et saint évidemment !

3. La *lettre* ne connaît que les deux premiers ordres; le *Discours* ne travaille que sur le premier et le troisième.

4. La *lettre* témoigne, encore naïvement, de l'enthousiasme de Pascal pour l'éclat du deuxième ordre, le *Discours* de la possibilité de l'usage pédagogique d'une structure trop sommaire et trop massive pour rester toujours pertinente, et qui a donc été abandonnée.

caractérise un style mathématique[1]. L HC 1/933 pose en effet un *problème*, ainsi formalisé : – il y a trois ordres de choses (première série); – *or* (c'est bien le problème) Dieu doit régner sur tout... ; – démonstration (seconde série); – conclusion : 1 *Cor* 1,30. Le seul déséquilibre entre les deux séries (ou « triptyques synthétiques » selon Jean Lhermet) vient de ce que, dans la seconde série, Pascal développe brièvement le rapport de la gloire, ou de la fausse gloire, c'est-à-dire de l'orgueil (la jactance), à un troisième ordre qu'elle caractérise proprement, mais non sans avoir rappelé que cette gloire (ou cet orgueil) est également présente, quoiqu'improprement, dans le premier et dans le deuxième ordres. Tout se passe comme si un concept, celui de gloire, valait partout, mais spécialement dans le troisième ordre, où il trouve son lieu propre, et qui lui vaut d'être développé. Ce court et unique développement aboutit à une citation de la fin du premier chapitre de la première *lettre aux Corinthiens*. L HC 1/933 s'achève même sur une citation de citation, puisque *Jer.* 9, 23 (rencontré plus haut à propos de l'orgueil de la richesse) a déjà le statut de citation dans le dernier verset paulinien de ce premier chapitre, *Qui gloriatur, in Domino glorietur*. De plus, Emmanuel Martineau, à la différence des autres éditeurs, a raison de rétablir des guillemets pour encadrer l'ensemble du dernier alinéa du fragment : « Aussi Dieu seul donne la sagesse et c'est pourquoi *Qui gloriatur, in Domino glorietur* » (*Disc.* 37). Car « Aussi Dieu seul donne la sagesse et c'est pourquoi » constitue un résumé-citation de *1 Cor* 1, 30, exactement « *Ex ipso autem (vos estis in Christo Jesu, qui factus est) nobis sapientia a Deo* ». Cet alinéa-citation a proprement la fonction de conclusion du problème.

Le raisonnement qui conduit Pascal à cette citation de la *première aux Corinthiens* peut être aisément reconstitué. Si les hommes peuvent assez facilement avouer que ce serait, pour reprendre les termes du *Discours sur la condition des Grands*, « se méconnaître eux-mêmes, de s'imaginer que tous ces biens dont ils jouissent leur étaient dus et font comme partie de leur être »[2], si l'on peut également faire reconnaître à un savant (ou à un inventeur, malgré la *lettre à Christine*[3]) qu'il a tort d'être superbe, il est

1. Voir Jean Lhermet, *Pascal et la Bible*, Paris, Vrin, 1931, p. 339-349, André Feuillet, *L'agonie de Gethsémani*, Paris, Gabalda, 1977, p. 290-291.

2. *OC* IV, 1028.

3. « Je pourrai être suspect d'avoir recherché de la gloire en le (mon ouvrage) présentant à Votre Majesté, puisqu'il ne saurait passer que pour extraordinaire, quand on verra qu'il s'adresse à elle, et qu'au lieu qu'il ne devait lui être offert que par la considération de son excellence, on jugera qu'il est excellent par cette seule considération qu'il lui est offert », *OC* IV, 923-924.

impossible de ne pas « accorder à un homme qui s'est rendu sage » qu'il est légitimement glorieux, « car cela est de justice ». Il y a donc comme un droit à l'orgueil. C'est cet orgueil, d'autant plus inexpugnable qu'il semble légitime, que Pascal traque d'abord ici, comme dans les analyses sur le *moi*. Dès que je suis sage, j'acquiers le droit d'en être orgueilleux. Mais puis-je être sage ? Pour le dire autrement : si je rends spontanément grâce à Dieu de m'avoir donné richesses, honneurs, santé ou intelligence, c'est justement que je peux me louer de ma vertu, qui ne dépend que de ma volonté. Pascal suppose donc, entre les deux derniers alinéas, l'acquis du chapitre 1 de la première *lettre aux Corinthiens*, selon lequel *un homme ne saurait se rendre sage*. Il faut donc entendre : si un homme s'est rendu sage, on ne peut lui donner tort d'être glorieux, etc.; mais la sagesse du monde n'est pas sagesse; elle est folie devant Dieu. C'est pourquoi, dans L 23/308, « la grandeur de la sagesse [...] n'est nulle sinon « de Dieu » »[1]. Personne ne peut donc se rendre sage de la sagesse de Dieu. Ainsi « aucune chair ne peut se glorifier devant Dieu, *ut non glorietur omnis caro in conspectu eius* » (*1 Cor* 1,29)[2]. Le verset 29, sous-entendu par Pascal, réunit donc les « deux extrémités » de L HC 1/933 et les font « se toucher » ; car la chair, qui désigne le premier ordre, traduit aussi bien *carnis* dans *1 Jn* 2,16, que *caro* dans *1 Cor* 1,29, confirmant par là que la question de la gloire concerne à la fois, en propre, la sagesse, donc l'ordre de la volonté, et médiatement les trois ordres.

Deux questions, qui s'avèreront être liées, se posent alors : – à partir de quand la méditation pascalienne sur *1 Cor* 1 prend-elle le relais de celle sur *1 Jn* 2,16 ? – que signifie la proposition centrale qui s'oppose au premier triptyque, jusqu'ici laissée en suspens : « <Mais> Dieu doit régner sur tout et tout se rapporter à lui » ? Notre hypothèse concernant la première question est la suivante : tout ce programme que constitue L HC 1/933 est orienté vers sa fin, c'est-à-dire vers *1 Cor* 1,30-31. Deux arguments principaux l'appuient.

1. Emmanuel Martineau a de nouveau raison de considérer ce « de Dieu » comme une citation, puisqu'il s'agit de la reprise la plus rigoureuse du *a Deo* de *1 Cor* 1,30 (*Disc.* 38).

2. Pascal concentre ici ce qui est analysé pas à pas par saint Augustin dans le *Sermon CLX* qui commente précisément « se glorifier de Jésus-Christ ». La thèse de saint Augustin est que ce sont les juifs (les charnels !) qui ont méconnu la justice qu'il y a à se glorifier de la justice du Christ, et qui se sont injustement glorifiés de leur justice propre. Ce point permet de confirmer que Pascal est *ici* bien peu augustinien, puisque les juifs, même s'ils sont paradigmatiquement *charnels* autre part (L 19/256, 21/286, XIX/502, etc., soit à chaque fois *Disc.* APR B), ne relèvent pas exemplairement du premier ordre (*contra* G. Rodis-Lewis, art. cité, p. 83-84). Plaquer sur les trois ordres de choses l'opposition du charnel et du spirituel qui gouverne L XIX/502 = *Disc.* 96-97 par ex. ne constitue ni plus ni moins qu'un contresens.

1) Seul *1 Cor* 1,30 peut expliquer : « Les sages : ils ont pour objet la justice ». L HC 1/933 est, à notre connaissance, la seule co-occurrence pascalienne de sagesse et de justice. Dans tous les autres textes, la justice est liée, ou s'oppose, à la force, voire à la vérité et à la raison. La problématique justice / force a oublié celle des trois ordres, justice / sagesse. Ici, la justice est ce que les sages ont pour objet, c'est-à-dire, non seulement, selon la lecture habituelle, ce que les sages ont pour *fin*, mais aussi, ce que les sages peuvent *donner* – ou rendre : le sage rend la justice ou il donne son conseil – et donc ce en quoi ils règnent. Or il n'y a également qu'un unique lieu paulinien, au demeurant très célèbre et abondamment interprété par la tradition, où *sapientia* (*sophia*) et *justitia* (*dikaiosunè*) constituent une co-occurrence, c'est précisément *1 Cor* 1,30. Lisons le verset en son entier cette fois : « Ex ipso autem vos estis in Christo Jesu, qui factus est nobis sapientia a Deo, et justitia, et sanctificatio, et redemptio, Or c'est par lui que vous, vous êtes en Jésus-Christ qui est fait pour nous sagesse de par Dieu, et justice, et sanctification, et rédemption ». C'est donc au minimum dès l'énoncé du troisième ordre dans la première série, c'est-à-dire très tôt, que Pascal pense à la fin du *1 Cor* 1. Tout se passe même comme si la cohérence d'ensemble de ces items très formalisés était orientée par et vers *1 Cor* 1,30-31. On peut donc lire les L HC 1/933 et 23/308 comme une méditation pascalienne sur ce quaternaire sapientiel qui avait déjà si souvent fasciné le Moyen Âge [1] jusqu'à Luther, qui, le plus souvent, tentait de lire, conformément à la syntaxe de la *Vulgate*, le quaternaire comme un ternaire de la sagesse : dans ce cas, justice, sanctification et rédemption développent le concept englobant de sagesse. Pascal au contraire couple *sapientia* et *justitia* dans L HC 1/933 puis couple sagesse et sainteté dans L 23/308. Ainsi, si on lit conjointement les deux fragments, le troisième ordre, comme ordre de la charité, réunit *sapientia*, *justitia* et *sanctificatio* et désigne celui par qui l'accès y est possible, le Christ *rédempteur*. Pascal tente donc ici, peut-être sans y parvenir vraiment, d'intégrer le quaternaire sapientiel paulinien à son schéma ternaire d'ensemble.

2) Le droit à l'orgueil, ruiné par le recours, implicite mais qui sous-tend la fin du propos pascalien, à l'opposition paulinienne de la sagesse mondaine et de la sagesse qui vient de Dieu, constitue évidemment la cible première du propos pascalien. Toutes les considérations sur le moi [2]

1. La plupart des commentateurs modernes, comme Cornelius a Lapide, renvoient prioritairement à saint Bernard, *Sermo 22 in Cantica*.

2. Probablement à peu près contemporaines des « trois ordres de choses » : nous nous accordons sur ce point avec Emmanuel Martineau, *Disc.* 218.

viseront à critiquer les raisons pour lesquelles je m'estime, c'est-à-dire pour lesquelles, au titre de cette estime de soi, je me prends pour sage. Ce qui est condamnable, ce n'est donc pas le désir de justice ou de sagesse (*philosophie* proprement), mais *ce au nom de quoi*, plus encore que ce sur quoi, ce désir va s'investir. Pascal ne critique nullement le désir, la concupiscence même – en quoi il s'oppose une fois de plus à Augustin et à Jansénius qui se livrent à une critique de la *libido* comme telle. Il ne s'agit pas pour Pascal d'aller contre le désir, ni même seulement d'en changer l'objet en le faisant s'investir en un objet juste – car après tout la justice est toujours l'objet *approprié* des sages, comme le corps celui des charnels et l'esprit celui des spirituels ; il s'agit d'en marquer l'unique origine possible, de *désapproprier* le moi de sa sagesse, c'est-à-dire d'*exproprier* l'orgueil de son lieu *propre*. Nous n'avons donc pas tant affaire à une répression de l'orgueil qu'à la volonté d'en normer un bon usage : encore une fois, *qui gloriatur, in Domino glorietur*, celui qui désire être orgueilleux, qu'il le soit dans le Seigneur. On comprend ainsi l'*ambivalence* fondamentale de l'ordre de la sagesse, lieu propre de la superbe si cette sagesse est mondaine, lieu d'une gloire légitime si elle est reçue et si elle s'investit au nom du « Seigneur de gloire, *Dominum gloriae* » : « Sapientiam autem loquimur [...] : sapientiam vero non huius saeculi [...] sed loquimur Dei sapientiam in mysterio, quae abscondita est, quam praedestinavit Deus ante saecula in gloriam nostram, quam nemo principum huius saeculi cognovit : si enim cognovissent, numquam Dominum gloriae crucifixissent, C'est bien d'une sagesse que nous parlons [...] mais non d'une sagesse de ce monde [...] ce dont nous parlons c'est d'une sagesse de Dieu, mystérieuse, demeurée cachée, celle que dès avant les siècles Dieu a prédestinée pour notre gloire, celle qu'aucun des princes de ce monde n'a connue – s'ils l'avaient connue en effet, ils n'auraient pas crucifié le Seigneur de gloire » (*1Cor* 2,6-8)[1]. L'ensemble du schéma paulinien-pascalien est complet si l'on ajoute L XXVII/774 = *Disc.* 32 à L HC 1/933 : – le lieu propre à la superbe est la sagesse – les sages ont pour objet la justice – le propre de la justice est d'abattre l'orgueil.

Mais si cette ambivalence vaut pour le troisième ordre, vaut-elle aussi pour les deux premiers ? Cette question s'impose d'autant plus qu'il n'y a

1. Au demeurant, la suite du verset fondera l'invisibilité du troisième ordre pour ceux qui appartiennent aux deux premiers : « Quod oculus non vidit [...] quae praeparavit Deus in iis, qui diligunt illum, Ce que l'œil n'a pas vu [...c'est ce que] Dieu a préparé pour ceux qui l'aiment » (*1 Cor* 2,9 reprenant *Is* 64,3), confirmant que L 23/308 est une variation sur un thème de L HC 1/933, ou le développement d'une de ses virtualités (Jean Mesnard) et qu'ils ont donc été conçus simultanément.

pas, dans L HC 1/933, de hiérarchie des concupiscences ou des ordres – encore une fois, il (ne) s'agit (que) d'une triple inspection des choses. Il ne s'agit nullement de déprécier les riches et les rois plus que les curieux et les savants, et ceux-ci plus que les sages, mais seulement de marquer la spécificité et le lieu des concupiscences. On se demandera donc aussi si les deux premiers ordres ne peuvent pas être réinvestis tous trois par / au nom de la figure du Christ, comme c'est explicitement le cas dans L 23/308 pour le troisième ordre. Ainsi retrouve-t-on la question fondamentale que nous différions, celle du sens et de la fonction de l'objection : « Dieu doit régner sur tout et tout se rapporter à lui ».

DIEU EN TOUT

L'interprétation de cette assertion semble-t-il la mieux établie a été clairement formulée par Jean Mesnard dans son article sur « Le thème des trois ordres dans l'organisation des *Pensées* »[1] : « Il y a place pour une conversion des ordres. Chacun d'eux, en fait, est ambivalent, car il est possible d'y poursuivre deux fins, soit le monde, soit Dieu. La concupiscence est présente dans le premier cas, non dans le second. Elle implique l'amour de soi ; elle a pour contraire l'amour de Dieu. Pascal insiste sur cette double finalité à propos du troisième ordre [...]. La sagesse orgueilleuse devient sagesse authentique lorsqu'elle se réclame uniquement de Dieu. On peut sans hésiter élargir la portée de cette remarque : il appartient aussi aux corps et à l'esprit de se proposer Dieu comme fin. Ce qui conduit à opérer au sein de ces ordres le même retournement que dans le troisième : qui se propose une fin divine doit renoncer aux fins humaines ». Si, nous l'avons vu, le concept d'ambivalence semble tout à fait pertinent pour penser le troisième ordre de choses, c'est sans doute en un sens un peu différent de celui proposé par Jean Mesnard. Quatre remarques s'imposent. a) Une telle lecture n'oublie-t-elle pas qu'il s'agit avec les ordres de modes de connaissance ? Pascal lui-même le rappelle dans la *Dix-huitième Provinciale*, en parlant des « trois principes de la connaissance <qui> ont chacun leurs objets séparés, et leur certitude dans cette étendue »[2]. Ces trois principes de

1. Nous le citons dans sa seconde version, in *La culture du XVIIe siècle*, Paris, PUF, 1992, p. 462-484, ici p. 465.

2. La *Dix-huitième Provinciale* reste proche de la problématique des textes qui nous occupent, c'est-à-dire qui précède le projet apologétique dont témoigne la *Conférence A P.-R.* : « D'où apprendrons-nous donc la vérité des faits ? Ce sera des yeux, mon Père, qui en sont les légitimes juges, comme la raison l'est des choses naturelles et intelligibles, et la foi

la connaissance ont donc leur autonomie propre. On voit donc mal que le troisième puisse gouverner les deux premiers[1] en leur imposant leur réorientation, c'est-à-dire une nouvelle finalité, qui leur resterait fondamentalement extrinsèque : que signifierait pour l'ordre de la chair ou celui de l'esprit d'admettre une fin divine? Plus encore, comment peut-on concevoir qu'un simple changement d'objet permettrait un usage non concupiscent de la concupiscence? b) Si, de nouveau, les ordres constituent des modes de connaissance, comment peut-on penser leur « conversion » – à supposer que l'on sache par ailleurs ce que « conversion » signifie pour Pascal? Ce serait alors toujours à tout le moins au troisième ordre que reviendrait non seulement de mesurer, mais même d'assigner aux deux premiers leur fin, Dieu, qui est pourtant par définition la fin exclusive du troisième. c) Comment comprendre qu'il n'y ait plus de concupiscence si Dieu devient la fin substituée au monde? Comme nous avons essayé de le montrer plus haut, le désir de sagesse demeure, mais il s'investit *autrement* – entendons : non pas seulement dans un autre objet, mais selon une autre modalité. C'est pourquoi le concept de gloire lui-même est ambivalent, qui pourra désigner, pour un *même* objet, la sagesse, la vaine gloire ou la gloire mise dans le Seigneur. Il est juste de se glorifier *in Domino* (*1 Cor* 1, 31) mais il est injuste pour toute chair de se glorifier « *in conspectu Domini* » (*1 Cor* 1,30). Dans les deux cas, le désir de sagesse, chez Pascal comme chez saint Paul, demeure. d) *Objet* est-il synonyme de *fin*? Y a-t-il ici, ou même dans L 23/308, l'idée d'une finalité, et l'opposition d'une fin divine aux fins humaines? Nous ne le croyons pas. Lire ainsi L HC 1/933, c'est lui appliquer une problématique qui sera principalement celle de la conférence APR, c'est-à-dire le couple célèbre *uti / frui*, soit l'opposition de la cupidité qui « use de Dieu et jouit du monde » (L XIX/502 = *Disc*. 97) et de la charité qui use du monde et jouit de Dieu. En outre, une telle lecture requiert un lourd présupposé, la nécessité d'appliquer le concept de figure aux trois ordres afin, par exemple, de considérer que les biens sont une figure des vrais biens, ce qu'affirme en effet L XIX/502 : « Car, quand les biens sont promis en abondance, qui les empêchait d'entendre les véritables biens, sinon leur cupidité qui déterminait ce sens au bien de la terre? Mais ceux qui n'avaient de bien qu'en Dieu les rapportaient uniquement à Dieu ». Lire

des choses surnaturelles et révélées. Car, puisque vous m'y obligez, mon Père, je vous dirai que, selon les sentiments de deux des plus grands Docteurs de l'Eglise, saint Augustin et saint Thomas, ces trois principes de nos connaissances, les sens, la raison et la foi, ont chacun leurs objets séparés, et leur certitude dans cette étendue », *Prov.*, 374.

1. « La conversion des ordres s'opère par la médiation de la volonté, dont la chair et l'esprit, en quelque façon [?], dépendent », Jean Mesnard, *op. cit.* p. 465.

ainsi L HC 1/933, c'est de nouveau tenter de l'intégrer à des schémas binaires, en particulier la dualité des charnels et des spirituels au sens de la problématique des contrariétés qui organise le projet apologétique de la Conférence APR. Un mot concentre à lui seul ces difficultés, *rapporter*. Dans L XIX/502, *rapporter* désigne la capacité à lire la réalité sous la figure, le sens spirituel sous le charnel. Que signifie-t-il dans le L HC 1/933 ? Tout autre chose. Si nous devions retraduire Pascal en latin moderne, nous utiliserions peut-être *refero*, qui a un sens fort, presque celui de récapitulation, mais sans impliquer l'idée de finalité (ni celle de figure), ni surtout, comme le concept théologique de récapitulation, l'idée d'une finalité eschatologique – la primauté du présent et l'exténuation de l'eschatologie qui lui est corollaire sont caractéristiques de l'existentialité pascalienne, ou peut-être plus généralement « classique ». Nous proposerons volontiers l'idée d'un dépassement par intégration[1]. Si rapporter veut dire ici intégrer, au sens aussi bien mathématique qui conviendrait au modèle de la *Sommation des puissances numériques*, modèle auquel le concept d'ordre semble obéir[2], c'est-à-dire si le passage à Dieu est comme l'intégrale des trois ordres (de même qu'une courbe a toujours pour intégrale une surface), c'est *hic et nunc* que « Dieu doit régner sur tout et tout se rapporter à lui ».

Les remarques qui précèdent favorisent une lecture différente de la proposition qui nous occupe : « Dieu doit régner sur tout et tout se rapporter à lui ». D'ordinaire nous lisons : « Dieu doit régner sur tout et tout *doit* se rapporter à lui ». Or il n'est pas certain que cet usage réfléchi de « se rapporter » convienne ici. Bien qu'attesté une fois chez Pascal (L V/448 = *Disc.* 69), il est assez rare au XVIIe siècle. Au sens de référer, Furetière ignore la forme pronominale « se rapporter ». C'est pourquoi il est requis, nous semble-t-il, de comprendre : « Dieu doit régner sur tout et *Dieu doit* tout se rapporter à lui ». Ainsi « se » serait déjà complément d'attribution de « rapporter », anticipant « à lui » (redoublement insistant). C'est alors conformément à la théologie la plus stricte de saint Paul que, pour Pascal, Dieu rapporte déjà tout à lui[3]. L XXVIII/796 = *Disc.* 203, qui constitue sans

1. Et non pas, ce qui répugne à Pascal, d'un dépassement par transcendance. Il y a peut-être quelque chose comme une transcendance des ordres entre eux dans L 23/308, mais nullement de Dieu par rapport aux ordres.

2. Comme un certain nombre de commentateurs l'ont vu, renvoyant en particulier à *OC* II, 1271.

3. Un exemple de cette lecture traditionnelle (souvent reprise sous la forme que lui donne Denys le pseudo-aréopagite, *Les noms divins*, 4, § 4, PG 3, 700 cité par exemple par saint Thomas, *Summa Theologiae*, Ia IIae, q. 1, a. 8, o. 2, « Deus convertit omnia ad seipsum ») chez

doute une note pour les *Discours sur la condition des Grands*[1], va dans ce sens : « Dieu a tout créé pour soi, a donné puissance de peines et de biens pour soi »[2]. Notre interprétation générale, si elle est valide, permet alors une hypothèse : ne peut-on retrouver dans L HC 1/933 le Christ lui-même ? C'est le Christ qui doit régner sur tout, c'est-à-dire dans chaque ordre, qui doit tout attirer à lui, tout se rapporter[3]. Conformément à saint Paul, c'est bien le Christ qui règne sur tout ou sur tous – le manuscrit est ici difficile à lire[4]. Dans ce cas, cette proposition pascalienne constitue une quasi-citation de 1 *Cor* 15,25-27, « Oportet autem illum regnare [...], omnia <enim subiecit sub pedibus eius>, il (le Christ) doit régner [...] [sur] tout [car il a tout mis sous ses pieds] » ; sa seconde partie peut alors renvoyer aux versets 27 et 28 pour autoriser un sens plus fort encore pour *rapporter*, celui d'*assujettir* : « eum [Deum] qui subiecit ei omnia, lui [Dieu], qui lui [le Christ] a tout assujetti » ; « qui subiecit sibi omnia, celui qui s'est tout assujetti »[5]. Dieu rapporte tout à lui. Notre lecture permet donc de reconnaître dans « Dieu doit régner sur tout et tout se rapporter à lui » une double référence à la première *lettre aux Corinthiens*, 15,25 et 28 où, à rebours, elle trouve sa confirmation[6].

Nous retrouverions alors ce que, dans le *Mystère de Jésus*, le Christ dit au pénitent : « Or je suis Dieu en tout » (L HC 1/929 = *Disc.* 35). En quel sens pouvons-nous considérer que le Christ règne dans les trois ordres, à la fois contre et avec les concupiscences ? Il faut considérer « J.-C. comme riche en les riches, J.-C. comme docteur et prêtre en les prêtres, J.-C. comme souverain en les princes, etc. » (L HC 1/946 = *Disc.* 36). Le chrétien qui se conforme au Christ pourra alors dire, étonnamment mais sans contradiction, sa concupiscence que Dieu attire à lui : « J'aime les biens » (L HC

un contemporain de Pascal, Jean-Pierre Camus, *Le renoncement de soi-même, Éclaircissement spirituel*, Caen, Poisson, 1637, p. 13 : « Il n'appartient qu'à Dieu seul [...] de rapporter toutes choses à sa propre gloire ».

1. *OC* IV, 1017-1018.

2. La suite de la note confirme ce que Jean Mesnard appelle ambivalence : « Vous pouvez l'appliquer à Dieu ou à vous – Si à Dieu, l'Evangile est la règle. – Si à vous, vous tiendrez la place de Dieu. » (L XXVIII/796 = *Disc.* 203).

3. Dans L 23/308, les grandeurs charnelles ou spirituelles « n'ont nul rapport », pas même analogique, aux grandeurs du troisième ordre : mais Dieu seul peut se les rapporter toutes les trois.

4. Voir T 44, n. 2.

5. Le contexte voudrait que *sibi* renvoyât au sujet de la principale, le Fils, qui n'est pas celui de la relative, Dieu. Rien cependant n'interdit de lire la subordonnée comme Pascal.

6. Le prix à payer pour cette hypothèse de lecture est qu'elle requiert de supposer que la réminiscence pascalienne de 1 Cor 15, 25-28 puisse avoir occulté le sens manifestement eschatologique de ces versets, sans lequel il est difficile de penser le Christ récapitulateur.

1/931). Nous en trouverions une dernière confirmation, issue elle aussi, comme les fragments L HC 1/929, 931 et 933 (*Disc.* 35-37), et comme le *Mystère de Jésus*, des papiers non classés : « Nos prières et nos vertus sont abominables devant Dieu si elles ne sont les prières et les vertus de J.-C. Et nos péchés ne seront jamais l'objet de la miséricorde, mais de la justice de Dieu, s'ils ne sont les péchés de J.-C. » (L HC 1/948 = *Disc.* 32). Nous pouvons conclure ce point. Comme Dieu seul peut ramener l'homme à soi, il peut seul tout rapporter à lui – y compris les concupiscences –, car « Il n'y a nul rapport de moi à Dieu » (de nouveau le *Mystère de Jésus*, L HC 1/919c = *Disc.* 33).

HORS DE L'*APOLOGIE* ?

Comme toujours avec le corpus pascalien, la question des sources, principalement ici le *Discours sur la réformation de l'homme intérieur* de Jansénius et les commentaires augustiniens de 1 *Jn* 2,16[1], est à la fois importante et secondaire, car elle (ne) permet (que) de prendre la mesure des écarts pascaliens par rapport à une tradition interprétative. Nous avons pu vérifier l'originalité de Pascal dans son traitement des concupiscences, en particulier celle de la chair, selon une problématique qui ne doit plus rien à ses prédécesseurs, et surtout relever les déplacements auxquels Pascal soumet la doctrine des trois concupiscences dont il hérite pour pouvoir les transformer en trois ordres de choses et leur conférer une portée herméneutique nouvelle. Ce travail préparatoire devait être fait : il nous semble clair désormais que, malgré un thème initial commun, Pascal a depuis longtemps quitté Augustin et Jansénius, pour, partant de 1 *Jn* 2,16, se concentrer sur la fin de 1 *Cor* 1. Comme presque toujours encore chez Pascal, sa pensée la plus originale s'élabore à partir de la méditation aussi profonde qu'étroite d'un pré-texte très dense, et dont la présence dans son propre texte est à la fois littérale et récurrente : il s'agit ici de la fin de *1 Cor* 1, qui requérait qu'une lecture théologique – et même théocentrique – de L HC 1/933 fût d'abord entreprise. Nous avons essayé de montrer autre part[2] qu'un pré-texte philosophique, cartésien le plus souvent, est presque toujours nécessaire pour que la réflexion pascalienne trouve son point de

1. Sur le sens de ce verset pour saint Augustin lui-même, voir Dany Dideberg, *Saint Augustin et la Première Epître de saint Jean. Une théologie de l'agapè*, Paris, Beauchesne, 1975.

2. *Pascal et la philosophie*, p. 262-286.

départ et, acquérant sa cohérence propre et son propre rythme, donne lieu à l'élaboration d'un texte non philosophique qui en modifie ou en subvertit les concepts : c'est le cas de L 23/308, en quoi il se distingue initialement de L HC 1/933. Un pré-texte théologique n'exclut pas de telles transformations, mais la méditation pascalienne semble alors se mouvoir d'une problématique théologique à une autre. C'est pourquoi ces notes, fussent-elles axiomatiques et donnassent-elles lieu à ré-élaboration et à ré-écriture, valent davantage par elles-mêmes qu'elles n'ont de fonction méthodologique ou systématique.

Nous en trouvons une dernière confirmation en prenant garde au sens du classement de L 23/308 parmi les liasses titrées. On peut penser que les deux fragments L HC 1/933 23/308 constituent un des premiers ensembles rédigés (1655 peut-être[1]) de ce qui eût dû devenir l'*Apologie*. Or au moment où Pascal constitue les liasses, cinq ans plus tard environ, ce qui fut conçu au début du projet trouve sa place vers la fin de l'*Apologie*, puisque L 308 est rangé dans la liasse 23 titrée « Preuves de Jésus-Christ ». L'édition de Port-Royal en fait, pour sa part, la première moitié de son chapitre XIV, intitulé purement et simplement « Jésus-Christ », et fait suivre L 23/308 de L 23/300 = *Disc.* 111 et, plus logiquement, de L XVIII/499 = *Disc.* 38. Les premiers éditeurs considéraient donc, à juste titre, que l'objet essentiel de L 23/308, c'est-à-dire l'objet vers lequel tout le raisonnement tend, était le Christ lui-même. Il est vrai que L 23/308 n'a plus « l'ampleur et la complexité », la fonction programmatique et surtout le caractère de problème formalisé de L HC 1/933; mais reste que leur parallélisme et leur complémentarité sont évidents : L 23/308 constitue une « application particulière »[2] de L HC 1/933, ou sa réécriture explicitement christologique. Ainsi une double conclusion doit-elle être formulée : 1) Pascal, au moment de la constitution des liasses, jugeait que ce que nous nommons par habitude « les trois ordres » devait appartenir à la fin de l'*Apologie*, non plus donc tant à l'apologétique proprement dite qu'à ce qui lui succède, c'est-à-dire à tout ce qui constitue déjà un exposé effectif de la doctrine chrétienne, voire une méditation sur le Christ lui-même. Car si Pascal élabore finalement une « morale chrétienne » (liasse 26), c'est-à-dire la véritable pensée de la charité que constitue le discours des « membres pensants »[3], les trois ordres prennent leur place peu avant cette théorie finale du corps mystique que le troisième ordre appelle. C'est dire

1. *Disc.* 218.
2. Jean Mesnard, *op. cit.*, p. 467 et Emmanuel Martineau, *Disc.* 219.
3. Voir *infra*, p. 224-233.

de nouveau que *les trois ordres de choses*, quelle qu'en soit la formalisation de l'écriture, dictent moins des systématicités à l'apologétique qu'ils n'anticipent un point essentiel de la doctrine chrétienne. Mais 2) dans la mesure où L HC 1/933 reste constitutivement lié à son point de départ, la problématique trois concupiscences, et dominé par la préoccupation de dénoncer l'orgueil partout et spécialement en son lieu propre, on comprend qu'il n'ait pas été classé dans la liasse 23, christologique; on comprend aussi qu'il n'ait pu l'être dans aucune autre, car la difficulté, voire l'impossibilité, à réunir sans contrainte son ternaire caractéristique aux structures binaires mises en place autre part[1], s'opposent à ce qu'il composât un élément homogène de l'ensemble apologétique dépendant de la Conférence à Port-Royal. Mais surtout, c'est sans doute d'abord simplement son caractère originaire de problème énoncé, et même formalisé, comme tel, qui interdisait qu'il fût classé.

Le contenu théologique positif des propositions qui constituent L HC 1/933 et leur caractère de méditation johanno-paulinienne empêchent donc d'y voir une structure essentielle de l'*Apologie*, susceptible de l'organiser fondamentalement[2]. Une pensée de la totalité n'est pas nécessairement une pensée totale. Plus, ils interdisent de lui assigner une fonction apologétique rectrice au sein de l'*Apologie*. Reste cependant que *les trois ordres de choses* conservent jusqu'à la fin, hors des *Pensées*, leur force interprétative: les *Discours sur la condition des Grands* comme la *lettre à Fermat* l'attestent[3]. Mais dans les *Pensées*, les trois ordres de choses le cèdent définitivement à la logique de la charité et à la puissance d'intégration des *membres pensants*. La *Prière pour demander à Dieu le bon usage des maladies* en témoigne également[4], qui pour autant n'a pas oublié les termes de L HC 1/933, ni sa méditation de la première *lettre aux Corinthiens*.

1. Ou à d'autres structures ternaires, plus rares, qui apparaissent dans les fragments longs des *Pensées*, comme le célèbre nature / grâce / gloire (nous ne pouvons pas suivre sur ce point Jean Mesnard, in *OC* IV, 993).

2. Au contraire de la conclusion à laquelle aboutit Jean Mesnard, « Le thème des trois ordres dans l'organisation des *Pensées* », *op. cit.*, p. 479 et 484.

3. A la même époque à peu près (1660) où Pascal constitue les liasses et classe donc le L 23/308 pour introduire la considération de l'ordre de la charité dans la liasse 23, c'est-à-dire pour parler de Jésus-Christ lui-même, avant le point culminant de la « morale chrétienne » (liasse 26), il se sert de la gradation des *trois ordres de choses* dans ces deux autres textes extérieurs aux *Pensées* que sont les *Discours sur la condition des grands* (1659?) déjà mentionnés et la *lettre à Fermat* du 10 août 1660 (voir *OC* IV, 923 et pour le rapprochement fait par Jean Mesnard p. 920).

4. Voir Emmanuel Martineau, « Deux clés de la chronologie des discours pascaliens », p. 717 *sq*.

Le membre souffrant abandonne sa volonté au Christ dans le refus du discernement et par là échappe à la concupiscence. Tout est soumis au Christ, y compris les objets anciens ou éventuels de concupiscence : « Je ne sais lequel est le meilleur ou le pire en toutes choses. Je ne sais lequel m'est profitable de la santé ou de la maladie, du bien ou de la pauvreté, ni de toutes les choses du monde » (*OC* IV, 1011). Alors seulement il est possible de se glorifier justement : « Faites donc, Seigneur, [...] qu'étant malade comme je suis, je me glorifie dans mes souffrances. Sans elles je ne puis arriver à la gloire » (*OC* IV, 1011), Même si les *trois ordres de choses*, c'est-à-dire une théorie de la totalité encore sommaire, a fait place ultimement aux *membres pensants*, c'est-à-dire à une théorie de l'unité autrement profonde[1], n'est-ce pas là ce que le fragment L HC 1 /933 appelait *sagesse* ?

1. Voir Emmanuel Martineau, *ibid.*, p. 723-726.

CHAPITRE II

L'USAGE DES PASSIONS

À André Pessel

L'ENTENDEMENT ET LA VOLONTÉ

L'étroitesse et la précision du rapport que Pascal entretient à la philosophie cartésienne ne sont plus à démontrer. En particulier, le « phénomène des commencements cartésiens »[1] est bien avéré, textuellement et conceptuellement: quand la réflexion pascalienne part de Descartes, c'est le plus souvent d'une thèse ou d'un passage des trois premières *Meditationes de prima philosophia* ou des *Principia philosophiae*. Mais qu'en est-il de la *Meditatio* IV, c'est-à-dire de la dualité dans l'âme de l'entendement et de la volonté et de la définition cartésienne de la volonté, de la thèse selon laquelle c'est par elle *principalement* que l'homme porte l'image et la ressemblance de Dieu (AT VII, 57,11-15)? Qu'en est-il encore de l'application de cette « liberté ou volonté » en morale, c'est-à-dire de ce qui appartient « à la conduite de la vie » ? Y a-t-il une lecture pascalienne des *Passions de l'âme* et des *lettres à Elisabeth*? Il est remarquable que, lorsque Heidegger cite Pascal, ce soit à plusieurs reprises à l'occasion de son analyse de la *Meditatio* IV, la plus décisive selon lui. Si la possibilité d'errer apparaît comme une « restriction de l'essence de l'homme, eine Einschränkung seines Wesens », elle démontre du même coup, en tant que défaut, « que l'homme est libre, qu'il est une

1. Emmanuel Martineau, *Disc.* 248.

essence posée sur soi-même, daß der Mensch frei ist, ein auf sich selbst gestelltes Wesen ». Ainsi, dit Heidegger dans le « Nihilisme européen », « L'homme n'est pas en possession de la connaissance absolue, il n'est, pensé chrétiennement, pas Dieu. Mais pour autant qu'il pense tout de même, il n'est pas non plus et simplement néant. L'homme est *medium quid inter Deum et nihil* – détermination de l'homme qu'ensuite Pascal allait adopter sous un autre point de vue et d'une autre manière pour en faire le noyau de sa détermination de l'essence humaine »[1]. Heidegger fait donc référence à la *Meditatio* IV (AT VII, 54,17), et signale sa reprise pascalienne dans *Disproportion de l'homme* : l'homme, « un néant à l'égard de l'infini, un tout à l'égard du néant, un milieu entre rien et tout [...] » (L 15/199 = *Disc.* 64)[2]. Pour Heidegger, Pascal est ainsi le premier à prendre acte de la modernité cartésienne, c'est-à-dire de ce changement essentiel qui instaure un nouveau rapport « de l'être et de la vérité au sens de la représentéité et de la certitude »[3] acquis par le primat du *cogito* : « Dans la proposition de Descartes [...] *cogito, ergo sum* s'exprime généralement une primauté du moi humain et par là une nouvelle position de l'homme [...] : l'homme se sait lui-même absolument certain en tant que l'étant dont l'être est le plus certain »[4]. Mais Pascal est aussi le premier à s'en inquiéter : sa reprise devient alors ce que nous avons appelé une subversion. Il méconnaît d'autant moins la portée du « changement essentiel » opéré par Descartes dans la conception de l'être et de la vérité qu'il tente de le masquer : « Le fait que Pascal, presque dans le même temps que Descartes, mais essentiellement déterminé par celui-ci, tenta de sauver le caractère chrétien de l'homme, non seulement a refoulé la philosophie cartésienne jusqu'à lui donner l'apparence d'une « théorie de la connaissance », mais

1. « Der Mensch ist nicht im Besitz der absoluten Erkenntnis, er ist, christlich gedacht, nicht Gott. Sofern er aber doch erkennt, ist er auch nicht schlechthin im Nichtigen. Der Mensch ist medium quid inter Deum et nihil – eine Bestimmung des Menschen, die dann Pascal in anderer Hinsicht und auf andere Weise übernommen und zum Kern seiner Wesensbestimmung des Menschen gemacht hat », « Der europäische Nihilismus », in *Nietzsche*, II., Band, Neske, Pfullingen, 1961, p. 196; nous citons la traduction française de Pierre Klossowski, *Nietzsche*, t. II, Gallimard, Paris, 1971, p. 157. Les expressions citées au-dessus appartiennent à la même page.

2. Voir *infra*, p. 41-61.

3. Il s'agit pour Heidegger de mesurer « den *wesentlichen* Wandel von Sein und Wahrheit im Sinne der Vorgestelltheit und Sicherheit », *op. cit.*, p. 187, trad. fr., p. 151.

4. « In dem [...] Satz des Descartes : ego cogito, ergo sum, drückt sich allgemein ein Vorrang des menschlichen Ich aus und damit eine neue Stellung des Menschen [...] : der Mensch weiß sich selbst unbedingt gewiß als dasjenige Seiende, dessen Sein das gewisseste ist », *op. cit.*, p. 143, trad. fr., p. 109.

du même coup l'a fait apparaître en tant qu'une manière de penser qui servirait la « civilisation », non pas la « culture », En vérité il s'agit dans la pensée de Descartes d'un réel transfert de l'ensemble de l'humanisme et de son histoire hors du domaine chrétien de la vérité de foi spéculative dans celui de la représentéité de l'étant fondé sur le sujet, dont le fondement d'essence rend enfin possible la nouvelle position souveraine de l'homme »[1]. Même si l'on peut discuter la lecture par Heidegger et de Descartes (transfert de l'humanisme hors du domaine chrétien) et de Pascal (réduction du cartésianisme à une théorie de la connaissance), elle est éminemment précieuse en ce qu'elle pointe la *Meditatio* IV à la fois comme le moment le plus fort de la pensée cartésienne et le lieu de rencontre privilégié de Pascal et de Descartes. Si Pascal est celui qui veut penser en chrétien *après* Descartes, la *Meditatio* IV est en effet décisive, à cause de ce que Heidegger appelle *Stellung*, position, « la nouvelle position souveraine de l'homme ». La question est de savoir en quel sens Pascal reprend (*übernimmt*) cette position cartésienne, et de caractériser le retravail qu'il lui fait subir[2].

Cette position de l'homme, qui chez Pascal deviendra disposition et disproportion (L 15/ 199 = *Disc.* 63-66), n'eût pu être acquise sans la dualité de l'entendement et de la volonté, donc sans la possibilité de leur disjonction, voire sans l'excès cartésien de la volonté sur l'entendement. Or Pascal utilise en plusieurs lieux cette dualité, dès l'*Entretien avec M. de Sacy*, où il « cartésianise » Épictète, en distinguant la puissance de l'esprit et celle de la volonté[3]. Plus encore, c'est l'ébauche *De l'art de persuader* qui fait fond sur la distinction cartésienne : « Personne n'ignore qu'il y a deux entrées par où les opinions sont reçues dans l'âme, qui sont ses deux principales

1. « Daß fast gleichzeitig mit Descartes, aber wesentlich von ihm bestimmt, Pascal die Christlichkeit des Menschen zu retten suchte, hat Descartes'Philosophie nicht nur in den Anschein einer « Erkenntnistheorie » abgedrängt, sondern in einem damit als Denkweise erscheinen lassen, die lediglich der « Zivilisation » diene, aber nicht der « Kultur ». In Wahrheit aber handelt es sich in seinem Denken um eine wesenhafte Verlegung des gesamtem Menschentums und seiner Geschichte aus dem Bereich der spekulativen Glaubenswahrheit des christlichen Menschen auf die im Subjekt gegründete Vorgestelltheit des Seienden, aus deren Wesensgrund die neuzeitliche Herrschaftsstellung des Menschen erst möglich wird », *op. cit.*, p. 187-188, trad. fr. p. 151.

2. Pour le commentaire de cette reprise et sa fonction dans l'ensemble de l'argumentation pascalienne qui pose l'homme en face de l'infini, voir *Pascal et la philosophie*, p. 270-271.

3. « [...] que l'esprit ne peut être forcé de croire ce qu'il sait être faux », puis « [...] ni la volonté d'aimer ce qu'elle sent qui la rend malheureuse », *Sacy* 17, lg. 124-126 = *Sacy EM* 97-98 ; ce cartésiano-stoïcisme se poursuit : « et que c'est par elles que nous pouvons nous rendre parfaits » (lg. 127-128).

puissances, l'entendement et la volonté»[1]. Pascal répute naturelle la situation normale cartésienne, et ordinaire la situation fautive où la volonté juge sans être suffisamment éclairée : « La plus naturelle est celle de l'entendement, car on ne devrait jamais consentir qu'aux vérités démontrées; mais la plus ordinaire, quoique contre la nature, est celle de la volonté »[2]. Dans les *Pensées* mêmes, il y a au moins deux ensembles de réflexions, très distants problématiquement et donc chronologiquement[3], mais qui mettent tous deux en jeu la dualité interne à la *mens*, et même la disjonction de l'entendement et de la volonté : il s'agit des discours consacrés d'une part aux « trois ordres de choses », d'autre part aux « membres pensants ». Dans les deux cas la pensée pascalienne s'appuie sur la *Meditatio* IV. Dans les deux cas, il est question de *morale*, à savoir, selon la problématique explicitement cartésienne de L 15/200 = *Disc*. 79 et typique d'APR, de bien penser : « Travaillons donc à bien penser : voilà le principe de la morale ».

L 23/308 = *Disc*. 37-38 part de la distinction acquise par la *Meditatio* II du corps et de l'esprit, que Pascal pense comme distance, et même « distance infinie ». Plus exactement, la distinction des substances devient distance entre des ordres, ce qui permet à Pascal de ne pas penser la volonté (donc la charité) selon la substantialité. Une distance infinie, puis infiniment infinie, sépare les ordres, et interdit aux « choses » d'un ordre l'accès à un ordre supérieur : « De tous les corps ensemble on ne saurait en faire réussir une petite pensée. Cela est impossible et d'un autre ordre. » Il n'y a pas de passage entre les ordres. L HC 1/933 et 23/308 = *Disc*. 37-38 ont été abondamment commentés : on insiste tantôt sur la nature de la supériorité de l'ordre de la charité (qui met au jour le principe des deux autres, et donc la hiérarchie qui organise les ordres), tantôt sur la fonction de figuration de cette distance infinie, puisque Pascal interprète comme figuration le passage de la *Meditatio* II à la *Meditatio* IV[4]. Mais on n'a peut-être pas assez remarqué que « la distance infiniment plus infinie des esprits à la

1. OC III, 413. En traduisant « [...] a facultate cognoscendi quae in me est, et a facultate eligendi, sive ab arbitrii libertate, hoc est ab intellectu et simul a voluntate » (AT VII, 56,12-15) comme en plusieurs autres occurrences, le duc de Luynes rend *facultas* par « puissance ».

2. *OC* III, 413. La réserve même de Pascal envers les vérités de foi reste cartésienne : « Je ne parle pas ici des vérités divines, que je n'aurais garde de faire tomber sous l'art de persuader, car elles sont infiniment au-dessus de notre nature. Dieu seul peut les mettre dans l'âme, et par la manière qu'il lui plaît » (*ibid.*).

3. Voir *Disc*., en particulier 256.

4. Voir Geneviève Rodis-Lewis, « Les trois concupiscences », *Chronique de Port-Royal*, 11-14, 1963, p. 81-92, Jean-Luc Marion, *Sur le prisme métaphysique de Descartes*, p. 325-342, puis *Pascal et la philosophie*, p. 234-236 et *supra*, p. 179-204.

charité », figurée par celle des corps aux esprits, s'appuie sur la dualité cartésienne de l'entendement et de la volonté. Si Pascal interprète comme (première) distance infinie l'hétérogénéité invincible de la substance étendue et de la substance pensante [1], le redoublement de l'infini peut aussi s'autoriser de l'illimitation cartésienne de la volonté [2]. Ainsi Pascal écrit-il, en un vocabulaire rigoureusement cartésien, au double titre de l'emploi du concept d'ordre et des trois « ordres » eux-mêmes : « Il y a trois ordres de choses : la chair, l'esprit, la volonté » (L HC 1/933 = *Disc.* 37). Si la tripartition johannique des concupiscences peut bien s'écrire d'emblée en termes cartésiens [3], il ne reste qu'à substituer à la volonté la charité, pour marquer qu'il y a un genre de « mouvement » qui ne peut venir que de Dieu seul (« Dieu seul donne la sagesse », *ibid.*), et non de l'*ego* – ce que Pascal note ici comme surnaturel : « La distance infinie des corps aux esprits figure la distance infiniment plus infinie des esprits à la charité, car elle est surnaturelle » (L 23/308). Pascal fait bien fond sur l'acquis cartésien des *Meditationes* II et IV (corps / esprit, puis dans l'esprit, entendement / volonté réorganisés en étendue / pensée / charité), tout en refusant à l'esprit d'être capable de charité, c'est-à-dire à l'*ego* d'être au principe du troisième ordre, celui de la volonté. Ainsi la dualité cartésienne de l'entendement et

1. Dès la Préface de *La Recherche de la vérité*, Malebranche reprend le syntagme pascalien, mais, alors qu'il s'agit aussi dans ce début d'utiliser analogiquement le rapport de l'esprit et du corps pour imaginer celui « qui se trouve entre l'Être souverain et l'esprit de l'homme », il n'utilise que pour ce dernier l'expression pascalienne, se contentant de la « grande élévation » pour le premier. Ce qui intéresse Malebranche est de constater à la fois l'union de l'esprit au corps et cependant son élévation, et l'union « très intime » de l'esprit à Dieu, et cependant la « distance infinie » qui les sépare, bref de penser, au contraire de Pascal, une double appartenance conflictuelle, et non la figuration d'une distance par l'autre, ni l'incommensurabilité de l'une par rapport à l'autre. Probablement Malebranche s'interdirait-il du reste d'employer « distance infinie » pour autre chose que pour le rapport du fini à l'infini, de la créature à Dieu (voir le deuxième Entretien des *Conversations chrétiennes*, OCM. IV, 51).

2. AT VII, 56,29-30 et 57,11-13. L'affirmation textuelle et sans réserve de l'infinité de la volonté n'apparaît qu'une seule fois, dans la *lettre à Mersenne* du 25 décembre 1639, AT II, 628,7-9 (publiée dans le deuxième tome de l'éd. Clerselier des *Lettres en Mr Descartes* en 1659, ici p. 194); mais il y avait déjà les *Principia Philosophicae* I, a. 35, AT VIII-1, 18, 13, en dépit du *quodammodo* : « Voluntas vero infinita quodammodo dici potest [...] ».

3. Ce qui est moins étonnant qu'il n'y paraît : d'une part parce que l'on peut sans doute assigner une origine augustinienne, médiate ou immédiate, à la tripartition cartésienne corps (sensation / imagination), entendement, volonté; d'autre part parce que Descartes lui-même cite la *première lettre de Jean* dans les *Sextae Responsiones* en commentant 1 Jn 2,3 et surtout 4,7 qui considère que l'amour est le mode de connaissance approprié pour Dieu (AT VII, 430,8-13). Ainsi l'espace du troisième ordre s'ouvre-t-il d'une certaine manière chez Descartes lui-même.

de la volonté pourra-t-elle être pensée comme disjonction, et même se trouver affectée d'infinité.

Bien que la finalité de son emploi, beaucoup plus tardif, soit totalement différente (non plus une structure d'occultation et de dépassement mais une pensée de l'unité), la même disjonction initiale est à l'œuvre dans l'argumentation pascalienne du discours sur les membres pensants. Elle rend compte du mauvais usage naturel de la liberté, c'est-à-dire de la divergence de l'intelligence (qui traduit fidèlement l'*intellectus* cartésien) et de la volonté : « [...] mais il faudrait pour cela qu'ils eussent intelligence pour le [bonheur de leur union] connaître, et bonne volonté pour consentir à celle de l'âme universelle. Que si, ayant reçu l'intelligence, ils s'en servaient à retenir en eux-mêmes la nourriture, sans la laisser passer aux autres membres, ils seraient non seulement injustes, mais encore misérables, et se haïraient plutôt que de s'aimer [...] ». / « [...] Enfin, quand il vient à se connaître, il est comme revenu chez soi et ne s'aime plus que pour le corps » (L 26/360 et 372 = *Disc.* 140-141). Au demeurant la description de la divergence ou de la conformité de la volonté et de l'intelligence (bien penser, c'est se penser comme la partie d'un tout et bien vouloir, c'est vouloir le bien du tout (en particulier L 26/360,370, 371, 374 = *Disc.* 140-141) relève en effet de la « morale » (rubrique secondaire de L 26/360). Son principe consiste ici encore à « bien penser ». Quant à l'expression de « membre pensant », elle marque évidemment son origine cartésienne[1] : Descartes fournira donc à Pascal les instruments pour penser le corps mystique[2].

1. L'expression « membre pensant » rappelle évidemment le non moins cartésien « roseau pensant » : mais alors que cette dernière expression n'est qu'une formule qui vise à dire en elle-même à la fois la misère (le corps) et la grandeur (la pensée) de l'homme, donc seulement à récapituler de façon frappante l'interprétation pascalienne de Descartes, l'expression « membres pensants » ne saurait être prise trop au sérieux, car elle recèle à la fois une thèse et une tâche pour la pensée pascalienne : n'oublions pas que le membre qui (se) pense est membre du corps du Christ ! – Rappelons que saint Paul ne parle pas de « membre pensant », et qu'il n'eût été à la rigueur possible, à partir de 1 Cor 12, que de forger « membre parlant » (12,15; 16; 21).

2. La *Meditatio* IV et les *Passions de l'âme* livrent à Pascal les concepts requis par sa méditation de l'unité du corps. On peut aussi, quoique avec moins de nécessité, rapporter les L 26/360 et 370 aux *lettres à Élisabeth* des 18 août 1645 (AT IV, 271-278) et 6 octobre 1645 (AT IV, 304-317, sur la charité chrétienne) et surtout à celle du 15 septembre 1645 (AT IV, 290-296) : Pascal a pu les lire en 1657 dans le t. I de l'édition Clerselier des *Lettres de Mr Descartes*.

Le « commencement des membres pensants »[1] utilise un modèle conceptuel paulinien[2], celui du rapport des membres au corps selon *1 Corinthiens* 12 principalement, pour résoudre une question que saint Paul ne pose pas, mais qui est cartésienne : comment régler l'amour – et singulièrement l'amour de soi ? « L'une des principales parties de la sagesse est de savoir en quelle façon et pour quelle cause chacun se doit estimer[3] ou mépriser » (*Passions de l'âme*, art. 152). « Savoir en quelle façon », c'est ce que Pascal nomme « régler », concept qui peut aussi s'autoriser des *Passions de l'âme* : « Or ces choses sont utiles à savoir pour donner le courage à un chacun d'étudier à régler ses passions » (art. 50). La morale consiste, c'est une constante cartésienne de la pensée apologétique pascalienne, dans le règlement de sa pensée : « Ce n'est point de l'espace que je dois chercher ma dignité, mais c'est du règlement de ma pensée » (L 6/113 = *Disc.* 79 ; voir aussi L 15/200 = *Disc.* 79). Au sens juridique de règlement, évidemment présent dans L 26/368 = *Disc.* 140 puisqu'il s'agit de déterminer les conditions d'un amour juste, sans doute faut-il ajouter celui de ce que nous appelons réglage : régler l'amour est à la fois affaire de justice et de justesse. La réponse cartésienne à la recherche d'une règle de l'amour prend appui sur la *Meditatio* IV pour désigner « l'usage de notre

1. L'article d'Emmanuel Martineau « Deux clés de la chronologie des discours pascaliens » et le présent article ayant paru dans la même livraison de la revue *XVIIe siècle* (voir en fin de volume l'origine des études), nous n'avons pu tenir compte du premier : le parallèle qui y est fait entre la *Prière pour demander à Dieu le bon usage des maladies* et le discours *Des membres pensants* (p. 715-729) rend très sommaire la remarque qui suit et surtout très insuffisante à caractériser la pensée de l'unité que recherche Pascal.

2. « Membres. Commencer par là. », « Qu'on s'imagine un corps plein de membres pensants » : tâches, donc rubriques primaires de L 26/368 et 371, la première étant reprise comme un titre, ou une rubrique secondaire dans L 26/360 : « Commencement des membres pensants ». En publiant ces textes dans leur chapitre XXIX, « Pensées morales », et en les complétant en 1678, les éditeurs de PR n'ont pas hésité à corriger Pascal pour éviter les formules abruptes qui font des membres les membres de ce corps qu'est le Christ lui-même, alors que l'ecclésiologie a pris l'habitude de le dire de son corps mystique, l'Église. Pascal prend donc à la rigueur les formules directes de *Rm* 12,5 (« multi unum corpus sumus in Christo »), 1 *Cor* 6, 15 (« corpora vestra membra sunt Christi »), 12,12 (« unum tamen corpus sunt ita et Christus ») et *Col* 1,24 (« pro corpore eius, quod est Ecclesia ») par différence d'avec *Eph* 1,22-23 et 4,15, et *Col* 1,18 et 2,19, sur lesquels s'appuie ordinairement l'ecclésiologie (le Christ tête du corps ecclésial). Ainsi, après avoir substitué à « Le corps aime la main » « L'âme aime la main », et avant de supprimer la référence à la Trinité, PR « corrige » L 26/372 : « "Qui adhaeret Domino, unus spiritus est". On s'aime, parce qu'on est membre du corps dont Jésus-Christ est le chef. On aime Jésus-Christ parce qu'il est le chef du corps dont on est membre. Tout est un : l'un est en l'autre », PR, 271-272.

3. Nous présupposons ici une équivalence entre s'aimer et s'estimer sur laquelle il y aura lieu de revenir.

libre arbitre » comme la « seule chose qui nous puisse donner juste raison de nous estimer ». Pascal s'écartera de la solution cartésienne, qui substituera à l'indépendance de l'*ego* maître de lui-même la dépendance constitutive d'un membre, partie non « représentative » du tout[1]. Mais surtout, Descartes dit la nécessité d'imaginer un tout pour régler l'amour qu'on doit à autrui (et seulement lui), alors que Pascal demande d'imaginer ce tout pour régler l'amour que l'on se doit à soi-même. Descartes : « Par le mot de volonté, je n'entends pas ici parler du désir [...], mais du consentement par lequel on se considère dès à présent comme joint avec ce qu'on aime, en sorte qu'on imagine un tout duquel on pense être seulement une partie, et que la chose aimée en est une autre (*Passions de l'âme*, art. 80, AT XI, 387,18-24). Pascal : « Pour régler l'amour qu'on se doit à soi-même, il faut s'imaginer un corps plein de membres pensants, car nous sommes membres du tout et voir comment chaque membre devrait s'aimer, etc. » (L 26/368 = *Disc.* 140).

Imaginer un tout pour se penser correctement, voilà donc la requête commune aux *morales* cartésienne et pascalienne. On comprend alors que l'opposition principielle de Pascal (« le moi est haïssable », L XXIV/597 = *Disc.* 39) à Descartes (le moi est estimable)[2], acquise depuis longtemps, ne soit plus décisive. En répétant « Il faut n'aimer que Dieu et ne haïr que soi » (L 26/373 = *Disc.* 140) mais en modifiant profondément le sens de cette injonction, gouverné qu'il devient par la problématique de la séparation[3],

1. À la différence de la théorie leibnizienne de la monade, miroir du tout maître de ses propres anamorphoses, la partie pascalienne n'est pas partie totale ; c'est même parce qu'elle méconnaît le tout qu'elle est incapable de se penser comme partie : elle se pense comme tout parce qu'elle ne pense pas le tout.

2. Cette opposition ne vas pas sans un déplacement essentiel, car l'estime de soi, constitutive de la générosité (art. 153 des *Passions de l'âme*), n'est pas l'amour de soi : sur cette différence principielle (puisque la générosité, en tant qu'elle est dérivée de l'admiration, est antérieure à toute connaissance de convenance et de disconvenance), voir André Pessel, « Descartes et la passion de la générosité », in *Le partage des passions*, éd. par E. Tassin et P. Vermeren, Paris, Répliques contemporaines, 1992, p. 129-137.

3. « Si le pied avait toujours ignoré qu'il appartînt au corps et qu'il y eût un corps dont il dépendît, s'il n'avait eu que la connaissance et l'amour de soi, et qu'il vînt à connaître qu'il appartient à un corps duquel il dépend, quel regret, quelle confusion de sa vie passée, d'avoir été inutile au corps qui lui a influé la vie, qui l'eût anéanti s'il l'eût rejeté et séparé de soi comme il se séparait de lui ! Quelles prières d'y être conservé ! Et avec quelle soumission se laissserait-il gouverner à la volonté qui régit le corps, jusqu'à consentir à être retranché s'il le faut, ou il perdrait sa qualité de membre ! Car il faut que tout membre veuille bien périr pour le corps, qui est le seul pour qui tout est ». Voilà ce que signifie désormais, dans le discours « Des membres pensants », non que « le moi est » haïssable, mais qu'« il faut n'aimer que Dieu et ne haïr que soi ».

le discours des membres pensants ne fait plus fond sur cette opposition trop sommaire : car c'est bien à Descartes que Pascal reprend les concepts qu'il met au service de la doctrine paulinienne du corps mystique.

LE CONVENABLE ET L'AGRÉABLE : PASCAL ET LES *PASSIONS DE L'ÂME*

Nous avons essayé de dégager, des trois ordres de choses aux membres pensants, une constante de la réflexion pascalienne sur le concept de volonté et, par là, de sa lecture des *Passions de l'âme*. La discussion pascalienne avec les *Passions de l'âme* nous paraît plus ancienne encore. Les réflexions sur l'honnêteté et sur l'art d'agréer doivent déjà à Descartes en mettant en jeu les puissances de l'esprit, entendement et volonté. Pascal tente d'y proposer une détermination de l'aimable en faisant l'économie d'une doctrine de l'amour de soi – c'est du moins ce que nous souhaitons montrer à présent.

Dans les *Passions de l'âme*, Descartes, en organisant les passions selon l'utile et le nuisible (art. 52), accorde une part essentielle à la thématique de la rencontre en tant que surgissement de l'extériorité et privilégie par là les critères du rare et de l'extraordinaire, facteurs de discontinuité. Ainsi, la première des passions primitives, l'admiration, qui comme le désir n'admet pas de contraire mais peut seulement être portée à l'excès, est-elle une « subite surprise de l'âme, qui fait qu'elle se porte à considérer avec attention les objets qui lui semblent rares et extraordinaires » (art. 70, AT XI, 380,18-20). L'admiration, changement dans le cours *ordinaire* des esprits, est donc définie comme contre-habitude, discontinuité dans l'union ordinaire de l'âme et du corps. Dans les premières analyses pascaliennes de la créance et de l'agrément (l'art de persuader, les pensées sur le style, etc.), l*a priori*té est donnée au contraire aux passions qui sont depuis longtemps en nous. Descartes s'intéresse aux objets passionnants, Pascal essaie de mettre en place une typologie des sujets passionnés, étudiant le style de passion propre à chacun, ce qu'il appelle « la passion dominante de chacun » (L XXIX/805 = *Disc.* 26). Au contraire de Descartes – qui, à la différence des traités contemporains, n'accorde aucun privilège à l'amour de soi –, recherchant en quoi l'amour est une passion primitive et réunissant sous un concept commun les « espèces d'amour » (art. 82, AT XI, 388-389), Pascal essaie de penser la pluralité des types d'amour de soi pour penser la diversité des plaisirs[1]. Descartes définit l'amour au moyen du concept de convenance : « L'amour est une émotion de l'âme causée par le mouvement des esprits, qui l'incite à se joindre de volonté aux objets qui paraissent lui être convenables » (art. 79, AT XI, 387,3-6). De même, « la passion du désir est une agitation de l'âme causée par les esprits qui la dispose à vouloir pour l'avenir les choses qu'elle se représente être convenables » (art. 86, AT XI, 392,22-24). La définition cartésienne de l'amour s'appuie ainsi sur une certaine détermination du rapport à soi, sur la conscience que nous avons de l'union de notre âme et de notre corps[2]. Voilà l'invariant structurel qui norme l'amour, tous les amours possibles[3]. La multiplicité des objets et leur hiérarchisation prennent place dans cette structure invariante fondamentale. C'est parce que nous prenons conscience de ce qui nous convient que nous pouvons aimer un autre comme *convenable*. Ensuite, elle implique un acte de volonté, auquel finalement tous les types d'amours peuvent se réduire : celui par lequel l'*ego* décide de s'unir à l'objet de sa représentation (se joindre de volonté). C'est pourquoi toutes les passions d'amour, « en ce qu'elles participent de l'amour [...] sont semblables ». Ainsi les différences entre les trois genres d'amour que sont l'affection, l'amitié et la dévotion[4] viennent-elles de la triple comparaison de l'objet aimé à soi-même : « on peut [...] distinguer l'amour par l'estime qu'on fait de ceux qu'on aime, à comparaison de soi-même » (art. 83, AT XI, 389,28-390,2). L'amour pour autrui est

1. Voir *De l'art de persuader* : « [...] les principes du plaisir ne sont pas fermes et stables. Ils sont divers en tous les hommes, et variables dans chaque particulier, avec une telle diversité qu'il n'y a point d'homme plus différent d'un autre que de soi-même dans les divers temps. Un homme a d'autres plaisirs qu'une femme ; un riche et un pauvre en ont de différents ; un prince, un homme de guerre, un marchand, un bourgeois, un paysan, les vieux, les jeunes, les sains, les malades, tous varient ; les moindres accidents les changent », *OC* III, 417.

2. « Je remarque outre cela que les objets qui meuvent les sens n'excitent pas en nous diverses passions à raison de toutes les diversités qui sont en eux, mais seulement à raison des diverses façons qui nous peuvent nuire ou profiter, ou bien en général être importants ; et que l'usage de toutes les passions consiste en cela seul qu'elles disposent l'âme à vouloir les choses que la nature dicte nous être utiles [...] » (art. 52, AT XI, 372,12-19).

3. D'où l'art. 82, aussi remarquable que scandaleux sans doute, où Descartes réunit sous un concept commun les formes les plus extrêmes d'amour : « [...] encore que les passions qu'un ambitieux a pour la gloire, un avaricieux pour l'argent, un ivrogne pour le vin, un brutal pour une femme qu'il veut violer, un homme d'honneur pour son ami ou pour sa maîtresse, et un bon père pour ses enfants, soient bien différentes entre elles, toutefois en ce qu'elles participent de l'amour elles sont semblables » (AT XI, 388,24-389,6).

4. « Car lorsqu'on estime l'objet de son amour moins que soi, on n'a pour lui qu'une simple affection ; lorsqu'on l'estime à l'égal de soi, cela se nomme amitié ; et lorsqu'on l'estime davantage, la passion qu'on a peut être nommée dévotion » (art. 83, AT XI, 390,2-7).

fondamentalement normé par la comparaison avec soi. Ce que nous valons est la commune-mesure avec laquelle nous pouvons commensurer l'aimable – c'est pourquoi la distinction entre l'amour de concupiscence et l'amour de bienveillance est également inessentielle (art. 81). La valeur du moi est l'étalon de la valeur des objets d'amour. Mais si le moi n'est pas aimable, il n'y a pas de norme possible par laquelle régler et hiérarchiser les différents types d'amour[1]. Pascal va donc devoir proposer une théorie de l'aimable qui fasse l'économie de l'amour de soi. L'opposition des concepts pascalien et cartésien d'agrément nous permet de l'esquisser.

L'horreur et l'agrément constituent, dans les *Passions de l'âme*, un couple de passions contraires qui sont les plus fortes parmi les diverses espèces du désir. « L'horreur, dit Descartes, est instituée de la nature pour représenter à l'âme une mort subite et inopinée, en sorte que, bien que ce ne soit quelquefois que l'attouchement d'un vermisseau, ou le bruit d'une feuille tremblante, ou son ombre, qui fait avoir de l'horreur, on sent d'abord autant d'émotion que si un péril de mort très évident s'offrait aux sens [...] » (art. 89, AT XI, 394,23-395,3). L'horreur apparaît comme l'inattendu, dans le surgissement de la pure extériorité. La mort est ici *représentée* dans la figure de l'accidentel, en tant que mauvaise rencontre – ce qui est représentation chez Descartes sera la définition même de la mort chez Spinoza. A la représentation cartésienne de la mort subite et inopinée, Pascal substituera une représentation de la mort imminente et inévitable en imaginant la fiction horrible de l'homme dans un cachot (L 12/163 = *Disc.* 157), c'est-à-dire en proposant donc une véritable pédagogie de l'horreur[2]. « Au contraire, l'agrément est particulièrement institué de la nature pour représenter la jouissance de ce qui agrée comme le plus grand de tous les biens qui appartiennent à l'homme [...] » (art. 90, AT XI, 395,10-13). Descartes maximalise la jouissance représentée : pour penser l'agrément, la logique du superlatif est nécessaire. Mais cette fois Descartes rend compte de la pluralité des agréments, et la rapporte à une typologie des désirs et donc des jouissances, c'est-à-dire des modes de consommation de l'objet agréé : « Il est vrai qu'il y a diverses sortes d'agréments, et que les désirs qui en naissent ne sont pas tous également puissants. Car, par exemple, la beauté des fleurs nous incite seulement à les

1. C'est pourquoi, pour Pascal, l'estime d'autrui passera par une théorie de « l'illusion volontaire », c'est-à-dire de la séduction (L HC 2/978 = *Disc.* 40-41); sur le concept de séduction, c'est-à-dire la haine de la vérité qu'implique l'amour de soi, voir *Pascal et la philosophie*, p. 332-336.

2. Voir *infra*, p. 258-259.

regarder, et celle des fruits à les manger» (art. 90, AT XI, 395,14-18). Or l'agrément principal «est celui qui vient des perfections qu'on imagine en une personne qu'on pense pouvoir devenir un autre soi-même» (art. 90, AT XI, 395,19-21). L'amour, au sens de la passion amoureuse, est alors un cas particulier du concept d'agrément, mais qui ne va pas sans impliquer un manque: «[...] en certain âge et en certain temps, on se considère comme défectueux et comme si on n'était que la moitié d'un tout dont une personne de l'autre sexe doit être l'autre moitié [...]» (art. 90, AT XI, 395,24-28); plus exactement, Descartes décrit ce manque comme représentation confuse de l'agrément: «[...] en sorte que l'acquisition de cette moitié est confusément représentée par la nature comme le plus grand de tous les biens imaginables» (art. 90, AT XI, 395,28-396,2). L'amour ne va donc pas sans la représentation confuse d'un agrément, et la conscience de manque est la représentation confuse d'une union. Dans les *Passions de l'âme*, la confusion et le manque sont toujours constitutivement liés[1].

Trois points caractérisent donc l'analyse cartésienne de l'agrément: – le primat de l'instance représentative, l'*ego*; – la pluralité hiérarchisée des agréments; – l'usage du concept de manque[2]. Ces trois points sont strictement récusés par Pascal[3]. A la pluralité des agréments, Pascal oppose

1. On pourra au contraire interpréter la générosité, à savoir la plus haute estime légitime de soi, fondée sur l'analyse de la façon et de la cause pour lesquelles on peut s'estimer, comme une sorte de retour à soi; voir André Pessel, «Descartes et la passion de générosité», en particulier p. 133: «la passion de générosité comme estime de soi permet au sujet de se penser comme totalité».

2. A notre connaissance on ne trouve chez Descartes de théorie du manque et de l'incomplétude que dans le *Traité des passions*. La métaphysique cartésienne exclut le manque et ne pense l'incomplétude et la dépendance qu'envers cet unique autre qu'est Dieu («intelligo me esse rem incompletam et ab alio dependentem», AT VII, 51, 24-25, repris au début de la *Meditatio* IV, AT VII, 53, 10-11). Chaque faculté est parfaite en son genre: les *Meditationes* n'assignent aucun statut métaphysique au manque.

3. Rappelons que, pour Pascal, la créance due à l'agrément, quoiqu'elle soit la plus répandue, est «contre nature» (*OC* III, 413). Il faut cependant comprendre qu'elle admet paradoxalement un lieu propre, celui des «vérités divines», dont Dieu a voulu, «pour humilier cette superbe puissance du raisonnement», «qu'elles entrent du cœur dans l'esprit» (*ibid.*): c'est pourquoi «Dieu a établi cet ordre surnaturel, et tout contraire à l'ordre qui devait être naturel aux hommes dans les choses naturelles» (*OC* III, 414). *L'art de persuader*, qui dit n'en pas parler, commence cependant par l'exemple remarquable d'un effet de contrariété entre créance et agrément. En effet, les Juifs demandaient indûment des choses agréables: «"Dites-nous des choses agréables et nous vous écouterons", disaient les Juifs à Moïse». Pascal s'indigne: «comme si l'agrément devait régler la créance!» (*ibid.*). Au contraire, explique-t-il, Dieu veut disjoindre vérité et agrément, de telle sorte que le désir de vérité soit un désir du désagréable et que le désir de l'agréable soit frustré. Cette frustration divine est la réponse à la perversion judaïque d'un ordre divinement institué: dans l'ordre naturel, on

« un certain modèle d'agrément et de beauté », qui n'est défini ni par l'objet agréable ni par le sujet agréant, mais par « un certain rapport entre notre nature faible ou forte telle qu'elle est et la chose qui nous plaît » (L XXIII/585 = *Disc.* 26). L'invariant mis en place par Pascal est un rapport[1], et non plus, comme pour Descartes, une structure identique fondée sur la représentation du convenable. Ainsi peut-on mêler les objets agréables les plus divers, tous formés sur cet unique modèle : « tout ce qui est formé sur ce modèle nous agrée, soit maison, chanson, discours, vers, prose, femmes, oiseaux, rivières, arbres, chambres, habits, etc. » (*ibid.*). Mais s'il n'y a qu'un modèle d'agrément, il y a un grand nombre de relations de désagrément : « Et comme il y a un rapport parfait entre une chanson et une maison qui sont faites sur ce bon modèle, parce qu'elles ressemblent à ce modèle unique, quoique chacune selon son genre, il y a de même un rapport parfait entre les choses faites sur les mauvais modèles. Car ce n'est pas que le mauvais modèle soit unique, car il y en a une infinité,

connaît avant d'aimer, selon la primauté de l'entendement; dans l'ordre surnaturel, on aime avant de connaître. Là il faut des raisons d'aimer, ici il n'y a pas de raison d'aimer Dieu et de croire en lui : « Et de là vient qu'au lieu qu'en parlant des choses humaines on dit qu'il faut les connaître avant que de les aimer, ce qui a passé en proverbe, les saints au contraire disent en parlant des choses divines qu'il faut les aimer pour les connaître, et qu'on n'entre dans la vérité que par la charité, dont ils ont fait une de leurs plus utiles sentences » (*OC* III, 413-414). Or les Juifs ont perverti cet ordre : « Ils ont néanmoins corrompu cet ordre en faisant des choses profanes ce qu'ils devaient faire des choses saintes, parce qu'en effet nous ne croyons presque que ce qui nous plaît » (*ibid.*). L'ordre naturel est inversé : ce qui plaît est aimé, et ce qui est aimé est cru. Voilà le principe pervers du judaïsme : l'agrément règle la croyance. Dans le christianisme au contraire, vérité et plaisir sont disjoints : « Et de là vient l'éloignement où nous sommes de consentir aux vérités de la religion chrétienne, tout opposée à nos plaisirs ». D'où la réponse de Dieu, qui punit la perversion judaïque. Mais cette punition, en tant qu'elle est divine, est paradoxale : « Et c'est pour punir ce désordre par un ordre qui lui est conforme, que Dieu ne verse ses lumières dans les esprits qu'après avoir dompté la rébellion de la volonté par une douceur toute céleste qui la charme et qui l'entraîne » (*ibid.*). Dieu dompte en douceur, c'est-à-dire conjugue le moyen et la fin : pour apaiser la volonté, Dieu dompte par l'agrément, qui était précisément ce que les Juifs exigeaient scandaleusement. Dieu se sert de l'agrément non pour satisfaire la demande d'agrément, mais pour l'interdire. Le charme de Dieu annule la demande de charme. Le plaisir interdit la demande de plaisir. Dieu disjoint ce qui était couplé dans l'exigence juive : il donne le plaisir d'abord ("dompte" en "douceur") et après seulement « verse ses lumières dans les esprits », d'où la primauté du cœur, c'est-à-dire de la volonté, dans les vérités divines. Le plaisir est donc un moyen, non une fin. Voilà en quoi consiste la correction divine : se servir de l'agrément, en faire un usage qui cesse de l'avoir pour fin. Le bon usage de l'agrément, tel est le privilège de Dieu.

1. On retrouve ce rapport dans *De l'art de persuader* : « Il paraît de là que, quoi que ce soit qu'on veuille persuader, il faut avoir égard à la personne à qui on en veut, dont il faut connaître l'esprit et le cœur, quels principes il accorde, quelles choses il aime; et ensuite remarquer, dans la chose dont il s'agit, quel rapport elle a avec les principes avoués, ou avec les objets délicieux par les charmes qu'on lui donne », *OC* III, 416.

mais chaque mauvais sonnet, par exemple, sur quelque faux modèle qu'il soit fait, ressemble parfaitement à une femme vêtue sur ce modèle » (*ibid.*). Ce qui intéresse Pascal n'est pas de définir la nature des sujets pour lesquels il y a tel agrément ou tel autre mais de mettre en évidence une typologie des rapports inter-élémentaires. L'agrément est affaire de style : non pas le modèle d'un objet, mais le modèle d'une relation sujet-objet. Une femme ne ressemble pas à un sonnet, mais on peut imaginer une femme sur le modèle d'une beauté poétique[1]. L'effet de style, donc l'agrément, n'est à chercher ni dans l'objet ni dans le sujet, mais dans une relation partout exportable du sujet à l'objet. Le modèle lui-même est relation. Il ne s'agit pas de dire « à chacun son agrément » (et donc sa jouissance), mais de saisir que tout agrément, quelle que soit sa nature, a un style, c'est-à-dire obéit à un certain modèle[2]. C'est ce style qui permet d'unifier notre rapport au divers, c'est-à-dire au monde[3] – et c'est bien du monde qu'il est fondamentalement question dans le discours « De l'honnête homme ». L'analyse pascalienne de l'agrément s'oppose donc bien à celle des *Passions de l'âme* : il faut concevoir un agrément sans primauté de l'*ego* qui exerce la représentation mais au contraire la pure représentation d'un style dont le sujet n'a pas la maîtrise; opposer à la pluralité des agréments un modèle unique d'agrément; et enfin, par différence d'avec le manque comme figuration confuse d'une union, identifier un manque, donc un désir, exportable en tout domaine. C'est à cette condition qu'un « art d'agréer » sera possible, fondé sur une théorie de la séduction suivant les « principes du plaisir », c'est-à-dire sur la reconnaissance des évidences propres à la volonté – condition nécessaire mais sans doute insuffisante, comme Pascal en fera l'expérience avec l'échec de *L'art de persuader*[4]. Si l'on rend « devoir d'amour à l'agrément » (L 3/58 = *Disc.* 128), l'amour de soi n'est

1. « Rien ne fait mieux entendre combien un faux sonnet est ridicule que d'en considérer la nature et le modèle et de s'imaginer ensuite une femme ou une maison faite sur ce modèle-là » (L XXIII/585 = *Disc.* 26, voir aussi L XXIII/586).

2. Voir Louis Marin, « Réflexions sur la notion de modèle chez Pascal », *Revue de Métaphysique et de Morale*, 1967, 1, p. 89-108.

3. Le désir peut rester inchangé, quel que soit son objet; d'où l'« etc. » significatif de L XXIII/585.

4. « Si je n'en traite pas [*sc.* de la manière d'agréer], c'est parce que je n'en suis pas capable; et je m'y sens tellement disproportionné que je crois pour moi la chose absolument impossible. Ce n'est pas que je ne croie qu'il y ait des règles aussi sûres pour plaire que pour démontrer [...]. Mais j'estime, et c'est peut-être ma faiblesse qui me le fait croire, qu'il est impossible d'y arriver. », *OC* III, 416-417.

en rien la norme de l'agrément. Autrement dit, Pascal, ici anti-cartésien, pense un relativisme sans subjectivisme[1].

LES DEUX INFINIS MORAUX

Cet anti-cartésianisme pascalien que nous venons de mesurer en confrontant son analyse de l'agrément à la seconde partie des *Passions de l'âme* vaut-il pour l'ensemble de l'étude des passions, et spécialement pour celle de leur rapport avec les concepts de vertu et de vice ? Nous souhaitons à présent en venir à un ensemble de réflexions sans doute de peu postérieur à la Conférence à Port-Royal avant, derechef, de d'essayer d'évaluer brièvement la spécificité des « membres pensants » par rapport à cette problématique. Nous examinerons successivement deux séries de réflexions pascaliennes sur les vertus. Constituée par un certain nombre de remarques toutes issues de la lecture de Montaigne, la première s'organise selon trois modèles conceptuels : le modèle géométrique (et non physique) de la roue, le modèle physique du contrepoids et celui, optique, du tison de feu[2]. Le second ensemble est ordonné à la thèse postérieure selon laquelle « les passions dominées sont vertus » et fera l'objet de nos dernières remarques.

Le modèle de la roue est le plus célèbre, qui permet à la fois de penser la communauté des passions et de varier l'importance de leurs effets, selon les différentes « conditions » : « Les grands et les petits ont mêmes accidents et mêmes fâcheries et mêmes passions ; mais l'un est au haut de la roue et l'autre près du centre, et ainsi moins agité par les mêmes mouvements » (L XXV/705 = *Disc.* 117). La première proposition de ce fragment a pour origine l'*Apologie de Raymond Sebond* : les empereurs et les savetiers, les grands et les petits, sont jetés dans le même moule[3] ; ils éprouvent donc mêmes appétits, mêmes mouvements, etc. Les affects sont indifférents à la

1. Nous pourrions, pour résumer les positions respectives des morales en quelques formules approximatives, parler pour Descartes d'un subjectivisme sans relativisme, et pour Montaigne d'un relativisme subjectiviste.

2. C'est pourquoi l'analyse qui suit nous paraît de nature à confirmer l'organisation de ce passage central du second mouvement de *Disproportion de l'homme* proposée par Emmanuel Martineau. Il s'agit bien ici de « considérer les phénomènes particuliers [des deux infinis], pour en marquer la complexité de structure – la diversité au double sens de la variété qualitative et de la relativité », avant de « se tourner vers le problème de l'unité et de la diversité, de l'"imiter" et du "diversifier" » (*Disc.*, 245-246).

3. « Les âmes des empereurs et des savetiers sont jetées à même moule [...] : ils sont menés et ramenés en leurs mouvements par les mêmes ressorts que nous sommes aux nôtres », *Essais*, 476.

condition sociale ou au statut politique. Mais au modèle du moule, Pascal substitue celui de la roue : non pas l'antique roue de la fortune, à l'exemple d'une roue qui tourne autour de son axe, et qui fait que celui qui est en haut sera un jour en bas, et inversement. Pascal pense l'histoire des conditions sociales selon le modèle de la roulette, c'est-à-dire de la cycloïde : la courbe tracée par un point de la circonférence d'un cercle roulant sans glisser sur une droite. La roue ne tourne pas seulement sur son axe, mais elle roule. Le mouvement de son centre est donc une droite, celui d'un point quelconque d'un rayon une cycloïde ; le rayon lui-même figure l'ensemble de l'échelle sociale. Plus le point est éloigné du centre et proche de la circonférence, plus l'amplitude de la cycloïde parcourue est importante. Le même mouvement agite donc plus ou moins. Il y a une cycloïde des grands et une cycloïde des petits : le mouvement des grands est le mouvement en grand, le mouvement des petits est le (même) mouvement en petit : « l'un est au haut de la roue et l'autre près du centre, et ainsi moins agité par les mêmes mouvements ». On peut donc imaginer la cycloïde des conditions humaines. Le tracé en est complexe, à cause des différences d'amplitude des périodes et de leurs intersections. Nous sommes donc loin du modèle banal, des stoïciens à Nietzsche, de la roue de la fortune : tantôt en haut, tantôt en bas, tout change et tout revient, etc. – son équivalent, dans les *Pensées*, serait plutôt l'*itus* et *reditus* de la nature de L XXVII/771 = *Disc*. 116. Le modèle pascalien de la cycloïde des conditions est beaucoup plus fin, qui rend compte à la fois de l'unité (des passions) dans la différence (des conditions) et donc de l'entre-historicité humaine (qu'on peut figurer par les points où se coupent les cycloïdes individuelles).

Le modèle physique des contrepoids, ou de la balance, est plusieurs fois utilisé par Pascal, dès *L'entretien avec M. de Sacy* où il caractérise l'attitude de Montaigne qui tend à l'équilibre instable entre des contradictoires[1]. Dans tous les cas, il met fin au paradigme aristotélicien de l'immobilité qui reposait sur l'équidistance des extrêmes, au profit d'un équilibre dynamique. Le modèle physique des contrepoids utilisé en morale permet d'abord

1. « [...] « Que sais-je ? », dont il fait sa devise, en la mettant sous des balances qui, pesant les contradictoires, les trouvent dans un parfait équilibre [...] », *Sacy*, 21, lg. 160-162 = *Sacy EM*, 100-101. Pour le modèle des contrariétés, voir *Pascal et la philosophie*, p. 141-148, où nous insistons, à propos de L 3/71 et XI/477 = *Disc*. 155, sur la théâtralité du jeu mécanique de l'orgueil : « L'orgueil contrepèse et emporte toutes les misères », « Orgueil contrepesant toutes les misères, ou il cache ses misères, ou, s'il les découvre, il se glorifie de les connaître ». Sur le rapport entre roulette et balance (la recherche des centres de gravité), voir Michel Serres, *Le système de Leibniz et ses modèles mathématiques*, Paris, PUF, 1968, t. II, p. 668-673.

de figurer une efficace des vices. Ainsi la vertu n'est-elle plus conçue comme force mais selon l'équilibre dynamique de la résultante immobile des deux forces opposées : « Nous ne nous soutenons pas dans la vertu par notre propre force, mais par le contrepoids de deux vices opposés, comme nous demeurons debout entre deux vents contraires » (L XXV/674 = *Disc.* 117). Le modèle de la balance (de Roberval) permet de penser l'horizontalité du fléau, et l'immobilité instable du couteau, c'est-à-dire la vertu, quand les poids des plateaux, c'est-à-dire les vices, sont égaux : « Ôtez un de ces vices, nous tombons dans l'autre » (*ibid.*). Chez Descartes au contraire, la vertu ne saurait résulter de tiraillements opposés, elle n'est jamais un équilibre. Ce qui produit la vertu pour Pascal définit exactement pour Descartes l'âme faible : « [...] il y en a qui ne peuvent éprouver leur force, parce qu'ils ne font jamais combattre leur volonté avec ses propres armes, mais seulement avec celles que lui fournissent quelques passions pour résister à quelques autres » (art. 48, AT XI, 367,1-5). Pour Pascal, la vertu est l'effet visible de deux causes opposées invisibles – et inavouables si elles étaient connues. Pascal pense donc la vertu sans la volonté. Par opposition à Descartes, comme à la tradition aristotélicienne, il faut concevoir un pur effet objectif de vertu, une vertu sans sujet vertueux.

Peut-on imaginer des vertus opposées, comme les vices le sont ? Cela ne va pas de soi. Les passions peuvent, à l'évidence, s'opposer : elles sont même conçues par Descartes comme couples de passions contraires, selon la « considération du bien et du mal » « à notre égard », c'est-à-dire selon la représentation de l'utile ou du nuisible (à l'exception fondamentale de l'admiration, antérieure à cette bipartition). Mais que signifie que des vertus puissent être opposées ? Pascal semble l'admettre comme allant de soi – nous en réservons l'éclaircissement. C'est pourquoi la grandeur ne se marque pas au degré atteint dans la vertu, fût-il le plus élevé, mais dans la capacité à tenir les deux opposés, qui ne sont pas contradictoires : « Je n'admire point l'excès d'une vertu, comme, de la valeur, si je ne vois en même temps l'excès de la vertu opposée : comme, en Epaminondas qui avait l'extrême valeur et l'extrême bénignité ; car autrement ce n'est pas monter, c'est tomber (L XXV/681 = *Disc.* 117). C'est naturellement dans les *Essais* que Pascal prend son exemple, en II, 36 et III, 1 principalement. Cependant Epaminondas pourrait sans doute être un héros cartésien, lui qui avait tout ce qui se peut imaginer « de résolution et de vaillance », et « de celle que la sapience et la raison peuvent planter en une âme bien réglée », alliant donc le « courage » et la « douceur et débonnaireté », « la bénignité », c'est-à-dire la « bonté », puis « la bonté et l'humanité » (*Essais*, 756-757 et 801) – soit, dans le lexique cartésien, générosité (ou magnanimité, art. 54 et art. 161) et humilité. Pour Pascal, excès signifie naturellement, comme chez Montaigne, le plus haut degré de la chose, exprimant ainsi un superlatif, comme l'extrémité « pour l'exemple d'une excessive bonté », « une si extrême douceur et débonnaireté » (*ibid.*). Ainsi l'excès d'une vertu est encore et toujours vertu. Pascal ne suit ici ni Montaigne, ni, derrière Montaigne, Aristote : *très* ne devient pas *trop*, excès ne signifie pas outrepassement, l'excès n'est pas ce qui dépasse les mesures, une différence de degrés dans la vertu ne produit pas de différence de natures[1]. Pascal ne dit pas ce qu'un Montaigne ici aristotélicien répète à plusieurs reprises, à savoir que l'excès transforme la vertu en vice : « La vaillance a ses limites, comme les autres vertus : lesquelles franchies on se trouve dans le train du vice. [...] Nous pouvons saisir la vertu de façon qu'elle en deviendra vicieuse, si nous l'embrassons d'un désir trop âpre et trop violent » (*Essais*, I, 15,68 et I, 30,197). Bref, on ne trouve pas chez Pascal d'éloge de la modération ; ou plutôt, la nécessaire « médiocrité » fait la « grandeur de l'âme humaine » parce qu'elle évite les extrêmes, non parce que les extrêmes seraient, comme tels, mauvais (L XXIII/518 = *Disc.* 116-117).

Cependant ce n'est pas l'excès d'une vertu qui la rend admirable, mais la coexistence des deux vertus opposées : « On ne montre pas sa grandeur pour être à une extrémité, mais bien en touchant les deux à la fois, et remplissant tout l'entre-deux » (L XXV/681 = *Disc.* 117). De nouveau le modèle de la balance permet de comprendre comment « toucher les deux à la fois », ce que désigne proprement le fléau, qui « touche » les deux contraires à la fois : « La nature nous a si bien mis au milieu que si nous changeons un côté de la balance nous changeons aussi l'autre : "Je faisons", "zôa trekei". Cela me fait croire qu'il y a des ressorts dans notre tête qui sont tellement disposés que qui touche l'un touche aussi le contraire (L XXIII/519 = *Disc.* 117). Mais cette fois, c'est Descartes qui déclare habituelle cette coexistence, et donc cette immense étendue de l'âme (« les plus généreux ont *coutume* d'être les plus humbles », *Passions de l'âme*, art. 155, AT XI, 447,8-9), alors que Pascal la croit rare, voire exceptionnelle : « Mais peut-être que ce n'est qu'un soudain mouvement de l'âme de

1. Pour Aristote, la vertu se tient justement à distance des extrêmes. En rigueur des termes, outrepasser la vertu constitue une alliance de mots, selon « une subtile considération de la philosophie », qui dit « qu'il n'y a jamais d'excès en la vertu, d'autant que ce n'est plus vertu si l'excès y est », *Essais*, I, 30, 197. Voir également Senault qui ici reprend Aristote, multipliant les exemples des « deux extrémités qui environnent la vertu », *De l'usage des passions*, I, IV, III' discours, éd. du Corpus des œuvres de philosophie en langue française, Fayard, 1987, p. 218. Pour Descartes, qui décrit l'excès de la passion, il ne saurait y avoir excès (au sens moderne) de la vertu.

l'un à l'autre de ces extrêmes et qu'elle n'est jamais en effet qu'en un point, comme le tison de feu. Soit; mais au moins cela marque l'agilité de l'âme si cela n'en marque l'étendue» (L XXV/681 = *Disc.* 117). Après la balance, le tison de feu dans la nuit. Le tison de feu, c'est la vitesse donnant l'apparence de la simultanéité: ici de nouveau, l'image même de la disjonction de l'âme, alors qu'elle paraît tendue, étendue ou distendue[1]. L'âme est disjointe entre ses passions opposées; au mieux passe-t-elle de l'une à l'autre avec promptitude, révélant ainsi son agilité. Chez Descartes tout au contraire, la promptitude à passer d'une passion à son contraire, *a fortiori* d'un excès à l'autre, caractérise «ceux qui ont l'esprit bas et faible»[2].

Pascal peut donc parler des « deux infinis moraux » en un premier sens, appelé par l'excès possible des vertus: «Car nous aurons toujours du dessus et du dessous, de plus habiles et de moins habiles, de plus élevés et de plus misérables [...] » (L XXIX/800 = *Disc.* 117). Toutes les conditions morales existent, nous sommes environnés de plus et de moins vertueux. Au mieux peut-on tendre, sans jamais l'atteindre, vers la limite d'une vertu – mais il s'agit d'une progression asymptotique, et jamais d'une inflexion à partir de laquelle la vertu elle-même deviendrait vice. Le vice, comme la vertu, sont de purs effets de phénoménalité; c'est ce qu'indiquait déjà le seul exemple moral pris dans *Disproportion de l'homme* : comme « trop de lumière éblouit», «trop de bienfaits irritent» (L 15/199 = *Disc.* 65)[3]. L XXVII/ 783 = *Disc.* 117 donne cependant aux infinis moraux un sens incomparablement plus riche. Alors que, dans la définition de l'agrément, Descartes maximalisait la jouissance de l'agréable, Pascal, nous venons de le voir, maximalise la vertu. Et maximaliser la vertu fait *apparaître* les vices. Non que les vices soient les extrêmes dans lesquels on tombe quand la vertu est outrepassée, non qu'il y ait coïncidence des opposés, mais la vertu elle-même apparaît *composée* de vices. L'analyse de la vertu, au sens mathématique d'analyse, fait apparaître le vice: «Quand on veut

1. Peut-être faut-il faire l'hypothèse que seul le Christ a une âme en effet étendue, distendue à l'extrême mais sans rupture, remplissant tout l'entre-deux entre gloire et humilité. Nous laissons de côté ici la question de la maîtrise et de la soumission du Christ aux passions.

2. « [...] ceux qui ont l'esprit bas et faible sont sujets à pécher par excès [...]. Et ils passent souvent fort promptement de l'extrême impiété à la superstition, puis de la superstition à l'impiété, en sorte qu'il n'y a aucun vice ni aucun dérèglement d'esprit dont ils ne soient capables », *Passions de l'âme*, art. 164, AT XI, 456,4-12.

3. Aucun commentateur à notre connaissance n'avait pris au sérieux la symétrie des deux infinis naturels et des deux infinis moraux; c'est un des mérites de l'éd. Martineau des *Discours* que d'avoir proposé une reconstitution de ce second mouvement de *Disproportion de l'homme* ébauché par Pascal, et non élaboré comme le premier.

poursuivre les vertus jusqu'aux extrêmes de part et d'autre, il se présente des vices qui s'y insinuent insensiblement dans leurs routes insensibles du côté du petit infini et il se présente des vices en foule du côté du grand infini; de sorte qu'on se perd dans les vices et on ne voit plus les vertus (L XXVII/783 = *Disc.* 117). La vertu est donc l'intégrale des vices: elle est l'apparaître des vices qui la composent – cela est vrai de la perfection même[1]. Au contraire de Descartes comme d'Aristote, il n'y a dans la morale pascalienne ni simple ni élémentaire. Au combat des vices et des vertus est substituée l'insinuation insensible des vices dans la vertu. La vertu est un effet sans substrat ni sujet.

LE GÉNÉREUX ET LE JUSTE : LES PASSIONS ESCLAVES

Revenons à Epaminondas: « Horrible de fer et de sang, il va fracassant et rompant une nation invincible contre tout autre que contre lui seul, et gauchit, au milieu d'une telle mêlée, au rencontre de son hôte et de son ami. Vraiment celui-là proprement commandait bien à la guerre, qui lui faisait souffrir le mors de la bénignité sur le point de sa plus forte chaleur, ainsi enflammée qu'elle était et écumeuse de fureur et de meurtre »[2]. La grandeur d'Epaminondas lui vient de ce qu'il commande à sa première passion, nommée vertu (la valeur), mais qui pourrait tout aussi bien nous sembler un vice (témérité, cruauté). Ce pourquoi elle est une vertu, et qui plus est, admirable, c'est qu'elle est *commandée*, puisque la logique de la guerre et la chaleur de sa vertu peuvent cesser instantanément au profit de la « vertu opposée ». La passion dominée est donc vertu; plus exactement, c'est parce qu'elle est dominée qu'elle est vertu (ce qui, pour certaines passions au moins, reste cartésien). Et le critère de cette maîtrise est le passage immédiat à la passion opposée (ce qui n'est plus cartésien). Car, nous l'avons vu, l'excès sans contrepoids, c'est-à-dire sans la possibilité du passage au contraire, n'est pas monter mais tomber (L XXV 674 et 681 = *Disc.* 117). Epaminondas, qui semble dire à une passion « va », et à l'autre

1. L XXVII/783 ajoute: « On se prend à la perfection même ». Derrière la phénoménalité de la perfection, se dissimule le résultat des vices. Ici encore, c'est Montaigne qui fournit l'origine de sa réflexion à Pascal, comme la restitution d'Emmanuel Martineau le fait apparaître clairement (*Disc.* 117 et 246). Il s'agit donc d'abord, par exemple, de la « perfection de santé » (*Essais*, II, 23, 682). Mais si l'on songe à la *Meditatio* IV, l'anti-cartésianisme du passage n'en est pas moins fort: la perfection même est insensiblement vicieuse.

2. *Essais*, III, 1, 801. Voir aussi II, 36, 757: « Il tenait aussi qu'en une bataille il fallait fuir la rencontre d'un ami qui fût au parti contraire, et l'épargner ».

« viens », est-il une figure païenne du juste ? Se sert-il de ses passions au point que nous pourrions conclure : « ses passions ainsi dominées sont vertus » (L XXIV/603 = *Disc.* 140) ? Comment accorder l'analyse que nous venons de mener de ce premier ensemble de réflexions pascaliennes sur la vertu, qui tentait de la penser sans sujet vertueux, avec L XXIV/603 et la définition de la vertu comme passion dominée ? Peut-on tenir à la fois la critique de la volonté cartésienne au principe de la morale et l'idéal de maîtrise des passions ? Le juste est-il le lieu ou l'auteur de la vertu ? Le juste pascalien et le sage cartésien seraient-ils plus proches qu'on ne l'eût cru ?

Pour esquisser une réponse à ces questions, il nous faut rappeler brièvement le rapport que les concepts de vertu et de vice entretiennent avec celui de passion selon Descartes. S'il « semble que la vertu ne symbolise pas tant avec la passion, que fait le vice » (art. 160, AT XI, 451,10-11), au point de pouvoir « douter si la générosité et l'humilité, qui sont des vertus, peuvent aussi être des passions », les vertus et les vices n'en sont pas moins au même titre « des habitudes en l'âme qui la disposent à certaines pensées, en sorte qu'elles sont différentes de ces pensées, mais qu'elles les peuvent produire, et réciproquement être produites par elles. [...] Mais [...] il arrive souvent que quelque mouvement des esprits les fortifie, et que pour lors elles sont des actions de vertu et ensemble des passions de l'âme » (art. 161, AT XI, 453,9-17). Ainsi y a-t-il chez Descartes un apprentissage des vertus, que l'on peut acquérir en s'entraînant à « exciter en soi la passion » (*ibid.* 454,5). Ce qui fait le vice ou la vertu n'est pas la passion proprement dite, c'est-à-dire un seul et même mouvement des esprits, mais la nature des pensées initiales ou des habitudes, innées ou acquises, que ce mouvement fortifie : « Je ne vois point de raison qui empêche que le même mouvement des esprits qui sert à fortifier une pensée lorsqu'elle a un fondement qui est mauvais, ne la puisse aussi fortifier lorsqu'elle en a un qui est juste » (art. 160, AT XI, 451,12-16). Puisqu'elles « disposent l'âme à vouloir les choses que la nature dicte nous être utiles » (art. 52, AT XI, 372,18-19), ou vouloir fuir celles qui nous sont nuisibles[1], les passions

1. Chez Descartes, « l'usage des passions » admet un double sens. Le plus souvent (dans les deux premières parties des *Passions de l'âme*) il signifie leur utilité : « l'utilité de toutes les passions ne consiste qu'en ce qu'elles fortifient et font durer en l'âme des pensées, lesquelles il est bon qu'elle conserve, et qui pourraient facilement, sans cela, en être effacées » (art. 74, AT XI, 383,17-20; voir aussi l'art. 54). Il s'agit donc d'un génitif subjectif, indiquant la fonction des passions. Mais il arrive qu'il signifie un génitif objectif, l'emploi que j'ai de mes passions, comme à l'art. 164, annonçant alors le sens que Senault et Pascal donnent à cette expression. En rigueur cartésienne, le passage du critère de la légitimité à celui de l'usage que nous décrivons *infra* serait donc à nuancer.

« sont toutes bonnes de leur nature » (art. 211, AT XI, 485,24-25). La même passion devient vice ou vertu selon le fondement de la pensée qu'elle accompagne, donc selon la légitimité de cette pensée. Descartes prend aussitôt un double exemple : « [...] parce que l'orgueil et la générosité ne consistent qu'en la bonne opinion qu'on a de soi-même et ne diffèrent qu'en ce que cette opinion est injuste en l'un et juste en l'autre, il me semble qu'on peut les rapporter à une même passion [...] » (art. 160, AT XI, 451,16-20). C'est également un même « mouvement qui excite l'humilité, soit vertueuse, soit vicieuse » (art. 160, 451,25). Notons au passage que le même art. 160 aurait pu fournir à Pascal l'occasion de retrouver chez Descartes le couple conceptuel d'origine augustinienne de la *dignitas* et de la *miseria*, qui organise sa « première anthropologie », de *L'entretien avec M. de Sacy* à la Conférence APR[1]. A la différence des deux « principales sectes » philosophiques, Descartes connaît à la fois la grandeur et la misère de l'homme, sa « dignité » et « l'infirmité de sa nature » (L 16/ 208 = *Disc.* 76), qui, alliées, feraient une « morale parfaite ». La compatibilité habituelle de la générosité et de l'humilité vertueuse permet d'assigner à l'homme, chez Descartes lui-même, le statut paradoxal qui le rend objet d'une admiration toujours réitérée : « Toutefois on peut dire que ces causes sont si merveilleuses (à savoir la puissance d'user de son libre arbitre, qui fait qu'on se prise soi-même, et des infirmités du sujet en qui est cette puissance, qui font qu'on ne s'estime pas trop) qu'à toutes les fois qu'on se les représente de nouveau elles donnent toujours une nouvelle admiration » (art. 160, AT XI, 452,30-453,5)[2].

Chez Descartes, la même passion peut donc devenir vice ou vertu selon la légitimité de la pensée qu'elle fortifie (du moins est-ce vrai de la très grande majorité des passions). Pascal substitue l'usage à la légitimité. Avec Descartes, c'est dès l'origine que l'on peut juger si une passion est vice ou vertu, avec Pascal c'est à la fin que se décidera si une passion a été vice ou vertu, en mesurant l'usage qui en a été fait, ou même, simplement, s'il en a

1. Cette remarque, absente de *Pascal et la philosophie*, p. 88-93, confirme l'idée selon laquelle Descartes ne fait pas nombre avec les sectes philosophiques et n'est donc pas compris dans la critique que Pascal leur adresse.

2. Voir aussi l'art. 155, AT XI, 447,9-11 : « [...] l'humilité vertueuse ne consiste qu'en ce que la réflexion que nous faisons sur l'infirmité de notre nature [...] ». Le vocabulaire même de Descartes annonce Pascal. Cette dualité de la grandeur et de la faiblesse, c'est-à-dire de la volonté et de l'infirmité, était déjà inscrite dans les *Meditationes* elles-mêmes, par exemple « cum enim jam sciam naturam meam esse valde infirmam et limitatam [...] » (AT VII, 55, 19-20 reprenant 51,24-25) ou leur dernier mot : « [...] naturae nostrae infirmitas est agnoscenda » (AT VII, 90,15-16).

été fait usage. Si chez Descartes, l'important est de comprendre à quoi les passions servent (à ce que l'âme veuille les choses utiles), chez Pascal, l'important est que l'on se serve des passions. Il y a vice quand nous les servons, vertu quand elles nous servent. Mais la question de savoir à quoi elles servent est seconde. « Il faut s'en servir comme d'esclaves et, leur laissant leur aliment, empêcher que l'âme n'y en prenne. Car quand les passions sont les maîtresses, elles sont vices et alors elles donnent à l'âme de leur aliment et l'âme s'en nourrit et s'en empoisonne » (L XXIV/603 = *Disc.* 140). Le critère de l'usage a bien remplacé celui de la légitimité. De nouveau, Pascal s'oppose à une morale du fondement. La question de la valeur des passions est seconde, voire indifférente. Les passions sont-elles naturellement bonnes (Descartes) ? Sont-elles naturellement mauvaises (les stoïciens) ? Sont-elles neutres ? La question importe moins que celle de leur usage. Encore une fois, Pascal n'analyse les passions ni en termes d'origine, ni de fondement, mais comme de pures fonctions.

La thèse ancienne de la neutralité des passions a été reprise par Senault, dans *De l'usage des passions*, traité strictement contemporain des *Meditationes* : « [...] il faut savoir que les passions ne sont ni bonnes ni mauvaises, et que ces deux qualités ne se trouvent à proprement parler que dans la puissance supérieure qui les gouverne. [...] Il faut avouer qu'elles sont aussi bien les semences des vices que des vertus, et que ces deux contraires sont tellement confus en elles, qu'on ne les saurait presque discerner [...]. Enfin, les passions ne sont pas plus éloignées du vice que de la vertu »[1]. Dès lors tout le propos de Senault est de « régler » l'usage, par la volonté, des passions – d'où l'abondance des métaphores militaires, par exemple la volonté est un chef qui doit faire « marcher sous les enseignes de la vertu, des soldats qui combattent le plus souvent pour le vice »[2]. Senault, comme le titre de son ouvrage l'annonce, s'intéresse à l'*usage* des passions. Faut-il rapprocher les réflexions pascaliennes du livre de l'oratorien, véritable « apologie pour les passions contre les stoïques »[3] ? Sans doute pas. Il nous semble au contraire que Senault, augustinien, anti-stoïcien, constitue un excellent témoin pour mesurer l'originalité des analyses cartésienne et pascalienne des passions. En effet, la problématique générale qui régit

1. *De l'usage des passions*, I, IV, II, éd. citée, p. 122-123. Senault s'appuie à plusieurs reprises sur l'autorité de saint Augustin, *De spiritu et anima*, c. 4, en particulier : « Animae affectus omnium sunt vitiorun et virtutum quasi quaedam principia et communis materia » (*ibid.*).

2. *Op. cit.*, I, I, II, p. 54.

3. Titre du premier Discours de l'ouvrage. Ce début, avec sa critique des Anciens, peut du reste être comparé au début des *Passions de l'âme*.

De l'usage des passions est celle de la conversion : « J'ai dessein d'apprendre aux chrétiens le secret de les [*sc.* les passions] changer en vertu [...]. Or comme la morale est une imitation de la nature, ses principaux soins doivent être employés à remarquer les propriétés de nos passions, et à les convertir en des vertus qui ne leur soient pas contraires » [1]. Pour ce faire, Senault élabore toute une technique, fondée sur les ressemblances entre vice et vertu [2], pour rendre la conversion la plus économique et la plus facile possible (de la crainte à la prudence, de l'espérance à la confiance, de la colère à la justice, de la hardiesse à la valeur, etc. [3]). Senault met donc en place un art de la conversion, qui ne soit ni violente ni immédiate mais facile et progressive. Nous sommes à l'opposé du concept pascalien de conversion [4], et, malgré un certain nombre de proximités thématiques – c'est bien le moins –, l'usage pascalien des passions n'a rien à voir avec la technique préconisée par Senault. En aucun cas pour Pascal, s'il faut prendre la métaphore séminale au sérieux, les passions ne sauraient être des « semences des vertus » [5]. Pascal pense un bon usage – éventuellement du mauvais (s'il est vrai que « les ennemis de l'homme sont ses passions », L 19/260 et 270 = *Disc.* 103 et 95 [6]), comme il y a un « bon usage des

1. *Op. cit.*, I, IV, III, p. 127.

2. « Pour faire heureusement réussir ses desseins, il faut qu'il [celui qui veut métamorphoser les passions] étudie le naturel de chaque passion, et qu'il emploie toute son adresse pour la faire passer en la vertu de qui elle a le moins d'aversion. Et ceci ne doit point sembler étrange, puisque le plus raisonnable de tous les hommes a bien jugé que dans l'opposition que la Nature a mise entre les vices et les vertus, il s'en trouvait néanmoins qui avaient quelque ressemblance », *op. cit.*, I, IV, III, p. 128.

3. En revanche, « qui voudrait changer la colère en douceur ou la crainte en générosité, tenterait l'impossible », *ibid.* C'est pourquoi le milieu est toujours plus proche, si l'on peut dire, d'une extrémité que de l'autre : « C'est pourquoi les philosophes tombent d'accord, que de deux extrémités qui environnent la vertu, il y en a une qui lui est toujours plus favorable [...] » (*ibid.*) – nous sommes bien loin de Pascal.

4. Les *Passions de l'âme* indiquent, pour excuser un certain type d'envie, que le bien échu à certains puisse se « convertir en mal entre leurs mains » (art. 183, AT XI, 467,14) : mais Descartes emploie ici conversion pour désigner simplement un mauvais usage du bien.

5. Titre du Ier *Discours* de la IVe partie, *op. cit.*, p. 117.

6. L 19/270 reprend et précise : « Après sa mort [celle du Christ] saint Paul est venu apprendre aux hommes que [...] les ennemis des hommes n'étaient pas les Babyloniens, mais leurs passions [...] ». Cette proposition, enchâssée dans d'autres effectivement pauliniennes, ne se trouve pas chez saint Paul. Les éditeurs contemporains, comme d'habitude, font silence. Havet (art. XV, 3, n. 1) en renvoyant à XVI, 15 et 16, c'est-à-dire à L 19/269 = *Disc.* 93, voit la difficulté. Il semble que Pascal ait écrit « Babyloniens » là, « Égyptiens » ici pour renvoyer à une même idée : les ennemis dont le Messie délivre son peuple ne sont pas les ennemis charnels, mais les « passions » ou les « iniquités ». L'opposition explicite entre la délivrance d'ennemis déterminés et celle des péchés ne semble pas se trouver littéralement dans la Bible. Mais, après avoir mentionné David (L 19/269) et sans doute pensé à *Ps* 113,1 ou plutôt

maladies », – non la conversion du neutre en bon[1]. Rien n'indique en effet que l'usage d'une passion en modifie la nature. Que signifie donc que les passions dominées soient vertus ?

La maîtrise des passions est un projet cartésien. *Les Passions de l'âme* s'achèvent en le répétant : « La sagesse est principalement utile en point, qu'elle enseigne à s'en rendre tellement maître et à les ménager avec tant d'adresse, que les maux qu'elles causent sont fort supportables et même qu'on tire de la joie de tous » (art. 212, AT XI, 488,17-22). Les généreux sont précisément ceux qui sont « entièrement maîtres de leurs passions », en particulier de la jalousie et de la colère (passions que Pascal cite également), comme de l'envie et plus généralement des désirs (art. 156). La maîtrise cartésienne des passions désigne la puissance de la volonté sur les affects[2].

Ce sens s'applique-t-il au juste du fragment L XXIV/603 = *Disc.* 140, qui se sert de ses passions « comme maître » ? Que veut dire dominer chez

Ps 129,8, donc aux Égyptiens mentionnés au début de L 19/269, le passage à *Isaïe*, 43,25, puis à *Daniel*, 9 pourrait expliquer que Pascal substituât mentalement les Babyloniens dans L 19/270, Mais dans ce cas, les ennemis désignent les iniquités (c'est tout l'objet de L 19/269). On ne saurait donc tenir la proposition selon laquelle les passions, sans autre précision, sont les ennemis de l'homme pour une thèse d'emblée pascalienne, si l'on ne précise pas qu'il faut entendre par là les « iniquités », c'est-à-dire les péchés (et, de façon générique, « la concupiscence qui le détourne de Dieu »).

1. Notre lecture s'oppose donc à celle de Gérard Ferreyrolles, « Esquisse des passions vertueuses chez Pascal », in *L'intelligence du passé. Mélanges offerts à Jean Lafond*, Tours, 1988, p. 429-436, puis « De l'usage de Senault », *Corpus*, 7, 1988, p. 3-20. En particulier, nous ne pouvons pas suivre l'auteur quand il affirme : « Fondamentalement, il s'agit de deux projets de conversion : Senault et Pascal se proposent de tourner nos puissances nos puissances naturelles vers l'objet infini auquel elles aspirent sans le savoir dans la finitude des satisfactions illusoires » (p. 11), S'est-il jamais agi, pour Pascal, de « sanctifier » les passions (*De l'usage des passions*, II, III, III, *op. cit.*, p. 243, cité p. 9) ? Nous ne nions pas un certain nombre de rapprochements thématiques possibles entre Pascal et Senault, c'est évident : mais les problématiques et les thèses sont tout à fait différentes. Ici encore, il ne faut pas sous-estimer la pluralité des augustinismes contemporains. – La fin du premier article cité donne les premiers éléments d'un dossier sur lequel nous reviendrons concernant les commentaires de Gn 4,7 chez saint Augustin, saint Bernard (*In Quadragesima*, sermo V), saint François de Sales et Pascal. François de Sales en particulier télescope deux leçons : « sub te erit appetitus tuus » et « ad te enim conversio ejus » (*Traité de l'amour de Dieu*, 1, 3). Pascal n'a donc pas *La Cité de Dieu* à l'esprit (voir *supra*, p. 69-77). Au demeurant, le commentaire augustinien du péché de Caïn dans le *De civit. Dei*, XV, VII est plus « cartésien » que « pascalien ».

2. Voir par exemple la *lettre à Elisabeth* du 18 mai 1645 : les grandes âmes « ont des raisonnements si puissants que, bien qu'elles aient aussi des passions, et même souvent des plus violentes que celles du commun, leur raison demeure néanmoins toujours la maîtresse, et fait que les afflictions mêmes leur servent, et contribuent à la parfaite félicité dont elles jouissent dès cette vie », AT IV, 202, 12-18.

Pascal? Dominer ne signifie ni écraser, anéantir, renoncer (le vain projet des stoïciens[1]), ni détourner et convertir (Senault), ni même « dompter » (Descartes[2]) car pour Pascal la raison ne saurait avoir un tel pouvoir : mais il s'agit de comprendre qu'on peut dominer les passions sans pour autant cesser de les éprouver. Dominer les passions signifie leur commander. La douleur est ici un bon exemple, que l'on peut dominer même en y succombant, c'est-à-dire en la faisant dominer : « D'où vient donc qu'il est glorieux à la raison de succomber sous l'effort de la douleur, et qu'il lui est honteux de succomber sous l'effort du plaisir? C'est que ce n'est pas la douleur qui nous tente et nous attire; c'est nous-mêmes qui volontairement la choisissons et voulons la faire dominer sur nous, de sorte que nous sommes maîtres de la chose, et en cela c'est l'homme qui succombe à soi-même. Mais dans le plaisir c'est l'homme qui succombe au plaisir. Or il n'y a que la maîtrise et l'empire qui fasse la gloire, et que la servitude qui fasse honte (L XXVIII/795 = *Disc.* 77). Dominer a donc le sens biblique de commander, le juste domine (sur) ses passions comme Adam dominait (sur) les créatures (*Gn* 1,28) et dominera (sur) sa femme même (*Gn* 3,16). Dominer, c'est avoir l'emploi, ou l'usage de la chose dominée : « La dignité de l'homme consistait dans son innocence à user et dominer sur les créatures [...] » (L XXVII/788 = *Disc.* 48). Ces références s'entendent sous la citation de *Gn* 4,7, qu'il importait de compléter pour comprendre en quel sens les passions dominées sont vertus[3]. Les passions dominées ne deviennent pas en elles-mêmes vertus mais elles ont une fonction vertueuse en tant qu'elles sont dominées, c'est-à-dire employées. C'est pourquoi il ne s'agit pas de la mort des passions, ni même de leur affaiblissement, mais de leur flatterie, Le juste flatte ses passions, il les nourrit et s'en sert : « Il faut s'en servir comme d'esclaves et, leur laissant leur aliment, empêcher que l'âme n'y en prenne » (L XXIV/603 = *Disc.* 140). / « Es-tu moins esclave pour être aimé et flatté de ton maître? Tu as du bien, esclave, ton maître te flatte. Il te battra tantôt » (L 26/361 = *Disc.* 139). Ainsi Pascal esquisse-t-il

1. Voir L I/410 et XXIV/621 = *Disc.* 80 : la « guerre intérieure de la raison contre les passions » partage les philosophes en deux sectes : ceux qui veulent renoncer aux passions sont les stoïciens; l'alternative « la raison sans passions » ou « les passions sans raison » est pour Pascal antérieure à la problématique cartésienne.

2. « Les philosophes qui ont dompté leurs passions, quelle matière l'a pu faire? » : L 6/115 = *Disc.* 153 renvoie à Descartes par delà les stoïciens, en raison de l'opposition de l'esprit et de la matière et, surtout, de la rubrique sous laquelle entre cette pensée : « Immatérialité de l'âme ».

3. Puisque le mot lui-même est appelé par la seconde partie du verset : « Sub te erit appetitus tuus [et tu dominaberis illius] » : voir *Disc.* 140.

la figure du juste, dont les passions sont les esclaves : « Abraham ne prit rien pour lui, mais seulement pour ses serviteurs; ainsi le juste ne prend rien pour soi du monde ni des applaudissements du monde, mais seulement pour ses passions dont il se sert comme maître en disant à l'une : « Va », et à l'autre : « Viens ». « Sub te erit appetitus tuus <et tu dominaberis illius> » : ses passions ainsi dominées sont vertus. L'avarice, la jalousie, la colère, Dieu même se les attribue, et ce sont aussi bien vertus que la clémence, la piété, la constance, qui sont aussi des passions » (L XXIV/603 = *Disc.* 140).

Pascal, qui emploie peu l'analogie, n'hésite pas ici à comparer la maîtrise des passions du juste de l'Ancien Testament à l'usage qu'en fait Dieu lui-même [1] : pourrait-on aller jusqu'à penser une ressemblance divine dans l'usage des passions ? Rappelons que selon *Les Passions de l'âme*, s'il y a ressemblance divine, ce n'est évidemment pas dans les passions elles-mêmes, mais dans l'usage que le libre arbitre en fait [2] : « Je ne remarque en nous qu'une seule chose qui nous puisse donner juste raison de nous estimer, à savoir l'usage de notre libre arbitre, et l'empire que nous avons sur nos volontés. Car il n'y a que les seules actions qui dépendent de ce libre

1. « L'avarice, la jalousie, la colère, Dieu même se les attribue ». Les éditeurs de Pascal donnent habituellement les références qui vont de soi pour la jalousie ou la colère de Dieu – mais en omettant étonnamment le seul verset qui les réunit : « et auferetur zelus meus a te, et quiescam, nec irascar amplius » (*Ez* 16,42), que Sacy traduira en dédoublant le premier concept : « mon zèle et ma jalousie se retirera de vous, je me tiendrai en paix, et je ne me mettrai plus en colère ». Mais on ne s'est pas étonné de la présence dans cette liste de l'avarice. Or nous ne sachions pas que l'avarice soit jamais attribuée à Dieu dans l'Écriture. Comment expliquer cet ajout de Pascal ? Seul, Havet (XXV, 104) renvoie astucieusement à la parabole des talents en *Mt* 25, dans laquelle le mauvais serviteur dit du maître qu'il moissonne où il n'a pas semé, et qu'il recueille où il n'a rien mis. Il s'agit donc de la cupidité, c'est-à-dire de l'*avaritia*. Mais le maître n'est qualifié que de *durus* (*Mt* 25,24) ou d'*austerus* (*Lc* 19,21), et non d'*avarus*. En revanche, si nous nous reportons au commentaire de Jansénius dans son *Tetrateuchus*, nous trouvons peut-être l'origine de l'ajout pascalien. Jansénius donne à *Mt* 25,24 : « Videtur enim adagium fuisse, de hominibus avarissimis, quibus bonus est odor lucri ex re quolibet » et à *Mt* 25,26 : « Sciebas quia meto ubi non semino, etc. id est, si noveras duritiam et avaritiam illam meam » (suivi d'une mention sans référence au *Commentaire sur saint Matthieu* de saint Jérôme, chez qui cependant nous n'avons pas trouvé l'*avaritia*). Ajoutons que saint Jérôme considère que ce maître dur est le Christ, et non Dieu. L'idée d'une avarice de Dieu resterait donc assez étonnante, si Pascal n'avait l'habitude de dire Dieu pour le Fils, ou, comme ici, pour qualifier le Dieu de l'Ancien Testament puis le Fils.

2. Il ne faut donc sans doute pas assimiler trop vite cette ressemblance divine avec celle qu'affirme la *Meditatio* IV : dans un cas, découverte métaphysique d'une nature, dans l'autre mise en œuvre éthique d'une fonction. Voir André Pessel, « Descartes et la passion de générosité », p. 135 : « L'évidence métaphysique de l'infinité de la volonté libre ne doit pas se confondre avec l'exercice d'une maîtrise de soi toujours susceptible d'être perdue par lâcheté. Ce risque permet sans doute de ne pas confondre la générosité avec un redoublement éthique du *cogito* ».

arbitre pour lesquelles nous puissions avec raison être loués ou blâmés, et il nous rend en quelque façon semblables à Dieu en nous faisant maîtres de nous-mêmes [...] » (art. 152, AT XI, 445,14-22). Pour Descartes, être maître de ses passions, c'est être maître de soi, et cette maîtrise se confond avec la générosité, c'est-à-dire la juste estime de soi – « On estime beaucoup la liberté et l'empire absolu sur soi-même » (art. 203, AT XI, 481,21-23). C'est par la maîtrise de soi que nous sommes à l'image de Dieu. Pour Pascal, le moi n'est pas estimable, et la maîtrise de soi ce dont l'imitation est justement impossible. Pascal suit ici Jansénius, en un propos assez peu augustinien : « C'est une qualité propre à Dieu, et incommunicable à tout autre qu'à lui seul, d'être maître de soi-même, de n'avoir point d'autre règle que sa volonté, et de se gouverner par les seules lois de son pouvoir absolu et souverain » [1]. La thèse du *Discours de la réformation de l'homme intérieur* est la suivante : vouloir ressembler à Dieu empêche de s'y soumettre [2]. On ne peut donc pas être plus loin de Descartes, en disant, mot pour mot, la même chose : « [...] le libre arbitre est de soi la chose la plus noble qui puisse être en nous, d'autant qu'il nous rend en quelque façon semblables à Dieu et semble nous exempter de lui être sujets [...] » [3].

Il y a donc deux critères fondamentaux qui distinguent le généreux et le juste : d'une part la différence que nous venons de mettre en évidence entre les concepts cartésien et pascalien de maîtrise des passions ; d'autre part surtout le paradoxe qui consiste à penser une maîtrise des passions sans maîtrise de soi : car le juste est celui qui sait que « Dieu seul donne la sagesse ». Le fragment L XXIV/603 dessine donc non la figure du généreux, mais la figure du juste, paradigme du « vrai chrétien », qui ne domine ses passions qu'en sachant par quelle justice il leur est soumis : « Les vrais chrétiens obéissent aux folies néanmoins, non pas qu'ils

1. *Discours de la réformation de l'homme intérieur*, IIIe partie, trad. Arnauld d'Andilly, assez éloignée du latin : « Deo namque singularissime proprium est, et propriissime singulare, ut sui sit ipse arbitrii, suae voluntatis, suae potestatis », *De interioris hominis reformatione oratio...*, Paris, 1640, p. 41. Voir aussi : « Ainsi, à mesure que notre volonté propre diminue par le progrès que l'on fait dans la vertu, on désire de dépendre plutôt d'un autre, que d'être maître de soi-même ; et d'être plutôt gouverné par la vérité et par la volonté de Dieu, que par sa propre puissance, Quo vero magis atque magis in proficiente minuitur, eo libentius cupit alterius esse quam suus ; ac Dei veritate ac voluntate, quam sua potestate regi », *ibid.*, p. 39 (voir de nouveau L 26/362 = *Disc.* 139).

2. Le péché originel, dit Jansénius, a imprimé dans l'homme « une ardente passion d'imiter cette souveraineté de Dieu, Cuius excellentissimae potentiae et potentissimae excellentiae tenebrosam imaginem exprimi illius vulneris prurigine ardentissime fugituus animus in peccatis appetit », *ibid.*, p. 41.

3. *A Christine*, 20 novembre 1647, AT V, 85,12-20.

respectent les folies, mais l'ordre de Dieu qui, pour la punition des hommes, les a asservis à ces folies : « Omnis creatura subjecta est vanitati [...] » (L 2/14 = *Disc.* 139)[1].

Les deux infinis moraux décrivaient et analysaient avec minutie l'homme, ou plutôt les hommes : la vertu y est apparue comme un pur effet, qu'il faut concevoir sans sujet vertueux. Restait alors à désigner, par opposition aux *Passions de l'âme* comme aux *Essais*, un autre usage des passions. Avec le discours *Des membres pensants*, la présence de Descartes ne reste pas moins textuelle, mais elle est mise au service de tout autre chose. Le règlement de l'amour que le chrétien se doit à soi-même relèvera désormais d'une « morale chrétienne », c'est-à-dire d'une pensée de la charité.

1. Voir déjà L XXVII/788 = *Disc.* 48 : « La dignité de l'homme consistait dans son innocence à user et à dominer sur les créatures, mais aujourd'hui à s'en séparer, et s'y assujettir ».

CHAPITRE III

L'EXISTENCE HUMAINE

À Marta Fattori

LES DEUX ANTHROPOLOGIES

Dans *Pascal et la philosophie*[1], nous avons qualifié de « première » l'anthropologie[2] que Pascal met en œuvre dans la *Conférence à Port-Royal*[3] et sur laquelle il fonde le projet d'*Apologie* à laquelle il s'attelle,

1. Voir le § 7, p. 92.

2. En rigueur de termes, la première pensée de l'homme pascalienne ne mérite le nom inconnu de Pascal d'anthropologie que si on entend par là le néologisme que la *Schulphilosophie* invente à la fin du XVIe siècle pour désigner des considérations en réalité anciennes sur la *dignité* de l'homme et sur sa *nature* : après la détermination principalement physiologique du mot chez M. Hundt, *Anthropologium de hominis dignitate, natura et proprietatibus*, 1501, voir les auteurs cités par O. Marquard dans l'article « Anthropologie » de l'*Historisches Wörterbuch der Philosophie*. En fait, ce mot ne qualifiera une discipline autonome qu'au XVIIIe siècle; la tradition qui nous autorise à l'employer ici est bien plus celle de ce que les époques médiévale et renaissante nommaient la *quaestio de homine*, en tant que celle-ci appartient au commentaire de la *Ia pars* de la *Summa theologiae*, et que son traitement est compris dans celui, plus général, des questions *de creaturis*. – Nous n'avons pas à prendre en considération les trois autres sens reçus d'anthropologie : a) le sens habituel du mot au XVIIe siècle, comme manière humaine de parler de Dieu; b) une doctrine de l'homme comme composé d'âme et de corps, c'est-à-dire selon un traité des passions au sens cartésien (*Des passions en général et par occasion de toute la nature de l'homme*); c) le sens ethnographique attribué au mot par le XVIIIe siècle, qui désigne la doctrine des constantes et des variantes de l'humanité et les rapporte à une géographie (selon W. E. Mühlmann, *Geschichte der Anthropologie* (2e éd. 1968), c'est Blumenbach, avec son *De generis humani varietate nativa* (1775) qui serait à l'origine de ce sens qui va devenir dominant et pour lequel on ne saurait ne pas évoquer Kant, *Von den verschiedenen Rassen der Menschen*, 1775).

3. Nous en trouvons l'expression la plus développée dans les deux fragments longs que sont L 11/149 (donc toute la liasse « A.P.R. ») et L 7/131 (liasse « Contrariétés »), mais aussi

après avoir travaillé sur les miracles [1], depuis l'arrêt des *Provinciales* [2]. Elle se caractérise essentiellement par la reprise de l'opposition de la *dignitas* et de la *miseria hominis*, opposition héritée d'une très vaste et très riche tradition [3], dans laquelle saint Augustin occupe une place éminente, tout particulièrement le saint Augustin du *De vera religione* [4]. Cette première anthropologie n'est pas seulement mise en œuvre dans la *Conférence à Port-Royal* (l'opposition de la misère et de la grandeur est essentielle à l'*Entretien avec M. de Sacy* [5]) mais elle y culmine et, en culminant chez

dans tous les fragments que la problématique de ces deux là gouverne, concernant la raison (sa soumission et son usage), la grandeur de l'homme, le souverain bien et l'échec des philosophies, c'est-à-dire toute la première partie de la *Conférence* telle que la restitue Emmanuel Martineau dans les *Disc.* sous le titre *De la vraie religion*, <Premier mouvement>. Sur l'ordre interne à la liasse 11 « A P.-R. », voir Pol Ernst, *La trajectoire pascalienne de l'Apologie*, Paris, *Archives des lettres modernes*, n° 84, 1967 puis *Disc.*, 67-70.

1. *La Vie de M. Pascal*, § 39-41, édition de 1908, *OC* I, 618. Le § 41 fait de « toutes les différentes réflexions » que Pascal « fit sur les miracles » l'origine du « dessein » apologétique (voir Tetsuya Shiokawa, *Pascal et les miracles*, Paris, Nizet, 1977). On relira avec intérêt le remarquable « montage » que Gilberte Périer fait ensuite de passages empruntés successivement aux *Pensées inédites* XV (in *Textes inédits*, éd. Jean Mesnard, Paris, DDB, 1962, p. 33), L 11/149, 14/190, XXVII/781, XI/460, 14/192, et I/416-417, toutes « paroles » qui « sont de lui mot pour mot » – argument supplémentaire, et non le moindre à notre avis, en faveur de l'antériorité de cette « seconde version » sur la première, qu'il faut ajouter à ceux de Jean Pommier, « La *Vie* de Pascal par Gilberte Périer », *Archives des lettres modernes*, n° 57, 1964, 6.

2. « Il avait environ trente-quatre ans quand il commença de s'y [*sc.* son dessein] appliquer », dit Gilberte Périer dans *La Vie de M. Pascal*, § 53, *OC* I, 622, soit vers la mi-1657. Sur cette chronologie, voir la notice d'Emmanuel Martineau, *Disc.* 232-233. Il ne nous semble pas qu'il faille voir une « fausse fenêtre » (*Disc.* 233, note 2) dans la précision « à la fin de l'année, c'est-à-dire la trente-cinquième, qui était la cinquième de sa retraite », si on comprend, en accord sur cet unique point précis avec Louis Lafuma (*Controverses pascaliennes*, Paris, Ed. du Luxembourg, 1952, p. 39) : à la fin de l'année (civile) pendant laquelle Pascal eût trente-cinq ans (juin 1658), puisque ses « incommodités » ont en effet repris d'une « manière accablante » pendant l'hiver 1658-1659, et si l'on considère qu'il a commencé sa « retraite », c'est-à-dire son « retrait » du monde, à l'automne 1653, selon la *lettre* de Jacqueline Pascal *à Gilberte* du 8 décembre 1654, OC III, 67-68 : « [...] encore qu'il ait depuis plus d'un an un grand mépris du monde [...] ».

3. Qu'il nous suffise ici de renvoyer au maître livre de Pierre Courcelle, *Connais-toi toi-même de Socrate à saint Bernard*, Paris, Études augustiniennes, 3 t., 1974-1975. Toute la seconde partie (t. II et III) est consacrée aux « vues platoniciennes et chrétiennes sur la misère et la grandeur de l'homme »; pour Pascal et l'homme-*paradoxe*, voir la conclusion, p. 732-735.

4. Voir Philippe Sellier, *Pascal et saint Augustin*, Paris, Armand Colin, 1970, 2e éd. Paris, Albin Michel, 1995, en particulier p. 518. On sera sensible à la récurrence de l'expression « vraie / véritable religion » dans le discours qu'Emmanuel Martineau intitule légitimement *De la vraie religion*.

5. Voir *Pascal et la philosophie*, § 7 puis, pour le concept d'« état », § 8.

Pascal, porte à son sommet l'anthropologie traditionnelle de la *miseria* et de la *dignitas hominis* – mais, nous le verrons, ce qui est sommet pour cette tradition entière, considérée dans l'histoire longue de la *quaestio hominis*, n'est peut-être qu'une étape pour Pascal lui-même[1]. Dans cette première anthropologie, l'homme apparaît comme un *paradoxe* (« Connaissez donc, superbe, quel paradoxe vous êtes à vous-même »), ou un « sujet de contradictions » : en lui se rencontrent à la fois grandeur et misère. L 7/131 = *Disc.* 74 en a fixé l'expression la plus forte : « Quelle chimère est-ce donc que l'homme ? Quelle nouveauté, quel monstre, quel chaos, quel sujet de contradictions, quel prodige ! Juge de toutes choses, imbécile ver de terre ; dépositaire du vrai, cloaque d'incertitude et d'erreur ; gloire et rebut de l'univers ». Et devant le constat de cet oxymore fait *personne*, L 7/131 a aussi lancé aux philosophies et aux religions le célèbre défi à l'explication : « Qui démêlera cet embrouillement ? ». On ne peut pas poser plus radicalement l'homme comme *quaestio*[2].

Nous avons également signalé la substitution cartésianisante qui remplace la grandeur des devoirs connus de l'homme, exaltée dans l'*Entretien avec M. de Sacy* au titre du stoïcisme, par celle de la pensée humaine, dignité de l'homme selon la *Conférence A P.-R.*[3]. A la connaissance des devoirs s'est substituée celle de la connaissance (tout court)[4]. Quoi qu'il en soit, c'est une même constitution anthropologique qui est présente dans les deux cas, celle des contrariétés (selon le titre de la liasse 7) qui résultent de la contradiction fondamentale entre misère et dignité de l'homme, contradiction qui en définit proprement la double nature. L'homme est ce suppôt qui assume et bassesse et grandeur. Ou plutôt, la nature une de l'homme est le « suppôt » de deux « sujets », misère et grandeur, nature et grâce – d'où ce qu'Emmanuel Martineau a appelé le

1. Nous suivons entièrement Emmanuel Martineau quand il écrit : « [...] si *APR* est le pivot, le sommet de l'apologétique pascalienne, c'est aussi et surtout le cap que la méditation pascalienne, au cours des dernières années, aura pour tâche de dépasser », *Disc.* 235.

2. Ce qui n'est évidemment pas contradictoire avec le fait que tout le monde sache toujours déjà ce que signifie le mot « homme » : *De l'esprit géométrique*, *OC* III, 396 ; sur l'inutilité d'une définition de l'homme, voir Martine Pécharman, « Pascal et la définition de l'homme ». *XVIIe siècle*, n° 185, 1994, 4, p. 657-667.

3. Voir encore *Pascal et la philosophie*, § 7.

4. Cette substitution est particulièrement évidente dans toute la liasse 6 « Grandeur » ; voir L 6/114 = *Disc.* 78 : « La grandeur de l'homme est grande en ce qu'il se connaît misérable » et les fragments voisins. La misère fait donc désormais l'objet de la connaissance, par quoi il y a grandeur. Ce n'était pas le cas dans l'*Entretien*, qui se contentait de l'opposition de la grandeur et de la misère. Nous revenons *infra* sur cette grandeur de la pensée.

« dyphysisme anthropologique » de Pascal[1]. Les titres de L 7/122, ou plutôt sa double rubrique[2], récapitulent cette constitution anthropologique de façon aussi claire que laconique : « A P.-R. Grandeur et misère », soit : « A P.-R. », rubrique primaire et « Grandeur et misère », rubrique secondaire, probablement au moment du classement. Or cette constitution anthropologique présente un intérêt fondamental pour Pascal : mettre en évidence la partialité des philosophies, qui ne sont capables que de voir ou la grandeur ou la misère, mais ne peuvent penser les deux à la fois : les philosophies sont nécessairement discours de l'identité[3] – les philosophies antiques ou leur réappropriation moderne, Descartes faisant évidemment exception. Ainsi la première anthropologie admet un enjeu immédiatement apologétique : montrer l'impuissance des philosophies à expliquer l'homme, et par conséquent libérer l'unique solution, la vraie religion. La structure même de l'apologétique pascalienne repose sur le constat d'échec des philosophies et sur la plus grande puissance théorique de la vraie religion, qui seule peut rendre raison de la nature humaine, en la sachant double – là où la philosophie échoue, c'est-à-dire n'est capable que d'un discours partiel, d'où la diversité de ses sectes : « De ce principe que je vous ouvre, dit la sagesse dans l'admirable prosopopée de la *Conférence*, vous pouvez reconnaître la cause de tant de contrariétés qui ont étonné tous les hommes et qui les ont partagés en de si divers sentiments » (L 11/149 = *Disc.* 68). L'incompréhensible s'explique[4]. Pour l'augustino-cartésien Pascal la vraie religion exhibe les *principes*. Il y a un principe de grandeur et un principe de misère : « Les grandeurs et les misères de l'homme sont tellement visibles, qu'il faut nécessairement que la véritable religion nous enseigne et qu'il y a quelque grand principe de grandeur en l'homme et qu'il y a un grand principe de misère. Il faut donc qu'elle nous rende raison de ces étonnantes contrariétés » (*ibid.*). Ce n'est pas les philosophies qui assument le principe de raison, car elles n'accèdent qu'à une raison insuffisante, non fausse, mais partielle, mais la vraie religion – en quoi elle est vraie.

Récapitulons ce rappel sommaire en soulignant cinq thèses :

1) La première anthropologie est celle de l'opposition constitutive de la grandeur et de la misère.

1. Notice aux discours X et XI, *Disc.* 234.

2. *Discours*, p. 78.

3. Nous continuons de suivre *Pascal et la philosophie*, § 8.

4. L 11/149 = *Disc.* 68 : « A. P.-R. Commencement. Après avoir expliqué l'incompréhensibilité. » (rubrique primaire évidemment).

2) Cette opposition, qui constitue une réponse chrétienne, et par excellence augustinienne, à l'injonction du *nosce te ipsum* antique, est d'origine théologique. Elle donne à connaître l'homme comme un paradoxe.

3) L'opposition de la grandeur et de la misère en l'homme est tout à fait traditionnelle. Pascal l'accomplit, c'est-à-dire la porte à son sommet, mais, par là même, à son dernier moment. S'il fait œuvre puissante, il ne fait nullement œuvre originale : bien au contraire, puisqu'il (ne) prétend (que) réactualiser le *De vera religione* augustinien, son modèle.

4) La première anthropologie ne constitue pas la fin de l'analyse pascalienne. Elle ne fait pas l'objet du discours pascalien pour elle-même, mais elle est le moyen et l'instrument d'une autre fin, promouvoir la vraie religion contre les philosophies : il s'agit d'un usage apologétique de l'anthropologie. La première anthropologie a donc une origine théologique et une finalité apologétique.

5) La première anthropologie est une anthropologie « abstraite » – non pas tant au sens où est abstraite la spiritualité de l'École française, influencée par Benoît de Canfeld[1], car l'anthropologie pascalienne a toujours été christologique, qu'au sens où elle envisage une *nature* humaine, donnée de façon purement théorique, un homme abstrait de toute détermination concrète.

Dans *Pascal et la philosophie*, dont l'objet était le rapport que la pensée pascalienne entretient avec la philosophie, nous avons longuement développé la première anthropologie, en ne faisant que pointer ce qui requerrait cependant, dans des travaux ultérieurs, de parler d'une seconde anthropologie. À propos de L 8/136, nous parlions d'une « analyse tout à fait originale de Pascal », qui ne peut plus être comprise « dans la problématique binaire des contrariétés »[2]. Dans les notices de son édition, strictement contemporaine de notre propre travail, plus exactement dans sa notice sur le discours XIII, « De la gloire », Emmanuel Martineau caractérisait la différence fondamentale entre l'anthropologie de la *Conférence à Port-Royal* et l'ensemble des grands discours pascaliens consacrés à la gloire, à l'imagination, à la justice et au divertissement – différence qui semble évidente désormais grâce à lui : la *Conférence*, « entièrement axée sur la traditionnelle dichotomie anthropologique de la grandeur et de la misère

1. D'où les concepts, que nous ne pouvons qu'évoquer ici, d'état, de condition, etc. ; voir *Pascal et la philosophie*, § 8 et *Disc.* 234, ainsi que *supra*, p. 129-162.

2. *Pascal et la philosophie*, p. 229, voir aussi p. 97 et 226.

[...] s'abstient le plus souvent d'évoquer aucun thème « existentiel », et, à tout le moins, ne nous parle jamais ni de « gloire », ni d'« imagination », ni de « justice », ni de « divertissement » ! Fille de l'*Entretien avec M. de Sacy*, APR en a hérité la tendance « abstraite » : jamais elle ne s'avance plus loin sur le terrain de la vie concrète que n'avait fait Epictète, et, de Montaigne, elle ne retient que la critique sceptique des philosophies. Quelle que soit sa nouveauté, elle demeure donc apologétique en un sens strict et traditionnel (augustinien). Or peut-on en dire autant des textes que nous allons relire ? Tout au contraire : « apologétiques », ils le sont à la vérité si peu que c'est bien plutôt ici l'une des premières fois dans l'histoire de la pensée occidentale que l'existence humaine est prise en vue en et pour elle-même ! » (*Disc.* 247). De notre côté, nous remarquions en concluant *Pascal et la philosophie* : « L'anthropologie du divertissement et les analyses nouvelles et décisives qui y sont liées constituent une réflexion proprement originale [...] ». Nous envisagions la possibilité d'aller plus loin en suggérant une tension, voire une véritable incompatibilité, entre l'*Apologie* telle que Pascal en a formé le projet en 1657 et que la première anthropologie autorise, et d'autres réflexions anthropologiques, celles d'un « dernier » Pascal : « [...] il n'est pas certain que le projet apologétique initial de Pascal, fondé sur l'opposition des philosophies à la vraie religion et sur l'anthropologie de la dualité grandeur / misère, eût été capable d'intégrer sans difficultés problématiques majeures les réflexions tout autres nées [...] de la constitution d'une anthropologie phénoménologique combien plus originale »[1]. Quelles sont ces réflexions ? Elles correspondent à ce qu'Emmanuel Martineau a appelé le « quatuor de l'existence humaine », les quatre thèmes fondamentaux grâce auxquels Pascal, pour la première fois dans l'histoire de la philosophie[2], commence de penser l'existence humaine pour elle-même : gloire, imagination, justice et force, divertissement. « C'en est bien fini, dit Emmanuel Martineau, de la *miseria et dignitas hominis* dès lors que le regard philosophique a saisi, mieux que

1. *Pascal et la philosophie*, respectivement p. 452 et 453. Cette remarque rejoignait alors sans le savoir celle que formulait Emmanuel Martineau : « Pascal, ultérieurement, aura beau tenter de les [*sc.* ces textes du quatuor de l'existence humaine] domestiquer en les versant dans ses liasses, et même en créant pour certains d'entre eux des liasses particulières comme « Raison des effets » ou « Divertissement », ce sera, si on ose dire, trop tard : par leur pénétration existentielle, par leur intimité de ton, par leur splendeur euphonique, ces textes opposeront aux efforts « normalisateurs » de leur auteur même la résistance d'une irréductible autonomie *objectale* », notice au discours XIII, *Disc.* 247-248.

2. Par quoi du reste pourrait se décider autrement que nous ne l'avons fait dans *Pascal et la philosophie* son appartenance à l'histoire de la philosophie.

leur « dialectique » ou leur « paradoxe » (APR A = L 131b), leur co-appartenance au sein d'une finitude » (*Disc.* 248).

Dans *Pascal et la philosophie* – qu'il nous soit permis de nous citer une dernière fois – nous proposions une caractérisation seulement négative de l'hypothèse d'une seconde anthropologie, qui visait à désigner les réflexions pascaliennes qui ne sauraient entrer dans la problématique séculaire de la vraie religion, quelque renouvelée qu'en fût l'expression. Les critères de la première anthropologie que nous venons d'énoncer permettent de schématiser cette caractérisation négative de la seconde anthropologie. On peut en effet faire l'hypothèse selon laquelle on ne saurait retrouver aucun de ces cinq critères dans les analyses que Pascal consacre aux thèmes que sont gloire, imagination, justice et force, et divertissement.

En effet,

1) Quand deux concepts font couple[1], la disparition de l'un entraîne nécessairement celle du couple lui-même et par conséquent modifie profondément le sens du second terme. Or, dans les analyses de la seconde anthropologie, la zgrandeur ou la dignité ne font plus l'objet du moindre développement thématique[2]. La considération de la misère, au sens de la première anthropologie, n'a plus lieu d'être. On ne saurait, par exemple, subsumer sans précaution le divertissement sous l'ancien concept de misère. On observera du reste, à titre de simple indice terminologique, que le L 8/136, ce long propos tout entier consacré au divertissement, ne fournit aucune occurrence de « misère », au singulier[3]. On remarquera ensuite que le titre initial de ce développement, « Misère de l'homme », qui était à n'en pas douter une rubrique primaire, a été raturé par Pascal au profit précisément de « divertissement » (T 205). Et à supposer même que le divertissement pût être conçu comme misère, il faudrait penser une misère

1. Voir en particulier le *cercle* analysé dans L 7/122 = *Disc.* 78 : « La misère se concluant de la grandeur, et la grandeur de la misère [...]. Ils [les philosophes] se sont portés les uns sur les autres, par un cercle sans fin, étant certain qu'à mesure que les hommes ont de lumière ils trouvent et grandeur et misère en l'homme ».

2. Nous commenterons *infra* leur présence au tout début de deux des discours, celui *De la gloire* (« Nous avons une si grande idée de l'âme de l'homme [...] ») et celui *Du divertissement* (dignité de la pensée).

3. La liasse 8 prise en totalité ne fournit aucune occurrence de « misère » au sens de la première anthropologie, mais seulement une occurrence de « misères » (au pluriel) dans L 8/134 = significativement *Disc.* 156 (in *Canevas de l'« Apologie »*) – ce qui est bien différent : quant à la « misère » dont il est question dans le L 8/133 = *Disc.* 155, elle est d'autant moins celle du divertissement qu'elle est celle dont le divertissement (rubrique secondaire) est censé guérir). Nous y revenons plus bas.

sans grandeur, ce qui, eu égard à la topique de la première anthropologie, est dépourvu de sens[1]. La description du divertissement est d'emblée fascinante en ce qu'elle n'obéit plus à une dualité conceptuelle[2] : « misère » sans grandeur donc, d'où l'ambivalence que marque L I/414 = *Disc.* 134 : ce qui nous console de nos misères est la plus grande misère. En un mot, les thèmes de la seconde anthropologie ne sont plus gouvernés par l'idée d'une essence paradoxale de l'homme : comme nous le verrons, la raison en réside précisément dans le caractère désormais existentiel des descriptions pascaliennes.

2) Les descriptions de la seconde anthropologie n'obéissent à aucun principe théologique – même si, comme nous le verrons également, il n'est pas exclu d'*interpréter* le divertissement, pour conserver le même exemple décisif, en termes de théologie, c'est-à-dire de trouver dans la « vraie religion » sa *raison* première : mais là n'est plus ce qui intéresse Pascal et, par conséquent, ce qui fait la spécificité de ses analyses. On observera ainsi que L 8/136 n'oppose jamais le divertissement à la recherche de Dieu, c'est-à-dire à la conversion : l'ancienne opposition – étymologique et augustinienne – *conversio* / *aversio* (plus que *diversio* du reste), se convertir / se divertir –, n'a plus cours[3]. Le divertissement est envisagé pour lui-même, il n'est plus opposé à la conversion, le monde n'est plus opposé à Dieu, absent de la liasse « Divertissement ». Les thèmes mêmes de la seconde anthropologie, à commencer par *De la gloire*, sont profanes[4]. La seconde anthropologie ne prétend à d'autre pertinence que celle de ses propres descriptions et des analyses qui les accompagnent.

3) Pascal y fait œuvre absolument originale – et, par là, résolument novatrice. Nous rejoignons de nouveau Emmanuel Martineau : « [...] le Pascal le plus accompli, le plus moderne, est par définition, si je puis dire,

1. Nous remarquerons également *infra* que la grandeur de L I/411 = *Disc.* 119 ne saurait se comprendre à l'aune du couple grandeur / misère.

2. Non que certains couples conceptuels ne structurent les discours de l'existence humaine, comme concupiscence / force puis justice / force dans le discours XV *De la justice et de la force* ou divertissement / repos dans le discours XVI *Du divertissement* : mais ils n'ont plus la même fonction et ne tendent plus à rendre raison de la *nature* humaine comme dans l'*Apologie*.

3. Le couple divertissement / conversion n'a jamais eu d'existence *pascalienne* que chez les commentateurs ! Voir en revanche, sur le passage de la diversion au divertissement, Jean Mesnard, article cité *infra*, n. 2, p. 250.

4. On a observé souvent que la liasse 4 « Ennui » comprenait bien peu de fragments, trois au total. Cela nous paraît significatif de la difficulté de Pascal à classer dans les liasses des analyses, issues du quatuor de l'existence humaine, non seulement dont le thème apparaissait alors tout profane, mais encore dont la visée n'était pas premièrement apologétique.

celui qui un jour parviendra à réduire l'« évidence », et ainsi à secouer le joug de l'anthropologie dualiste de la *miseria* et de la *dignitas hominis* »[1].

4) L'anthropologie n'est plus mise au service explicite d'une apologétique, mais elle est la fin même de l'analyse pascalienne. De ce point de vue également, la seconde anthropologie apparaît donc entièrement déthéologisée : établir la vraie religion n'en constitue plus la fin. Comme eût dit Montaigne, Pascal a cessé d'écrire théologalement. Son propos est autre, proprement *philosophique*.

5) Pascal y envisage non seulement l'homme, mais les hommes dans leurs déterminations concrètes, dans leur existence, et non seulement en fonction d'une nature humaine, fût-elle contradictoire. C'est aussi pourquoi la seconde anthropologie pourrait légitimement se prévaloir d'être à l'origine de la sociologie, puisqu'elle met aussi en jeu un système de différences entre les hommes.

Considérées du point de vue d'une histoire de l'anthropologie dans la longue durée, ces deux considérations de l'homme, si on les découvre ensemble dans ce livre unique qu'on a longtemps – depuis 1669 ! – intitulé *Pensées*, apparaissent comme un *Janus bifrons* théorique. L'une, la première, accomplit une tradition apologétique millénaire, elle est donc tournée vers le passé, celui de l'histoire de la philosophie comme celui de l'histoire de la *religio*, indissociables sans doute dans l'histoire du christianisme ; l'autre pensée de l'homme au contraire, la seconde, annonce génialement un certain nombre d'analyses philosophiques postérieures à Pascal en considérant l'homme dans son existence et dans sa *finitude*[2]. Si l'on entend par anthropologie l'observation, la description et l'analyse – entendons le mot comme une analytique – du comportement humain, de l'homme en tant qu'il fait l'expérience de sa finitude, des hommes dans leur existence concrète, la seconde pensée de l'homme pascalienne constitue sans doute le premier essai d'anthropologie *philosophique* de l'histoire de la philosophie.

1. Notice aux discours X et XI, *Disc.* 235.

2. Voir de nouveau la notice d'Emmanuel Martineau aux discours X et XI, *Disc.* 234 : « Cette curieuse synthèse de l'homme à partir de deux *états* simultanés [...], c'est elle justement que nous verrons bien souvent réalisée dans *APR* qui, dès lors, semble s'apparenter davantage à l'*Entretien*, c'est-à-dire au *passé*, qu'à l'analytique pascalienne de la finitude humaine, c'est-à-dire à l'*avenir* ».

Une caractérisation positive de la seconde anthropologie s'impose donc. Chacun de ses thèmes requiert une étude précise [1]. Nous n'envisagerons cependant ici que deux d'entre eux, le divertissement et la gloire, réservant à des travaux futurs, plus amples et plus systématiques, ce qui concerne le discours *De la justice et de la force*, trop souvent réduit aux linéaments d'une « politique » de Pascal [2], ainsi que le discours *De l'imagination* (issu de la liasse 2 « Vanité »), pour lequel le rapport de l'analyse pascalienne au concept cartésien d'imagination et plus généralement aux *Passions de l'âme* (du moins dans son « commencement ») est à reprendre entièrement à nouveaux frais [3]. Les envisager, sans doute est-ce encore trop dire. Loin de pouvoir traiter ici pour lui-même un des thèmes de la seconde anthropologie – ce qui excéderait les limites de notre propos –, nous voudrions seulement, à titre de préalable, montrer comment les analyses pascaliennes, en l'occurrence celles de la gloire et du divertissement, prennent leur essor propre à partir de commencements cartésiens (et montaigniens) souvent identiques ou analogues à ceux de la première anthropologie ; cela nous permettra ainsi de parvenir à la seconde anthropologie *in statu nascendi*, au moment précis où la pensée pascalienne s'émancipe de son incipit cartésien ou montaignien, non plus par un effet de déplacement ou de subversion conceptuelle, mais pour laisser se développer son analytique. Reste que, sur cette analyse existentielle elle-même, la présente communication ne pourra que demeurer essentiellement programmatique, établissant seulement qu'elles sont gouvernées par une même problématique fondamentale. Notre thèse sera que la seconde anthropologie s'élabore, en ses différents thèmes, à partir d'un même type de travail sur l'extériorité et sur l'intersubjectivité imaginaires en interrogeant ce qu'est *être hors de soi*. Les réflexions de la seconde anthropologie ont en effet en commun de mettre en évidence l'aliénation humaine, et de la mettre en évidence comme aliénation volontaire.

1. Il nous semble que ces études ne sauraient être menées que d'un point de vue qu'on qualifiera de phénoménologique, celui-là même qu'impose Pascal, faute de quoi on s'interdira de saisir et la force et la nouveauté de son propos dans ce qu'il a de plus décisif. On se reportera, à titre d'exemple, à l'esquisse, tentée par Jean-Luc Marion dans *Réduction et donation*, Paris, PUF, 1989, p. 280-289, sur le concept d'ennui comme ce qui détermine originairement la condition mondaine de l'homme, à partir de l'analyse heideggérienne de l'ennui dans son cours du semestre d'hiver 1929-1930, *Die Grundbegriffe der Metaphysik* (GA, 29/30), I, IV.

2. Malgré le livre, sérieux et contextualisé, de Christian Lazzeri, *Force et justice dans la politique de Pascal*, Paris, PUF, 1993.

3. Malgré le livre, par ailleurs fin et scrupuleux, de Gérard Ferreyrolles, *Les reines du monde. L'imagination et la coutume chez Pascal*, Paris, Champion, 1995.

Nous le ferons d'abord en proposant quelques remarques sur le divertissement – et sur son antitype extravagant – dans son rapport à la représentation de la mort; ensuite en saisissant, avec la description de la gloire, que le moi est un effet de l'imagination, et par là que l'imagination est puissance d'aliénation.

LE DIVERTISSEMENT ET LA REPRÉSENTATION DE LA MORT

Du divertissement (qui provient principalement de la liasse 8) constitue le discours le plus élaboré de la seconde anthropologie. Est-ce à dire qu'on ne puisse le rapporter à la première, et par là mettre en cause notre distinction entre deux anthropologies? Est-ce à dire qu'on ne puisse en proposer une lecture théologique[1]? Évidemment non. Nous voudrions cependant montrer qu'une telle lecture n'intéresse plus Pascal, du moins qu'elle ne l'intéressait pas au moment où s'est élaborée sa réflexion sur ce qu'il a alors nommé «le divertissement». Il nous faut pour cela faire apparaître brièvement ce qui, dans le discours *Du divertissement*, reste de problématiques antérieures, et ce qui s'y substituera, ouvrant ainsi l'accès à une réflexion absolument nouvelle.

a) *Des deux instincts contraires à l'insupportable pensée de soi*

Pour rendre raison du divertissement, il faut en expliciter la généalogie. On verra alors dans le divertissement l'effet conjugué de la seconde nature

1. C'est ce que fait Hans Urs von Balthasar, qui assigne au divertissement une origine patristique, en le rapportant à la doctrine de la *katastasis* et en entendant lui conférer la même dignité que le concept de *kinèsis* chez Origène et Evagre, où il signifie «être arraché, jeté sur une pente glissante, par la dispersion, le détournement» (La gloire et la croix, trad. fr. Aubier, II, 2 (Styles), Paris, Aubier, 1972, p. 104-105). Observons cependant que 1) plutôt que de reprendre l'image de la verticalité de la chute pour penser une dérive incessante, Pascal développe le modèle horizontal d'un «trouble», d'un brouillage des places, d'une agitation des hommes parmi «tout ce qui les environne» (L 10/148 = *Disc.* 83): ce décentrement constitutif de la (seconde) nature humaine pourrait donc être analysé comme punition divine; 2) selon la prosopopée de la sagesse divine, cette punition se double d'une révolte: comme l'homme s'était révolté contre Dieu, les créatures se révoltent contre l'homme. Or cette révolte peut prendre à son tour une double forme: les créatures peuvent dominer l'homme soit par la violence, soit par une douce violence. Dans ce second cas, la punition de l'homme est d'être soumis à la tentation, elle tient en ce qu'il peut être séduit, et qui plus est, séduit par n'importe quoi. On peut donc rend compte théologiquement de l'équivalence universelle des objets de plaisir à laquelle nous arriverons *infra*. L'efficacité du divertissement est ainsi désignée: n'importe quoi suffit au plaisir de l'homme. Le divertissement révèle la capacité indéfinie qu'a l'homme d'être séduit: pour l'homme, tout est diable.

de l'homme, en ce qu'elle produit en lui un certain « ressentiment », et de sa première nature, qui lui imprime la nostalgie d'un repos : « Ils ont un instinct secret qui les porte à chercher le divertissement et l'occupation au-dehors, qui vient du ressentiment de leurs misères continuelles. Et ils ont un autre instinct secret qui reste de la grandeur de notre première nature, qui leur fait connaître que le bonheur n'est en effet que dans le repos et non pas dans le tumulte. » (L 8/136 = *Disc.* 135). Ces deux instincts sont *secrets*. Y a-t-il là redondance ? Sont-ils secrets au même sens ? Dans le premier cas, il s'agira, pour Pascal, de dévoiler l'instinct, d'exhiber le passage de ce ressentiment au tracas, c'est-à-dire de faire prendre conscience à l'homme de son extériorité [1] : trouble, tracas, tumulte, bruit, agitation, remuement (L 8/136). Les exemples de divertissement sont tous des exemples d'agitation affairée : « Un homme qui a assez de bien pour vivre, s'il savait demeurer chez soi avec plaisir, n'en sortirait pas pour aller sur la mer ou au siège d'une place ; on n'achèterait une charge à l'armée si cher que parce qu'on trouverait insupportable de ne bouger de la ville et on ne recherche les conversations et les divertissements des jeux que parce qu'on ne demeure chez soi avec plaisir, etc. » (L 8/136 = *Disc.* 133)[2]. L'autre instinct secret porte la trace de l'innocence prélapsaire, qui était repos. Dans la *Conférence* A P.-R., la sagesse divine mentionnait déjà, dans les mêmes termes, ce second instinct secret : « Voilà l'état où les hommes sont aujourd'hui. Il leur reste quelque instinct impuissant du bonheur de leur première nature, et ils sont plongés dans les misères de leur aveuglement et de leur concupiscence qui est devenue leur seconde nature »[3]. Cette dualité des instincts est la part faite, dans le discours *Du divertissement*, à la problématique d'A P.-R. Sans doute répond-elle à la question : *d'où* vient que l'homme se divertisse ? Une telle explication généalogique admet les mêmes sources

1. « Et ainsi, quand on leur reproche que ce qu'ils recherchent avec tant d'ardeur ne saurait les satisfaire, s'ils répondaient [...] qu'ils ne recherchent en cela qu'une occupation violente et impétueuse qui les détourne de penser à soi [...], ils laisseraient leurs adversaires sans repartie. Mais ils ne répondent pas cela parce qu'ils ne se connaissent pas eux-mêmes. Ils ne savent pas que ce n'est que la chasse et non la prise qu'ils recherchent. Ils s'imaginent qu'ils que, s'ils avaient obtenu cette charge, ils se reposeraient ensuite avec plaisir, et ne sentent pas la nature insatiable de la cupidité », L 8/136 = *Disc.* 135.

2. Descartes pourrait apparaître comme le paradigme de l'homme sans divertissements ; il n'a pas voulu acheter une charge à l'armée, il a assez de bien pour vivre, il ne recherche pas les conversations des femmes et les divertissements des jeux, et surtout il sait demeurer dans son poêle avec plaisir. Mais la connaissance métaphysique elle-même ne divertit-elle pas, pour Pascal, de la pensée de sa condition ?

3. L 11/149 = *Disc.* 68, qui reprend *Sacy*, 55, lg. 473-474 ; les « traces » sont devenues « instinct impuissant », puis « instinct secret ».

que la dualité de la grandeur et de la misère, au premier chef saint Augustin[1]. Mais ce qui intéresse Pascal est ici de décrire comment l'homme se divertit, dans son existence singulière (chasse, jeu, conversation, etc.) afin d'en manifester la raison[2] : la pensée de soi est insupportable à l'homme. C'est pourquoi, le repos est devenu insupportable à l'homme qui cherche le remuement perpétuel : « [...] tout le malheur des hommes vient d'une seule chose, qui est de ne savoir pas demeurer en repos dans une chambre » (L 8/136 = *Disc.* 133)[3] – imaginerait-on que la première anthropologie aille jusqu'à considérer l'impossible repos d'un homme dans une chambre ? Tiendrait-elle que la pensée de soi soit insupportable à l'homme ?

On peut donc bien tenter de rapporter le divertissement à la première anthropologie, et le verser au dossier de la misère humaine[4] – du reste

1. Un passage du *De vera religione* est sans doute important – mais non décisif – parmi les « sources » du concept de divertissement; nous ne le donnons ici que parce qu'il ne semble pas avoir été relévé (on l'ajoutera à l'abondant dossier constitué par Philippe Sellier, *Pascal et saint Augustin*, Armand Colin, 1970) : « Les apparences variées des choses temporelles [*temporalium specierum multiformitas*] ont, par le moyen des sensations charnelles, mis la diversion [*diverberavit*] en l'homme déchu de l'unité divine [*ab unitate Dei hominem lapsum*] et, par la diversité changeante, introduit en son désir la multiplicité [*mutabili varietate multiplicavit ejus affectum*]. D'où cette abondance laborieuse [*abundantia laboriosa*] et, si l'on peut dire, cette copieuse indigence [*copiosa egestas*], qui lui fait poursuivre un objet, puis un autre, sans que rien reste à lui [*dum aliud et aliud sequitur, et nihil cum eo permanet*]. Ainsi "depuis le temps de son blé, de son vin et de son huile, il s'est éparpillé [*multiplicatus est*]" (*Ps.* IV, 8-9), si bien qu'il ne trouve plus l'"identique" [*ut non inveniat idipsum*], c'est-à-dire la nature immuable et singulière [*naturam incommutabilem et singularem*] dont la poursuite ne l'égarerait pas [*quam secutus non erret*] et dont la conquête lui ôterait toute douleur. », XXI, 41, BA 8, 78-80, trad. J. Pegon; voir aussi la traduction par Arnauld du *De vera religione*, *Œuvres de Messire Antoine Arnauld*, Paris-Lausanne, 1757, t. XI, p. 687.

2. C'est Pascal lui-même qui distingue cause et raison : « Mais quand j'y ai pensé de plus près, et qu'après avoir trouvé la cause de tous nos malheurs, j'ai voulu en découvrir les raisons, j'ai trouvé qu'il y en a une bien effective [...] », L 8/136 = *Disc.* 133.

3. « De là vient que les hommes aiment tant le bruit et le remuement; de là vient que la prison est un supplice si horrible, de là vient que le plaisir de la solitude est une chose incompréhensible », L 8/136 = *Disc.* 134.

4. Nous avons déjà remarqué que le mot « misère », au singulier, n'apparaît pas dans la liasse 8 « Divertissement » (sauf dans L 8/133 = *Disc.* 155, avec un sens différent de celui qu'il a dans le couple grandeur/misère); il n'y est question que des misères, au pluriel. L'absence de « misère » dans le L 8/136 = *Disc.* 133 n'est pas fortuite; elle est le fruit d'une décision de Pascal, puisque le titre initial (rubrique primaire) de L 8/136 était « Misère de l'homme », corrigé (rubrique secondaire) au profit de « Divertissement » (T 205 et *Disc.* 133). Une correction semblable affecte le corps du texte, où Pascal a barré « sa misère de paraître à sa pensée » dans le paragraphe sur le joueur qui se pipe lui-même : « [...] et qu'il excite [ses

Pascal le premier s'y est lui-même sans doute un jour efforcé, en le faisant entrer dans ses liasses. Ce n'en est pas moins méconnaître la spécificité de l'analyse du divertissement, et par là ne pas voir éclore la seconde anthropologie, qui décrit très rigoureusement ce qui se passe dans le processus du divertissement en mettant en lumière son ressort : « Tendre au repos par l'agitation » : « Et de ces deux instincts contraires il se forme en eux un projet confus qui se cache à leur vue dans le fond de leur âme qui les porte à tendre au repos par l'agitation et à se figurer toujours que la satisfaction qu'ils n'ont point leur arrivera si en surmontant quelques difficultés qu'ils envisagent ils peuvent s'ouvrir par là la porte au repos. » (L 8/136 = *Disc.* 135). On voit très nettement comment, de la phraséologie héritée de la première anthropologie, au demeurant assez lourde (« Et de ces deux instincts contraires il se forme en eux un projet confus qui se cache à leur vue dans le fond de leur âme qui les porte [...] »), surgit une description caractéristique de la seconde : « [...] à tendre au repos par l'agitation et à se figurer toujours que la satisfaction qu'ils n'ont point leur arrivera si en surmontant quelques difficultés qu'ils envisagent ils peuvent s'ouvrir par là la porte au repos. » Nous atteignons aussitôt le cœur de la seconde anthropologie : « Ainsi s'écoule toute la vie [considération de la vie, et non plus de l'état ou des états de l'homme] : on cherche le repos en combattant quelques obstacles, et, si on les a surmontés, le repos devient insupportable par l'ennui qui l'engendre; il en faut sortir et mendier le tumulte » (L 8/136 = *Disc.* 135).

La satisfaction est impossible en sa facilité. Le plaisir est à ce point à portée de la main qu'il ne procure aucun plaisir – d'où une pratique de la satisfaction par la victoire sur les obstacles qui séparent l'homme de ce plaisir imaginaire[1]. D'où la préférence pour la chasse plutôt que pour la prise, pour le jeu plutôt que pour le gain. D'où l'impossible plaisir du repos : « Ils s'imaginent que s'ils avaient obtenu cette charge, ils se reposeraient ensuite avec plaisir et ne sentent pas la nature insatiable de la cupidité » (L 8/136 = *Disc.* 135). Le recours même au concept d'instinct prend rétrospectivement un relief tout autre que celui que lui imprimait le contexte de la première anthropologie : car parler de l'*instinct* « qui reste de la grandeur de notre première nature », c'est dire qu'il n'y a pas de *repré-*

passions sur cela pour ne point sentir passer le temps, pour empêcher l'ennui de se répandre, et sa misère de paraître à sa pensée] sur cela son désir [...] » (T 211).

1. Nous allons voir qu'il ne s'agit nullement, pour autant, de la reprise pascalienne du paradoxe traditionnel, de Platon à Leibniz *via* Montaigne, du désir accru par son inassouvissement.

sentation du bonheur, même confuse. C'est pourquoi cet instinct, aveugle, se traduira si aisément, et indéfiniment, en de multiples représentations imaginaires. Décrire et expliquer le fonctionnement de cette substitution indéfinie des représentations, telle est bien la tâche de l'analyse du divertissement. Le divertissement ne consiste donc pas, comme on l'a trop souvent dit, à substituer une représentation agréable à l'évidence d'un malheur, comme s'il s'agissait, pour tout homme, de remplacer une misère par un plaisir. Cette lecture, qui définit le divertissement comme le processus qui substitue à une évidence malheureuse un comportement illusoire, manque l'essentiel. Ne confondons pas les substitutions et leurs objets. C'est parce qu'il y une contradiction indépassable entre cette évidence et la jouissance que les objets du divertissement sont indéfiniment substituables. Le divertissement révèle une équivalence universelle : l'équivalence des objets (plaisants), c'est-à-dire des divertissements [1], est plus essentielle à l'argument du divertissement que l'universalité des sujets divertis [2]. Tout est susceptible de divertir ; dans le divertissement, tous les plaisirs se valent, car, cessant d'être des fins, ils ont même fonction médiatrice : chasse, danse, jeu, conversation des femmes, etc. s'équivalent. Les formes du

1. Il s'agit dans ce cas du pluriel : « les divertissements du jeu » (L 8/136 = *Disc.* 134, premier alinéa ; voir aussi L XXV/638 = *Disc.* 138). L 8/137 = *Disc.* 134 = T 212 distingue très clairement le divertissement des divertissements (sens habituel de réjouissances, plaisirs, récréations, selon Furetière) : « Qu'on en fasse l'épreuve, qu'on laisse un roi tout seul sans aucune satisfaction des sens, sans aucun soin dans l'esprit, sans compagnies et sans *divertissements*, penser à lui tout à loisir, et l'on verra qu'un roi sans *divertissement* est un homme plein de misères ». PR a effacé le divertissement et donne ici : « Qu'on en fasse l'épreuve ; qu'on laisse un roi tout seul, sans aucune satisfaction des sens, sans aucun soin dans l'esprit, sans compagnie, penser à soi tout à loisir ; et l'on verra, qu'un roi qui se voit, est un homme plein de misères, et qui les ressent comme un autre » (PR 204).

2. On a souvent fait une lecture universaliste du divertissement (« Quelque condition qu'on se figure… », L 8/136 = *Disc.* 133), puisque le choix du modèle royal a en effet pour fonction d'assurer l'universalité de l'instabilité qui caractérise le divertissement : « un roi sans divertissement est un homme plein de misères ». Les rois « sont environnés de personnes qui ont un soin merveilleux de prendre garde que le roi ne soit seul et en état de penser à soi, sachant bien qu'il sera misérable, tout roi qu'il est, s'il y pense » (L 8/137 = *Disc.* 134). En effet, ce qui vaut pour le roi vaut *a fortiori* pour quiconque (c'est pourquoi cette doctrine de l'instable ne déstabilise pas ; l'instabilité universelle s'accommode fort bien de l'immobilité sociale. Pascal n'attribue aucune efficace politique au divertissement. Sur société et divertissement, voir Gérard Ferreyrolles, *Pascal et la raison du politique*, PUF, 1984, p. 128 *sq.* puis Christian Lazzeri, *Force et justice dans la politique de Pascal*, *op. cit.*). Les exemples nombreux de L 8/136 = *Disc.* 133, le modèle des jeux (*Disc.* 134-135), accroissent l'efficacité de la thèse universaliste. Jeux et spectacles sont les exemples habituels des divertissements dont il s'agit traditionnellement, jusqu'à Rousseau et *via* Bossuet, de mesurer la moralité. Mais c'est une autre universalité qui est essentielle dans le divertissement.

plaisir sont indifférentes, et c'est pour cette raison qu'elles sont indéfiniment substituables.

Analyser le divertissement, et par conséquent connaître l'homme, c'est prendre conscience de l'inessentialité de son plaisir, et donc se délivrer du plaisir comme fin. Le divertissement est ce subterfuge au moyen duquel l'homme joue à éprouver du plaisir. Il faut donc prendre conscience de l'inessentialité de la jouissance, au moment même où elle s'accomplit[1]. Ainsi le divertissement, tant qu'il n'est pas analysé, échappe à toutes les représentations volontaires. Il est à l'œuvre sans que l'homme en soit conscient. Il n'y a donc pas, à proprement parler, de sujet du divertissement, il n'y a pas de sujet *se* divertissant, si par sujet nous entendons une fonction consciente et volontaire : si tout me divertit, en me divertissant, *je* ne me divertis pas. C'est pourquoi il s'agit moins de *se divertir* que d'*être diverti* : « L'unique bien des hommes consiste donc à être divertis de penser à leur condition [...] » (L 8/136 = *Disc.* 134). Voilà « ce qu'on appelle divertissement » (*ibid.*)[2]. Avec l'analyse du divertissement, l'homme se découvre donc habité par une puissance qu'il ne maîtrise pas, l'imagination, « cette partie dominante *dans* l'homme » (L 2/44 = *Disc.* 122), capable d'occulter la pensée de la mort.

b) *La représentation de la mort*

Il y a dans les « Pensées » trois représentations de la mort, selon les situations 1) du divertissement, 2) de l'extravagance, 3) du cachot : représentations biaisées, car la mort n'y est jamais regardée en face. – Dans les « Pensées », ou plus précisément dans trois ensembles bien distincts, par leurs objets, par leurs finalités et par leurs styles, mais qui entretiennent d'étroits rapports : 1) dans le discours *Du divertissement*, et dans des notes

1. « Tel homme passe sa vie sans ennui en jouant tous les jours peu de chose. Donnez-lui tous les matins l'argent qu'il peut gagner chaque jour, à la charge qu'il ne joue point, vous le rendez malheureux. On dira peut-être que c'est qu'il recherche l'amusement du jeu et non pas le gain. Faites-le donc jouer pour rien, il ne s'y échauffera pas et s'y ennuiera. Ce n'est donc pas l'amusement seul qu'il recherche. Un amusement languissant et sans passion l'ennuiera. Il faut qu'il s'y échauffe, et qu'il se pipe lui-même en s'imaginant qu'il serait heureux de gagner ce qu'il ne voudrait pas qu'on lui donnât à condition de ne point jouer, afin qu'il se forme un sujet de passion et qu'il excite sur cela son désir, sa colère, sa crainte pour cet objet qu'il s'est formé comme les enfants qui s'effraient du visage qu'ils ont barbouillé », L 8/137 = *Disc.* 136.

2. Ce « on » n'est-il pas Pascal lui-même ? Sur l'archaïsme du mot « divertissement » et son emprunt à Montaigne, *Essais*, III, iv, *De la diversion*, voir les belles pages de Jean Mesnard, « De la « diversion » au « divertissement » », *La culture du XVIIe siècle,* Paris, PUF, p. 67-73.

qui y font référence, ou qui le résument, dont nous diront un mot dans un instant; 2) dans le projet, nécessairement très tardif[1], de *Préface à l'« Apologie »* (soit principalement, du moins pour son début, L III/427-428), quand Pascal le conçoit « contre l'indifférence des athées », selon le titre que l'édition de Port-Royal donne à son premier chapitre; traitant donc de « ceux qui combattent la religion » en multipliant les emprunts à Montaigne (ainsi qu'au Descartes de la *Meditatio* III) dans le discours du prétendu athée, Pascal évoque précisément la figure de « cette extravagante créature » qui serait indifférent à la question de l'immortalité de l'âme; 3) dans cet ensemble de notes qu'Emmanuel Martineau a réunies sous le titre *Canevas de l'« Apologie »* : notes sans doute elles aussi tardives, datant très probablement de la période où Pascal, peut-être aidé de Gilberte Périer, essaie d'arrêter les lignes du livre à venir[2] après, ou en même temps qu'il en a rédigé le brouillon de la *Préface*. Laissons toutefois de côté la difficile question de la datation de ce travail, cat ne nous importe que sa datation relative : il nous semble tout à fait évident que ces notes témoignent d'une relecture de Pascal par lui-même – antérieure cependant, fût-ce de fort peu, au classement en liasses qui ne manquera pas de les répartir à leur tour. Un certain nombre de fragments reprennent et résument en effet des analyses qui ont été menées plus longuement ailleurs.

1) Sous la rubrique secondaire « Divertissement », le fragment L 8/138 = *Disc.* 156 dissocie la mort sans sa représentation de la représentation de la mort sans mort imminente : « La mort est plus aisée à supporter sans y penser que la pensée de la mort sans péril »[3]. La mort sans sa représentation est plus supportable que sa représentation. La mort est, si l'on peut dire à l'épicurienne, ce dont nous ne sommes jamais contemporain[4], mais ce que nous ne pouvons qu'imaginer, et donc craindre. De l'urgence même – non pas bien sûr du péril – nous n'avons pas de représentation : « Nous nous connaissons si peu que plusieurs pensent aller mourir quand ils se portent

1. Voir la notice au *Projet de préface*, *Disc.* 257.

2. Voir la notice au *Canevas*, *Disc.* 261.

3. Fragment que Pascal a pris soin de repasser à l'encre : voir T 213.

4. La seule mort dont nous soyons contemporain est la mort des autres. Mais si Pascal reprend ce *topos*, c'est pour en faire une fiction, ou plutôt une configuration imaginaire, féconde pour la pensée, en ce qu'elle permettra d'établir une typologie des réactions humaines à cette situation : « Qu'on s'imagine [on soulignera donc cette expression, identique à celle de L 26/368 = *Disc.* 140] un nombre d'hommes dans les chaînes, et tous condamnés à mort, dont les uns étant chaque jour égorgés à la vue des autres, ceux qui restent voient leur propre condition dans celle de leurs semblables, et, se regardant les uns les autres avec douleur et sans espérance, attendent à leur tour. C'est l'image de la condition des hommes », L IV/434 = *Disc.* 152.

bien et plusieurs pensent se porter bien quand ils sont proches de mourir ne sentant pas la fièvre prochaine ou l'abcès prêt à se former » (L XXV/709 = *Disc.* 157). La conscience du corps propre étant totalement illusoire, notre mort ne peut être que l'objet de notre imagination. C'est pourquoi notre mort n'est pensable qu'au futur, son instant nous étant inassignable : ce qui révèle une loi générale : l'impossibilité de se penser au présent.

Ce qu'enseigne par excellence le divertissement est bien cette impossibilité de se penser au présent, comme l'explicite un fragment capital : « Nous ne tenons jamais au temps présent [...]. Que chacun examine ses pensées. Il les trouvera toutes occupées au passé ou à l'avenir. Nous ne pensons presque point au présent, et si nous y pensons, ce n'est que pour en prendre la lumière pour disposer de l'avenir. Le présent n'est jamais notre fin » (L 2/47 = *Disc.* 137). Le présent est à la fois ce qui nous appartient et ce à quoi nous ne pouvons nous tenir : « Nous anticipons l'avenir comme trop lent à venir, comme pour hâter son cours, ou nous rappelons le passé pour l'arrêter comme trop prompt, si imprudents que nous errons dans des temps qui ne sont point nôtres, et ne pensons point au seul qui nous appartient [...] » (L 2/47 = *Disc.* 137). Telle est la teneur de l'expérience du divertissement, qui manifeste la structure temporelle de notre existence. Nous ne cessons d'éviter de penser ce qui nous est propre, car le propre n'est jamais notre fin, mais seulement notre moyen[1]. Nous ne désirons jamais le présent : « Ainsi nous ne vivons jamais, mais nous espérons de vivre, et, nous disposant toujours à être heureux, il est inévitable que nous ne le soyons jamais » (*ibid.*). Le futur seul est notre but, l'objet de notre désir et, partant, de notre pensée. L'espérance n'est donc pas ici une vertu, mais l'effet d'une concupiscence. Ainsi le divertissement est un révélateur exemplaire : nous manquons l'évidence du présent. C'est pourquoi, l'homme[2], en manquant au présent, se manque lui-même : l'homme est insensible à soi.

Le divertissement impose donc de concevoir conjointement une double inconscience ou insensibilité : – il rend l'homme insensible à soi-même ; et – il le fait « arriver insensiblement à la mort ». L I/414 = *Disc.* 134 présente cette double insensibilité, à soi et à la conscience de sa mort, c'est-à-dire à son urgence : « La seule chose qui nous console de nos misères est le divertissement. Et cependant c'est la plus grande de nos misères. Car c'est

1. « Le passé et le présent sont nos moyens ; le seul avenir est notre fin », L 2/47 = *Disc.* 137.

2. Tout homme donc : on saisit désormais que c'est l'universalité des objets du divertissement qui implique celle des sujets se divertissant (voir la note 2, p. 249).

cela qui nous empêche principalement de songer à nous et qui nous fait perdre insensiblement. Sans cela nous serions dans l'ennui, et cet ennui nous pousserait à chercher un moyen plus solide d'en sortir, mais le divertissement nous amuse et nous fait arriver insensiblement à la mort. » Avec le divertissement, l'homme se perd lui-même au présent pour perdre la pensée de la mort. Le divertissement s'analyse donc comme cette négligence de soi qui amène à la mort sans y penser[1]. Le divertissement console, ou guérit : la perte de soi au présent guérit d'une maladie non présente[2]. L'insensibilité, c'est-à-dire l'inconscience, devient l'équivalent anthropologique de l'incurable, l'impensé ayant pour fonction de faire échapper l'homme à l'horreur de l'incurable : « Divertissement. / Les hommes n'ayant pu guérir la mort, la misère, l'ignorance, ils se sont avisés, pour se rendre heureux, de n'y point penser (L 8/133 = *Disc.* 155). Tout au contraire, Pascal utilisera un certain type de conscience de la mort pour s'en guérir. Ainsi le divertissement est-il lui-même pensable comme un obstacle, mais un obstacle à la représentation : « Nous courons sans souci dans le précipice après que nous avons mis quelque chose devant nous pour nous empêcher de le voir » (L 12/166 = *Disc.* 160)[3]. Le divertissement fait écran au regard, dont la dérive incessante des représentations occulte celle de la mort. Telle est sa fonction : faire écran, pour aller à la mort dans l'inconscience.

2) À l'homme du divertissement, Pascal oppose la figure d'une « extravagante créature » qui vit « dans l'indifférence de chercher la vérité d'une chose qui [lui] est si importante, et qui [le] touche de si près » (L III/428 = *Disc.* 142) : la question de savoir si l'âme est mortelle ou immortelle. La négligence quand il y va de son éternité est proprement monstrueuse : « Cette négligence en une affaire où il s'agit d'eux-mêmes, de leur éternité, de leur tout, m'irrite plus qu'elle ne m'attendrit ; elle m'étonne et m'épouvante : c'est un monstre pour moi » (L III/427 = *Disc.* 143). À l'inverse de l'homme du divertissement, l'extravagant a

1. « Ce lièvre ne nous garantirait pas de la vue de la mort, et des misères qui nous en détournent, mais la chasse nous en garantit », L 8/136 = *Disc.* 134-135.

2. C'est pourquoi on pourrait opposer le pari et le divertissement : le pari est un anti-divertissement en ce qu'il s'appuie sur la logique même du divertissement (parier, jouer) contre le divertissement : voir *Pascal et la philosophie*, § 30 et 32.

3. Selon la ligature restituée par Emmanuel Martineau (L IV/432 § 28 et 12/166 = *Disc.* 160), la puissance de l'imagination, qui « grossit si fort le temps présent », anéantit l'éternité, et non certes l'avenir : de sorte que ce « temps présent » s'apparente bien plus à l'avenir de L 2/47 = *Disc.* 137 qu'il ne s'y oppose. Il faut donc distinguer le présent de L 2/47 de ce « temps présent » qu'investit l'imagination.

pleine conscience de la mort qui est sa fin. Il sait l'urgence de la mort mais en méconnaît la nature : « Tout ce que je connais est que je dois bientôt mourir; mais ce que j'ignore le plus est cette mort même que je ne saurais éviter » (L III/427 = *Disc.* 144). L'extravagance tient en ce que l'extravagant sait l'urgence de sa mort, ne sait pas s'il tombera dans le néant ou subira une peine éternelle s'il y a un Dieu, et cependant vit tranquille. Les mots manquent pour dire une telle monstruosité : « Que s'il est avec cela tranquille et satisfait, qu'il en fasse profession, et enfin qu'il en fasse le sujet de sa joie et de sa vanité, je n'ai point de termes pour qualifier une si extravagante créature » (L III/427 = *Disc.* 144). L'extravagant est celui qui conserve une parfaite maîtrise de soi face à la mort. Il a une pleine conscience de son état, de la mort certaine, et cependant n'en tient aucun compte : plus, il fait sa joie de son ignorance même. L'extravagant constitue sa relation au présent en refusant toujours de penser sa mort. Au contraire de l'homme qui se divertit, l'extravagant (ne) se pense (qu')au présent : « Voilà mon état, plein de faiblesse et d'incertitude. Et, de tout cela, je conclus que je dois donc passer tous les jours de ma vie sans songer à chercher ce qui doit m'arriver. Peut-être que je pourrais trouver quelque éclaircissement dans mes doutes; mais je n'en veux pas prendre la peine, ni faire un pas pour le chercher; et après, en traitant avec mépris ceux qui se travailleront de ce soin, je veux aller, sans prévoyance et sans crainte, tenter un si grand événement, et me laisser mollement [Montaigne!] conduire à la mort, dans l'incertitude de l'éternité de ma condition future » (L III/427 = *Disc.* 145).

Le moyen de cette maîtrise de soi devant la mort, de cette pensée et de cette vie au présent, est un discours de la dépréciation : l'extravagant déprécie les infinis. L'ignorance de son origine et de sa fin, la méconnaissance de soi (corps et âme)[1], l'impossible pensée de soi, la considération des deux infinis[2], ont pour effet non l'effroi déstabilisa-

1. Au moment même où l'extravagant affirme la pensée de soi comme pensée – car c'est bien ici que prend place le résumé de la *Meditatio* III, dont *part* le discours de cet « athée » étonnamment cartésien : « Je sens que je puis n'avoir point été, car le moi consiste dans ma pensée; donc moi qui pense, n'aurais point été, si ma mère eût été tuée avant que j'eusse été animé; donc je ne suis pas un être nécessaire », et par conséquent fort peu athée : « Je ne suis pas aussi éternel et infini, mais je vois bien qu'il y a dans la nature un être nécessaire, éternel et infini », L 8/135 = *Disc.* 144 ; voir *Disc.* 257-258 et *Pascal et la philosophie*, § 28.

2. « Je ne sais qui m'a mis au monde, ni ce que c'est que le monde, ni que moi-même; je suis dans une ignorance terrible de toutes choses; je ne sais ce que c'est que mon corps, que mes sens, que mon âme et cette partie même de moi qui pense ce que je dis, qui fait réflexion sur tout et sur elle-même, et ne se connaît non plus que le reste. [...] Je vois ces effroyables espaces de l'univers qui m'enferment, et je me trouve attaché à un coin de cette vaste étendue,

teur[1] mais la tranquillité d'une vie au jour le jour. Deux critères caractérisent l'extravagant : d'abord un tel homme est infréquentable, rigoureusement insociable. Le lien social est défait, et la société est impuissante : « Qui souhaiterait d'avoir pour ami un homme qui discourt de cette manière ? Qui le choisirait entre les autres pour lui communiquer ses affaires ? Qui aurait recours à lui dans ses afflictions ? Et enfin à quel usage de la vie on le pourrait destiner ? » (L III/427 = *Disc.* 145)[2]. Ensuite l'extravagant n'est pas seulement insociable, il est proprement contre-nature – d'où, littéralement, sa monstruosité : sa négligence va jusqu'à ne lui faire éprouver aucun amour de soi. C'est pourquoi, pour discréditer une telle attitude, la religion même n'est pas nécessaire. Car l'extravagant méconnaît son statut d'homme tout autant que, n'ayant pas d'amour propre, il se méconnaît lui-même : « C'est un monstre pour moi. Je ne dis pas ceci par le zèle pieux d'une dévotion spirituelle. J'entends au contraire qu'on doit avoir ce sentiment par un principe d'intérêt humain et par un intérêt d'amour-propre : il ne faut pour cela que voir ce que voient les personnes les moins éclairées » (L III/427 = *Disc.* 143). L'extravagant nie l'homme en lui[3], et se nie lui-même. La monstruosité consiste à mépriser ce qui engage l'éternité et soi (soi pour l'éternité, selon l'hendiadyn). Elle consiste en une indifférence[4]

sans que je sache pourquoi je suis plutôt placé en ce lieu qu'en un Je vois ces effroyables espaces de l'univers qui m'enferment, et je me trouve attaché à un coin de cette vaste étendue, sans que je sache pourquoi je suis plutôt placé en ce lieu qu'en un autre, ni pourquoi ce peu de temps qui m'est donné à vivre m'est assigné à ce point plutôt qu'à un autre de toute l'éternité qui m'a précédé et de toute celle qui me suit. Je ne vois que des infinités de toutes parts, qui m'enferment comme un atome et comme une ombre qui ne dure qu'un instant sans retour. Tout ce que je connais est que je dois bientôt mourir ; mais ce que j'ignore le plus est cette mort même que je ne saurais éviter » (L III/427 = *Disc.* 144).

1. L'effroi sera bien éprouvé, mais restera sans effet ; voir la ligature décisive proposée par Emmanuel Martineau : « Voilà ce que je vois et qui me trouble. Le silence de ces espaces infinis m'effraie. Je regarde de toutes parts, et je ne vois partout qu'obscurité. [...] Et, de tout cela, je conclus que je dois donc passer tous les jours de ma vie sans songer à chercher ce qui doit m'arriver », L III/429 ; 15/201 ; III/429 puis III/427 = *Disc.* 144 puis 145 (voir *Disc.* 258).

2. Pascal y revient : « [...] qui n'aurait horreur de se voir dans des sentiments où l'on a pour compagnons des personnes si méprisables ? », L III/ 427 = *Disc.* 146.

3. En ce sens, l'extravagance est la figure la plus antithétique de la prud'homie charronienne, dont l'humanisme immanentiste postule que l'on peut toujours et immédiatement accéder à l'universel en soi (faire l'homme) ; voir *Pascal et la philosophie*, § 20.

4. Selon une structure d'inversion dont Pascal est coutumier, l'indifférence envers l'essentiel se double d'un intérêt envers l'inessentiel : « Ils sont tout autres à l'égard de toutes les autres choses : ils craignent jusqu'aux plus légères, ils les prévoient, ils les sentent ; et ce même homme qui passe tant de jours et de nuits dans la rage et dans le désespoir pour la perte d'une charge ou pour quelque offense imaginaire à son honneur, c'est celui-là même qui sait

dénaturée[1] : « Rien n'est si important à l'homme que son état; rien ne lui est si redoutable que l'éternité. Et ainsi, qu'il se trouve des hommes indifférents à la perte de leur être et au péril d'une éternité de misères, cela n'est point naturel » (L III/427 = *Disc.* 145). Est « chose monstrueuse »[2], ou, comme dit Pascal, est « un monstre », la négligence (et donc la volonté) capable de dénier tout intérêt à son néant ou à sa peine sempiternels[3].

Une telle inversion des sentiments les plus naturels est nécessairement exceptionnelle : « Il faut qu'il y ait un étrange renversement dans la nature de l'homme pour faire gloire d'être dans cet état, dans lequel il semble incroyable qu'une seule personne puisse être » (L III/427 = *Disc.* 145). Le monstrueux fait usuellement exception; or il semble y avoir au contraire foule d'extravagants. C'est que cet « étrange renversement » est un effet de la mode. L'outrance de la liberté d'indifférence est à la mode. La monstruosité en apparence naturelle de l'extravagant n'est en fait qu'une contrefaçon sociale : « Cependant l'expérience m'en fait voir un si grand nombre, que cela serait surprenant si nous ne savions que la plupart de ceux qui s'en mêlent se contrefont et ne sont pas tels en effet. Ce sont des gens qui ont ouï dire que les belles manières du monde consistent à faire ainsi l'emporté. C'est ce qu'ils appellent avoir secoué le joug, et qu'ils essayent d'imiter » (L III/427 = *Disc.* 145). La monstruosité naturelle s'avère être une fiction culturelle. La plupart des hommes n'y pensent pas « sérieusement »[4]. C'est que cette fiction, qui est un effet de mode, peut s'analyser de nouveau

qu'il va tout perdre par la mort, sans inquiétude et sans émotion. C'est une chose monstrueuse de voir dans un même cœur et en même temps cette sensibilité pour les moindres choses et cette étrange insensibilité pour les plus grandes » (L III/427 = *Disc.* 145). Voir aussi L XXIV/632 = *Disc.* 157-158 : « La sensibilité de l'homme aux petites choses et l'insensibilité aux plus grandes choses, marque d'un étrange renversement ! ». L'extravagant est « insensible au point qui <l'>intéresse le plus », L I/383 = *Disc.* 157.

1. Par quoi de tels hommes « servent au moins admirablement à montrer la corruption de la nature par des sentiments si dénaturés », L III/427 = *Disc.* 145.

2. Voir aussi L III/428 = *Disc.* 142 : « Ce repos dans cette ignorance est une chose monstrueuse, et dont il faut faire sentir l'extravagance et la stupidité à ceux qui y passent leur vie, en la leur représentant à eux-mêmes, pour les confondre par la vue de leur folie. Car voici comme raisonnent les hommes quand ils choisissent de vivre dans cette ignorance de ce qu'ils sont et sans rechercher d'éclaircissement. "Je ne sais", disent-ils ». Voir ensuite *Disc.* 257 pour une autre ligature décisive.

3. On pourra se demander si cette analyse de la l'extravagance dénaturée ne pourrait pas s'appliquer à la doctrine quiétiste – mais là n'est pas notre propos.

4. « S'ils y pensaient sérieusement, ils verraient que cela est si mal pris, si contraire au bon sens, si opposé à l'honnêteté, et si éloigné en toutes manières de ce bon air qu'ils cherchent [Montaigne encore], qu'ils seraient plutôt capables de redresser que de corrompre ceux qui auraient quelque inclination à les suivre », L III/427 = *Disc.* 146.

comme divertissement : elle est le divertissement du non divertissement. La plupart « de ceux qui se contrefont » se divertissent en jouant à l'extravagant, se divertissent en feignant la conscience de la mort et l'indifférence qui l'accompagne. Il y a un divertissement de l'apparence du non-divertissement, jeu avec le jeu social. Pour le rapport à la mort qui nous intéresse ici, ce deuxième cas (la contrefaçon du divertissement) se replie donc totalement sur le premier (le divertissement). Mais ces hommes qui se divertissent avec le non-divertissant[1] seraient les plus malheureux si leur contrefaçon sociale devait devenir la monstruosité naturelle de la froide conscience de la mort : « Ainsi ceux qui ne font que feindre ces sentiments seraient bien malheureux de contraindre leur naturel pour se rendre les plus impertinents des hommes. » (L III/427 = *Disc.* 146).

Cependant il existe bien une impertinence et une extravagance exceptionnelles. Quelques-uns « y pensent sérieusement », qui constituent la dernière catégorie de la typologie de L 12/160 = *Disc.* 152 : ceux qui « vivent sans le [Dieu] chercher [...] sont fous et malheureux ». Car en réalité, ceux qui sont contre-nature, la nature les abandonne. Ils incarnent la figure même du désespoir. Ils sont malheureux et déraisonnables (L III/427) jusqu'à la folie (L 12/160)[2]. Ils s'abandonnent eux-mêmes comme ils sont abandonnés. Seule la charité, irréductible à tout naturalisme, peut alors les arracher à un abandon légitime et naturel : « Mais pour ceux qui vivent sans le [Dieu] connaître et sans le chercher, ils se jugent eux-mêmes si peu dignes de leur soin, qu'ils ne sont pas dignes du soin des autres et qu'il faut avoir toute la charité de la religion qu'ils méprisent pour ne les pas mépriser jusqu'à les abandonner dans leur folie » (L III/427 = *Disc.* 146). Le seul regard avec lequel il soit possible de considérer ces extravagants non divertis est surnaturel : il faut les regarder comme « capables de la grâce »[3]. Pour ce résidu « horrible » que sont qui ne

1. « Prétendent-ils nous avoir bien réjoui, de nous dire qu'ils tiennent que notre âme n'est qu'un peu de vent et de fumée, et encore de nous le dire d'un ton de voix fier et content ? Est-ce donc une chose à dire gaiement? Et n'est-ce pas une chose à dire tristement, au contraire, comme la chose du monde la plus triste ? », L III/427 = *Disc.* 146.

2. Dès son début la *Préface* mentionnait folie et aveuglement : « De tous leurs égarements, c'est sans doute celui qui les convainc le plus de folie et d'aveuglement [...] », L III/428 = *Disc.* 142.

3. « Mais, parce que cette religion nous oblige de les regarder toujours, tant qu'ils seront en cette vie, comme capables de la grâce qui peut les éclairer, et de croire qu'ils peuvent être dans peu de temps plus remplis de foi que nous ne sommes, et que nous pouvons au contraire tomber dans l'aveuglement où ils sont, il faut faire pour eux ce que nous voudrions qu'on fit pour nous si nous étions à leur place, et les appeler à avoir pitié d'eux-mêmes [...] », L III/427 = *Disc.* 146.

se divertissent pas et demeurent négligents quant il y va de leur éternité, la grâce est l'unique recours.

3) L'extravagance et le divertissement s'opposent donc comme la conscience de la mort à son inconscience. À ces deux états opposés entre eux Pascal oppose une fiction, ou plutôt une configuration imaginaire : qu'on s'imagine un cachot… De ce que l'on mourra seul, il faut simuler une solitude permanente, faire comme si l'on faisait toujours l'expérience de la solitude propre à la mort. « […] On mourra seul. / Il faut donc faire comme si on était seul » (L 12/151 = *Disc.* 120). Pour penser cette expérience fictive de la solitude de la mort, la configuration imaginaire du fragment L 12/163 = *Disc.* 157 désigne de nouveau une pensée contre-nature : « Un homme dans un cachot, ne sachant pas si son arrêt est donné, n'ayant plus qu'une heure pour l'apprendre, cette heure suffisant, s'il sait qu'il est donné pour le faire révoquer, il est contre nature qu'il emploie cette heure-là, non à s'informer si l'arrêt est donné, mais à jouer au piquet. » La figuration repose sur la double méconnaissance de l'instant de la mort et de celui de l'arrêt. Le prisonnier n'a plus qu'une heure pour connaître son arrêt, heure suffisante pour suspendre cet arrêt, c'est-à-dire pour faire qu'il ne meure pas. C'est dire que la seule manière de faire révoquer l'arrêt serait d'en être à une heure – la seule manière d'être en état d'éprouver sa révocation serait de toujours penser en être à une heure. Il faudrait être en permanence en face de sa mort imaginaire, faire comme si on allait mourir dans une heure. Et alors le piège se retournerait : la révocation viendrait, et l'on éprouverait, d'heure en heure, que l'on vit plus d'une heure[1]. Il y a un premier ordre,

1. Peut-on imaginer la même fiction *post mortem* ? Concevoir le purgatoire dans la crainte de la damnation, comme le lieu où l'arrêt est donné mais ignoré, donc pensable comme peut-être révocable, c'est-à-dire comme ce lieu où l'on ne sait pas où l'on est, et, ainsi, où l'on pourrait encore éviter sa damnation ? – « La peine du purgatoire la plus grande est l'incertitude du jugement » (L HC 1/921 = *Disc.* 154). Sur ce fragment, voir Jean Deprun, « Pascal et le purgatoire (Note théologique sur une pensée "téméraire") », *Missions et démarches de la critique. Mélanges offerts à J. A. Vier*, Paris, Klincksieck, 1973, p. 209-216, repris dans *De Descartes au romantisme*, Paris, Vrin, 1987, p. 53-60. Cette thèse théologique, dont le principe est refusé chez saint Thomas d'Aquin, rejetée par Nicole, se trouve avant Pascal chez Brigitte de Suède et Jean de la Croix (*Nuit obscure*, II, 7, 7, texte omis par Jean Deprun) ; elle a été condamnée comme hérétique chez Luther (Bulle *Exsurge Domine*, 38e erreur : « Animae in purgatorio non sunt securae de earum salute, saltem omnes : nec probatum est ullis rationibus aut Scripturis, ipsas esse extra stature merendi vel augendae caritatis, Les âmes du purgatoire ne sont pas sûres de leur salut, du moins pas toutes. Aucune raison et aucun texte de l'Écriture ne prouve qu'elles ne sont pas dans un état où elles méritent et où leur charité augmente », Denzinger, *Enchiridion symbolorum*, 37e éd.. n°1489).

celui du temps de la mort[1], inconnaissable. Il y a un second ordre, celui du temps de la représentation de la mort, dont il faut imaginer l'urgence réitérée : ni l'immédiateté de la mort, ni son éloignement, mais le court délai. La possibilité du salut passe alors dans un bon usage de l'imaginaire[2]. Il faut penser non sa mort réelle, mais sa mort imaginaire imminente. Parce qu'il est le lieu de la mort urgente, on ne vit vraiment au présent que dans cette « chambre » qu'est le cachot.

Récapitulons. 1) Le divertissement n'est pas pensé en tant que péché. C'est pourquoi Pascal ne dit pas de n'être pas diverti – et la feinte monstrueuse du non-divertissement fait horreur : mais il en montre la nécessité, la maladie et la vanité[3]. 2) L'homme n'échappe pas au pouvoir de l'imagination. Mais on peut faire bon usage de l'imaginaire : on ne vit au présent que s'imaginant dans un cachot, se représentant une mort imminente. C'est pourquoi Pascal pourra interpréter, dans la récapitulation thématique de L 5/101 = *Disc.* 131, ses propres analyses de la justice et de la force, du divertissement et de la gloire en termes de raisons des effets[4]. Dans ces trois « exemples »[5], c'est l'imagination qui est à l'œuvre. Nous allons maintenant en examiner la puissance d'aliénation dans le cas emblématique de la gloire, où nous trouverons une dernière confirmation de l'irréductibilité de la seconde anthropologie à la première.

1. Selon « l'ordre de la Providence » et « la justice de son arrêt », *Lettre sur la mort de son père*, *OC* II, 852.

2. Est-il nécessaire de dire que ce bon usage ne se *décide* pas, et qu'il ne saurait être que le fruit de la gâce ?

3. « Ainsi on se prend mal pour les blâmer; leur faute n'est pas en ce qu'ils cherchent le tumulte, s'ils ne le cherchaient que comme un divertissement; mais le mal est qu'ils le recherchent comme si la possession des choses qu'ils recherchent les devait rendre véritablement heureux, et c'est en quoi on a raison d'accuser leur recherche de vanité. De sorte qu'en tout cela et ceux qui blâment et ceux qui sont blâmés n'entendent la véritable nature de l'homme », première rédaction, barrée, de L 8/136 = *Disc.* 135.

4. « Le peuple a les opinions très saines ; par exemple : 1. D'avoir choisi le divertissement, et la chasse plutôt que la prise. [...] 2. D'avoir distingué les hommes par le dehors, comme par la noblesse ou le bien. [...] 3. De s'offenser pour avoir reçu un soufflet ou de tant désirer la gloire. [...] ».

5. Pascal l'envisage pour elle-même dans *De l'imagination* (principalement L 2/44, 45 et 48).

La gloire ou l'aliénation volontaire

a) *Les nouveaux commencements cartésiens : la pensée de l'homme*

Selon *De la vraie religion*, la dignité de l'homme lui vient de sa pensée : thèse éminemment cartésienne, s'il en est : « Toute la dignité de l'homme est en la pensée [...]. La pensée est donc une chose admirable et incomparable par sa nature » (L XXVI/756 = *Disc.* 79), répétée dans la liasse « Grandeur » (L 6/111,113,114 = *Disc.* 78-79)[1]. Comme bien d'autres fragments qui, eux, appartiennent à la problématique de la *Conférence*, ou à des problématiques antérieures (*Qu'est-ce que le moi ?, Disproportion de l'homme*)[2], L XXIV/620 = *Disc.* 133 commence de façon littéralement cartésienne. Mais, dans ce dernier cas, de la réminiscence cartésienne naît la toute nouvelle réflexion sur le divertissement, sous la forme d'abord d'une série d'exemples – le mot n'y est pas encore[3] : danser, jouer du luth, chanter, faire des vers, suivre une balle, courir la bague, etc. « L'homme est visiblement fait pour penser. C'est toute sa dignité et tout son mérite ; et tout son devoir est de penser comme il faut. Or l'ordre de la pensée est de commencer par soi, et par son auteur et sa fin » (L XXIV/620 = *Disc.* 133). Rien n'est plus cartésien : la pensée est la nature de l'homme, sa dignité et son mérite. Et son devoir, penser *comme il faut*, c'est-à-dire selon l'ordre, c'est-à-dire la méthode, *l'ordre de la pensée*. L'ordre de la pensée, c'est de penser selon l'ordre. Et l'ordre prescrit de commencer par soi (*Meditatio* II), par son auteur (*Meditatio* III), et sa fin (*Meditatio* III) : « [...] intelligo me esse rem incompletam et ab alio dependentem, remque ad majora sive meliora indefinite aspirantem »[4]. Cette première partie de L XXIV/620 = *Disc.* 133 aurait donc parfaitement pu prendre place dans la liasse « Grandeur » et, par là, dans *De la vraie religion*. Que l'on songe au

1. Sur la prédilection de Pascal pour certains lieux cartésiens, comme la lettre-préface aux *Principes*, voir Michel Le Guern, *Pascal et Descartes*, Paris, Nizet, 1971 puis *Disc.* 255.

2. Voir *supra*, p. 111-121 et p. 41-61. Emmanuel Martineau relève également ce qu'il appelle « le phénomène des commencements cartésiens », *Disc.* 248. Nous essayons dans les lignes qui suivent, tout en mettant en évidence ce que ces « nouveaux » commencements ont en commun avec ceux que nous avons déjà remarqués – d'abord d'être des commencements ! – de caractériser l'usage différent que Pascal fait dans les deux anthropologies du concept cartésien de pensée.

3. Le thème du divertissement fait son apparition avec « discrétion » : voir *Disc.* 253.

4. « [...] je comprends que je suis une chose incomplète et dépendante d'autrui, et aspirant indéfiniment à des choses plus grandes ou meilleures », AT VII, 51, 24-26. Sur la considération de Dieu comme fin, rare chez Descartes, voir aussi la *lettre à Chanut* du 6 juin 1647 (AT V, 54, 1-3), que Pascal a pu lire dans le t. I de l'éd. Clerselier des *Lettres de Mr Descartes*.

fragment L 6/113 = *Disc.* 79 : « Ce n'est point de l'espace que je dois chercher ma dignité [entendons rigoureusement : de l'homme comme *res extensa*], mais c'est du règlement de ma pensée ». Elle aurait pu aussi être rapprochée de L 15/200 = *Disc.* 79 : « Toute notre dignité consiste donc en la pensée. C'est de là qu'il nous faut relever [...]. Travaillons donc à bien penser : voilà le principe de la morale ». Entendons : nous avons le devoir de penser comme il faut : la morale elle aussi, elle surtout peut-être, est soumise à la juridiction de l'ordre[1], en quoi consiste le très cartésien *règlement* de la pensée. La première partie de L XXIV/620 = *Disc.* 133 aurait donc parfaitement pu appartenir à la première anthropologie. Elle est également très proche de L XXVI/756 = *Disc.* 79 : « Toute la dignité de l'homme est en la pensée », etc. Mais sitôt la dignité reconnue, L XXVI/756 faisait jouer la contrariété caractéristique de la première anthropologie, en marquant l'ambivalence même de la pensée, admirable et sotte, grande et basse : « Toute la dignité de l'homme est en la pensée. Mais qu'est-ce que cette pensée ? Qu'elle est sotte ! / La pensée est donc une chose admirable et incomparable par sa nature. Il fallait qu'elle eût d'étranges défauts pour être méprisable, mais elle en a de tels que rien n'est plus ridicule. Qu'elle est grande par sa nature ! Qu'elle est basse par ses défauts ! » – réflexion typique de la première anthropologie, qui articule grandeur et bassesse dans un même sujet. Comparons à présent avec notre début, L XXIV/620 = *Disc.* 133. On verra que le même commencement cartésien conduit à tout autre chose, non à une dévalorisation de la pensée, à la fois grande et basse, mais à l'opposition avec la pensée du *monde* – ce monde si absent de la première anthropologie (et, *a fortiori*, le thème de « la vanité du *monde* ») : « Or à quoi pense le monde ? ». D'où le surgissement du divertissement comme pensée mondaine : « Or à quoi pense le monde ? Jamais à cela, mais à danser, à jouer du luth, à chanter, à faire des vers, à courir la bague, etc., et à se battre, à se faire roi, sans penser à ce que c'est qu'être roi et qu'être homme ». Pascal articule donc en les opposant *pensée de soi* (selon une estampille cartésienne aussi littérale que rigoureuse) et *pensée du monde* (ce qui cesse d'être cartésien), qui est une *pensée à...*

Voilà exactement, à partir de la source cartésienne, le commencement thématique de l'anthropologie du divertissement, que développera L 8/137 = *Disc.* 133-134. Penser à ce que c'est qu'être roi et qu'être homme, c'est, pour le roi, une seule et même pensée ; car pour nous, penser à soi comme roi, c'est se divertir de penser à soi comme homme : c'est pourquoi on peut bien se divertir « à se faire roi » quand on n'est pas roi ; mais pour le roi, qui

1. Sur l'ordre en morale, voir aussi L XXV/683 = *Disc.* 147.

ne se divertit pas en pensant à se faire roi, mais que les « gens » cherchent à divertir parce qu'il est roi, « penser à lui », c'est penser à lui en tant que roi, c'est-à-dire « considérer et faire réflexion sur ce qu'il est », et par là penser à lui en tant qu'homme : « Le roi est environné de gens qui ne pensent qu'à divertir le roi et à l'empêcher de penser à lui. Car il est malheureux tout roi qu'il est s'il y pense », c'est-à-dire s'il pense à lui comme roi (révoltes, morts, maladies inévitables) et comme homme, avec les « mille causes essentielles d'ennui » que lui vaut « l'état propre de sa complexion ». On voit immédiatement que cette nouvelle anthropologie n'est en rien « abstraite » : il ne s'agit du roi par différence d'avec « les gens du commun » que parce que le modèle royal permet d'universaliser l'instabilité éprouvée par les gens du commun dans la diversité de leur « recherche des choses ». Mais surtout, nous assistons ici à un nouveau sens de *penser à soi*. Penser à soi, ce n'est plus penser au concept de soi (*res cogitans*), à Dieu comme son auteur et sa fin, mais à soi socialement et existentiellement, à soi comme roi et comme homme qui, s'il ne se divertit, sèche d'ennui. Il ne s'agit plus de soi comme *ordre* de la pensée (le soi comme la première chose qu'on peut connaître en philosophant par ordre), mais de soi comme d'un nouvel *objet* de pensée, et, par là même, selon un nouveau sens de *penser*. C'est sans doute pourquoi Pascal multiplie les synonymes de *penser*. Penser à soi pour l'homme, c'est « se considérer », « considérer et faire réflexion sur ce qu'il est », voir (« par la seule vue de ») « ce qu'il est », « songer à nous », etc. C'est aussi pourquoi Pascal insiste sur la vue, la visibilité, l'évidence de ce qu'il s'agit bien de voir [1]. Mais ce qu'il s'agit de voir (« ce qu'il [le roi] est » par exemple), ne renvoie certes plus à une essence humaine, mais à l'existence des hommes : penser à ce qu'on est, c'est penser son présent, c'est penser sa finitude. Et penser son existence, ce sera « sentir [son] néant » (*ibid.*). Si Pascal conserve le concept cartésien d'évidence (penser à soi, c'est penser dans l'évidence), cette évidence est celle d'un malheur, d'un ennui, d'un néant (L XXIV/622 = *Disc.* 135) – c'est pourquoi nous avons cru pouvoir montrer que c'était une contradiction et non une substitution qui était au principe du divertissement, contradiction entre l'évidence et la jouissance. Cette analyse et le nouveau sens de *penser* qui s'en dégage ne peuvent donc plus relever de la première anthropologie, non plus qu'il ne peuvent relever du strict concept cartésien de pensée dont pourtant partait la réflexion pascalienne. *Penser à soi*, ce

1. L XXIV/620 : « visiblement », L 2/16 : « aussi visible » ; L 2/36 : « Qui ne voit », « vous les verrez » ; L 8/136 : « considérer » ; L 8/137 : « par la seule vue », etc.

n'est définitivement plus *se penser*: c'est à l'ennui que fait accéder l'évidence de la pensée de soi.

b) *La raison de l'homme, lieu de l'aliénation de sa pensée*

Venons-en à un autre commencement cartésien. Dans le fragment L I/411 = *Disc.* 119, intitulé « Grandeur de l'homme », sans être cependant classé dans la liasse « Grandeur », Pascal fait sienne l'innovation cartésienne qui consiste à nommer « idée » certaines de mes pensées : « Nous avons une si grande *idée* de l'âme de l'homme que nous ne pouvons souffrir d'en être méprisés, et de n'être pas dans l'estime d'une âme. Et toute la félicité des hommes consiste dans cette estime ». Pourquoi cette réflexion ne peut-elle relever de la problématique de la liasse « Grandeur » ? On le voit immédiatement : « nous ne pouvons souffrir [...] de n'être pas dans l'estime d'une âme », ce qui annonce L XI/470 = *Disc.* 119 : l'homme « n'est pas satisfait, s'il n'est dans l'estime des hommes ». La qualification répétée « si grande » est également remarquable : « Nous avons une *si grande* idée de l'âme de l'homme [...] », « Il estime *si grande* la raison de l'homme [...] ». L XI/470 = *Disc.* 119-120 décrit en effet l'estime que l'homme a pour « la raison de l'homme » ; entendons : non pas l'estime que j'ai pour ma propre raison, mais l'estime que j'ai pour la raison des autres hommes, c'est-à-dire l'estime que j'ai pour la raison des hommes en tant qu'ils peuvent m'estimer. Le point de départ est ici Montaigne, dans l'*Essai* I, XVI sur la gloire, aussitôt relayé par Descartes. Quant au couple de la bassesse et de l'excellence, il est loin d'avoir la même sens que celui de la misère et de la grandeur dans la première anthropologie, puisque c'est ce qui fait la bassesse qui est la marque même de l'excellence.

Poursuivons notre lecture : « La plus grande bassesse de l'homme est la recherche de la gloire, mais c'est cela même qui est la plus grande marque de son excellence [c'est par la raison que l'homme excelle] ; car, quelque possession qu'il ait sur la terre, quelque santé et commodité essentielle[1] qu'il ait, il n'est pas satisfait, s'il n'est dans l'estime des hommes. Il estime si grande la raison de l'homme [redoublement typiquement pascalien : l'homme *estime* la raison de l'homme où il est possiblement en *estime*], que, quelque avantage qu'il ait sur la *terre*, s'il n'est placé avantageusement aussi dans la raison de l'homme, il n'est pas content. C'est la plus belle place du *monde*, rien ne le peut détourner de ce désir, et c'est la qualité la

1. L'adjectif « essentielle » transcrit les « effectuels » et « substantiaux » de Montaigne, *Essais* I, XVI, 255.

plus ineffaçable du cœur de l'homme» (L XII/470 = *Disc.* 119-120). L'homme[1] estime donc la raison de l'homme parce qu'il peut y être en estime, et il l'estime plus que le réel même – fût-il le plaisir[2] –, cette place imaginaire est « la plus belle place du monde ». Le *monde* imaginaire qu'est la raison d'un autre homme a plus d'être pour la pensée de l'homme que son être réel. Cette hiérarchie se marque jusque dans la distinction de la terre (le monde réel) et du concept proprement pascalien de monde : quelque avantage que l'homme ait sur la *terre* (même d'être roi), son *monde* est imaginairement constitué par la raison d'un autre homme[3]. Pour parler le langage de l'École, l'être objectif, c'est-à-dire l'être par représentation dans l'idée, cesse de n'être rien (*nihil*, les scolastiques) ou de n'être pas tout à fait rien (*non plane nihil* dira la *Meditatio* III), pour être le plus réel. Par la pensée, l'homme se désapproprie de son être pour vouloir être dans la raison d'autrui. La raison d'un autre homme est le lieu où l'homme veut être : sa pensée s'aliène donc dans la raison d'un autre. La raison de l'homme est le lieu de l'aliénation de la raison de l'homme. On voit à plein ce que signifie désormais penser, dans *la pensée*, pour ainsi dire, *de soi du monde*, la pensée (aliénée) que le monde a de soi : *penser à soi* signifie *imaginer, s'imaginer*[4]. En effet, seule l'imagination peut engendrer ce processus caractéristique de la gloire qui consiste à *se* penser en la pensée d'autrui. La recherche de la gloire est l'effet d'une projection imaginaire. On voit donc la singularité de cette supposée grandeur – qui, si on la lisait dans les termes de la première anthropologie, s'avèrerait plutôt être une misère, une forme de dépendance ou de déchéance. Souvenons-nous en effet que la grandeur y était déterminée comme pensée de la misère. Ici, la grandeur n'est plus celle du rapport à soi de la pensée, par quoi la petitesse du corps est pour ainsi dire rattrapée, parce qu'annulée, par la démultiplication que lui offre la pensée qui l'envisage et l'absorbe. Elle est celle de la pensée elle-même – qui doit compenser imaginairement la bassesse de

1. Au contraire, dès le début de sa conversion, Pascal a, lui, le « désir d'être anéanti dans l'estime et la mémoire des hommes », *Lettre* de la sœur Jacqueline de Sainte-Euphémie Pascal *à Gilberte Périer* du 25 janvier 1655, *OC* III, 72.

2. « « Nul plaisir n'a saveur pour moi, dit Montaigne, sans communication » ; marque de l'estime que l'homme fait de l 'homme », *Pensée inédite* IX = *Disc.* 120.

3. On comparera « [...] quelque avantage qu'il ait sur la terre, s'il n'est placé avantageusement aussi dans la raison de l'homme, il n'est pas content » avec L 6/113 = *Disc.* 79 : « Ce n'est point de l'espace que je dois chercher ma dignité, mais c'est du règlement de ma pensée. Je n'aurai point d'avantage en possédant des terres ».

4. Il est inutile de dire que cette projection imaginaire de soi dans la raison de l'autre n'a rien à voir avec ce que nous appelions plus haut configuration imaginaire, qui s'appuie sur l'usage cartésien heuristique du concept d'imagination.

notre vie (L XXIX/ 806 = *Disc.* 119), qui veut la gloire (L XII/470) – et qui pour cela se pense, non pas elle-même, mais elle-même décentrée en la pensée d'autrui : rapportées terme à terme ces deux modalités supposées de la grandeur s'opposeraient. Dans le premier cas, la grandeur provenait de l'inclusion que l'homme, par la pensée, gagne sur sa propre misère de chose étendue. Dans le second en revanche, la grandeur de la pensée ne se manifeste pas en ce mouvement d'englobement, mais en ce que l'homme recherche d'être au centre de la pensée d'autrui : ce par quoi l'homme est grand dans la première anthropologie ne saurait suffire ici à faire sa grandeur, puisque la grandeur au sens de la première anthropologie (la nature de la pensée comme telle[1]) doit être confirmée par autrui, en quoi réside son « estime » : elle est donc décentrée.

Le fragment L XXIX/806 = *Disc.* 119 explicite ce décentrement imaginatif par lequel la pensée est conçue comme aliénation. Pascal, opposant la vie « réelle », « la vie que nous avons en nous et en notre propre être »[2] et la « vie imaginaire », y définit la vie imaginaire comme l'intériorisation d'une identité substitutive. L'imaginaire est toujours effet d'un jeu intersubjectif, il est toujours pensé par Pascal dans le rapport d'un en-soi à une extériorité. Comment accorder intérieur et extérieur? L'intérieur est vide. La richesse est dans l'extérieur, au-dehors[3]. C'est pourquoi l'imagination pourra emprunter à l'extérieur de quoi organiser le vide intérieur à l'homme. Faute de tenir au bien véritable, l'homme en projette la représentation hors de lui afin de s'identifier à cette extériorité. Plus exactement, l'imagination transfère nos vertus éventuelles à notre identité imaginaire[4]. L'imagination est donc quelque chose en nous qui nous habite, une puissance qui serait comme un sujet dans le sujet. L'imagination est l'analogue du moi dans le moi lui-même, qui organise la présence, en lui-même, d'une extériorité. Telle est la fonction de l'imaginaire : identifier l'être propre à des représentations extérieures – dont on comprendra, par conséquent, qu'elles soient diverses et changeantes. L'imaginaire est en effet le

1. Rappelons L XXVI/756 = *Disc.* 79 : « La pensée est donc une chose admirable et incomparable par sa nature ». Sa bassesse vient alors de ses « défauts » : rien de tel dans l'analyse de la gloire, qui révèle que la projection imaginaire est essentielle à la volonté humaine.

2. Telle une vie animale, exempte d'admiration : L XXV/685 = *Disc.* 119.

3. Nous soulignons de nouveau à quel point cette réflexion est paradoxale au XVIIe siècle, qui offre toujours des doctrines de la richesse intérieure, de l'intériorité comme richesse : voir *supra*, p. 102-103.

4. Ce transfert ne va pas sans une évaluation, dont le résultat est de ***négliger*** la vie véritable au profit de la vie imaginaire valorisée : il est inutile de souligner qu'à bien des égards l'analyse pascalienne anticipe celle, nietzschéenne, du nihilisme.

domaine de l'instabilité – c'est pourquoi le divertissement sera un cas particulier de cette structure d'identification à l'extériorité, c'est-à-dire de cette structure d'aliénation de la pensée. C'est un tel processus de relation à l'extériorité, où l'extériorité devient le lieu d'un autre moi, où autrui devient le lieu où je veux vivre, que décrit le fragment L XXIX/806 : « Nous ne nous contentons pas de la vie que nous avons en nous et en notre propre être : nous voulons vivre dans l'idée des autres d'une vie imaginaire, et nous nous efforçons pour cela de paraître. Nous travaillons incessamment à embellir et conserver notre être imaginaire et négligeons le véritable. Et si nous avons ou la tranquillité[1], ou la générosité, ou la fidélité, nous nous empressons de le faire savoir, afin d'attacher ces vertus-là à notre autre être, et les détacherions plutôt de nous pour les joindre à l'autre ; nous serions de bon cœur poltrons pour acquérir la réputation d'être vaillants. Grande marque du néant de notre propre être, de n'être pas satisfait de l'un sans l'autre, et d'échanger souvent l'un pour l'autre ! Car qui ne mourrait pour conserver son honneur, celui-là serait infâme ».

Nous voulons vivre dans l'idée des autres. Le moi imaginaire n'est pas dans le moi, mais dans l'autre. Ce qui satisfait l'homme, c'est de remplir son vide[2] avec les représentations que l'autre a de lui. Pascal disjoint donc radicalement la *pensée* de soi du *travail* du *je*[3] en faisant de la représentation que l'autre a de moi la fin du travail du *je*. Autrui est le maître de mon identité. Nous avons donc affaire à une situation inverse et symétrique de l'amour de soi juste, tel que le discours *Des membres pensants* le règlera[4]. Pascal y fera la théorie d'une volonté qui a son principe hors de soi, dans le tout ; de là viendra la libération et l'unité. Ici au contraire règne l'aliénation :

1. On sera sensible à l'anticartésianisme radical de cette analyse : la satisfaction de soi-même, qui est la tranquillité de l'âme (art. 190 des *Passions de l'âme*) est impossible : il n'est de satisfaction que celle qui résulte de l'estime non de soi (Descartes), mais d'autrui pour soi : « Grande marque du néant de notre propre être que de n'être pas satisfait de l'un sans l'autre ». A la douceur de la satisfaction de soi (« cette espèce de joie, laquelle je crois être la plus douce de toutes », AT XI, 471, 19-20) Pascal substitue la *douceur de l'aliénation* : « La douceur de la gloire est si grande qu'à quelque objet qu'on l'attache, même à la mort, on l'aime », L 2/37 = *Disc.* 119.

2. Une vertu même n'est satisfaisante qu'à être reconnue par autrui : voir *supra* « Les deux infinis moraux », p. 219-224.

3. « Nous *travaillons* incessamment à embellir et conserver notre être imaginaire et négligeons le véritable ». L'habitude (*Passions de l'âme*, art. 190) n'est pas celle de la satisfaction de soi, mais celle de ce travail incessant.

4. Aimer d'un amour juste, c'est s'aimer comme autrui – Dieu – nous aime, c'est intérioriser sa différence : voir *Pascal et la philosophie*, § 22 et *supra* « L'usage des passions », p. 205-233.

l'homme a besoin de l'autre en tant qu'il fantasme les images de soi[1]. L'analyse de la gloire, processus intersubjectif par excellence, révèle que le moi est l'effet de l'imagination. L'imagination, par laquelle l'homme projette les images de soi dans la pensée d'autrui, est puissance d'aliénation. Et cette aliénation est douce et volontaire[2].

L'analyse de la gloire comme celle du divertissement découvrent l'homme habité par une *puissance* en lui, qui est puissance d'aliénation. La seconde anthropologie décrit donc moins l'homme sans Dieu que l'homme hors de lui-même.

1. La séduction – façonner les images du moi qui conviennent à autrui —, telle que Pascal l'avait déjà envisagée en prenant pour objet l'honnêteté (L XXIX/805 = *Disc.* 26) est un cas particulier de ce que la seconde anthropologie découvrira comme structure d'aliénation. La séduction peut alors faire couple avec le divertissement : séduire, c'est se cacher à autrui ; se divertir, c'est se cacher à soi-même. Voir *Pascal et la philosophie*, § 22.

2. Pascal la décrit, dans la suite du discours *De la gloire*, comme admiration. On observera enfin, avec Emmanuel Martineau, que plusieurs des « pensées inédites » retrouvées par Jean Mesnard tournent autour du thème de l'aliénation : on ne peut donc qu'approuver leur insertion dans ce discours.

ORIGINE DES ÉTUDES

Les études qui composent ce volume ont été, pour la plupart, initialement prononcées lors de colloques et publiées dans leurs actes. Je remercie les organisateurs de ces colloques, les éditeurs scientifiques, les directeurs des revues et des ouvrages collectifs d'avoir suscité les essais réunis ici, d'avoir fait bon accueil à leur première version publiée et enfin de m'avoir permis de les reprendre.

I. I « La physique dans le *Récit de deux conférences* : Pascal, Saint-Ange et l'atomisme du *novateur* », communication prononcée le 18 novembre 1999 à l'Université de Rouen lors du colloque « Les Pascal à Rouen » organisé par Jean-Pierre Cléro et Simone Mazauric, publiée dans *Les Pascal à Rouen, 1640-1648*, éd. par J.-P. Cléro, Rouen, Publications de l'Université de Rouen, 2001, p. 321-346.

I. II « Approfondir trop et parler de tout. Les *Principia philosophiae* dans les *Pensées* (note complémentaire sur "Disproportion de l'homme") », communication prononcée le 4 juin 1999 à l'Université de Paris IV-Sorbonne lors du colloque « Lecture des *Principia philosophiae* de Descartes » organisé par le Centre d'études cartésiennes et le 27 février 2004 à l'Université de Caen lors du colloque « Pyrrhonien, géomètre, chrétien », organisé par l'Équipe de recherche *Identité et subjectivité*, publiée dans la *Revue d'histoire des sciences*, 2005, 1, p. 29-52.

II. I « L'anti-augustinisme de Pascal », communication prononcée le 1er octobre 2004 au Collège de France lors du colloque « Saint Augustin au XVIIe siècle », organisé par Carlo Ossola, à paraître en 2007 aux éditions Olschki, Florence, et le 14 janvier 2006 en américain à l'Université de Tampa, lors du colloque organisé par Roger Ariew, « Matchette Lectures on Descartes and Pascal », à paraître sous le titre « Pascal's Anti-Augustinianism » dans *Perspectives on Science*, 15, 4, 2007, p. 450-492.

II. II « L'invention du moi » : première version prononcée le 13 juin 2003 à Paris, École pratique des hautes études, Ve section, lors d'une journée d'étude organisée par Olivier Boulnois sur « Le moi et la certitude de soi », développée et reprise en deux parties distinctes à l'Université de Chicago, à

Paris le 3 mars 2006 et à Chicago le 26 janvier 2007, à paraître sous la dir. de Robert Morrissey dans *Le soi/The self, Cahiers parisiens/Parisian Notebooks* de l'Université de Chicago U.P., 2007.

III. I «De l'état de néant à l'état anéanti: le système du néant de Bérulle», communication prononcée le 4 mars 2005 à l'Université de Caen lors du colloque «Dire le néant», organisé par l'Équipe de recherche *Identité et subjectivité*, publiée dans les *Cahiers de philosophie de l'Université de Caen*, 43, 2007, p. 211-247.

III. II «Pascal», in *Le néant. Contribution à l'histoire du non-être dans la philosophie occidentale*, sous la dir. de Jérôme Laurent et Claude Romano, PUF, 2006, p. 353-381.

IV. I «Des concupiscences aux ordres de choses», communication prononcée le 3 décembre 1994 à l'Université de Clermont-Ferrand lors d'une journée de travail sur «Les «trois ordres» de Pascal» organisée par le Centre international Blaise Pascal, publiée dans la *Revue de métaphysique et de morale*, 1997, 1, p. 41-66.

IV. II «Les deux infinis moraux et le bon usage des passions. Pascal et les *Passions de l'âme*», *XVIIe siècle*, 1994, 4, p. 669-694.

IV. III «Évidence, jouissance et représentation de la mort. Remarques sur l'anthropologie pascalienne du divertissement», *XVIIe siècle*, 1992, 2, p. 141-156.

IV. IV «Bemerkungen über die zweite Anthropologie: Das Denken als Entfremdung», communication prononcée le 15 mars 2002 à Wolfenbüttel lors du colloque «Croisements d'anthropologies. Pascals *Pensées* im Geflecht der Anthropologien», organisé par R. Behrens, A. Gipper et V. Mellinghoff-Bourgerie (Ruhr-Universität Bochum), publiée dans les actes du colloque sous le même titre par les organisateurs, Heidelberg, Winter, 2005, p. 161-182; – prononcée également en américain le 14 mai 2003 à l'Université de Chicago dans le cadre d'une conférence organisée à la Divinity School par David Tracy sous le titre «Remarks on the second Pascalian Anthropology: Thought as Alienation», publiée dans *The Journal of Religion*, 2005, p. 539-554 et – de nouveau en français le 24-26 octobre 2005 à l'Université de Belo Horizonte (UFMG) lors du *Congresso internacional Franco-Brasileiro: Antropologia e Política nos Pensamentos de Pascal*, organisé par Jose Raimondo Maia Neto et Telma Birchal de Souza, publiée sous le titre «Observações sobre a segunda antropologia: o pensamento como alienação» dans la revue *Kriterion*, 114, juillet-décembre 2006, p. 303-320.

Plusieurs des essais réunis ici ont également été présentés dans des séminaires tenus à l'Université de Rome La Sapienza, à l'invitation de Mme le Prof. Marta Fattori et à l'Université de Lecce à l'invitation de Mme le Prof. Giulia Belgioioso (Centro di Studi su Descartes e il Seicento).

INDEX DES TEXTES PASCALIENS CITÉS

INDEX NOMINUM

Les indications des pages en caractères italiques signalent les noms propres qui apparaissent dans les notes. Les références scripturaires ne figurent pas dans cet index.

TABLE DES MATIÈRES

TROISIÈME PARTIE
LA FIN DU NÉANT

QUATRIÈME PARTIE
L'ÉTUDE DE L'HOMME

ACHEVÉ D'IMPRIMER
EN DÉCEMBRE 2007
PAR L'IMPRIMERIE
DE LA MANUTENTION
A MAYENNE
FRANCE
N° 362-07

Dépôt légal : 4e trimestre 2007